KB262218

한국현대문학의 정치적 내면화

상허학회

지난 7월 3일에 있었던 2007년도 상허학회 정기총회에서 새로운 대표이사가 선출되었다. 새로운 집행부도 출범하였고 『상허학보』의 편집위원회도 새롭게 구성되었다. 그동안 상허학회의 임원으로, 『상허학보』의 편집위원으로 수고해주신 분들에게 진심으로 감사드린다. 특히 오랜 세월 회원들의 간절한 청원 탓에 대표 이사로서 본의 아닌 장기집권을 하시다가 비로소 이번에 무거운 짐을 놓으시게 된 김현숙 선생님의 강경(剛勁)하시면서도 넉넉하신 모습을 상허학회의 모든 회원들은 오래도록 기억할 것이다.

소규모 연구 모임에서 큰 학회로 성장한 상허학회의 태생적 특수성은 상허학회만의 장점이자 단점일 수 있다. 다른 학회에서 찾아볼 수 없는 기존 회원들의 인간적 친밀도는 자칫 새로운 회원들이나 문밖 사람들에게 배타적 폐쇄성으로 비칠 수 있기 때문이다. 지난 몇 년간 상허학회는 태생적 특수성에 따른 문제들을 풀고자 노력해왔고, 이번에 새롭게 출범한 집행부 역시 그러한 노력의 연장선에서 이러저런 일들을 기획하고 실행하게 될 것이다. 그 과정에서 다양한 운영의 묘가 발휘되겠지만, 작은 바람과 의지들을 아우르는 초목표는 어차피 분명할 것이다. 우리 학회만의 독특한 색깔을 간직하고 강화하면서도 폐쇄와 경화를 경계한다는 것, 소규모의 연구 모임에서나 가능할지도 모를 회원 상호간의 뜨거운 교감이 대규모의 학회 차원에서도 실현될 수 있도록 노력한다는 것. 혹시라도 바깥에서 보면 비효율적이라고 느낄 수 있을 정도로 어떤 결정에 앞선 토론과 숙고의 과정에 많은 노력을 기울이는, 이제는 관행이 되다시피 한 집행부의 의사결정 방식은 우리 학회의 그런 초목표를 이루어내기 위한 고민의 표현일 것이다. 이제 집행부와 회원 전부는 새로움의 창출을 꿈꾸는 자들에게 의무로 짐 지워진 정신적 육체적 수고로움을 오히려 적극적으로 수용해야 할 것이다. 이는 우리가 이룩해내는 새로움의 실현이 세상을 바꾸는 작은 실마리가 될 수 있을 것이라 굳게 믿기 때문이다.

『상허학보』 제21집은 5편의 특집논문과 역시 5편의 일반논문으로 꾸며졌다. 여기에 민충환 선생님이 새롭게 발굴하신 상허의 습작기 작품들이 더해졌다.

이번 호 특집은 〈반공주의와 한국문학의 근대적 동학(動學)〉으로 꾸몄다. 이 제목은 상허학회의 연구 모임 가운데 하나인 '반공주의'팀이 학술진흥재단의 지원을 받아 진행하고 있는 연구프로젝트의 제목이기도 하다. 상허학회에서는 이미 지난 2005년에 '반공주의'를 주제로 한 학술대회를 개최하였고, 그 성과를『상허학보』 제15집에 수록한 바 있다. 이번 특집은 그 연장선에 있다 하겠다. 대부분의 경우 학술발표대회의 기획과 학술지의 편집기획이 일회성의 행사용으로 끝나는 경향이 있다. 한국근대문학연구에서 의미 있는 주제라면 지속적인 관심이 필요하고 시간의 경과에 따른 연구 성과의 진전을 확인해 보는 작업이 필요하다. 지난 2007년 5월에 소규모이긴 하지만 '반공주의'를 주제로 학술발표대회를 다시 열고 그 결과를 이번 호 특집으로 수용하게 된 이유도 바로 여기에 있다. 2005년의 경우와 비교해 볼 때, 이번에 실린 논문들은, 그 관심의 초점이 상이함에도 불구하고, 공통적으로 '반공주의'의 내면화라는 문제의식을 공유하고 있다. 사실 '반공주의'의 문제는 이데올로기, 국가주의, 국민의 형성, 검열, 문학장의 헤게모니, 사회의 제도적 검열과 창작자의 자기검열 등 다양한 주제들과 긴밀하게 상호 연관된다. 이번에 실린 5편의 논문들이 각각 나름의 관심에 따라 그처럼 연관된 문제들과 교섭하면서도 '반공주의'가 굴절되고 변형되어 삼투되는 현상들을 섬세하게 포착하여 논의하고 있음은 지난 2년 동안 축적되고 심화된 연구 역량과 수준의 증거라고 감히 말할 수 있을 것이다. '반공주의'뿐만 아니라 앞서 열거한 관련 문제들에도 함께 관심이 있는 독자들에게 일독을 권한다.

일반논문은 다섯 편을 실었다. 전통적 의미의 작가론이 2편이고 최근 연구 경향인 담론 분석이 3편이다(이는 큰 범주로 갈래를 지은 것이라서 각각의 논문이 지닌 개성과 독특함을 훼손할 수 있음은 물론이다). 투고논문들을 심사해서 게재하는 편집 방향에 비추어보자면 어디까지나 우연한 결과일 테지만, 이들 논문들이 각기 구체적인 초점을 가지고 있으면서도 중요하고 큰 문제의 맥락에 포섭되어 있다는 것은 분명 이채로운 일이다. 담론과 사상의 정치적 연쇄라는 방법론의 관점도 흥미롭고, 특정한 역사적 시공에서 지식인이 하나의 태도로 가질 수 있는 '추상'과 '과잉'이라는 대응방식의 문제라는 주제도 매력적이다. 생래적으로 자연스럽지만 애써 거부해야만 하는 것들과 생리에는 불편하지만 논리로는 무조건 받아들여만 하는 것들 사이에서 스스로도 혼란스러웠을 우리 근대전환기의 '계몽의식'을 감안할 때, '동성 간 관계와 감정의 언어화 방식' 역시 흥미로운 주제가 아닐 수 없다. 한 때 그토록 활성화되었던 '생태학' 관련 논의들이 요즈음 눈에 잘 띄지 않아 연구주제도 유행을 타게 마련이라는 편치 않은 생각을 하게 되는 터에, 그 문제에 지속적인 관심을 가지고 연구를 심화시켜나가는 연구는 우리에게 적지 않은 위로가 된다. 우리 근대문학사에서 대표적인 문제적 개인들 가운데 한 사람인 서정주의 초기시의 극적 성격에 관한 연구도 우리의 관심을 끌기에 충분하다. 전통이나 민중이라는 개념과 친연적 관계를 맺으면서 문화이데올로기의 구성이나 형성의 문제에 초점이 되어온 '민속'을 이청준이라는 매력적인 작가의 작가론과 결합시킨 연구 역시 우리의 관심의 대상이 되지 않을 수 없다.

　상허연구의 초석을 닦아놓으신 민충환 선생님의 새로운 자료 발굴은 자료도 자료이지만 그 사실 자체가 우리의 마음을 따뜻하게 한다. 여전히 식지 않은 그 열정이 우리 후학들의 마음에 훈기를 불어넣은 탓이다. 이번에 새롭게 발굴된 상허의 습작기 작품인 「살구꽃」과 「추감(秋感)」, 그리고 『무서록』에 수록되지 않아 우리에게 잘 알려지지 않았던 「금화원(金華園) 언덕길」이 상허연구의 지평을 넓히는 데 도움이 되기를 기대한다.

　세상 돌아가는 것을 보면 "아직도 진정한 삶이 가능한가?"라는 어느 철학자의 고통스런 질문과 만나게 된다. 아마도 현대의 인문학은 바로 그 곤혹스럽고 고통스러운 질문 앞에 자유로울 수 없을 것이다. 그리고 우리가 책상 앞에서 보내는 시간들은 진정한 삶의 가능성과 연관된 그 화두와 싸우는 시간이기도 할 것이다. 이제까지 그래왔듯 이제 또 새로움을 향해 나아가려는 우리 상허학회 회원 모두 그 화두를 통하여 한 '소식'들 하시길! 그리하여 그 '소식'의 향기를 다음 호에 실어주시길!

2007년 가을에
『상허학보』 편집위원회 識

❖ 목　　차 ❖

I. 특 집

해방기 문단 형성과 반공주의 작동 양상 연구

류 경 동*

목 차

1. 문제제기
2. 규율체계로서의 반공주의와 해방기 문단
3. 해방기의 기억과 문단의 재구성
4. 결론 및 남는 문제들

1. 문제제기

사상과 이념의 차이가 문학론의 차이를 발생시키고 이것이 치열한 논쟁의 형태로 발현됐을 것이라는 가설이 있다. 이로부터 해방 직후의 문학은 격렬한 좌우대립의 구도로 파악되곤 한다. 해방 직후 '좌우간의 논쟁은 생각보다 적었다'[1]라는 언급은 지금까지 해방기를 바라보는 일반적인 시선과 그것의 사실적 확인을 함축한다. 여기서 '생각'이 가설이라면 '적었다'는 사실일 터, 가설과 사실 사이에 상당한 낙차가 존재함을 알 수 있다. 자료의 양으로 문제의식의 타당성을 판단할 수 없으나 빈약한 근거에서 비롯된 질문은 확대해석의 위험을 안고 있기 마련

---

* 건국대 인문과학연구소 연구원.
** 이 논문은 2005년도 학술진흥재단 지원으로 연구됨(KRF-2005-079-AM0037).
1) 신형기, 『해방 3년의 비평문학』, 세계, 1988, 332쪽.

이다. 자료의 부족에도 불구하고 해방기 문단을 좌우대립의 구도로 바라보는 태도는 여전히 완강하다.

1948년 발행된 『解放後四年間 出版大鑑』의 '朝鮮出版文化協會小史'는, '朝鮮出版文化協會'가 출범할 당시 먼저 결성되어 있었던 '좌익출판협회'와 대타의식을 지니고 있었던 것으로 서술하고 있다.[2] 그러나 결성 동기가 출판사의 이해와 권익을 보호하고 회원 출판사 간의 친목을 도모하기 위한 것이었고 '좌협'을 비롯한 좌익계열의 출판사들 상당수 가입해 있었다는 점에서,[3] 결성 당시의 '출협'이 좌우의 이념 갈등과 무관했음을 짐작해 볼 수 있다. 해방 직후 출판계의 상황은 이념적 갈등으로부터 비교적 자유로웠던 것으로 보인다. 좌익 출판사라고 해서 좌익 서적만을 발행한 것도 아니었고, 양식있는 출판사는 이념을 불문하고 좋은 평을 받았으며 출판사들 상호간에 상당한 수준의 연대감이 존재했던 것으로 나타난다.[4] 그러므로 '朝鮮出版文化協會小史'에 투영된 좌우의 대립의식은 1948년 『출판대감』이 발행될 당시의 이데올로기적 지형을 반영한 것으로 추측해 볼 수 있다. 단정 이후 강화된 반공주의에 의해 문화계 전반이 구조화된 것과 맞물려 출판계도 이념적인 대립구도에 따라 급속히 재편된다. 특히 1948년 10월 '민족 정신앙양 전국 문화인 총궐기대회'에서 '백양당'과 '아문각' 등의 출판사와 몇몇 출판물들이 좌익으로 지목되면서, 출발기에 '좌협'을 포함했던 '출협'으로서는 좌익과의 대립의식이 더욱 강조될 필요가 있었는지도 모른다. 이후 1972년에 발행된 『대한출판협회 40년사』에서는 '출협'이 '좌협'에 대한 의식적인 대응이었으며 출범 후에도 좌우의 의견 대립이 있었다는 기록이 추가됨으로써,[5] 해방기 출판계의 좌우대립은 확

---

2) 朝鮮出版文化協會, 「朝鮮出版文化協會小史」, 『解放後四年間 出版大鑑』, 1948, 108쪽.

3) '大韓出版文化協會三十年史'에서 '출협'은 '高麗文化社, 正音社, 建國社, 創人社, 서울신문사 出版部, 文友印書館, 서울타임즈 出版部, 左協' 등을 발기인으로 하여 출범했다고 기록된다.

4) 이중연, 『책, 사슬에서 풀리다―해방기 책의 문화사』, 혜안, 2005, 132쪽.

고한 사실이 된다.

'朝鮮出版文化協會小史'는 기원에 대한 해석이 기원 그 자체를 대신하고 이것이 확대재생산되는 과정의 첫 장면을 보여준다. 이처럼 해방기는 좌우대립이라는 의미항에 따라 재배치되며 이렇게 구성된 역사는 그 기원을 은폐한 채 반복된다. 그러나 좌우라는 대립항에 따라 해방기의 매체나 단체, 문학 논쟁이 명확하게 분류될 수 있는지는 의문이다. 좌우라는 이념의 스펙트럼만으로는 다양한 정치적 사유와 욕망이 지향하는 바를 변별해낼 수 없으며 경우에 따라서는 이러한 구분 자체가 실태를 파악하는 데 장애가 되기 때문이다.

해방기 문학 장에서 격렬한 좌우대립은 '事實'이 '史實'로 편입될 때 발생했다는 것이 이 논문의 가설이다. 그리고 그 '事實'의 변용 과정에 작용한 이데올로기의 정체와 작동방식을 밝혀 보는 것이 이 논문의 목적이다. 이를 위해 이 논문은 해방기 문단의 형성 과정에 반공주의와 문단 권력 혹은 세대론적 욕망이 연계되어 있음을 1949년에 씌어진 '사적 개관'들을 중심으로 규명해 볼 것이다. 단정 이후 해방기 문단을 회고하는 일련의 사적 개관들은 해방기에 대한 역사적 조망이라는 표층적 의미와 문단 권력의 배분과 위계 설정이라는 심층적 의미를 함께 지니고 있다. 새롭게 문단의 주체로 등장한 일군의 문인들은 자신들의 역사적 정당성을 확보해야 했으며 이는 반공주의에 의한 문단 구조화의 일환이기도 했다. 문단 재편의 핵심이 권력의 배분과 위계화라고 본다면, 반공주의에 의한 문단의 재편은 반공주체를 설정하고 그들에게 배타적인 권력을 부여함으로써 문단의 구조가 반공주의 규율체계에 조응하도록 만드는 것이다. 이런 측면에서 사적 개관들은 문단 내부의 좌우 대립을 설정하고 우익에 의한 민족문학 수호를 일련의 과정을 통해 입증함으로써, 반공주의가 역사적 필연이고 합리적 선택임을 강조하며 결과적으로 우익 문인들의 문단 주도권 장악을 정당화하

---

5) 대한출판문화협회, 『대한출판문화협회 40년사』, 1972, 58-59쪽.

는 기능을 수행한다. 그리고 이런 기억들은 이후 문학사에 그대로 편입되거나 중요한 자료가 됨으로써 공적인 기억으로 자리잡게 된다. 이런 문제의식을 토대로 이 논문은 규율체계로서의 반공주의가 문단의 재편에 작용하는 일반적인 방식을 분석하고 이데올로기의 압력에 의해 문학 장이 어떤 굴곡을 겪는지 살펴볼 것이다. 또한 일련의 사적 개관들이 해방기의 문단을 어떻게 재구성하고 이것이 단정 이후 문단 권력의 배분과 어떻게 연계되는지를 규명해 볼 것이다.

2. 규율체계로서의 반공주의와 해방기 문단

해방은 식민통치라는 억압적 질서의 소멸이었으며 그런 해방의 지평에서 사회의 전 영역은 새로운 가능성을 향해 무한히 열려있는 것처럼 보였다. 그러나 해방의 현실태는 미·소의 분할 점거와 냉전질서의 국내화, 단정 수립과 분단 고착화로 나타난다. 단정 수립 이후 남한은 반공규율사회[6]로 급속히 전환되며 사회는 물론 개인의 의식마저도 규율체계로서의 반공주의에 의해 구조화되는 과정을 거치게 된다. 단정 이후 문단은 지배 이데올로기의 기획에 따라 정책과 제도, 매체와 기구, 권력의 배분과 위계화 등이 재조정된다. 반공주의가 본격적으로 문단에 작용하기 시작한 것은 단정 이후부터이며, 좌익 문인이 대부분 소거된 상태에서 반공주의는 좌파와 투쟁하는 이념체계가 아니라 문단 내부를 구조화하는 규율체계로 작동하게 된다.[7]

반공주의를 통한 문단 권력의 배분과 위계화는 무엇보다 먼저 좌우

---

6) 조희연 편, 『한국의 정치 사회적 지배담론과 민주주의 동학』, 함께 읽는 책, 2003, 128쪽.

7) 한국의 반공주의는 공산주의와의 직접적인 논쟁 속에서 형성되지 않고 공산주의와의 철저한 격리 속에서 발생한다. 단정과 전쟁을 겪으며 남한에서 공산주의는 대부분 소거되며 이후 공산주의와의 접촉은 물론, 사상과 이념에 대한 접근 자체가 통제된다. 이런 상황에서 반공주의는 공산주의가 아니라 일반 국민을 향해 작동하게 된다.

의 구분을 전제로 한다. 해방기를 조망하는 몇몇 글에서 해방 직후부터 좌익과 투쟁해 온 일군의 문인들이 '인간주의 계열의 작가'[8]나 민족문학진영의 문학인[9]으로 거명된다. 이들은 훗날 '문단주체세력'[10]이라고 명명되며 분단체제의 한국문단을 주도하게 된다. 이념 문제에서 구분은 단순한 분류가 아닌 선택과 배제를 의미한다. 문단 재편과정에서 문단의 주체는 스스로를 호명하는 방식으로 구성되는데, 이때 '우리'로 호명된 문인들은 문단의 주체세력이 되지만, 호명되지 않은 문인들이나 좌익 혹은 중간파로 지명된 문인들은 자연스럽게 문단의 중심에서 배제된다.

그러나 문제는 개인의 생각이나 행위의 이념적 정체성이 색상표처럼 명확하게 구별되지 않는다는 것이다. 구체적인 실천의 국면에서 좌와 우를 판단하는 일은 결코 쉬운 일이 아니다. 그럼에도 불구하고 단정 이후 문단에서 좌우의 분류는 객관적인 검증의 절차나 과정을 생략한 채, 자의적인 지명행위에 의해 이루어진다. 이런 지명행위들은 객관적 기준이나 근거를 토대로 한 것이 아니라 개인적 경험과 개인이 속한 집단의 정치적 역학관계에 기댈 수밖에 없었다. 단체나 매체는 구성원과 필자의 이념적 정체성을 판단하는 기준이 된다. 특히 좌익 단체에 가입했거나 좌익 성향의 매체에 글을 발표한 사실은 좌익 행적을

---

8) 김동리는 「政治主義와 人間主義－解放後 우리 文壇의 二大潮流를 槪觀함」(『협동』, 1949. 5)에서 김동인, 박종화, 변영로, 오상순, 유치환, 서정주, 김광섭, 김영랑, 계용묵, 조지훈, 박두진, 박목월, 이헌구, 유치진, 조연현, 김달진, 김송, 모윤숙 등을 인간주의 계열의 작가로 거명한다.

9) 이헌구는 「解放四年文化史－文學」(『민족문화』, 1949. 9)에서 박종화, 김진섭, 김광섭, 변영로, 모윤숙, 유치환, 김동리, 서정주, 계용묵, 정비석, 박두진, 곽종원, 조지훈, 김광주, 최태웅, 김송, 허윤석, 최정희, 임옥인, 조연현, 구상, 박목월, 설창수, 조향, 이경순 등을 '民族文學을 위해 活躍한 文學人'으로 거명한다.

10) 조연현은 '해방직후부터 대공문화전선을 조직, 지휘해 온 문단의 투사들'로 '박종화, 이헌구, 김광섭, 오종식, 김영랑, 김동리, 조지훈, 박목월, 곽종원, 김송, 서정주, 모윤숙, 유치진, 최태웅, 설창수, 유동준, 임긍재, 홍구범, 이광래, 유치환, 박두진' 등을 거명한다(조연현, 『내가 살아온 한국문단』, 현대문학사, 1968, 20쪽).

입증하는 가장 확실한 근거가 된다. 그러나 다양한 가능성이 모색되던 해방기의 이념적 상황을 고려해보면, 개인의 이념적 지향을 그가 속한 단체를 척도로 판단할 수만은 없었다. 실제로 '문학가동맹'과 '문필가협회'에 모두 참여한 작가들 중에서 일부는 좌익이 되고 일부는 우익이 된다.11) 분류의 기준과 근거가 미약할 때 필연적으로 실천의 한 국면만을 부각시키게 되며 여기에 자의적 해석과 판단이 개입할 여지가 많아진다. 모호하고 자의적일수록 호명하는 행위의 권력적 속성은 강화된다.12) 호명의 주체는 지명행위에 대한 근거나 기준을 제시하지 않지만, 좌익으로 지목당한 대상은 끊임없이 스스로의 결백을 입증해야만 했다. 결국 지목행위는 그 자체로 한쪽에는 면죄부와 권력을, 다른 한쪽에는 지속적인 혐의와 감시의 구조를 발생시킨다.

지명에 의한 좌우의 구분은 복잡하고 다양한 이념적 성향을 양분하고 극단으로 수렴시키는 결과를 낳는다. 원래 좌익이어서가 아니라 좌익으로 분류됨으로써 좌익 행적이 발견되고 이로부터 전향의 이유와 사상검증의 내용이 구성되는 경우가 많았다. 해방 직후는 좌·우익이 뒤섞여 있었던 시기였으며 그것은 단체뿐만이 아니라 개인 의식의 층위에서도 그러했다. 조연현이 해방 직후에 민족문화의 새로운 방향으로 '뿌르조아·리알리즘'을 대신하는 '푸로·리알리즘'을 주장한 것이나13) 이병철이 '文學은 純粹文學을 하고 政治는 社會主義'14)를 하겠다고 말할 수 있었던 것도, 이념적으로 분방했던 해방 직후의 상황에서 비롯된 것이라 할 수 있다.

그러나 이념적 구분이 적용되는 순간, 행동과 의식은 물론 과거 행

---

11) 두 단체 모두에 이름이 오른 문인들 중에서 김광섭은 우익문단의 중심인물이 되지만 김기림과 정지용은 전향의 절차를 밟아야 했다.

12) 지목행위의 가장 극단적인 예가 한국 전쟁 중에 실시된 부역자 심사일 것이다. 당시 부역문인 심사를 맡은 인물이 김동리와 조연현이다.

13) 조연현, 「새로운 文學의 方向−朝鮮文學의 過去와 進路」, 『예술부락』, 1946. 1.

14) 趙石濟, 「解放文壇五年의 回顧(一)」, 『신천지』, 1949. 9, 253쪽.

적까지 좌우에 따라 재배치된다. 이런 이분법적 구분이 규율장치로 제
도화된 것이 전향이다. 남한에서 좌익으로 지목된 문인은 전향이라는
제도를 통과해야만 했다. 전향이 용서받기 위해 죄를 고백해야하는 제
도라면 죄를 구성하는 것은 그 전제조건이 된다. 과거의 행적 중에 '과
오'를 발견해내고 이를 죄로 고백하는 순간, 그와 유사한 경험들은 모
두 청산해야할 '과오'가 되며 이를 통해 죄와 고백의 구조는 확대재생
산된다. 1949년 신문에 게재된 수많은 '남로당 탈당성명서'나 '민전'
산하의 좌익단체 '탈퇴성명서'들은 사상적 전시효과와 더불어 스스로
잘못을 드러내고 공개적으로 반성하는 전향의 형식을 확산시킨다. 소
위 좌파 문인들은 "過去의 過誤를 淸算하고 大韓民國에 忠誠을 다할
것"15)이라는 공개선언을 하거나, 보도연맹이 주최하는 '민족정신앙양
종합예술제'에 참가하여 스스로의 사상적 전향을 공개적으로 드러내야
만 했다.16) 또한 좌익으로 지목되지 않았지만 해방 직후 좌익관련 단
체에 가입했던 문인들은 좌익 행적에 대해 해명하는 형식의 글을 발표
하기도 했다.17)

　그러나 개인의 사상은 양심의 문제여서 그것의 전향 여부를 객관적
으로 확인할 수 없다는 문제가 발생한다. 좌와 우를 나누는 기준이 모
호하듯이 전향의 입증 역시 모호하기 때문이다. 여기서 전향의 진정성
을 의심하는 시선이 발생한다. "眞正한 轉向이라면 얼마든지 歡迎할
수 있다"18)는 곽종원의 말은 '전향' 안에 다시 '진정한 전향'이라는 등
급이 설정되어 있음을 암시한다. 이런 상황에서 전향은 죄의 고백만
있고 용서와 구원이 없는 제도가 된다. "그러나 그것이 思想的 轉向이

---

15) 趙石濟, 「解放文壇五年의 回顧(完)」, 『신천지』, 1950. 2, 219쪽.

16) 1949년 12월3일과 4일에 개최된다. 정지용의 사회로 염상섭, 오종식의 강연과 이북
　　문화인에게 보내는 경고문 낭독이 있었던 것으로 기록된다. 또한 정지용의 '尙虛에게'
　　와 정인택의 '北朝鮮文學藝術同盟에게 警告' 등도 함께 게재된다.(『서울신문』, 1949.
　　12. 5)

17) 이병기, 「해방전후기」, 『경향신문』, 1949. 9. 26~27.

18) 〈문인좌담회〉, 『신천지』, 1949. 12.

아니며 世界觀의 轉身이아닌 一時的인 身邊保護策으로서의 轉向이라면 이러한 事態는 오히려 非常한 警戒를 要하는 問題라고 생각하였든 것이다"[19]나 "形式的인 保身策만이 아닌 眞正한 理念의 轉向이며 眞理에의 轉身이라는 것을 좀더 根本的인 形式으로써 提示해 주지않는다면"[20]와 같은 지속적인 의심이 작동하는 상황에서 완전한 전향은 불가능하다. 이런 구조는 끊임없는 의심의 시선과 끊임없는 자기 입증의 회로를 작동시킬 뿐이다. 결국 전향은 지속적인 감시와 끊임없는 자기 검열의 장치를 내면화는 과정에 불과한 것이 된다.

여기서 반공주의는 개인의 사상 문제를 벗어나 권력 문제가 된다. 반공주의가 맹위를 떨치는 사회에서 좌익 행적은 언제든지 시비거리가 되기 때문이다. 실제로 예술원 파동 이후 김동리가 박계주를 표적으로 삼아 "『민성』이란 적색지의 편집자로 자유진영 예술가들에 대한 끊임없는 모략중상을 다하다가, 6·25때는 괴뢰 집단에 아부하여 이북행각을 끝마치고 돌아와 합동수사본부를 찾아다니던 것과 일관된 '죄악보'가 아니고 무엇인가"[21]라고 색깔공세를 편 것은, 사상 문제가 권력 문제와 직결됨을 드러내는 대목이라 할 수 있다. 결과적으로, '문맹'에 가입했거나 그 관련 매체에 글을 실었으면서도 월북을 선택하지 않은 작가들은 해방기의 '철없는' 행적 덕분에 사상 검증에 시달리거나 신중하지 못했다는 질책을 받아야만 했다. 또한 중간파로 분류된 문인들은 비록 사상적 혐의는 받지 않았지만 기회주의자라는 비판과 함께 언제든지 변절할 수 있다는 의심을 받게 된다. '한국문학가협회'가 전향 작가와 중간파 문인을 공평하게 포섭한다는 명분을 내세우지만, 이념에 의해 분류되고 위계화가 이루어진 상태에서 이들이 문단 중심으로부터 소외되는 것은 돌이킬 수 없는 일이었다.

---

19) 趙石濟, 「解放文壇五年의 回顧(完)」, 『신천지』, 1950. 2, 56쪽.
20) 조연현, 「民族文學의 當面課題(二)」, 『國都新聞』, 1950. 2. 9.
21) 김동리, 「예술원 실현과 예술운동의 장래」, 『현대공론』, 1954. 6(김철, 「한국 보수우익 문예조직의 형성과 전개」, 『구체성의 시학』, 실천문학사, 1993에서 재인용).

3. 해방기의 기억과 문단의 재구성

1) 좌우 대립과 문단의 위계화

해방 직후 문단의 가장 큰 특징은 단체의 결성과 조직 활동이 활발하게 이루어졌다는 점이다. 일제의 패망과 식민지 지배체제의 소멸은 사회 전체에 갑작스런 권력의 공백상태를 가져왔으며 문단의 상황 역시 마찬가지였다. 진공상태의 문단은 다양한 문학적 열정과 정치적 욕망들이 분출되고 충돌하는 갈등의 장이 된다. 이 시기 문학 단체는 문학 장을 구조화하는 문단 내부의 정치단위이며 발표 매체와 함께 문단 권력의 거점이기도 하다. 특히 해방 직후와 같은 문단 권력의 공백기에 문학 단체의 결성과 조직은 가장 쉽게 문단 권력에 접근하는 통로로 여겨졌을 것이다. 비교적 짧은 기간 동안 나타났다 사라진 많은 문학단체들은 이런 욕망의 산물들이라 할 수 있다.

이 시기 문학 단체의 결성과 통합 그리고 해체는 기억 주체에 따라 조금씩의 편차를 보이기는 하지만, 대략 다음과 같은 과정으로 정리되곤 한다. 먼저 임화 등의 '조선문학건설본부'(1945. 8. 16)가 만들어지고 이기영 등의 '조선프롤레타리아문학동맹'(1945. 9. 17), 해외문학파를 중심으로 한 '중앙문화협회'(1945. 9. 18)가 뒤이어 결성된다. '문건'과 '동맹'은 '조선문학동맹'(1945. 12. 13)으로 통합되고 '전국문학자대회'(1946. 2. 8~9)를 개최하면서 해방 직후의 문단을 주도하게 된다. 이에 대응해 '전조선문필가협회'(1946. 3. 13)가 출범하고 이어서 '조선청년문학가협회'(1946. 4. 4)가 결성되면서 문단도 좌우 대립의 구도로 재편된다. 이후 단정이 수립되고 좌익 계열의 주요 문학인 대부분이 월북하면서 남한 문단에서 좌우의 직접적인 대립은 해소된다. '한국문학가협회'(1949. 12. 17)의 결성은 남한 문단 내부의 이념적 분열이 우익의 승리로 종결되었음을 선언하는 순간이자 그들에 의해 문단이 평정되었음을 알리는 신호였다.

문학 단체들이 좌우 대립이라는 이념적 지형에 따라 결성—통합—
해체되는 과정은, 해방 직후 분출된 다양한 정치적 열망들이 점차 좌
우의 대립구도에 따라 재배치되는 과정의 일환이라 할 수 있다. 해방
으로부터 군정을 거쳐 단정 수립에 이르는 과정 속에서 이데올로기가
정치·사회·문화의 본질적 국면을 규정하는 것은 분명한 사실이지만,
개인의 선택과 실천의 국면을 구체적으로 규율하기 시작한 것은 단정
이후부터라고 보는 것이 타당할 것이다. 1945년부터 1948년까지의 문
단이 좌우의 격렬한 갈등을 중심으로 형성되지는 않았다는 것은, 좌와
우의 문학 단체에 동시에 이름을 걸었던 작가들이 상당수 있었으며 궁
극적으로 좌우의 대립은 해소되고 통합되어야 하고 그렇게 될 것이라
고 보는 견해도 많았기 때문이다.22) 좌와 우가 적대적 진영으로 구축
되기 전까지 좌와 우는 방법상의 차이를 드러내는 기호였지 서로의 존
재를 부정하는 적대적 타자는 아니었던 것으로 보인다. 대표적인 좌우
의 문학논쟁이라고 평가되는 순수문학론 역시 좌우의 이념투쟁으로 파
악하기에는 석연치 않은 점이 많다.23) 우익 진영 내부에서도 문학의
정치성을 강조하는 입장들이 존재했으며24) 김동리의 순수문학론이
1930년대 말 세대론의 형태로 시작되었고 5~60년대에는 다시 세대논
쟁의 형태로 되풀이된다는 점에서, '순수문학'이 좌우 문학론의 쟁점이
될 수 있는가는 면밀히 살펴봐야 할 문제이다.

　　문학 장에서 격렬한 좌우 대립을 전제로 해방기를 바라보는 시선

---

22) 해방 직후부터 문단의 현실을 좌우 대립의 각도로 조망한 김동리마저도 좌와 우는
　　뭉쳐야 한다는 주장한다.(김동리, 「左右間의 左右」, 『백민』, 1946. 10)

23) 좌우 이론투쟁으로서의 순수문학논쟁이라는 의미 부여는 주로 조연현이나 곽종원(문
　　인협회 편, 『해방문학 20년』, 정음사, 1966)에 의해 이루어진다. '청문협' 계열의 비평
　　가들이 순수문학론의 위상을 강조하는 것은 단정 이후 문단 재편 과정에서 발생하는
　　문단 주도권의 문제와 맞물려 있는 것으로 보인다.

24) 중간파로 분류되는 홍효민의 비판(「純粹文學批判」, 『백민』, 1948. 5)과 더불어, 우익
　　임에도 순수문학론을 비판한 최인욱의 견해(「民族文學序論—理念의 實踐과 運命의
　　打開」, 『대조』, 1949. 1)나 문학의 정치성을 강조한 김광섭의 견해(「解放後의 文化運
　　動槪觀」, 『민성』, 1949. 8)가 있다.

은 단정 수립 이후에 발표된 일련의 사적 개관들25)에서 비롯된다. 해방 직후에도 좌우 갈등이 포착되지만26) 단정 이후처럼 근본적이고 적대적인 대립은 아니었다. 해방기에 대한 사적 조망들이 좌우대립을 근본문제로 설정하는 데에는 단정 이후 강화된 반공주의의 영향이 절대적이다. 단정 이후 반공규율사회로 진입한 남한 사회에서 반공주의는 가장 강력한 지배이데올로기이자 생존의 수단으로 강요된다. 특히 남한의 정치적 지배세력은 단정 이후 팽배한 국내외적 위기를 강력한 반공 정책으로 돌파하고자 한다.27) 분단과 일련의 소요사태로 인해 긴장이 고조된 상황에서 남한 사회의 정당성과 우월성이 강조되어야 했으

25) 해방 직후 문단에 대한 주요한 사적 개관으로는, 김광섭의 「解放後의 文化運動槪觀」(『민성』, 1949. 8), 이헌구의 「解放四年 文化史－文學」(『민족문화』, 1949. 9), 곽종원의, 「창작계 4년의 개관」(『민성』, 1949. 8), 김동리의 「政治主義와 人間主義－解放後 우리 文壇의 二大潮流를 槪觀함」(『協同』, 1949. 5), 조연현의 「解放文壇 五年의 回顧」(『신천지』, 1949. 9~1950. 2) 등이 있다.

26) 김동리는 해방직후부터 꾸준히 좌우의 대립을 강조하고 문단을 좌우의 대립 혹은 순수와 정치의 구도로 파악한다. 「創造와 追隨－現文壇의 二大潮流」(『민주일보』, 1946. 1. 15), 「朝鮮文學의 指標－現段階의 朝鮮文學의 課題」(『청년신문』, 1946. 4), 「左右間의 左右」(『白民』, 1946. 10), 「문학운동의 二大方向」(『대조』, 1947. 4), 「政治主義와 人間主義－解放 後 우리 文壇의 二大조류를 槪觀함」, 『협동』, 1949. 5) 등을 통해 "혁명적 현실을 민족적 각도에서 보느냐 계급적 각도에서 보느냐 하는 문제"를 제기하며 좌우의 대립을 끊임없이 강조한다. 좌우의 대립이라는 각도에서 문단을 조망하는 것은 뛰어난 정치적 감각이기도 하다. 좌우라는 이념적 구도에서 자신의 순수문학론이나 '청문협'은 '문맹'과 대등할 수 있었기 때문이다. '문학가동맹' 측은 '조선문필가협회' 등을 분열주의로 규정함으로써 좌우의 대립 구도 자체를 인정하지 않는 태도를 보인다.(이원조, 「문화시평」, 『협동』, 1946. 8)

27) 단정 이후 전쟁 직전까지 남한사회에서 공산주의의 위협과 반공주의의 강화는 상당히 심각한 긴장상태를 조성한다. 특히 1949년의 남한 사회는, 소련 핵무장, 중국 공산화, 동독의 성립 등의 국제적 긴장 고조와 38선에서의 잦은 무력충돌, 빨치산 출몰, 간첩단 사건 등으로 인해 준전시상태에 놓여 있었다. 이에 따른 반공주의의 위기의식은 방공동맹의 촉구, 각종 반공궐기대회, 좌익책동에 대비한 초비상경계령 등의 형태로 표출된다. 특히 이 시기에는 '미군 철수설'이나 '용공연정 성립 시 원조 중단설' 등이 빈번하게 보도되기도 한다. 미군 철수나 원조 중단은 미국의 원조에 기대고 있던 당시의 한국 사회에 심각한 위협이었으며, 이런 위기의식은 민족과 국가의 생존을 친미와 반공에 결부시키는 의식구조의 토대가 되기도 한다.

며 남한의 체제는 해방의 혼란을 극복하고 성취한 역사적 필연임이 부각되어야 했다. 1949년에 발표된 사적 개관들은 이런 남한 사회의 위기의식과 강화된 반공주의의 소산이라 할 수 있다. 해방 직후부터 단정 이전까지는 이념적 혼란과 갈등의 시기이며 남한 문단은 격렬한 좌우 대립의 과정을 거쳐 성취된 것이어야 했다. 단정 이후 우익 문인들에 의한 문단 석권이 합목적적인 결과가 되기 위해서 좌우 대립은 강조될 필요가 있었다. 여기서 좌익과의 투쟁 경력은 가장 확실한 정당성의 원천이며 문단 권력의 토대가 됨은 물론이었다.

1949년도 씌어진 사적 개관들의 구도와 서술 양상에서 이러한 맥락을 읽어내는 것은 그리 어려운 일이 아니다. 사적 개관들은 해방기 문단을 공산주의 진영의 격렬한 공세와 이에 대응하는 민족주의 진영의 고군분투라는 대립구조로 파악하며, 이에 따라 '중앙문화협회' '전조선문필가협회' '조선청년문학가협회'로 이어지는 하나의 역사를 구성한다. 김광섭이나 이헌구는 "中央文化協會를 中心으로한 民族主義陣營 文人들이 이 文化的 危機와 混亂을 克服하고저 總蹶起하여 結成한 것이 「全朝鮮文筆家協會」"28)였다거나 "左翼系列의 지나친 跳梁을 觀望할 수 없어서 中央文化協會가 中心이 되어 四百餘名의 文筆에 從事하는 民族陣營人士를 總網羅하여 全國文筆家協會를 結成"29)하였다고 서술함으로써, 중앙문화협회—문필가협회로 이어지는 우익 문단의 연속성과 민족문화 수호의 정통성을 강조한다. 조연현 역시 해방기 문단의 핵심 문제를 좌우의 대립과 투쟁으로 설정하고 해방기를 '혼란—투쟁과 갈등—정돈'의 과정으로 파악한다.30) 이런 시기 구분과 명명은 해방기를 좌익 추방과 단정 수립이라는 목표를 향해 유기적으로 진화한 시기로 보는 데서 비롯된다.

이런 서술에서 우익 문인들의 신념과 역할이 강조되는 것은 당연하

---

28) 김광섭, 「解放後의 文化運動槪觀」, 『민성』, 1949. 8.

29) 이헌구, 「解放四年文化史—文學」, 『민족문화』, 1949. 9.

30) 趙石濟, 「解放文壇 五年의 回顧」, 『신천지』, 1949. 9~1950. 2.

다. 이헌구와 김광섭은 좌익 일색의 문단에서 '중앙문화협회'나 '조선
문필가협회'가 민족문학의 명맥을 이어갔으며 이 과정에서 고군분투한
'문단주체세력'의 신념과 역할을 강조한다.31) 조연현 역시 좌익의 조직
적 우세와 우익의 열세를 대비시키고 우익 문인들이 어렵게 민족문학
을 수호해 왔음을 부각시킨다.32) 좌우의 격렬한 갈등이라는 플롯과 민
족문학을 수호하기 위해 좌익과 투쟁하는 '문단주체세력'이라는 인물
이 등장하면서 해방기는 하나의 '역사'로 재구성된다. 역사의 근본문제
는 사후에 구성되며 그 구성의 주체는 헤게모니를 장악한 집단이다.
반공주의에 의한 사회 재편과정에서 문단 권력을 석권한 우익 문인들
에게 좌우의 대립은 필수적인 조건이었다. 단정 이후의 '사적 개관'들
은 해방기 문학단체들의 조직과 개편, 통합과 해체의 과정을 좌우대립
이라는 구도로 조망함으로써, '문단주체세력'의 역사적이고 이념적인
정당성을 확보하는 데 기여하게 된다.

2) 문단 권력의 배분과 '순수문학론'의 위상

　단정 이후의 문단 재편 과정은 좌우 구별을 통한 권력의 위계화인
동시에 우익 문인 내부의 권력 배분 과정이기도 했다. 사적 개관들이
보이는 기술과 평가의 편차는 우익 문단 내부의 긴장과 갈등 관계를
암시하는 것이라 할 수 있다. 문학 단체들의 위상과 역할을 평가할 때,

---

31) 이헌구는 '중앙문화협회'의 경우, 공산진영의 "自家紛亂이 일어나는 틈을 타서 民族
　　을 위한 가장 眞正한 文化運動이 있어야 할 것을 切感한 김진섭 …(중략)… 等 二十
　　餘名은 우선 大勢를 觀望하면서 진실을 파악하자는 趣旨下에서" 만들어졌다고 술회
　　하며(이헌구, 「解放四年文化史-文學」, 『민족문화』, 1949. 9), 김광섭은 당시의 문화적
　　상황이 "左翼文化陣營이 朝鮮文化의 全體를 대표하는 듯한 版局下에" 있었지만 "文
　　筆家協會로 말미암아 民族主義精神이 죽지않았고…… 民族의 危機마다 지하의 샘같
　　이 솟아나온다는 것을 證明"했다고 평가한다.(김광섭, 「解放後의 文化運動槪觀」, 『민
　　성』, 1949. 8)
32) 趙石濟, 「解放文壇 五年의 回顧(二)」, 『신천지』, 1949. 10, 247-248쪽.

24

이헌구가 '중앙문화협회'와 '조선문필가협회'의 역할을 강조한다면[33] 조연현은 '청년문학가협회'의 역할을 강조한다.[34] 서술주체가 참여했던 조직의 위상이 강조되는 것은 경험의 층위에서 발생하는 자연스러운 일이다. 그러나 다른 단체의 역할과 의미를 격하하거나 축소하는 서술 태도는 우익 문단 내부에 존재하는 갈등에서 비롯된 것이라 할 수 있다.

'중앙문화협회'는 좌익문학과의 투쟁이 시작된 출발점으로 기억되지만 실천력이나 이념적 구심점을 지니지 못한 '群小 클럽'[35] 중의 하나로 평가된다. '전조선문필가협회' 역시 '문맹'의 문단 장악에 대응한 우익 문사들의 집결체로 평가되지만[36] 구체적이고 적극적인 활동사항이 없었다는 기억[37]이 함께 한다. '조선청년문학가협회'의 경우, 조연현은 해방 직후부터 지속되어 온 소장 문인들의 문학열을 바탕으로 구성된 것으로 보지만, 김광섭은 '문필가협회'의 결성과 그 위세에 자극되어 결성된 것으로 본다.[38] 또한 좌익과의 투쟁에서 가장 적극적이었다는 평가와 달리, 구체적인 실천력이나 조직력을 갖추고 있지는 못했

---

33) 이헌구, 「解放四年文化史－文學」, 『민족문화』, 1949. 9. 이헌구의 해방기에 대한 기억은 '중앙문화협회－조선문필가협회'를 근간으로 이루어지며 이는 「解放後四年間의 文化活動」(『문화와 자유』, 청춘사, 1958), 「'문필가협회'의 조직과 활동」(『현대문학』, 1965. 8), 「전조선문필가협회」(문인협회 편, 『해방문학 20년』, 정음사, 1966) 등에서 반복된다.

34) 趙石濟, 「解放文壇 五年의 回顧」, 『신천지』, 1949. 9~1950. 2. 조연현은 '청문협'이 문학 중심의 단체라는 점과 반공투쟁에 있어서 가장 전투적이었다는 점을 지속적으로 강조한다. 청문협의 독자적인 의미를 강조하는 조연현의 기억은 「'청년문학가협회'의 창립」(『신동아』, 1965. 9), 「概說」(문인협회 편, 『해방문학 20년』, 정음사, 1966), 『내가 살아온 한국문단』(현대문학사, 1968) 등에서 반복된다.

35) 곽종원, 「解放文壇 十年 總決算」, 『신인간형의 탐구』, 동서문화사, 1955, 176쪽.

36) 김광섭은 '조선문필가협회'가 공산계열의 정신적 침략에 대한 방어였으며 미흡한 점이 있었지만 민족주의 정신이 살아있음을 증명하는 계기였다고 평가한다.(김광섭, 「解放後의 文化運動槪觀」, 『민성』, 1949. 8)

37) 조연현, 「概說」, 문인협회 편, 『해방문학 20년』, 정음사, 1966, 12쪽.

38) 김광섭, 「解放後의 文化運動槪觀」, 『민성』, 1949. 8.

다는 견해39)도 있다. 이런 기억과 서술의 편차는 역사적인 조망이 이루어지는 당시의 갈등 관계를 반영하는 것이다. 문단 권력의 재편에서 자신이 속했던 문학 단체의 위상을 어떻게 설정하는가는 상당히 중요한 문제였기 때문이다.

해방 이후 문단 재편은 분단체제의 정착인 동시에 격렬한 세대교체의 과정이기도 했다. 월북과 월남으로 인한 인적구성의 변화와 지배이데올로기의 지형변화에 따라 문단은 새롭게 구성될 필요가 있었다. 특히 '민족'−'반공'−'순수'로 집약되는 남한 문단의 새로운 필요조건은 우익 성향의 젊은 문인들이 문단의 중심세력으로 등장하는 계기가 되며, 이렇게 등장한 '청문협' 계열의 소장 문인들은 다시 중견문인들과 경쟁하게 된다. '문맹'의 패권주의에 공동으로 대항하던 '문필가협회'와 '청문협' 계열의 문인들이 단정 이후 갈등 관계를 형성하는 것은 이미 예비된 일이었다. 좌우의 대립이 강조되는 상황 탓에 우익 내부의 차이점이 부각되지 않았을 뿐이지, 우익 문인들 상호간의 문학론과 지향점에는 상당한 거리가 존재했기 때문이다.

해방 직후부터 김광섭, 이헌구 등의 '중앙문화협회' 혹은 '문필가협회' 계열 중견 문인들이 '문화'의 층위에 강조점을 둔다면, 김동리, 조연현 등의 '청문협' 계열의 작가들은 '문학'의 층위에 강조점을 둔다. '중앙문화협회'나 '문필가협회'가 문학과 예술, 언론과 학계를 두루 포괄하는 문화 단체의 성격을 지닌다면, '청문협'은 젊은 작가들을 중심으로 한 문학 단체로 구성된다. '문필가협회'의 '結成大會趣旨書'에서 "生活의 理念이 되어 政治로 향하여 가는 眞正한 民主主義文化를 건설하려 한다."40)고 밝힌 것처럼, 문필가협회 계열의 문인들은 민족문화와 문화정책에 주목한다. 단독정부 수립 이후, 실제로 '문필가협회' 계

---

39) 김광주는 '청문협'이 "좌익 문학동맹과 대결하여 싸울만한 組織力이나 實踐力을 갖추고 있었지는 못했다"고 기억한다.(김광주, 「'예술조선' 시절의 희미한 회상」, 『현대문학』, 1965. 8, 233쪽)

40) 이헌구, 「解放後四年間의 文化活動」, 『문화와 자유』, 청춘사, 1958, 221쪽.

26

열의 문인들 중 상당수가 정계에 입문하거나 관료가 되기도 한다. 이런 행보와는 다르게 '청문협' 계열의 문인들은 창작 중심의 작품활동을 강조한다. 김동리가 정치운동과 일정한 거리를 둔 순문예 운동을 지속적으로 주장한 것이나,[41] 조연현이 '문필가협회'가 "嚴密한 意味에 있어서 文學團體"는 아니었으며 "젊은 文學人의 情熱과 抱負와 꿈과 意慾을 反映시키기에는 相當한 距離가 있었다"[42]고 평가한 것은, 창작을 중심으로 한 문학활동을 강조하는 입장으로부터 파생된 것이다. 조연현이 '청문협'이 해방 직후부터 '生活文化社'를 중심으로 모였던 소장 문인들의 모임인 '토요회'에서 비롯된 것이며 젊은 작가들이 지닌 문학에 대한 열정의 산물임을 강조하는 것도 이와 유사한 맥락이라 할 수 있다.[43]

이런 우익 문인 내부의 차이는 문학에 대한 입장의 차이로 표면화되고, 그 차이점이 가장 확연하게 노출되는 지점이 순수문학 문제였다. 순수문학론은 좌익과의 이론 투쟁에서 우파의 논리를 대변하는 문학론으로 평가되지만, 좌익이 소거된 단정 이후에는 우익 내부를 구획하는 척도가 된다. 결과적으로 순수문학론은 좌익은 물론 우익의 일부 민족문학론과의 분리를 예비하는 것이었다.[44] 순수문학과 계급문학의 구분을 통해 줄곧 좌우 문학론의 차이를 강조해 온 김동리는, 단정 이후 다시 '민족문학'과 '민족주의 문학'을 구분함으로써 '중앙문화협회'에 속했던 김광섭과 박종화 등의 민족문학론과 거리를 두고자 한다. 그는 '민족문학'을 '계급투쟁 문학으로서의 민족문학'과 '민족주의 문학으로서의 민족문학', '본격문학으로서의 민족문학'의 세 층위로 구분하고,

---

41) 김동리, 「文學運動의 具體的方法」, 『민성』, 1949. 10.
42) 趙石濟, 「解放文壇五年의 回顧(一)」, 『신천지』, 1949. 9, 258쪽.
43) '청문협'이 순문학에 대한 열의로부터 비롯됐다는 기억은 훗날 '중앙문화협회'가 '李承晩博士의 民間外交活動의 推進體的 役割'을 했다는 술회와 극명하게 비교된다.(조연현, 『내가 살아온 한국문단』, 현대문학사, 1968, 22쪽)
44) 신형기, 『해방 직후의 문학운동론』, 화다, 1988, 171쪽.

‘계급문학’이나 ‘민족주의 문학’과 달리 ‘본격문학’만이 보편성을 갖는다고 본다.45) 단정 이후 김동리의 순수문학론은 우익 문단 내부를 구획하고, 본격문학이라는 개념을 통해 문학성을 전유함으로써 문단 내에서 독보적인 위치를 구축하게 한다. 이즈음 김동리의 순수문학론은 1930년대 말에 그러했듯이 세대론의 성격을 확연하게 드러낸다. 민족문학과 순수문학을 구획하는 김동리의 관점은 조연현이 ‘순수문학진영’과 ‘민족문학진영’을 구분해 사용하는 것에서 다시 발견되기도 한다.46)

이런 순수문학론에 대응해 최인욱은 순수문학론의 비현실성을 비판하고 새로운 시대에 맞는 새로운 민족문학의 건설을 주장한다.47) 김광섭 역시 문학의 정치적 무관심을 비판하고 건국기 문화의 현실적 역할을 강조한다.48) 해방 직후 제기되었던 정치와 문학의 상관성 혹은 문학의 현실적 기능과 역할 문제가 재론되는 양상을 보이는데, 이는 단정 이후 문단 재편과 관련된 문인들 각자의 입지점과 관련이 있을 것이다. 김동리는 “文化運動은 政治運動이 아니다”라고 못박고 “文人이하는 政治運動을 그대로 文化運動이나 文學運動이라고 볼 수는 없는것이다”49)라고 주장한다. 그리고 문학운동의 중요한 방향으로 “純文藝誌의 發行”을 제시한다. 이런 발언은 정계에 투신한 ‘문필가협회’ 계열

---

45) 김동리, 「民族文學論」, 『대조』, 1948. 8.

46) “民衆日報가 그해의 五月에 發刊됨으로부터 民族文學陣營내지 純粹文學陣營은 그 沈痛한 孤獨에서 약간의 활기를 띠우게 되었던 것이다.”(趙石濟, 「解放文壇五年의 回顧(二)」, 『신천지』, 1949. 10, 248쪽)

47) 최인욱은 “새 時代의 擧族的要求에 귀를 막고 文學은 文學 本來의 純粹性을 固守함으로써 그 本分을 다한다는 安易感에 立脚하여 自己滿足을 일삼는것으로하여금 오늘의 文學을 十九世紀 以前으로 밀어놓고 晏然할수 있을것인가.”라고 순수문학론을 비판하고, 새로운 민족문학은 “民族과 國家의 發展向上에 精神面의 主動的 役割을 하는것이 아니면 아니될것이다.”라고 주장한다.(최인욱, 「民族文學序論」, 『대조』, 1949. 1)

48) “오늘世界의 大勢로 보아 政治와 文化는 검은 것과 흰 것같이 線을 그어 놓을 것이 아니오 …(중략)… 政治의 認識과 마찬가지로 文化의 認識도 現實의 規定을 多分히 받는 것이다.”(김광섭, 「解放後의 文化運動槪觀」, 『민성』, 1949. 8, 79쪽)

49) 김동리, 「文學運動의 具體的方法」, 『민성』, 1949. 10.

의 중견 문인들이 문단에서 갖는 위상을 약화시키는 동시에, 순문예를 표방한 『문예』 발간에 관여하는 자신들의 입지를 강화하는 결과를 낳는다. 반면에 문학과 정치의 상관성을 강조하고 민족국가 건설이라는 당면 과제를 위해 문학이 헌신해야 한다는 김광섭의 발언 역시 정계에 투신한 자신의 처지로부터 나온 것은 물론이다. 순수문학론은 단정 이후 문단의 재구성 과정에서 발생할 수밖에 없었던 문단의 주도권 문제가 표면화되는 구체적 계기라 할 수 있다. 『문예』를 발간하며 순문예 운동을 강조한 김동리·조연현 등의 '청문협' 계열 문인들과 정계에 진출한 '문필가협회' 계열의 중견 문인들의 갈등은 예비된 것이기도 했다. 그것은 분단에 따른 좌우 갈등이라는 보다 시급한 문제에 가려져 있었을 뿐이었다. 단정 이후 문단 재편 과정에서 수면 위로 떠오르던 우익 문단 내부의 주도권 문제는 6·25전쟁 발발로 다시 잠복기에 접어들게 된다. 그러나 이런 갈등은 결국 1954년의 예술원 파동으로 분출되고 만다.

조연현이나 곽종원이 기술한 사적 개관들에서 순수문학론이 좌익과의 대표적인 이론투쟁으로 강조되는 것은 반공주의의 영향이자 세대론적 욕망의 산물이라 할 수 있다. 세대론의 성격을 지닌 순수문학이 단정 이후 강력한 상징자본이 될 수 있었던 것은 반공주의에 의한 문단 재편에서 비롯된 바가 크다.[50] 이념과 세계관의 차이로부터 문학론의 차이가 발생하고 이것이 격렬한 논쟁의 형태로 분출되어야 했으며, 이런 필요에 부응한 것이 순수문학논쟁이라고 할 수 있다. 좌우의 대표적인 이론투쟁으로 신비화된 순수문학론이 반공주의에 의해 구조화된 문단에서 강력한 상징자본이 되는 것은 당연한 일이었다. 그리고 이것은 단정 이후 청문협을 중심으로 한 소정문인들의 세대론적 욕망을 지

---

50) 만약 해방기의 순수문학론이 좌우와의 이론투쟁이었다면 1930년대 제기된 김동리의 순수문학론 역시 좌익과의 이론투쟁이 되어야 한다. 질적으로 유사한 내용이 시대적 맥락에 따라 상이한 의미를 지닐 수는 있지만, 해방기의 순수문학론이 좌우의 이념논쟁으로 특화될 수 있는지는 의문이다.

지하는 토대가 되기도 한다. 그러나 순수문학논쟁과 관련된 입론들이 좌우의 이념과 세계관에 입각한 것인지 혹은 그 차이에 따라 논쟁의 진영이 설정된 것이지에 대한 검토없이, 좌와 우의 문인들이 논객으로 등장했다는 것 자체로 좌우의 이론투쟁이 되어버린 감이 없지 않다. 이런 구획은 결국 '순수=우익' '참여=좌익'이라는 엉뚱한 도식을 낳았으며, 이후 반복되는 순수문학논쟁에서 항상 이념적 색깔 시비가 제기되는 어처구니없는 결과를 낳기도 한다.51)

4. 결론 및 남는 문제들

해방 이후 한국문단은 반공주의라는 강력한 지배 이데올로기의 압력 속에서 형성된다. 현실에 대한 총체적인 이해와 비판력을 상실하게 된 것도 형성의 과정에서 작용한 반공주의의 영향에 의한 것이라 할 수 있다. 지속적인 금기의 내면화와 자기 검열, 소재와 세계관의 제약은 한국문학이 전통적인 자연이나 내면적 문제에 천착하게 만들기도 한다. 그것의 긍·부정성은 다시 면밀히 따져봐야 할 문제이지만, 반공주의가 한국문학의 형성과 성장에 많은 영향을 준 것만은 사실이다. 특히 해방기는 반공주의가 스스로를 정당화하고 현실화하는 원초적인 형태를 보여준다는 점에서, 반공의 주체가 남한 문단의 주도적인 세력으로 자리 잡게 되는 첫 장면이라는 점에서 주목해봐야 할 지점이다.

단정 이후 문단의 재편과정에서 일군의 우익 문인들은 스스로의 문단 권력을 강화하고 권력의 위계를 설정하는 데 반공주의를 적극적으로 활용한다. 지명행위를 통해 좌우를 구분하고 이를 토대로 문단권력을 독점했으며, 이 과정에서 타자로 설정된 중간파 문인들이나 전향문

---

51) 참여를 강조하는 문학론을 좌파로 몰아세우는 어처구니없는 이념공세가 가능했던 것은 '순수=우'이고 '참여=좌'라는 도식이 작동했기 때문이다. 이런 도식이 작동한 극단적인 경우가 1970년대 리얼리즘론에 대한 김동리의 색깔 공세이다.

인들은 이후 문단의 중심에서 배제되거나 지속적인 감시와 사상적 혐의에 시달려야 했다. 단정 직후 해방기에 대한 회고들은 반공주의가 문단에 작용하는 흔적이며 새롭게 문단 주체로 떠오른 우익 문인들의 권력 배분과 위계화의 산물이기도 하다. 좌익이 소거된 상태에서 한국문학의 주체로 등장한 우익 진영의 문인들에게 해방기는 좌익과의 격렬한 투쟁기여야 했으며 단정 이후의 문단은 그 투쟁의 결과물이어야 했다. 좌우 갈등을 근본문제로 설정하고 좌우 대립을 강조하는 것은 문단 내부에 작용한 반공주의의 영향이라 할 수 있다. 또한 서술 주체의 정당성 확보와 문단 내부의 입지를 강화하기 위해 기억의 상당부분이 조정되기도 한다. 문학 단체의 위상과 역할에 대한 평가나 순수문학론을 필두로 한 좌익과의 논쟁은 문단 권력의 배분이나 위계화와 연계되어 있으며 서술 주체에 따라 상당 부분 변형되기도 한다. 우익 진영의 사적 개관들이 해방기를 격렬한 좌우대립으로 설정하고 좌익과의 치열한 갈등을 상정하는 것은, 단정 이후 문단의 재편과정에서 발생하는 주도권 문제로부터 파생하는 것이며, 여기에 반공주의는 가장 중요한 척도로 작용한다.

규율체계로서의 반공주의는 특정 이념을 부정하는 의미작용과 기능을 초월한다. 반공주의는 감시와 처벌, 금기와 억압의 규율장치이며, 구조 안의 위계를 설정하고 권력을 배분하며 지속적이고 자발적인 동원의 구조를 재생산한다. 이 논문은 문단의 구성과 새로운 주체의 등장이 이런 규율체계로서의 반공주의와 밀접히 연결된다는 점을 밝혀보고자 했다. 이렇게 형성된 문단주체세력이 어떤 역할을 하는지에 대한 분석과 문단 권력을 둘러 싼 긴장관계에 대한 통시적인 고찰, 지배 이데올로기와 연동하는 문학 장의 변화양상은 앞으로의 과제라 할 것이다. 해방기는 시작과 함께 봉쇄된 해방의 가능성에서 미처 눈을 떼지 못한 자와 해방의 현실태에 먼저 눈을 뜬 자의 운명이 엇갈린 시기이다. 현실의 맨얼굴을 직시했던 자들과 해방의 신기루에 눈이 먼 자들의 행방을 추적하는 일은 한국문단의 주체 연구와 관련해 상당히 의미

있는 일이라 할 것이다. 특히 그동안 미진했던 전향문인이나 부역문인
에 대한 연구는 문단주체세력의 연구 못지않게 중요하다. 반공주체에
의해 타자로 지목된 자들은 곧 반공주의에 의해 일그러진 우리 문학의
반쪽 초상화이기 때문이다.

주제어 : 반공주의, 해방기 문단, 호명, 문단 권력, 순수문학론, 세대론

◆ 참고문헌

1. 기본자료

「광복 후의 문예지/광복 후의 문학단체」, 『현대문학』, 1965. 8.
조선문학가동맹, 『建設期의 朝鮮文學』, 백양당, 1946.
조선출판문화협회, 『解放後四年間 出版大鑑』, 1948.
한국문인협회 편, 『解放文學 20年』, 정음사, 1966.
『韓國現代文學資料叢書, 1945. 8~1950. 6』, 거름, 1987.

2. 단행본 및 논문

강진호 엮음, 『한국문단 이면사』, 깊은샘, 1999.
곽종원, 『신인간형의 탐구』, 동서문화사, 1955.
김 철, 『구체성의 시학』, 실천문학사, 1993.
김동리, 『문학과 인간』, 청춘사, 1952.
김동춘, 「한국전쟁과 지배이데올로기의 변화」, 『분단과 한국사회』, 역사비평, 1997.
김한식, 「김동리 순수문학론의 세 층위」, 『상허학보』 15집, 2005. 8.
문학과비평연구회, 『한국 문학권력의 계보』, 한국출판마케팅연구소, 2004.
송희복, 『해방기 문학비평 연구』, 문학과지성사, 1993.
신형기, 『해방직후 문학운동론』, 화다, 1988.
──, 『해방 3년의 비평문학』, 세계, 1988.
이헌구, 『문화와 자유』, 청춘사, 1958.
임헌영, 「미군정기의 좌우익 문학논쟁」, 『해방전후사의 인식 3』, 한길사, 1987.
정영태, 「일제말 미군정기 반공이데올로기의 형성」, 『역사비평』, 1992년 봄.
조연현, 『문학과 사상』, 세계문학사, 1949.
──, 『내가 살아온 한국문단』, 현대문학사, 1968.
조희연 편, 『한국의 정치 사회적 지배담론과 민주주의 동학』, 함께 읽는 책, 2003.
홍성민, 『문화와 아비투스』, 나남, 2000.
삐에르 부르디외, 『구별짓기』, 새물결, 1996.

◆ 국문초록

이 논문의 목적은 해방기 한국문단의 형성에 작용한 반공주의의 작동양상을 분석해보는 것이었다. 한국 사회에서 반공주의는 단정과 분단체제의 고착에 따른 친미·반북주의 혹은 국가주의와 결합하면서 본격적으로 가동되기 시작한다. 반공주의는 주체적이고 합리적인 선택의 결과가 아니었으며, 남한의 다른 사회 분야와 마찬가지로 문단 역시 반공규율사회로 편입된다. 단정 이후 문단의 재편과정에서 일부 우익 문인들이 스스로의 문단 권력을 강화하고 권력의 위계를 설정하는 데 반공주의를 적극적으로 활용하기도 한다. 그들은 지명행위를 통해 좌우를 구분하고 이를 토대로 문단권력을 독점하고자 한다. 타자로 설정된 중간파 문인들이나 전향문인들은 이후 문단의 중심에서 배제되며 지속적인 감시와 사상적 혐의에 시달려야 했다.

단정 직후 해방기에 대한 회고들이 씌어진다는 점은 상당히 의미심장한 현상이다. 좌익이 소거된 상태에서 새롭게 한국문학의 주체로 등장한 우익 진영의 문인들에게 해방기는 좌익과의 격렬한 투쟁기이어야 했으며 단정 이후의 문단은 그 투쟁의 결과물이어야 했다. 좌우 갈등을 근본문제로 설정하고 좌우 대립을 강조하는 것은 문단 내부에 작용한 반공주의의 영향이라 할 수 있다. 또한 서술 주체의 정당성 확보와 문단 내부의 입지를 강화하기 위해 기억의 상당부분이 조정되기도 한다. 좌익과의 대표적인 이론 투쟁이라 평가되는 순수문학론 역시 세대론의 성격을 은폐하고 있으며, 좌익과의 이론 투쟁의 결과물로 그려진다. 문단 내부의 권력 관계로부터 발생한 순수문학론은 반공주의에 의해 상당부분 신화화된 측면이 있다.

결국 우익 진영의 사적 개관들이 해방기를 격렬한 좌우대립으로 설정하고 좌익과의 치열한 갈등을 상정하는 것은, 단정 이후 문단의 재편과정에서 발생하는 주도권 문제로부터 파생하는 것이며, 여기에 반공주의는 가장 중요한 척도로 작용한다. 단정 이후의 강력한 반공주의는 다양한 가능성으로 열려있던 해방기를 좌우의 갈등으로 설정함으로써 반공주체들에 의한 문단 석권을 정당화하고 이를 통해 문단 내부를 규율하는 권력 장치로서의 지속성을 확보하게 된다.

◆ SUMMARY

A Study on the Literary World's Formation in the Liberation Era and the Operating Aspects of Anti-communism

Ryu, Kyong-Dong

The purpose of this thesis is to analyze the operating aspects of anti-communism that is acted upon the Korean literary world's formation in the Liberation era. 'Anti-communism' is not a word that is simply meaning an individual's political taste, being against communism. After separated regimes, anti-communism as the control system which had control of the Korean society surpasses the signification and function that denies a specified ideology. Anti-communism is the control system which carries out supervision and punishment, taboo and oppression. It determines the grade of ranks in the structure, allocates the power, and reproduces the system of mobilization that is continuous and voluntary.

The literary world is on the strength of the control system of anti-communism, in the same manner as the other social fields in South Korea. After the independence government some of the right-winger's literary man, actively, put anti-communism to use, to strength their literary world's power and to determine a grade of ranks of power in the process of literary world's reorganization. They classify the left and right by calling over the names, and try to engross literary world's power on this. The neutrals and a convert come in the other. Afterwards they are excluded from the center of literary world, and continuously kept under the ideological supervision.

It is a matter of great importance that the Liberation era directly after the independence government is looked behind. The right-winger's literary men are newly became the subject of Korean literature in a state of exclusion of the left-winger's. To them, the Liberation era had to be a period of struggle. It could be said that anti-communism had an effect on to set up conflict of the left and right a fundamental problem, and to give emphasis to the opposition of the left and right. Also, much of the memory are composed for guarantee of the legitimacy, in relation to the subject of narration. The theory of pure literature is evaluated as a representative theoretical dispute with the right-winger's, and it also covers up the characteristic of a shift in generations.

After all, it is derived from a struggle for leadership in the process of literary world's reorganization after the independence government that the right wing makes the Liberation era a furious opposition of the left and right and supposes fierce complications with the left wing. In this point, anti-communism was determined to the most important measure. A strong anti-communism after the independence government replaces manifold possibilities of the Liberation era with a conflict of the left and right. Hereby, having control of the literary world could be by the subject of anti-communism. And a durability of the power equipment to control the literary world could be made certain.

The width and depth of Korean literature were restricted by anti-communism internalized in Korean literature and the structure of a cold war. And, the total understanding and the critical faculty about reality were made impossible by that too. In a sense, Korean literature was immersed in the traditional nature and the subject of introspection, being by the enduring internalization of taboo and the self-censorship, and the restriction of a subject matter and a view of the world by anti-communism. An in-depth study on its positivity and negativity is proposed as the next problem.

Keyword : anti-communism, literary world in the Liberation era, calling by name, distribution of power, theory of pure literature, dispute of generation

－이 논문은 2007년 7월 31일에 접수되어, 소정의 심사를 거쳐 2007년 9월 30일에 최종적으로 게재가 확정되었음.

역사를 문학으로 번역하기 그리고 반공 내셔널리즘
- 반공 내셔널리즘을 묻는다

남 원 진*

목 차

1. 반공(反共), 맨 얼굴의 내셔널리즘

　　금번의 남침사건을 계기로하여 남한국민이 체득한바는, 더말할것도없이, '볼쉐비키'들의 무서운 야수성과 폭력성과 기만성일것이다. 이리하여 우리가 말할수 있는것은, 공산주의는 가치판단의 동일한평면에서 생각할 수있는 수많은 정치사상중의 한가지가아니고, 그것은 가치판단의 영역외에 존재하는 인류의 영원한적이라고 할 수 있다.[1]

---

* 건국대 강사.

** 이 논문은 2005년도 한국학술진흥재단 지원으로 연구됨(KRF-2005-079-AM0037).

[1) 이건호, 「폭력에 대한 항의」, 유진오·모윤숙·이건호·구철회, 『고난의 90일』, 수도문화사, 1950, 115쪽. 이건호(고려대학교 교수)의 인민군 치하의 '고난'의 체험담은 이데올로기적 성격을 은폐하면서 재현의 사실성을 높여준다. 그래서 이것은 대한민국이 유포한 반공 내셔널리즘을 강화시켜 주는 것이다. 그런데 이런 반공 지식인들의 체험은 국방부 정훈국을 통해 널리 유포되면서 공적 기억으로 자리 잡고 대한민국의 역사

우리가 이 땅위에 진정한 민주주의를 확립하기 위해서는 모든 태세의 공산주의 침략을 분쇄할 뿐만 아니라, 공산주의 침략의 모든 요인을 제거하지 않으면 안 됩니다. (……) 우리는 용공 분자를 소탕하고 그들의 침투를 봉쇄하였으며 공산 침략의 계기가 되는 온갖 부정과 부패를 제거하고 빈곤과 기아를 구축하는 데 주력을 다했던 것입니다. 입으로만 외쳤던 반공 태세는 국민 개개인의 생활을 통해서 확고히 정비되었고 국민 한 사람 한 사람이 반공 전사로서의 무장을 갖추게 되었읍니다.[2]

반공은 민족과 도덕을 파괴하는 공산주의에 반해 민족의 안전과 사회의 질서를 유지하기 위한 것으로 설명된다. 특히, 반공은 이데올로기로서의 자기 완결적 구조를 갖지 못한다. 그 자체로서 불완전한 반공은 내셔널리즘과 결합되어 나타나는데, 이런 반공의 이념적 가변성에 주목하여 이를 이차적 이데올로기라고 할 수 있다. 이승만 정권의 반공은 '공산주의=야만=반민족'이라는 등식에 의해 내셔널리즘과 결합하고, 박정희 정권 또한 '공산주의=서구사상=전통말살'이라는 의미 연쇄를 통해서 반공과 내셔널리즘을 결합시킨다. 위의 인용에 보듯, 50년대 반공이 '공산주의=인류의 영원한 적'이라는 체험의 직접성을 드러낸 내셔널리즘인 반면에 1960년대 반공은 국민('국민=반공전사')의 생활 논리로 내면화되기 시작한 체계화·제도화된 내셔널리즘이다. 반공 내셔널리즘은 억압적인 권력 기제의 측면에서만이 아니라 분열을

가 된다.(김동춘의 『전쟁과 사회』(돌베개, 2006, 73-74쪽)에서 인용하고 분석한 위의 대목은 모윤숙의 글 「나는 정말로 살아있는가?」가 아니라 이건호의 글 「폭력에 대한 항의」이다.)

2) 박정희, 「민족의 번영을 위한 정치 작업—5·16 군사 혁명 1주년 기념식 기념사(1962년 5월 16일)」, 『박정희대통령선집』 3, 지문각, 1975, 240쪽. 여기서 박정희는 '용공 분자를 소탕하고 그들의 침투를 봉쇄했다'고 지적하지만, 사실은 '5·16' 이후 미국의 승인을 받기 위해 '없으면 만들어내는 마구잡이 사냥'으로 진보 인사 4천여 명을 검거한 것이다(강준만·김환표, 「미국의 인정을 받기 위한 '빨갱이 만들기'」, 『희생양과 죄의식』, 개마고원, 2004, 141-142쪽). '투철한 반공 의지를 미국에 천명하기 위한 조치'라는 정치적 성격은 은폐된 채, 이 사실은 '진정한 민주주의를 확립하기 위한 것'으로 설명되고 유포된다.

봉합하려는 권력 자체의 상투적인 수사로서 재현된다.[3]

그렇다면, 왜 반공 내셔널리즘인가? 남한에서 반공과 같은 정언 명령이 국민의 존재 증명 조건으로 기능하던 시절에, 문학으로 역사를 쓰는 의미란 무엇인가? 문학은 대한민국의 '공식적인' 기억을 어떻게 반복·재생산하는가? 이런 필자의 문제 제기는 역사를 번역해 내는 문학적 실천에 대한 질문에 다름 아니다. 특히 '반공=애국'을 주장하는 반공 내셔널리즘의 논리는 순수한 세계의 이면에 감추어진 비참한 세계(단정 수립 이후 반공으로 가려진 광기와 살육의 현장)를 가리고 은폐하는 매우 탁월한 반사경이다. 이런 측면은 본문에서 분석하겠지만, 여하튼 대한민국의 '공식적인' 역사에 대한 문학적 번역은 정치적으로 매우 위험하다.

최근 반공에 대한 사회학이나 문학 연구는 산재해 있다.[4] 그런데 여

---

[3] 반공 내셔널리즘의 구축과 문학적 양상을 다룬 연속적 논문이 ① 「반공국가의 법적 장치와 〈예술원〉 성립 과정 연구」(『겨레어문학』 38, 2007. 6), ② 「역사를 문학으로 번역하기 그리고 반공 내셔널리즘―반공 내셔널리즘을 묻는다」, ③ 「반공(反共)의 국민화, 반반공(反反共)의 회로―반반공 내셔널리즘을 묻는다」(『국제어문』 40, 2007. 8)이다. 'nation'은 '국민·민족·국가'로, 'nationalism'도 '국민주의·민족주의·국가주의'로 번역된다. 국민주의나 민족주의는 대부분 국가주의의 다른 이름이며, 전제주의가 관철되는 하나의 방식으로 작용한다. 여기서 광기와 살육의 기억으로 각인된 반공 내셔널리즘이 매우 위험하듯, 반공 내셔널리즘을 비판하는 반동일화의 실천도 이들이 거부하려던 내셔널리즘의 사고 체계에 갇히는 결과, 즉 대립하면서 닮아가기의 한 양상을 초래한다. 너희의 칼로 너희를 칠 수 없듯이, 내셔널리즘의 전략으로 내셔널리즘을 넘어설 수 없다는 것.

[4] 최근 '반공' 관련 대표적 문학연구 성과는 김진기, 「반공주의와 자유주의」(『현대소설연구』 25, 2005. 3), 유임하, 「이데올로기의 억압과 공포」(『현대소설연구』 25, 2005. 3), 김한식, 「김동리의 순수문학론의 세 층위」(『상허학보』 15, 2005. 8), 이봉범, 「반공주의와 검열 그리고 문학」(『상허학보』 15, 2005. 8), 차혜영, 「국어 교과서와 지배 이데올로기」(『상허학보』 15, 2005. 8), 유임하, 「마음의 검열관, 반공주의와 작가의 자기 검열」(『상허학보』 15, 2005. 8), 김진기, 「반공에 전유된 자유, 혹은 자유주의」(『상허학보』 15, 2005. 8), 강웅식, 「전체주의적 반공주의와 순수·참여 논쟁」(『상허학보』 15, 2005. 8), 강진호, 「반공의 규율과 작가의 자기 검열」(『상허학보』 15, 2005. 8), 임경순, 「검열 논리의 내면화와 문학의 정치성」(『상허학보』 18, 2006. 10), 김한식, 「『백민』과 민족문

기서 문제삼고자 하는 것은 반공으로 가려진 광기와 살육의 현장을 다룬 역사를 번역해 내는 문학적 실천이다. '대한민국'이라는 반공 국가의 구축에 결정적인 역할을 한 사건이 '여순 사건'과 '한국 전쟁(6·25 전쟁)'이다. 이 글은 이런 해방 이후 반공 국가의 역사에 대한 월남민(오영진, 김이석)과 비월남민(김동리, 차범석), 소설가(김동리, 김이석)와 극작가(오영진, 차범석)의 문제작들을 교차하면서 검토할 것이다.[5] 이에 대해 주목하는 이유는 단독 정부 수립 이후 대한민국의 역사의 기억을 서서히 국가가 전유함으로써 문제성을 드러내는 작품들이기 때문이다. 여기서 문학으로 역사를 쓰는 방식은 반공 내셔널리즘의 탁월한 반사경의 역할을 한다는 것이 문제이다. 또한 이 작가들의 문제작이 이데올로기적 성격이 은폐된 채 널리 유포되었다는 것이 더욱더 문제이다.

　문학은, 근대에 특별한 의미를 부여받고, 그로 인해 특별한 중요성과 가치를 갖게 된다. 근대 문학은 '공감'의 공동체이며 '상상된' 공동체인 국민의 기반이 된다. 문학은, 특히 서사 양식은 지식인과 대중 또는 다양한 사회적 계층을 공감(동질적이고 공허한 시간 안에서의 동질성의 경험)을 통해 하나로 만들어 국민을 형성한다.[6] 반공은 민족을 국

　　학」(『상허학보』 20, 2007. 6), 김진기, 「반공호국문학의 구조」(『상허학보』 20, 2007. 6) 등이다.

5) 이 글에서 선별된 문제작들은 '어느 정도' 공적인 가치나 규범을 창출할 수 있는 정전(Canon)으로 인정되면서 유포된 작품들이다. 오영진의 「살아있는 이중생각하」는 『국어』(6차) 교과서에, 김동리의 「형제」는 〈새 국민문고〉 4권 『통일의 길』(1969)에, 김이석의 「광풍속에서」는 『전쟁문학집』(1962)에, 차범석의 「산불」은 『문학』(7차) 교과서에 각각 실려 있다. 특히 『전쟁문학집』은 '5·16의 정당성과 반공 이념 강화'를 위해서 군(國軍)에 유포된 작품집이며, 〈새 국민문고〉 4권 『통일의 길』은 박정희 정권의 '새 국민 만들기' 기획을 위해 고등학교용으로 유포된 문고판이다. 오영진과 차범석의 희곡은 〈극예술협의회〉(1949) 〈국립극단〉(1962)에서 각각 공연되며, 『국어』나 『문학』 교과서에 수록되면서 정전화 과정을 거친다. 여기서 말해지는 정전(正典)은 공적인 가치나 규범을 창출하고, 정통과 이단의 합법화된 기준을 제시하며, 지배 이데올로기의 재생산에 기여하는 문헌이다. 그러하기에 필자는 이 텍스트들에 주목한 것이다(J. Guillory, 「정전(正典)」, F. Lentricchia · T. McLaughlin 편, 정정호 외 역, 『문학연구를 위한 비평용어』, 한신문화사, 1994, 303-305쪽).

민으로 재편하는 과정에서 사상적으로 순응하는 주체들을 선별하여 국민으로 승인하는 척도이다. 여기서 국가는 대중을 사상적으로 선별하고 통제하며 균질화된 국민을 창출한다.[7] 다시 말해서 남한에서 반공 내셔널리즘은 혼종성을 동일성의 코드로 봉합하는 기제이다. 당연히 반공 내셔널리즘이 작동할 때 그 사회는 그것을 자연스럽고 자명한 것으로 받아들이는 것은 분명하다. 그 사회는 반공 내셔널리즘이 역사적으로 굳어져 온 것임을 부인하는 것도 또한 자명하다. 사실, 반공과 관련된 역사의 기억이 국가에 의해 전유되면서 반공 내셔널리즘은 지상 과제로 굳어진다.

　여기서 작가들의 문학으로 역사를 재현하는 작업은 반공 내셔널리즘을 창출하며, 이를 통해 반공 국민의 동일성 코드를 확인할 수 있게 한다. 작가들에게 드러나는 역사를 문학으로 번역하는, 문학적 실천은 역사가 사라지고 역사가 만들어지는 과정으로 재현된다. 이는 과거의 역사를 수정할 뿐만 아니라 특정한 사건에 대한 기억을 공적 기억 속에서 제거하는 작업이다. 이 지점이 바로 문제의 핵심이다. 번역은, 어떤 번역이건 개인은 그 번역을 통해 타자의 존재를 인식하고 주체를 구성한다.[8] 이는 역사를 참조하면서 주체가 원하는 '역사'상을 만들어낸다.

---

6) W. Benjamin, 반성완 역, 『발터 벤야민의 문예이론』, 민음사, 1983, 352-353쪽; B. Anderson, 윤형숙 역, 『상상의 공동체』, 나남출판, 2002, 48쪽, 柄谷行人, 조영일 역, 『근대문학의 종언』, 도서출판 b, 2005, 51쪽.

7) 유임하, 「이데올로기의 억압과 공포-반공 텍스트의 기원과 유통, 1950년대 소설의 왜곡」, 『현대소설연구』 25, 2005. 3, 67쪽.

8) 번역의 불투명성을 다룬 대표적 논의는 W. Benjamin, 「번역가의 과제」(『발터 벤야민의 문예이론』, 반성완 역, 민음사, 1983), G. C. Spivak, The Politics of Translation(*Outside in the Teaching Machine*, Routledge, 1993), 酒井直樹, 「문학의 구별과 번역이라는 일」(『번역과 주체』, 후지이 다케시 역, 이산, 2005), Tessa Morris-Suzuki, 「상상할 수 없는 과거: 역사소설의 지평」(『우리 안의 과거』, 김경원 역, 휴머니스트, 2006) 등이다. 여기서 필자가 쓰는 '번역'이란 '창조적 허구의 결과물을 산출하는 행위'에 국한된 것이 아니라 '사실과는 다른 허구적 창조'를 포함한 '어떤 사실을 재구성하는 모든 글쓰기 행위'를 의미하는 개념으로 사용된다.

이 글에서 문제삼고 있는 오영진, 김동리, 김이석, 차범석의 문제작들은 역사의 번역을 통해 주체가 원하는 '대한민국'의 형상을 상상해낸 산물이다. 이 지점에서 이것은 민족과 도덕으로 세탁 표백된 역사로 재구성되어 국민들에게 널리 유포된다. 그래서 이 글은 반공 내셔널리즘 그 자체라기보다는 반공 내셔널리즘으로 재구성된 역사에 주목한다.

2. 국가의 역사를 문학으로 번역하기

1) 해방 이후 역사의 국가적 전유

남한에서 월남한 작가의 존재 방식은 무엇인가? 반공은 애국이다?[9] 오영진은 해방 후 평양에서 조만식·오윤선(부친) 등과 함께 〈조선민주당〉 창당에 참여한다. 그는 1947년 월남하여 반민족문학에 반대하는 강령을 내세운 〈월남작가회〉에 참가한다.[10] 여기서 월남 문인들의 〈월

---

9) 김귀옥은 이북5도위원회 산하 동화연구소의 기관지인 『월간 동화』에 대한 분석을 통해서, 다음과 같은 사람들이 월남민이라 주장된다는 통념을 제시한다. ① 월남인은 대다수 북에서 중산층이거나 엘리트에 해당하던 사람이다. ② 월남시기에서 한국전쟁 이전의 월남인 수가 전쟁시기의 월남인 수보다 더 많다. ③ 그들의 월남동기는 반소·반공주의이다. ④ 월남인 청·장년 인사들은 대부분 서북청년회와 같은 반공단체에서 활동했거나 종군하여 반공을 수호하기 위한 역할을 하였다. ⑤ 월남인들은 고향 북한으로 돌아가기 위한 권토중래(捲土重來)를 기하고 있다.(김귀옥, 『이산가족, '반공전사'도 '빨갱이'도 아닌…』, 역사비평사, 2004, 145-150쪽)

10) 여기서 잘 알려지지 않은 〈월남작가회〉는 어떤 단체인가? 이 단체는 김동명·전영택 등 20여 명의 작가의 발기로 1949년 11월 30일 서울특별시청 회의실에서 반민족문학에 반대하는 강령을 내세운다. 그 결성식은 전영택의 개회사로 시작된다. 임시집행부 선거에서 김동명이 위원장으로 선임되고, 선언강령규약이 통과된다. 구성은 대표: 김동명, 부대표: 전영택, 지도위원: 염상섭·최독견·주요섭, 전문 위원: 안수길·박영준·최태응·오영진 등이다. 강령의 내용은 '① 우리는 민족문화의 행동부대로서 반민족적인 일체 문학행동과 대결함. ② 우리는 세계민주주의 작가와 대오하여 새로운 문학정신을 탐구에 정진함. ③ 우리는 둘의 세계를 몸소 체험한 지성으로서 문학정

남작가회〉나 〈전국문화단체총연합회(문총)〉의 〈북한지부〉의 결성은 단독 정부 수립 이후 월남 문인들만의 단결을 강화하고 '반공문화전선'의 일원임을 주장함으로써 사회·문화적 발판을 얻기 위한 일련의 활동들이다. 그래서 〈월남작가회〉는 반공 단체임은 자명하다. 또한 그는 피난지 부산에서 월남 문인들로 구성된 〈문총 북한지부〉를 조직하며, 반공예술제를 개최하고, 『주간문학예술』, 『문학예술』을 발간하며, 중앙문화사(출판사)를 설립하여 국내외 반공 서적을 출판하는 등의 문화 사업을 벌인다. 이런 사실에서 월남 작가로서 오영진은 '반공은 애국이다'라는 명제를 실천한 인물임은 분명하다. 여기서 그의 반공 내셔널리즘은 월남 이후 반공 행적에서 알 수 있듯이, 이북 사회의 생활이라는 체험의 직접성에서 그 기원을 찾을 수 있다.

> 하 식 일본 놈들에게 끌려가 죽을 고생을 하다가 그것두 모잘라 우리나라가 독립된 줄도 모르구 화태에서 십년이나 고역을 치르구 돌아온 하식이올씨다. 화태에서는 아직두 아버지 같은 사람이 떠밀다시피 보낸 젊은이와 북한에서 잡혀 온 수만 동포가 무지막도한 쏘련 놈 밑에서 강제 노동을 하구 있어요. (……) 우리 앞엔 우리를 새로운 권력과 독재자에게 팔아먹으려는 원수가 있어요. 지구상에는 독재와 폭력이 남아 있어요. 하루빈 장춘 흥남 그러군 화태! 어, 몸서리가 칩니다. 형님 우리나라가 독립된 줄두 모르구있는 동무들…11)

오영진이 절필 이후 최초로 쓴 3막 4장의 희곡 「살아있는 이중생각하」는 1949년 6월 〈극예술협의회〉에서 초연된 후, 1958년 시나리오 「인

신 탐구에 정진함.' 등이다.(「월남작가회, 반민족문학 반대를 강령으로 내세우고 결성」, 『서울신문』, 1949. 12. 4), 국사편찬위원회, 『자료대한민국사(1949년 11~12월)』 15, 국사편찬위원회, 2001, 405쪽) 이런 『서울신문』의 자료에 근거한다면, '1949년 12월 김동명이 대표로 결성된 〈월남문학자클럽〉'이라는 지적은 잘못된 것이다.

11) 오영진, 「인생차압」, 『한국문학전집』 33, 민중서관, 1960, 489쪽. 한옥근의 『오영진 연구』(시인사, 1993, 97쪽)의 설명과는 달리 『한국문학전집』에는 1949년 6월 〈극예술협의회〉에 초연된 후 희곡 「살아있는 이중생각하」가 「인생차압」이란 제목으로 개작되어 실려 있다. 물론 시나리오 「인생차압」의 대본과는 다르다.

44

생차압」으로 개작 발표된다.12) 이 작품은 '친일 반민족주의자'로 그려
지는 이중생의 행태를 통해 '해방 직후 혼란상의 사회상을 매우 리얼
하게 묘파'13)한 사회 풍자극으로 평가되고 있다. 그런데 새로운 세대
를 대표하는 메가폰적 인물로 설정된 하식의 입을 통해 작가는 '북한
에서 잡혀온 수많은 동포가 무지막도한 소련 놈 밑에서 강제 노동'을
하는 현실과 '새로운 독재자에게 팔아 먹으려는 원수'에 대한 경고를
하고 있다. 여기에서 단정 수립 이후 적대적 타자인 '공산당을 막고 민
족을 수호해야 한다'는 반공 내셔널리즘의 가공되지 않은 맨 얼굴을
볼 수 있다. 개작된 「인생차압」에서도 "무서운 독재와 폭력", "6·25의
공산 침략"14)의 공포 등에서 반공의 관념적 계몽주의을 읽을 수 있다.
따라서 그의 원작과 개작은 해방 이후 '공산주의=폭력＋독재↔반공주
의=애국'이라는 반공 내셔널리즘의 원형을 드러내는 작품이다. 더 나
아가서 1958년에 자유문학상을 수상한 「종이 울리는 새벽」이나 무용
가 최승희를 모델로 한 「무희」에서도.

> "그러나 '후견'이라는 미명으로 또는 국제 노선의 기정방침이라는 거짓
> 과 협박으로 한국을 노예화하려는 쏘비에트연방의 흉악한 음모를 민주주
> 의 우방 제국은 받아들일 수 없을 것이며 공산당의 테로가 제 아무리 잔
> 학할지라도 우리의 자주 독립의 정신을 꺾을 수는 없을 것입니다."

---

12) 오영진의 「살아있는 이중생각하」에 대한 서연호의 해설(『오영진 전집』)은 이진순의
　　『한국연극사』(예술원, 1977)를 참조하면서, 오영진이 1947년에 월남할 때 초고를 가지
　　고 온 작품이라 기술하고 있다. 그러나 이 작품에는 친일파가 아직도 득세하고 또 '반
　　민특위'를 연상시키는 김 의원의 활동 등이 나타나 있는 남한의 실상을 그린 것으로
　　미루어 보아 실제로는 월남한 후 쓰여진 작품으로 생각된다. 오영진은 자신이 작성한
　　연보에서 극단 〈신협〉이 5월에 공연했다고 기록하고 있다. 그러나 극단 〈신협(신극협
　　의회)〉(1950년 4월 30일 발족)은 1950년 〈국립극장〉이 개관하면서 전속극단으로 설립
　　된 것이기 때문에 이 기록은 작가의 착오이다.(김성희, 「오영진 희곡의 대립구조와 그
　　의미」, 『한국 현대희곡 연구』, 태학사, 1998, 253쪽)
13) 유민영, 『한국현대희곡사』, 새미, 1997, 497쪽.
14) 오영진, 「인생차압」, 이근삼·서연호 편, 『오영진 전집』 3, 범한도서주식회사, 1989,
　　185쪽.

또다시 일어나는 우뢰 같은 박수.
부라스뺀드가 애국가를 연주한다.
그 애국가가[15]

그의 「종이 울리는 새벽」에서 '인간적인 민족주의자'로 그려지는, 공산당의 박해로 월남한 ○○당 선전 부장인 이태승은 작가의 분신이다. 작가는 1943년부터 1946년 봄까지 이북 사회를 직접 체험했고, 1947년 11월 7일에 해주를 경유하여 서울에 도착했고, 1948년 7월 10일에 서울에 밀파된 공산당 테러리스트에게 권총으로 저격당하는 일을 겪는다. 이 작품에서는 이북에서의 〈평남건국준비위원회〉의 활동이나 소련군의 진주, 신탁통치 찬반의 문제 등에 대한 그의 체험이 그대로 형상화되어 있다.[16] 특히 이태승의 '북한 실정 보고' 연설을 통해서, 작가는 신탁 통치 문제를 다루면서, "쏘련 군정당국은 이날부터 신탁을 반대하는 애국 청년과 지사들은 투옥, 학살, 유형하기 시작했읍니다. 또한 그들은 숨은 애국자를 체포하기 위하여 잔학한 암살단과 사냥개 같은 비밀경찰을 방방 곡곡으로 비밀리에 파견하였읍니다."[17]라고, 공산당의 테러와 잔학상을 고발한다. 작가는 한국을 노예화하려는 소련의 흉악한 음모를 막고 자주 독립의 정신을 강조한다. 더 나아가 이태승을 저격한 총탄의 발사가 장차 있을 한국 전쟁을 예견하는 것으로 설정되어 있다. "공산당은 마침내 발사(發射)하기 시작했오. 오늘의 이 한 방이, 한번은 반드시 있을 그들의 집단적인 무력침략의 신호"[18]로. 일본 식민지로 해방된 조선에 있어서 가장 중요한 과제가 자주 독립이라는 것, 이를 방해하는 것이 공산당이라는 것, 민족의 자주 독립을 위해서 공산주의를 일소해야 한다는 것. 신탁 통치를 반대하는 이태승의

---

15) 오영진, 「종이 울리는 새벽」, 『사상계』, 1958. 12, 402쪽.
16) 오영진, 『소군정하의 북한』(중앙문화사, 1952), 국토통일원 조사연구실, 1983, 4-5쪽, 157쪽; 한옥근, 앞의 책, 146-147쪽.
17) 오영진, 「종이 울리는 새벽」, 앞의 책, 402쪽.
18) 위의 글, 404쪽.

논리이다. 이는 곧 작가의 주장이다. 작가는 이태승의 연설 이후 애국가의 연주와 함께 모두 일어서서 우레와 같은 박수를 보내는 청중들을 통해 자주 독립이 민족의 소망이라는 것으로 구성한다. 이런 설정은 '반공＝애국'이라는 선명한 구도를 연출하기 위한 의도이다.

또한 작가의 주장을 강화하기 위해 설정된 핵심적 구도가 스승(이태승)과 제자(최창호)의 관계이다. 이 작품은 사제 관계라는 설정을 통해서 민족과 도덕의 기준을 제시한다. 여기서 공산주의자는 나라를 팔아먹으려는 비민족적이며, 사제 관계를 이용하여 스승을 저격하는 비인간적인 인물로 그려진다. 이런 판단의 대척점에 나라의 자주 독립과 자신을 저격한 제자를 살리려는 스승이 놓여 있다. 이 사실은 공산주의자가 비민족적이고 비인간적이라는 설정을 통해서 이들을 배제하려는 작가의 의도가 숨어 있다.

그런데 공산주의자와 달리 이태승과 같은 반공 내셔널리스트가 인간적이라는 작가의 명제는 논리적 근거가 없을 뿐만 아니라 논증 불가능한 것이다. 또한 이 명제는 인간에 대한 사랑은 어떤 경우에도 포기해서는 안 된다는 자명한 도덕 이외는 아무것도 말해 주지 않는다. 이는 체험의 직접성으로 인한 사실이라고 말해지는 허구이며, 작가의 의도 과잉이다. 좌익과 달리, 이태승의 말처럼 "선전이 아니구, '사실'자체"[19]라고 말하지만. '새빨간 거짓말'인 선전으로 '선량한' 민족을 유혹하여 진실을 왜곡하고 있다는 것.[20] 이 지점에서 개인적 체험이 역사의 기억으로 굳어짐으로써 '빨갱이'란 비민족적이고 비인간적인 것

---

19) 위의 글, 402쪽.

20) 이런 사실은 국군이나 민간인에게 유포된 김동리의 작품에서 정훈 책임을 맡고 있는 강 대위가 "빨갱이 놈의 새끼들이 어떻게 선전을 해 놓았던지(왔던지) 시민들이 모주리 산중에 가 숨고 나오지 않습니다."라고 박철에게 하는 말에서 쉽게 확인된다.(김동리, 「눈발속의 부두(埠頭)」, 『전쟁문학집』, 육군본부 정훈감실, 1962, 4쪽; 김동리, 「홍남철수」, 한국문인협회, 『한국전쟁문학전집』 1, 휘문출판사, 1969, 79쪽) 여기서 이 작품은 「홍남철수」(『현대문학』, 1955. 1; 『문예』, 1960. 4)에서 「눈발속의 부두」(1962. 4)로, 다시 「홍남철수」(1969. 10)(『한국전쟁문제소설선』, 한국문화사, 1976)로 게재된다.

으로 재구성되고 매체를 통해서 유포된다.

　반공 국민의 순수성이라는 신화는 반드시 역사적 사실은 아니다. 공산주의는 비민족이고 반공주의는 민족적이라는 계몽의 목소리는 사실이라는 '허구'를 통해 반공 국가인 대한민국의 표상을 만든 중요한 동력의 하나이다. 이런 허구는 반공으로 가공된 국민이 탄생하는 장면을 연출한다. 그런데 오영진의 반공 내셔널리즘은 체험의 직접성으로 인한 신념의 과잉 현상이라고 할 수 있는 관념적 계몽주의의 한계를 직접적으로 드러낸다. 그의 신념이 문제가 아니라 신념 과잉이 빚은 결과가 문제이다. 해방 직후 이중생과 같은 반민족주의자에 대한 풍자나 공산주의자에 대한 신랄한 비판은 그의 관념적 계몽주의의 전면화로 인해 억압적 체제에 동화되는 양상을 보여준다. 이는 국가의 목소리를 그대로 재생산한 것이기에 그러하다. 그런데 오영진에 비해 여순 사건을 재현하면서 드러내는 김동리의 반공 내셔널리즘은 더욱더 문제이다.

　"옥천 긴언덕에 쓰러진 죽엄 떼죽엄/ 생혈은 쏫고흘러 십리강물이 붉었나이다/ 싸늘한 가을바람 사흘불어피강물은 얼었나이다/ 이무슨 악착한 죽엄이오니까/ 이무슨 악착한 죽엄이오니까/ 이무슨 전세에못본 참변이오니까"21) "오늘날 여수와순천에서 이러난 이현상은, 동족의 피를보고 이리떼처럼날치고 눈깔을 빼고 해골을 부시고 죽은자의 시체위에 총탄을 80여방이나 놓은 이 잔인무도한식인귀적 야만의 행동은 어데서 배워온 사상이냐, 어디서 감염된 악랄한 수단이냐!"22)

　김영랑의 「절망」이나 박종화의 「남행록」에서 보듯, '여순 반란'은 민족사의 흐름을 방해하는 '반민족적 범죄'로 규정된다. 이는 주체(대한민국)의 순수성과 타자(공산당)의 폭력성(비순수성)이 작용한 결과이다. 여기서 여순 사건은 김영랑, 박종화의 이데올로기적 성격은 은폐된 채 잔혹한 역사로 재현되어 유포된다.23) '잔인 무도한 식인귀'인 공산주의

---

21) 김영랑, 「절망」, 『동아일보』, 1948. 11. 16.

22) 박종화, 「남행록(2)―이것이 누구의 죄 방타쌍행루(滂沱雙行淚)」, 『동아일보』, 1948. 11. 17.

48

자를 민족에서 배제하면서 재현되는 대한민국의 역사는, 단독 정부 수립 이후 반공 내셔널리즘으로 가려진 광기와 살육의 현장을 은폐하는 매우 탁월한 반사경이다. "아랫턱이 떨어져 나가고 한 쪽 눈이 빠져서 얼굴이 반 밖에 남아 있지 않"[24]는 어린애의 모습(순수성)을 통한 타자(공산주의자)의 폭력성을 그리는 역사 쓰기 작업은, 역사는 사라지고 역사가 만들어지는 과정으로 재구성된다. 왜 이렇게 재현된 것일까? 이에 대한 구체적 대답의 하나가 김동리의 작품 「광풍속에서」이다.

  여기서 여순 사건의 실상은 어떠한가? 해방 후 남한만의 단선단정이 추진되면서, 1948년 4월 3일 제주도에서 단선단정에 반대하는 무장 봉기가 일어나자, 미군정은 각도에서 경찰을 차출해 진압작전을 전개하는 과정에서 일어난 사건이 '여순 반란'이다. 이 과정에서 반란군은 경찰, 친일파 등을 처형했고, 진압군은 반란군 및 그 부역자를 학살했다. 그런데 문제의 여순 사건은 단순히 제주 '4·3 폭동' 진압을 거부한 좌익 군인들의 '반란'으로만 알려져 있을 뿐, 그 과정에서 발생한 진압군이나 민간인에 의한 대량 학살은 역사 속에 완전히 묻혀져 있었다. 여순 사건 당시 반란군의 처형은 주로 총살의 형태를 지니고 있었지만, 진압군이나 경찰에 의한 학살은 총살·참수·타살·수장 등 다양한 방법으로 이루어졌고, 무기를 가지지 않았던 민간인들의 보복 방법은 주로 죽창·삽·곡괭이 등으로 상대방을 공격하는 것이었다. 당시 학살자는 희생자들에 대해 동족 의식은 물론 인간이라는 의식조차 갖고 있지 않았다. 남원의 학살 현장을 목격한 생존자들은 군인들을 '쥐약을 집어삼킨 미친 개'로 표현하기도 했다. 여순 사건의 학살은 인간의 존엄성이 얼마나 무참하게 파괴될 수 있는지를 보여준 단적인 예이다.[25] 이런 민간인 집단 학살은 권력과 국민에 의한 비국민의 학살

23) 〈전국문화단체총연합회〉는 여순 사건을 다룬 글들을 묶어 『반란과 민족의 각오』(문진문화사, 1949)로 출판한다.
24) 김동리, 「광풍속에서」, 『실존무』, 인간사, 1958, 74쪽.
25) 조현연, 『한국 현대정치의 악몽』, 책세상, 2000, 53-64쪽; 박정석, 「전쟁과 고통: 여순

이며, 민족 정화의 비참한 사례의 하나이다. 여기서 대한민국의 역사는 국민의 확장과 비국민 억압의 역사임을 반증한다.[26]

> 여수(麗水) 사건이 일어나있던 1948년 10월 21일 오후.
> 윤수(允洙)와 정수(正洙)가 경찰서로 붓잡혀 갔다는 소문을 듣자 인봉(仁奉)이는 돌연히 간이 얼어 붙는듯 가슴이 찌르르 하며 머리가 퀭하였다.[27]

> 1948년 10월 21일 오후, 여수(麗水)의 거리 거리는 아직도, 반란군과 폭도들에 의하여 붉은 피로 물들고 있었다.
> 윤수(允洙)와 정수(正洙)가 '경찰서'로 끌려 갔다는 소식을 윤수들의 四촌 동생되는, 성수(聖洙)에게서 전해 들은 인봉(仁奉)이는 갑자기 온 몸의 피가 머리 위로 쫙 모여드는 듯했다. 지금의 '경찰서'라고 한다면 벌써 이틀이나 적색(赤色) 반란군에 의하여 점령 되어 있는 몸서리 나는 '인간 도살장'을 가리키는 말이었기 때문이었다.[28]

김동리의 「형제」는 「광풍속에서」로 개작되면서, 반란군의 경찰과 친일파 등의 총살과 진압군이나 민간인에 의한 대량 학살의 현장을, '적색 반란군'에 의한 '경관과 학생과 양민들'을 학살하는 '인간 도살장'으로 재현된다. 그렇다면 이런 재현의 구체적인 의도는 무엇인가? 이 소설에서 두 형제의 이름만 본다면, 신념을 받드는 동생(농민조합)이

사건에 대한 기억」, 『역사비평』, 2003. 가을, 338쪽. 한국전쟁 후 민간인학살 진상규명 범국민위원회, 「60가지 직업을 전전한 기구한 운명―손가락 총에 휩쓸려간 여순사건 유족」, 『계속되는 학살, 그 눈물 닦일 날은…』(한국전쟁 후 민간인학살 인권피해 실태 보고서), 한국전쟁 후 민간인학살 진상규명 범국민위원회, 2006, 15-16쪽; 김동춘, 앞의 책, 320-322쪽.

26) 西川長夫, 윤대석 역, 『국민이라는 괴물』, 소명, 2002, 10쪽.

27) 김동리, 「형제」, 『백민』, 1949. 3, 74쪽.

28) 김동리, 「광풍속에서」, 앞의 책, 64쪽. 〈한국문인협회〉가 엮은 〈새 국민문고〉 4권 『통일의 길』(휘문출판사, 1969)에서는 「형제」(1949)가 개작된 「광풍속에서」(1958)가 '통일의 길'이라는 문고판의 의도에 따라 「형제」(1969)라는 제목으로 실려 있다. 이는 '미친 바람'으로 표상되는 '여순 반란'의 의미보다는 '인간애'를 강조하기 위한 것으로 보인다.

신봉(信奉)이고, 인을 실천하는 형(대동청년단)이 인봉(仁奉)이다. 그런데 신봉이 공산주의에 대한 신념을 구현하는 인물이 아니라 일본에 가서 바람이 들어 온 후, 술과 노름에 탐닉하며, 온갖 부정적 모습을 대표하는 좌익으로 그려진다. 이에 반해 인봉은 형제애를 구현하는 착실한 농사꾼이다. 이런 두 형제의 설정은 공산주의가 주장하는 신념과 달리 도덕의 이름으로 그 허구성을 재단하기 위한 작가의 의도이다. 또한 남한의 5·10 단독 선거에 대해서 "제 맘대로 선거를 해방하지 못한 것이 유감이란 말이지…… 홍 그럴 것이여. 그러나 조선 독립이 안되는지 어디 두고 볼것이여"에 드러나는 신봉을 비판하는 인봉의 말처럼, 조선 독립을 방해하는 공산주의에 대해 "커다란 태극기"[29]로 상징되는 국가와 민족의 이름으로 단죄한다. 이런 인봉의 시선이란 대한민국의 시선 바로 그것이다. 여기서 작가의 결론은 민족과 도덕을 파괴하는 자가 공산주의자라는 것이다.

그런 반면 부도덕성의 화신으로 그려지는 신봉과 달리 인자한 인물로 묘사되는 인봉이 조카 성수를 구출하는 장면은, 어린 조카(윤수, 정수)까지 참살하는 민족의 적(도덕의 파괴자)에 대한 민족의 옹호자(인간애의 화신)의 모습으로 선명하게 부각된다. 그리고 민간인에 의한 학살 행위는 민족의 적에 대한 정당한 보복 행위로 그려질 뿐만 아니라 진압군(국군)에 의한 대량 학살은 배제되어 있다.[30] 여기서 국군에 의한 학살은 공공연한 사실이지만 '공식적인' 역사에서는 단지 유언비어일 뿐이다. 그래서 개작된 작품에서는 '적색 반란군'에 의한 '인간 도살장'만이 선명한 이미지로 남는다. '여순 반란'이라는 역사를 '미친 바람(狂風)'으로 번역한 그의 작품은 반란군을 민족의 적으로 재현함으로써 민족의 옹호자로 대한민국을 형상화한다. 여기서 작가의 여순 사건의 번역을 통해 대한민국은 민족과 도덕의 수호자로 표상된다.[31] 여

---

29) 김동리, 「광풍속에서」, 앞의 책, 73-74쪽.
30) "'대청원' 몇 사람이 국군에 협력하여 이번 학살 사건에 활약한 악질들을 붙잡으려 동네로 나온 것이다."(위의 글, 76쪽)

순 사건에 대한 김동리의 문제작에 드러나는 역사의 번역은 이데올로
기적 성격은 은폐된 채 허구로써의 반공 내셔널리즘이 탄생하는 지점
이다. 민족과 도덕을 파괴하는 자가 공산주의자라는 허구, 국가 폭력의
화신이 국가 수호자라는 허구. 바로 이 지점에서 대한민국의 역사는
조작되고, 민간인 학살의 역사는 승리의 역사로 재구성된다. 그래서 여
순 사건은 '여순 반란'으로 기억된다. 그리고 매체와 교육을 통해서 이
사실은 각인된다.

2) 한국 전쟁과 역사의 국가적 전유

해방 직후 월남한 오영진의 적극적인 반공 내셔널리즘에 대한 주장
과 달리 1・4 후퇴 시 월남한 김이석은 이데올로기의 허구성을 제시하
는 정도의 소극적인 반공 내셔널리즘을 피력한다. 이는 한국 전쟁 발
발 전후 월남한 두 작가의 현실 대응의 차이를 보여준다.[32] 김이석의
이런 현실 대응 방식은 전쟁 전 이북에서 당의 지시에 의한 문학 활동
을 한 그의 행적에 의한 제약이며,[33] 해방 직후의 월남민 생활과 달리
1・4 후퇴 시 월남하여 극심한 생활고에 시달리면서 남한 사회에 순응
해 가는 과정에서 기인된다.

---

31) 임종명, 「여순 '반란' 재현을 통한 대한민국의 형상화」, 『역사비평』, 2003. 가을, 307-
313쪽.

32) 김이석의 「악수」(『전선문학』, 1, 1952. 4)는 해방 직후 월남한 덕보와 1・4 후퇴 시 월
남한 성칠을 통해서 두 월남민의 현실 대응 방식의 차이를 보여준 작품이다.

33) 김이석은 1937년부터 모더니즘 계열의 『단층』지를 중심으로 작품 활동을 시작하며,
1938년 『동아일보』에 「부어」가 입선되어 문단에 나온다. 그는 해방 직후 발족한 〈평
양예술문화협회〉에 이어 1946년 10월 이기영을 위원장으로 하여 결성된 〈북조선문학
예술총동맹〉에 참여한다. 1947년 1월 〈북조선문학예술총동맹〉은 1946년 겨울 〈원산문
학동맹〉에서 발간된 시집인 『응향』에 대해 퇴폐적이고 반동적인 시집으로 규정한다.
여기서 김이석은 최명익, 김사량, 송영과 함께 원산 현장에 온 검열원으로 참가한다.
(구상, 「시집 『응향』 필화사건 전말기」, 『구상문학선』, 성바오르출판사, 1975, 405쪽) 이
런 사실에서 김이석이 초기 이북 문단에서 일정한 역할을 한 것임을 짐작할 수 있다.

그렇다면 한국 전쟁을 문학으로 번역한 그의 「광풍속에서」는 어떠한가? 이 작품은 '특이하게도' 한국 전쟁 상황을 1950년 6월 27일 오후 4시 경 아홉 대의 편대로 된 UN군의 중폭격기가 평양 비행장을 폭격하는 장면으로 시작한다. '쏘베트 신문사'에서 문선 직공으로 일하는 경일은 모범 노동자로 표창을 받은 인물이지만 직장에서 받는 월급으로 살아나갈 수조차 없는 적빈한 생활을 하는 인물이다. 그는 평양 폭격의 와중에 실종된 아내와 아이들의 생사 확인을 위해 미친 사람처럼 공포와 전율의 도시로 변한 평양을 헤매며, 죽음과 파괴·공포·공허감을 느낀다. 경일은 내 아내와 아이를 삼켜버린 피비린내 나는 전쟁을 향해 주먹을 지고 전신을 와르르 떨며, 무서운 짐승의 울음소리를 내며 엉엉 울어댄다. 작가는 "싸움을 좋아하는 놈들 때문에 난 처자를 다 죽였으니"[34]라고 비통하게 말하는 경일을 통해 전쟁의 비극성을 고발한다. 여기서 미친 바람(狂風)이 김동리에게 여순 사건이듯 김이석에게는 한국 전쟁이이다.

> 오늘 하루 호외(號外)가 두 번이나 돌고 신문은 큼직한 활자로 "괴뢰군(傀儡軍)의 38전선(三八全線)에 긍(亘)한 불법남침"을 알리었다. (……) 시시각각으로 더해가는 주위의 혼란과 흥분과는 딴판으로 신문 보도는 자못 자신만만하게 "적의 전면적 패주"라느니 "국군의 일부 해주시(海州市)에 돌입"이라느니 "동해안 전선(戰線)에서 적의 2개 부대가 투항(投降)"이라느니 하는 낙관적인 소식들을 전하여주고 있다. (……) 라디오를 틀어놓으니 대한민국 공보처 발표라 하고 아침에 수원(水原)으로 천도(遷都) 운운한 것은 오보(誤報)이고, 정부는 대통령 이하 전원이 평상시와 같이 중앙청에서 집무하고 있고 국회도 수도 서울을 사수(死守)하기로 결정하였으며, 일선에서도 충용무쌍(忠勇無雙)한 우리 국군이 한결같이 싸워서 오늘 아침 의정부를 탈환하고 물러가는 적을 추격중이니 국민은 군과 정부를 신뢰하고 조금도 동요함이 없이 직장을 사수하라고 거듭 외치었다.[35]

---

34) 김이석, 「광풍속에서」, 『자유문학』, 1956. 6, 47쪽.
35) 김성칠, 「1950년 6월 26일~27일」, 『역사 앞에서』, 창작과비평사, 1993, 59쪽, 63-64쪽.

1950년 6월 27일 오후 네시 경이었다. 아홉대의 편대로 된 UN군의 중 폭격기는 평양을 구경이나 하려 온듯 유유히 상공을 스쳐 지나가며 평양 비행장을 폭격했다. 처음으로 공습을 본 시민들은 가슴을 설레었고 처음 으로 폭격을 맞은 비행장은 삽시간에 불바다로 되고 말았다. 다음날 아침 에도 UN군은 평양 비행장을 폭격했다. '무스탕크'가 벌떼처럼 달려들어 왕왕 울어대는 소리에 평양시민들은 당황해서 눈을 부비며 뛰쳐나왔다. 그 다음날은 대동강 철교를 공습했다. (……) 계속해서 평양 조차장을 폭격했 고 평양 정거장을 폭격했다. 정거장은 마치도 성냥개비로 지었던 듯이 산 산이 부서졌고, 역 광장에는 세일 수 없이 시체를 뿌려 놓았다. 그러나 평 양 방송국에서는 공습에 대한 이야기는 한마디도 없었고, 다만 살기등등 한 목소리로 — 영웅적인 인민군대는 수원을 해방하고 계속 남진중에 있 다. 그소리뿐이었다. 그리고는 쏘련의 '꼬르호즈'는 조기농작물의 수확고 를 초과달성하기 위하여…… 게집의 야릇한 억양이 태평스럽게도 계속 될 뿐이었다.[36]

그런데 이 작품에서 문제는 한국 전쟁을 이북의 '남침'이 아닌 남한 의 '북침'으로 읽혀지는 발단 부분의 묘사이다. 이것은 인민군이 남침 하는 장면으로 그려지는 사학자 김성칠의 한국 전쟁 당시의 일기에서 처럼 많은 부분이 서울의 상황과 '반대로' 겹쳐진다. 사실, 미군의 평 양에 대한 무차별 공습은 지상전의 수세를 만회하려는 방어적 수단으 로 이루어진 것이다. 그런데 이런 역사의 재현을 통해 작가가 의도한 것은 무엇일까? 작품의 주인공 경일은 술 한 잔도 제대로 먹지 못하는 열악한 상황일 뿐만 아니라 친구들끼리 술을 먹을 때조차 마음놓고 먹 지 못한다. 작가는 이런 주인공의 생활을 통해 직장에 나가지 않으면 '태면죄(태만죄)'에 걸리고 그것에 걸리면 어떻게 되는 지도 모르게 없 어지고 마는 통제 사회의 모습을 제시한다. 이 작품의 전반적인 서술 에서 볼 때, 작가는 남한의 '북침'으로 읽혀진다는 사실을 간과한 채, 전쟁의 폭력성과 공산주의 사회의 허구성에 서술의 역점을 두고 있다.

---

36) 김이석, 앞의 글, 34-35쪽.

이 작품에서 상당 부분을 할애하고 있는 것이 이북 사회의 허구성을 폭로하는 것이다. 작가는 해방 이후 '왜놈'의 신문을 발행하던 곳인 '평양매일신문사'가 '쏘베트 신문사'로 바뀌면서, '공산주의를 선전하는 신문'을 발행하는 곳으로 변했으며, 술공장이 화학공장이 되어 언제나 달걀 썩는 냄새가 풍기고 석탄 연기가 내려 덮이는 거리를 그리면서, 일제 시대보다 더 나빠진 평양을 묘사한다. 또한 붉은 깃발이 펄럭이는 쏘베트 신문사에서, 모범 노동자로 표창까지 받은 주인공은 월급으로 살아갈 수 없어서 그의 아내가 어린애를 둘러메고 광주리 장수를 해야하는 처지이다. 작가는 이런 열악한 이북 사회의 모습을 제시하며, "북한괴뢰 간부들은 '낙원'이란 이름만 붙이면 즐거워지는 것이라고 생각"[37]한다고 조소하면서, 이북 사회의 허구성을 표출한다. 이에 반해 그의 의식의 지향은, 바로 "넓은광장을 독차지한 것이 한껏 즐겁기만 하다는 듯이", 나풀나풀 날고 있는 "흰 나비 한마리"[38]로 그려지는, 반공의 다른 이름인 자유의 이미지에 닿아 있다. 그런데 여기서 이북에 대한 부정적 인식은 미군의 무차별 공습은 배제된 채 적대적 타자의 표상'만'을 역사화한다. 그래서 가족을 잃은 상황을 미군의 무차별 폭격 때문이 아니라 '싸움을 좋아하는 놈들'(인민군) 때문이라고, 자유가 없는 이북은 인간이 살만한 곳이 못 된다고 각인된다.

더 나아가 작가의 작품 「수색」에서도 이북(성천) 출신의 일권은 "오랑캐들"이 점령한 지역을 수색하는 작전을 "온 인류의 정의와 평화를 대가하는 커다른 의의속에 생명을 내걸고 적진에 뛰어 들어가는 것"[39]이라고 생각한다. 인민군을 오랑캐로 인식하거나 개(검둥이)까지도 굶주림에 허덕이는 모습을 통해 작가의 반공 내셔널리즘의 편린을 볼 수

---

37) 위의 글, 35쪽. "'낙원'이란 이름을 붙였으니 공산괴뢰들은 '낙원'이란 이름만 붙이면 지옥도 '낙원'이 되는 것이라고 생각하는 모양이었다."(김이석, 「광풍(狂風)속에서」, 『전쟁문학집』, 육군본부 정훈감실, 1962, 70쪽)

38) 김이석, 「광풍속에서」, 『자유문학』, 1956. 6, 46쪽.

39) 김이석, 「수색」, 『전시 한국문학선』(소설편), 국방부 정훈부, 1954, 6쪽, 10쪽.

있다. 이제 대한민국만이 아니라 인류의 정의와 평화를 위해 타자(인민군)를 죽일 수 있을 뿐만 아니라 이를 위해 기꺼이 죽을 수 있다는 것이, 바로 애국이라는 이름으로 상상되는 반공이다. 결국 김이석은 한국전쟁의 본질이나 사회적 맥락에 대한 성찰을 소거한 채 반공 내셔널리즘 틀 안에서 이데올로기의 폭력성을 고발하고 있다. 이는 오영진과 마찬가지로 남한에서 살아가는 월남민 작가가 느낀 체험의 과잉 현상이 빚은 결과이다.

이 지점에서 개인의 이북 체험은 전쟁 이후 국민의 공적 기억으로 역사화 되고, 국가의 기억으로 공식화된다. 당연히 남한에서 반공 국가가 구축되면서 미군의 무차별 공습이나 국군의 살육의 기억은 부인되거나 망각되면서 국가의 기억에서 배제된다. 개인의 직접적 체험은 국가의 공식적인 해석의 과정에서 과장이나 왜곡되면서 공적 기억이 된다. 그래서 남한에서 '국군과 미국이 나쁜 짓을 많이 했다'는 공공연한 사실은 유언비어로 취급될 뿐이다. 김이석의 「광풍속에서」 드러나는 미군의 무차별 공습이 역사에서 제거되듯, 김동리의 「광풍속에서」와 마찬가지로 차범석의 「산불」에서도 국군의 민간인 학살은 공적 기억에서 삭제된다.

> 병영댁 (위로하며) 그렇지만 또 알우? 죽었던 사람이 살아나오는 수도 있
>   으니까! 글쎄 이런 일이 있었죠. 우리 먼 일가 되는 분인데 지난 가
>   을 빨갱이들이 후퇴하면서 마을 유지란 유지들을 굴비 두름 엮으듯
>   해서 끌고 가지 않았겠우? 그래 큰 구럭에다 몰아놓고서는 창으로
>   마구 쑤셔 죽였는데 온몸에 열두군데나 상처를 입고도 살아나왔지
>   뭐유 글쎄? 그래 집안에서는 선영께서 돌봐주셨다고 하면서 전에는
>   들보지도 않던 선산을 고치고 다듬고 하며 그런 야단이 있었다우…
>   훗호…
> 점 례 이 마을에도 그런 일이 있었죠. (쓰라린 과거를 더듬으며) 인민군
>   이 처음으로 쳐들어오자, 하루는 집안의 남자들은 토끼바위 아래로
>   모이라지 않겠어요.
> 병영댁 왜? 죽일려고?

56

점 례 처음부터 그럴 줄 알았다면 누가 따라 나섰겠어요? 무슨 시국강연
회인가 뭔가 있으니 한사람 빠짐없이 나오라고 해서 집집마다 남자
란 남자는 다 나갔죠. 그때가 석양 때여서 아낙들은 저녁을 짓느라
고 한창 서두는 판인데… 얼마 후에 요란스런 총소리가 나지 않겠
어요?

병영댁 저런… 가지 말 것이지…

점 례 그렇지만 설마 그렇게 무참하게 죽일 줄이야 누가 알았겠어요 (지
난 일을 회상한다)

병영댁 그래 왜 죽였대?

점 례 기가 막힌 일이죠. 토끼바위 아래에 모이자 난데없이 대한민국 국
군이 총칼을 들이대면서 '공산주의를 반대하는 사람은 줄 밖에 나
오너라!' 하더라나요. 그래 모두들 겁에 질려서 손을 들고 너나 할
것 없이 줄 밖으로 나가니까 금시 총을 쏘더래요.

병영댁 옳지! 그게 국군이 아니라 빨갱이들이 마음을 떠볼려고 꾸민 짓이
었구면! 쯧쯧…[40]

　김동리의 「광풍속에서」의 여순 사건을 처리하는 방식과 마찬가지로
한국 전쟁의 역사를 문학으로 번역해 내는 작업의 또 다른 문제작이
차범석의 장막극 「산불」이다. '해방 이후 리얼리즘 희곡의 최고봉'[41]으
로 평가되는 이 작품 역시 반공 내셔널리즘의 탁월한 반사경이다. 1961
년에 탈고하여 1962년 12월 명동의 〈국립극단〉에서 초연된 「산불」은
1951년 겨울부터 이듬해 봄, 소백산맥 줄기(실제 배경: 영암 월출산)의
촌락에서 인민군의 점령과 국군의 공비 토벌 작전을 중심으로, 전쟁의
폭압성과 이데올로기의 허구성을 파헤친 작품으로 평가된다. 그런데 여
기서 주목되는 것은 한국 전쟁 당시 민간인 집단 학살이라는 인간 도
살의 현장을 재현하고 있다는 것이다. 특히, 전쟁 중 '뿌리뽑고 씨 말
리기'라는 민간인 학살극을 가장 철저하게 실천한 것이 바로 인민복을
입은 나주 경찰서 소속 경찰부대(나주 부대)가 꾸민 함정학살 사건이다.

---

40) 차범석, 「산불」, 『현대문학』, 1963. 6, 226-227쪽.
41) 유민영, 앞의 책, 533쪽.

　　"우리 관리들 몇은 어젯밤부터 모두 집에 들어가지도 못하고 할 수 없이 각본대로 연극을 좀 해봤지 뭡니까. 저 분들은 사실 ○시의 아군 부대 병사들이랍니다. 반란군놈들의 옷으로 갈아입고 감쪽같이 그럴 듯하게 적군 행세를 한 거지요. 읍사무소에 주둔하고 있던 부대는 이웃 마을에 잠시 철수해 있다가 낮 열두시 정각에 돌아오기로 약속이 돼 있었다는군요. 허허헛. 어떻습니까. 아주 기막힌 아이디어가 아닙니까. 힘 하나 안 들이고 놈들을 모조리 잡아들일 수 있는 거죠. 허허 벌써 다른 마을에서도 이런 방법을 써 보았더니 그 효과가 썩 좋았다지 뭡니까."42)

　　과연, 나주 부대의 함정 학살극은 어떠한가? '영광작전'이라고 불리던 군경의 전남 사수작전이 실패로 돌아가자, 1950년 7월 20일경 남쪽으로 퇴각하면서, 나주 경찰서 경찰관들(인솔책임자 김형동 경위)이 주축으로 결성된 1백여 명 규모의 임시 부대가 일명 나주 부대이다. 이 부대는 전남 강진·해남·완도·진도 등지로 후퇴하면서, 항일운동에 앞장섰던 지식인들을 비롯해서 수많은 민간인들을 총살·수장·생매장하는 함정 학살극을 저지른다. 당시 『남향시보』는 나주 부대가 저지른 만행에 대해 '흡사 짐승 사냥을 하듯 주민을 살해, 한마디 변명도 항변도 할 사이 없이 총질을 가했'고, '해남읍은 시체가 거리에 널리어 검붉은 피가 낭자했고 삽시간에 지옥으로 변했다'고 적고 있다. 나주 부대는 인민군 복장을 하는 것으로도 모자라 마을로 들어설 땐, 오랏줄로 묶은 우익 인사들을 앞장세우는 청산도 학살 연극을 벌였다. 나주 부대의 일부는 마을로 돌며 좌익 색출 작업을 벌이는데, 인민군 행세를 하면서 사람들에게 '공산당을 좋아하느냐'고 묻곤, '좋아한다'고 하면 그 자리에서 사살하는 식이었다. 이들은 완도군 일대의 섬까지 일일이 찾아다니면서 처참한 학살을 저질렀다.43) 이런 나주 부대의 함

---

42) 임철우, 「곡두 운동회」, 『아버지의 땅』, 문학과 지성사, 1984, 48쪽.
43) 김호균, 「해남·완도의 '나주부대' 양민학살사건」, 『말』, 1992. 8, 140-144쪽; 강준만·김환표, 「함정학살」, 앞의 책, 54-58쪽; 한국전쟁 후 민간인학살 진상규명 범국민위원회, 「죽기도 섧다마는 역적 누명 더욱 섧다—인민군복을 입은 대한민국 경찰」, 앞

58

정 학살극을 임철우의 「곡두 운동회」가 재현하고 있다.

여기서 '대한민국 국군이 총칼을 들이대면서 '공산주의를 반대하는 사람은 줄 밖에 나오너라!' 하더라나요. 그래 모두들 겁에 질려서 손을 들고 너나 할 것 없이 줄 밖으로 나가니까 금시 총을 쏘더래요.' '옳지! 그게 국군이 아니라 빨갱이들이 마음을 떠볼려고 꾸민 짓이었구면!' 위의 점례와 병영댁의 대화에서 보듯, 차범석의 「산불」은 한국 전쟁 당시 나주 부대와 같은 함정 학살 사건을 인민군의 처참한 함정 학살 극으로 왜곡된 역사, 사실이라는 허구로 재현한다. 그런데 여기서 「산 불」은 작가의 목소리를 대변하는 인물로 설정된 부녀 갑을 통해 "경찰 은 경찰대로 인민군은 인민군대로 해방 후부터 이날 이때까지 번갈아 가면서 쓸어갔"44)다고 남북의 이데올로기를 동시에 비판하고 있다. 하 지만, 인민군의 함정 학살극의 재현과 달리 국군의 민간인 학살 사건 은 은폐되어 있다. 작가는 "대대적으로 공비를 소탕하기 위해서는 공 비들이 숨을 수 없게"45) 하기 위해서 산에 불을 지른다고 설정하고 있 지만, 한국 전쟁 당시 국군의 실제 작전과는 다른 허구적 측면이 가미 되어 있다.

단독 정부 수립 이후 국군에 의한 민간인 학살은 잔류한 인민군 및 빨치산과 국군 간에 산발적인 전투가 전개되던 1950년 겨울에 주로 발 생되었다. 당시 경남과 전라도 지역은 한마디로 제11사단의 '인간 사 냥터'였다. 1951년 2월 초순 제11사단 9연대는 경남 산청·거창·함양 지역에 주둔하면서 인민군의 춘계공세 전에 빨치산을 완전히 없애겠다 는 작전을 펼치게 된다. 토벌 작전은 '적성부락'으로 알려진 빨치산의 거점에 있는 모든 것을 불사르고 없애버리는 작전이었다. 이 작전 과 정에서 상당수의 노인과 어린이를 포함한 민간인이 학살되었다. 특히 문제인 것은 민간인 학살의 가해자는 대부분 국가 권력이었다는 사실

의 책, 158-163쪽.
44) 차범석, 「산불」, 『현대문학』, 1963. 5, 110쪽.
45) 위의 글, 1963. 7, 83쪽.

이다. 학살이 애국으로 여겨지고 희생자는 침묵해야했던 것이 당시 현실이었다.[46] 이런 역사는, 한때 남한 사회가 요구했던 반공 내셔널리즘이 능동적 힘으로 작동했다기보다는 반동적 힘이 더 강했음을 반증하는 좋은 본보기이다.

> 두말할 나위도 없이 현실을 비추어 주는 거울을 만들어야 한다. (……) 이런 의미에서 나는 보다 절실하게, 그리고 보다 철저하게 리얼리즘을 신봉하고 싶고 그것을 구현하고 싶은 충격을 느낀 지 오래이다.[47]

> 나는 이 작품의 무대를 소백 산맥의 산줄기 가운데 있는 산마을이라고 말했지만 사실은 영암 월출산을 상상하면서 쓴 작품이다. (……) 나는 고향인 목포에서 잠시 교편 생활을 하며 가까운 사람들로부터 보고 듣고 했던 얘기를 영암 월출산에다가 작가적인 상상력으로 옮겨 심었을 뿐이다.[48]

'리얼리즘을 신봉'하는 작가 차범석은 '현실을 비추어 주는 거울'과 같은 작품 창작의 신념을 피력한다. 그런데 작가의 창작의 원리는 역사를 번역하는 작업이 가진 정치적, 이데올로기적 성격을 은폐하면서 재현의 사실성을 강화해 준다. 이 작품에 대해서, 작가는 50년 7월 이후 5년 간 목포에서 중학교 교사로 근무하면서, "작가 자신이 직접 목격했거나 주변에서 있었던 사실에 그 근거"[49]을 둔 이야기를, 영암 월출산을 배경으로 창작한 것이라고 밝히고 있다. 작가가 지적하듯, 사실과 체험에 근거를 둔 작품이라지만, 이는 역사적 사실과는 다른, 사실이라고 명명되는 허구이다. 이런 측면은1960년대 역사적 기억이 국가에 의해서 전유됨을 반증한다. 반공의 국가적 전유. 그래서 작가는 허

---

46) 조현연, 앞의 책, 55-56쪽; 김득중, 「한국전쟁 전후의 민간인 학살」, 『내일을 여는 역사』 18, 2004. 겨울, 38-49쪽; 김동춘, 앞의 책, 299-301쪽.
47) 차범석, 「무엇을 어떻게 쓸 것인가」, 『현대한국문학전집』 9, 신구문화사, 1966, 497쪽.
48) 차범석, 「나를 키워 준 고향」, 『거부하는 몸짓으로 사랑했노라』, 범우사, 1984, 45-46쪽.
49) 차범석, 「이 책을 읽는 분에게」, 『산불(외)』, 범우사, 1999, 6쪽.

구를 사실로 인식하여 재현한 것이다.

여기서 작가의 재현 작업은 이데올로기적 폭압성을 비판하지만, 역설적이게도 한국 전쟁의 역사성을 탈각시키고 한국 전쟁을 폭력 그 자체로 전환시킨다. 이 작품은 이데올로기에 대한 비판이라기보다는 차라리 작가의 이데올로기 혐오증을 반증한 것이라고 해야 할 것이다. 탈출 공비인 규복이 목숨을 구걸하는 장면에서 "난 빨갱이가 아니야! 나는 아무것도 몰라"[50]라는 대사의 여운처럼. 작가는 한국 전쟁 당시를 회상하면서, "반공주의자도 찬공주의자도 모두 자기 생명을 보존"하기 위해 "입만 살아있지 행동은 따르지 못하는 연약한 존재"로 인식하면서, 좌우의 대립을 "정치적 이데올로기의 찌꺼기"[51]로 인식한다. 이런 측면에서 작가의 정치 이데올로기에 대한 혐오증을 쉽게 파악할 수 있다. 또한 작가의 가부장적 이데올로기를 선명하게 드러내는, 욕망의 화신[52]인 사월의 자살로 끝나는 점이나 규복의 주검 앞에서 무표정하게 "모든 것은 재로 돌아가버렸으니까"[53]라는 점례의 대사에서 작품의 비극성은 부각되지만 그러나 전망은 부재한다. 이런 전망의 부재는 그가 고향에 대한 생각을 할 때 "어떤 절대적인 힘"이나 "숙명 같은 것"[54]으로 상상하듯, 전쟁의 폭력을 숙명으로 받아들이고 승인한 것에 다름 아니다. 작가가 그의 창작 방법인 현실 재현을 바탕으로 하는 리얼리즘을 강조하면 할수록, 「산불」은 한국 전쟁 당시 나주 부대의 함정 학살극처럼 '빨갱이는 죽여도 좋다'는 인식 하에, 학살이 애국인 '뿌리뽑고 씨 말리기'라는 반공 내셔널리즘의 잔혹한 인간 도살극을 가리는 탁월한 반사경 역할을 하게 된다.

---

50) 차범석, 「산불」, 『현대문학』, 1963. 5, 126쪽.

51) 차범석, 「6·25와 연극」, 『예술세계』 9, 1991. 6, 17쪽, 16쪽.

52) "규복: 나를 의지한게 아니라 이용했어! 2년 동안 굶주려온 당신네들으 욕망을 내게서 채워볼려고, 나를 짐승처럼 길렀어!"(차범석, 「산불」, 『현대문학』, 1963. 7, 76쪽)

53) 차범석, 위의 글, 85쪽.

54) 차범석, 「나를 키워 준 고향」, 앞의 책, 44쪽.

그런데 한국 전쟁에 대한 반공 내셔널리즘의 인식은 '이북의 도발과 죄악'을 부각시킴으로써 한국 전쟁이 식민지 시대 이후 지속되어 온 국민국가 건설의 방향을 둘러싼 갈등과 대립의 연장이며, 한반도에서 미·소 분할점령으로 구체화된 세계적인 냉전구조의 귀결이자, 미국의 공산진영에 대한 전진 기지 구축의 귀결이라는 사실을 은폐한다.55) 한국 전쟁 당시 개인의 체험은 미군과 국군에 의한 '피해'는 배제되고 인민군에 의한 '살육'은 국가의 기억으로 공식화된다. 개인의 체험은 국가의 공식적인 해석(반공 내셔널리즘)의 과정에서 과장이나 왜곡되면서 공적 기억으로 역사화되는 과정을 밝는다. 그래서 한국 전쟁의 본질이나 국가의 '조직적 폭력'은 은폐된다. 이런 사실에서 차범석의 문제작은 반공이 강력한 제도 권력으로 정착되고, 국가에 의해 역사의 기억이 전유됨으로써 작가들의 미적 자의식을 규정하는 핵심적인 원리로 작동한 사실을 반증한다. 그래서 작가들은 대한민국의 역사에 대한 성찰은 소거한 채 이데올로기 혐오증으로 드러나는 이념 무용론을 펼친 것이다.

3. 사실이라는 허구, 반공(反共) 내셔널리즘

반공 내셔널리즘은 외부의 허구적인 타자로 이북의 '공산 괴뢰'를 끊임없이 설정하는 위기 담론인 동시에 실질적인 민족 내부의 적인 억압적 지배 체제를 은폐하는 담론이다. 이런 반공 내셔널리즘의 한계는 1930년대 중·후반 '근대의 초극'을 주장한 일본 제국의 동양주의의 맥락과 겹친다. 다시 말해서 이는 서구를 타자화하고 동양을 동일화함으로써 동양 내부의 폭력과 지배가 문제되지 않듯이, 남한 사회 내부의 모순과 폭력은 무화된다. 여기서 반공 내셔널리즘 그 자체가 문제

---

55) 김동춘, 앞의 책, 87쪽.

되는 것이 아니라 이런 모순과 폭력이 바로 문제의 핵심이다. 이런 반공 내셔널리즘의 모순과 폭력의 실상을 파악할 수 있게 하는 것이 해방 이후 역사를 번역한 오영진, 김동리, 김이석, 차범석 등의 문제작들이다. 특히 여순 사건과 한국 전쟁을 번역한 문제작들은 사실이라는 말해지는 허구를 재현한 작품들이다. 이는 역사적 사실을 재현한 것 같지만 실제로는 허구에 가깝다. 사실이라 말해지는 허구.

월남한 작가의 생존 방식의 하나가 '반공=애국'이라는 명제의 실천이다. 오영진의 작품은, '공산=폭력=비민족 ↔ 반공=애국=민족'이라는 등식의 논리로 말해지는, 맨 얼굴의 반공 내셔널리즘의 원형을 드러낸다. 그의 작품은 대한민국의 목소리를 재생산하고 있으며, 빨갱이라는 비국민 배제를 통한 반공국민 만들기의 과정을 보여준다. 또한 김이석의 작품은 전쟁의 본질에 대한 성찰을 소거한 채 반공 내셔널리즘 틀 안에서 이데올로기의 폭력성을 고발하며, '이북은 인간이 살만한 곳이 못된다'는 적대적 타자에 대한 부정적 인식을 보여준다. 이는 오영진과 마찬가지로 남한에서 살아가는 월남민 작가가 느낀 체험의 과잉 현상이다. 왜냐하면 이들의 작품은 국가의 목소리를 재생산하고 있기 때문이다. 그런데 해방 직후 월남한 오영진의 적극적인 반공 내셔널리즘에 대한 주장과 달리 1·4 후퇴 시 월남한 김이석은 이데올로기의 허구성을 제시하는 정도의 소극적인 반공 내셔널리즘을 피력한다. 이는 한국 전쟁 발발 전후 월남한 두 작가의 현실 대응의 차이를 보여준다.

'여순 반란'이라고 명명된 역사를 번역한 김동리의 문학적 실천은 공산주의자를 민족의 적으로 재현함으로써 민족과 도덕의 옹호자로 대한민국을 형상화하는데 기여한다. 특히 그의 여순 사건에 대한 번역은 허구로서 반공 내셔널리즘이 탄생하는 장면을 재현한다. 한국 전쟁을 번역한 차범석의 문제작은 당시 '빨갱이는 죽여도 좋다'는 인식 하에 학살이 애국인 뿌리를 뽑고 씨를 말리기라는 민족 정화의 논리를 보여준다. 이 문제작들은 여순 사건과 한국 전쟁 당시 민간인 집단 학살이라는 권력과 국민에 의한 민족 정화의 비참한 사례를 번역한 것이다. 또한 대한민국의 역사가 국민의 확장과 비국민의 억압의 역사임을 반증하는 좋은 본보기이다. 따라서 여순 사건과 한국 전쟁을 번역한 문제작들은 반공 내셔널리즘의 인간 도살극을 은폐하는 매우 탁월한 반사경이다.

그런데 오영진이나 김이석의 작품은 반공 내셔널리즘의 원형을 보여주는 반면에, 김동리의 개작이나 차범석의 문제작은 1950년대 후반을 지나면서 서서히 역사의 기억이 국가에 의해 전유됨으로써 왜곡된 기억의 문제성을 선명하게 보여준다. 여기서 미군이나 국군의 학살과 같은 특정한 기억은 공식적인 역사에서 제거되고 인민군의 학살만이 공식적인 역사에 남는다. 국가가 반공의 기억을 전유하기 시작하고, 반공이 내면화되는 시점은 1950년대 후반 이후라고 할 수 있다. 반공 내셔널리즘이 미적 자의식을 규정하는 핵심적인 원리로 작동하면서 드러낸 반공의 우회나 순응, 내면화와 이에 대한 작가들의 반응의 한 형태가 이데올로기에 대한 혐오증으로 드러나는 이념 무용론이다. 작가들은 공산주의자를 민족의 적, 곧 적대적 타자로 설정하여 이데올로기에 순응하던가, 아니면 우회의 한 방식으로 모든 이데올로기를 부정하는 이념 무용론을 펼친다. 여기서 김동리의 개작에 비해 차범석의 문제작은 반공 내셔널리즘이 좀더 내면화된 형태이며, 우회의 한 방식인 이념 무용론을 드러낸다. 결국 오영진, 김이석, 김동리, 차범석의 문제작들은 반공이라는 공적인 가치와 규범을 창출할 뿐만 아니라 반공 내셔널리즘이라는 지배 이데올로기를 재생산하는데 기여한다.

특히 여순 사건과 한국 전쟁을 문학으로 번역한 문제작들은 역사적 사실을 재현한 것 같지만 실제로는 사실이라고 명명되는 허구이다. 역사적 사실과 역사적 허구의 경계는 모호하다. 그렇지만 '사실'을 창조할 수는 없다. 대한민국이 민간인을 학살했거나 하지 않았거나 둘 중 하나이다. 그런 반면 허구의 효과는 대단하다. 국가는 특정한 역사를 상상적 풍경으로 구축한다. 국민은 국가에 의한 특별한 의미를 부여받은 시간과 공간을 다른 시간이나 공간보다 강하게 의식하게 된다. 아울러 과거의 특정한 역사를 다른 역사보다 동일화하기 쉽다. 김동리나 차범석이 번역한 허구화된 과거는, 개인이나 사회와 상상적인 연대를 맺으면서, 사실로 받아들이게 되고 역사화된다. '우리'에게는 여순 사건은 '여순 반란'으로, 한국 전쟁은 '6·25 사변'이나 '6·25 동란'으로 기억된다. 그래서 '반란', '사변', '동란'으로 기억된 이 사건들은 좌익이나 공산당이 일으킨 민족에게 엄청난 고통과 피해를 준 사건들로 재구성된 것이다.[56] 그런데 당시 작가들은 체험과 신념에 충실했을 뿐이다. 그렇지만 작가들의 문제작들은 순수한 세계의 이면에 감추어진 단정 수립 이후 반공으로 가려진 광기와 살육의 현장을 가리고 은폐하는 매우 탁월한 반사경이다. 이런 측면에서 작가의 이데올로기가 위험한 것이라기보다 공적 기록물의 하나인 문학으로 역사를 번역하는 작업이 정치적으로 위험하다. 여기서 양귀비가 마약 중독의 원료가 되듯이, 번역된 역사는 반공 내셔널리즘의 원료가 된다. 만약 적당한 과거가 없다면 언제든지 과거는 발명될 수 있다.[57] 그리고 재구성된 과거는 널리 유포되어 광기와 살육의 과거는 은폐된다. 그래서 국민들은 과거에 대한 '성찰'의 기회를 박탈당한다.

주제어 : 반공 내셔널리즘, 여순 사건, 한국 전쟁, 민족 정화, 역사의 재현, 번역된 역사

---

56) 여기서 '반란'은 '정부나 지도자 따위에 반대하여 내란을 일으킴'을, '사변'은 '한 나라가 상대국에 선전 포고도 없이 침입하는 일'을, '동란'은 '폭동·반란·전쟁 따위가 일어나 사회가 질서를 잃고 소란해지는 일'을 의미한다. 이런 용어에 숨어있는 의도는 좌익이나 공산당의 '악마적인 시도'를 부각하며 그들의 '좌악상(罪惡相)'을 폭로하기 위한 것이다.

57) 홉스봄은 역사가 내셔널리즘, 인종주의, 근본주의 재료가 되며, 과거는 이런 이데올로기의 가장 본질적인 구성 요소라고 지적한다.(E. Hobsbawm, *On History*, The New Press, 1997, pp. 5-6)

◆ 참고문헌

1. 기본 자료

구　상, 『구상문학선』, 성바오르출판사, 1975.

국사편찬위원회, 『자료대한민국사(1949년 11~12월)』 15, 국사편찬위원회, 2001.

김동리, 「형제」, 『백민』, 1949. 3, 74-81쪽.

──────, 『실존무』, 인간사, 1958.

──────, 「눈발속의 부두(埠頭)」, 『전쟁문학집』, 육군본부 정훈감실, 1962, 3-34쪽.

──────, 「형제」, 한국문인협회 편, 『통일의 길』, 휘문출판사, 1969, 126-137쪽.

──────, 「홍남철수」, 한국문인협회 편, 『한국전쟁문학전집』 1, 휘문출판사, 1969,
　　　　77-113쪽.

김영랑, 「절망」, 『동아일보』, 1948. 11. 16.

김이석, 「악수」, 『전선문학』 1, 1952. 4, 42쪽, 36쪽.

──────, 「수색」, 『전시 한국문학선』, 국방부 정훈부, 1954, 6-17쪽.

──────, 「광풍속에서」, 『자유문학』, 1956. 6, 34-48쪽.

──────, 「광풍(狂風)속에서」, 『전쟁문학집』, 육군본부 정훈감실, 1962, 69-87쪽.

박정희, 『박정희대통령선집』(3판) 3, 지문각, 1975.

박종화, 「남행록」, 『동아일보』, 1948. 11. 14, 17~21.

오영진, 「종이 울리는 새벽」, 『사상계』, 1958. 12, 399-443쪽.

──────, 「인생차압」, 『한국문학전집』 33, 민중서관, 1960, 451-490쪽.

──────, 「운명과 기회」, 『사상계』, 1969. 5, 47-70쪽.

──────, 『소군정하의 북한』, 국토통일원 조사연구실, 1983.

유진오·모윤숙·이건호·구철회, 『고난의90일』, 수도문화사, 1950.

이근삼·서연호(편), 『오영진전집』 1·3, 범한도서주식회사, 1989.

전국문화단체총연합회, 『반란과민족의각오』, 문진문화사, 1949.

차범석, 「산불」, 『현대문학』, 1963. 5~7, 67-85쪽, 105-127쪽, 220-236쪽.

──────, 「무엇을 어떻게 쓸 것인가」, 『현대한국문학전집』 9, 신구문화사, 1966, 496-
　　　　499쪽.

──────, 『거부하는 몸짓으로 사랑했노라』, 범우사, 1984.

──────, 「6·25와 연극」, 『예술세계』 9, 1991. 6, 15-18쪽.

──────, 『산불(외)』, 범우사, 1999.

2. 논문, 단행본, 기타

강웅식, 「전체주의적 반공주의와 순수·참여 논쟁―이어령과 김수영의 '불온시' 논쟁을 중심으로」, 『상허학보』 15, 2005. 8, 195-227쪽.

강준만·김환표, 『희생양과 죄의식』, 개마고원, 2004.

강진호, 「반공의 규율과 작가의 자기 검열―『남과 북』(홍성원)의 개작을 중심으로」, 『상허학보』 15, 2005. 8, 229-269쪽.

권혁범, 『민족주의와 발전의 환상』, 솔, 2000.

김귀옥, 『이산가족, '반공전사'도 '빨갱이'도 아닌…』, 역사비평사, 2004.

김동춘, 『전쟁과 사회』(개정판), 돌베게, 2006.

김득중, 「여순사건과 이승만 반공체제의 구축」, 성균관대 박사논문, 2004, 1-338쪽.

―――, 「여순 사건과 이승만정권의 반공이데올로기 공세」, 『역사연구』 14, 2004. 12, 11-54쪽.

―――, 「한국전쟁 전후의 민간인 학살」, 『내일을 여는 역사』 18, 2004. 겨울, 38-53쪽.

김성칠, 『역사 앞에서』, 창작과 비평사, 1993.

김성희, 『한국 현대희곡 연구』, 태학사, 1998.

김진기, 「반공주의와 자유주의―선우휘의 「불꽃」을 중심으로」, 『현대소설연구』 25, 2005. 3, 29-53쪽.

―――, 「반공에 전유된 자유, 혹은 자유주의」, 『상허학보』 15, 2005. 8, 157-193쪽.

―――, 「반공호국문학의 구조」, 『상허학보』 20, 2007. 6, 347-379쪽.

김한식, 「김동리의 순수문학론의 세 층위―반공주의와 순수문학의 상동성을 중심으로」, 『상허학보』 15, 2005. 8, 11-47쪽.

―――, 「『백민』과 민족문학―해방 후 우익 문단의 형성」, 『상허학보』 20, 2007. 6, 231-270쪽.

김호균, 「해남·완도의 '나주부대' 양민학살사건」, 『말』, 1992. 8, 140-144쪽.

김효석, 「전후 월남작가 연구―월남민 의식과 작품과의 상관관계를 중심으로」, 중앙대 박사논문, 2006, 1-146쪽.

남상권, 「전후 피난지 체험소설 연구―김이석 소설을 중심으로」, 『상허학보』 8, 2002. 2, 295-321쪽.

남원진, 「반공국가의 법적 장치와 〈예술원〉의 성립 과정 연구」, 『겨레어문학』 38, 2007. 6, 195-222쪽.

―――, 「반공(反共)의 국민화, 반반공(反反共)의 회로―반공 내셔널리즘을 묻는다」, 『국제어문』 40, 2007. 8, 321-354쪽.

박유하, 「상상된 미 의식과 민족적 정체성―야나기 무네요시와 근대 한국의 자기

구성」, 『기억과 역사의 투쟁』, 삼인, 2002. 4, 322-346쪽.
박정석, 「전쟁과 고통」, 『역사비평』, 2003. 가을, 335-361쪽.
범국민위원회, 『계속되는 학살, 그 눈물 닦일 날은…』, 한국전쟁 후 민간인학살 진
　　　상규명 범국민위원회, 2006.
유민영, 『한국현대희곡사』, 새미, 1997.
유임하, 「이데올로기의 억압과 공포―반공 텍스트의 기원과 유통, 1950년대 소설
　　　의 왜곡」, 『현대소설연구』 25, 2005. 3, 55-75쪽.
―――, 「마음의 검열관, 반공주의와 작가의 자기 검열―김승옥의 경우」, 『상허학
　　　보』 15, 2005. 8, 129-155쪽.
―――, 『한국 소설의 분단 이야기』, 책세상, 2006.
이봉범, 「반공주의와 검열 그리고 문학」, 『상허학보』 15, 2005. 8, 49-98쪽.
―――, 「전후 문학 장의 재편과 잡지 『문학예술』」, 『상허학보』 20, 2007. 6, 271-
　　　309쪽.
임경순, 「검열논리의 내면화와 문학의 정치성」, 『상허학보』 18, 2006. 10, 261-294쪽.
임종명, 「여순 '반란' 재현을 통한 대한민국의 형상화」, 『역사비평』, 2003. 가을,
　　　304-334쪽.
―――, 「여순사건의 재현과 공간(空間)」, 『한국사학보』 19, 2005. 3, 151-185쪽.
―――, 「여순사건과 재현과 폭력」, 『한국근현대사연구』 32, 2005. 봄, 103-132쪽.
임지현, 「한반도 민족주의와 권력 담론」, 『당대비평』, 2000. 봄, 199-200쪽.
임철우, 『아버지의 땅』, 문학과 지성사, 1984.
정영태, 「일제말 미군정기 반공이데올로기의 형성」, 『역사비평』, 1992. 봄, 126-
　　　138쪽.
조관자, 「'민족의 힘'을 욕망한 '친일 내셔널리스트' 이광수」, 『기억과 역사의 투
　　　쟁』, 삼인, 2002. 4, 322-346쪽.
조현연, 『한국 현대정치의 악몽』, 책세상, 2000.
차혜영, 「국어 교과서와 지배 이데올로기―1차~4차 교육과정기 중·고등학교 국
　　　어교과서를 중심으로」, 『상허학보』 15, 2005. 8, 99-128쪽.
한옥근, 『오영진 연구』, 시인사, 1993.

柄谷行人, 조영일 역, 『근대문학의 종언』, 도서출판 b, 2005.
西川長夫, 윤대석 역, 『국민이라는 괴물』, 소명, 2002.
酒井直樹, 후지이 다케시 역, 『번역과 주체』, 이산, 2005.

Anderson, B., 윤형숙 역, 『상상의 공동체』, 나남출판, 2002.

Benjamin, W., 반성완 역, 『발터 벤야민의 문예이론』, 민음사, 1983.

Hobsbawm, E., *On History*, The New Press, 1997.

──────, 강성호 역, 『역사론』, 민음사, 2002.

Lentricchia, F., McLaughlin, T. 편, 정정호 외 역, 『문학연구를 위한 비평용어』, 한신문화사, 1994.

Morris-Suzuki, T., 김경원 역, 『우리 안의 과거』, 휴머니스트, 2006.

Spivak, G. C., *Outside in the Teaching Machine*, Routledge, 1993.

──────, 태해숙 역, 『교육기계 안의 바깥에서』, 갈무리, 2006.

◆ **국문초록**

이 글은 여순 사건과 한국 전쟁과 같은 역사를 문학으로 번역하는 작업을 한 오영진, 김동리, 김이석, 차범석의 작품들을 분석하였다. 특히 김동리나 차범석의 문제작은 여순 사건과 한국 전쟁 당시 민간인 집단 학살이라는 권력과 국민에 의한 민족 정화의 비참한 사례를 번역한 것으로, 대한민국의 역사가 국민의 확장과 비국민의 억압의 역사임을 반증하는 하는 좋은 본보기이다. 여기서 반공 내셔널리즘의 자기 내면화는 황폐한 현실을 그대로 승인하는 방법이다. 이미 견고하게 짜인 반공 내셔널리즘의 틀 위에서 사유하고 기억하도록 코드화하게 만드는 것이 바로 작가가 펼쳐 보인 이념 무용론의 결과이다. 특히 문제의 핵심인 여순 사건과 한국 전쟁을 문학으로 번역한 작품들은 역사적 사실을 재현한 것 같지만 실제로는 사실이라 명명되는 허구이다. 이들의 문제작은 순수한 세계의 이면에 감추어진 단정 수립 이후 반공으로 가려진 광기와 살육의 현장을 은폐하는 매우 탁월한 반사경이다. 그래서 '공식적인' 역사를 번역하는 문학적 실천은 정치적으로 매우 위험한 것이다. 여기서 양귀비가 마약 중독의 원료가 되듯이, 번역된 역사는 반공 내셔널리즘의 원료가 된다.

◆ SUMMARY

The Way to Translated History into Literature and Anti-communist Nationalism
− Inquire about Anti-communist Nationalism

Nam, Won-Jin

I analyzed Oh Young-Jin, Kim Dong-Li, Kim I-Seok and Cha Beom-Seok's works which translated the history such as the event in Yeosun and the Korean War into literature. These works show tragedy event of national purification by state power like mass slaughter and they are good samples which represent that the Korean history is the history of national expansion and non-national suppression. Self-internalization of anti-communist nationalism is the way to accept ruined reality and it causes nihilism which neutralizes the hope of changes unlike the author's intention. Making the nation privatize and memorize through firm anti-communist nationalism is the result of ideological uselessness by the author. It seems that the works which translated the event in Yeosun and the Korean War into literature reproduce the historical events, but they are fiction named reality. Their works is mirror which covers up the scene of a insane bloodbath which is concealed behind pure world through anti-communist after the division of Korea In this aspect, it is very dangerous to translated history into these authors' works.

Keyword : anti-communist, the event in Yeosun, the Korean War, national purification, the reproduction of history, translated history

─이 논문은 2007년 7월 31일에 접수되어, 소정의 심사를 거쳐 2007년 9월 30일에 최종적으로 게재가 확정되었음.

남정현 소설의 성 – 여성과 윤리, 그리고 반공주의

임 경 순*

목 차

1. 성 – 여성, 문학장, 반공주의

문학사에서 남정현, 혹은 남정현의 문학은 무엇보다 「분지」 필화로 서술된다. 「분지」는 반공법 위반으로 걸린 최초의 문학작품으로 이 사건은 작가의 창작활동의 한 분기점으로 작용한다. 남정현은 1958년 「경고구역」으로 등단하였고 1965년에 「분지」 필화를 겪었다. 필화를 겪기까지 발표한 작품은 모두 18편으로 1960년대 전반기 남정현의 창작활동은 왕성한 것이었다. 그러나 필화 이후 그의 창작활동은 위축되며, 간헐적으로만 지속된다. 1969년 작품발표를 재개하지만 1974년 민청학련사건과 연관되어 긴조1호 위반으로 구속되면서 그의 창작활동은 다

* 성공회대 강사.
** 이 논문은 2005년도 한국학술진흥재단 지원으로 연구됨(KRF-2005-079-AM037).

시 한번 허리가 꺾인다.[1] 석방된 후 1975년에 「허허선생 2」, 박정권이 무너지고 신군부가 집권하기 전의 극히 짧았던 틈새인 1980년 3월에 「허허선생 3」 등 2편의 작품을 발표하였으며, 이후 1980년대에 그가 다시 작품을 창작한 것은 1988년에 이르러서이다. 즉 남정현의 작가적 이력은 1958년 등단 이후 18편의 작품 창작, 1965년의 필화, 4년의 공백, 1969년 작품활동 재개, 1974년 다시 구속, 1988년까지 2편의 작품 발표로 정리할 수 있는 것으로 정치권력의 압력과 정세의 변화는 그의 창작활동을 근본적으로 규정한 요인이었다.

이는 작가 스스로에게 가장 불행한 일일 것이나 또한 문학사, 작가론의 입장에서도 불행한 일이다. 남정현이라는 작가와 그의 문학이 현대사의 정치적인 굴절과 밀접하게 맞닿아 있는 만큼 그의 문학에 대한 조명 역시 저항문학으로서의 선도성이라는 관점에 집중되어 있기 때문이다.[2] 이로 인해 남정현 문학에 대한 연구는 비슷한 내용이 반복되는

---

1) 1974년 당시 한국문화인쇄주식회사의 편집주간으로 있던 남정현은 퇴근길에 잡혀들어갔다. 그해 4월 전국민주청년학생총연맹을 중심으로 180명이 구속, 기소된 민청학련 사건의 배후 세력의 한 축으로 몰고 가기 위한 것이었다. 기소도 되지 않은 상태에서 옥살이를 하다가 긴급조치가 해제된 이후 석방되었다. 이 사건으로 인해 남정현은 직장도 잃고 어문각에서 발행한 『한국문학전집』에서도 제외된다. 구속되기 전 어문각 측의 청탁으로 10여 편의 단편을 넘겨주었는데 석방되어 나와 보니 전집은 이미 나와 있고 남정현의 작품은 제외되어 있었던 것인데, 비평가 중의 누군가가 문학전집에 빨갱이의 작품을 실어서는 안 된다고 항의하는 바람에 그렇게 되었다고 한다.(남정현, 강진호 대담, 「험로를 가로지른 문학의 도정」, 『작가연구』 12호, 새미, 2001, 29-33쪽)
2) 그간 남정현 문학에 대한 연구는 주로 저항성을 부각시켰다고 할 수 있다. 「분지」를 중심에 놓은 가운데 작품의 내용을 분석하거나, 기법적인 측면을 분석하는 경우에도 주로 풍자의 저항성에 초점이 맞추어져 있다. 이러한 관점의 대표적인 연구로는 다음과 같은 것들이 있다.
  임중빈, 「상황악과의 대결」, 『현대한국문학전집』 15, 신구문화사, 1967.
  김병욱, 「천부적 이야기꾼」, 『분지』, 한겨레, 1987.
  김병걸, 「상황악에 대한 끈질긴 도전」, 『분지』, 한겨레, 1987.
  류양선, 「풍자소설의 민족문학적 성과」, 『한국현대작가연구』, 민음사, 1989.
  이봉범, 「남정현 문학의 알레고리와 풍자」, 『반교어문연구』 8집, 1997.
  강진호, 「외세의 질곡과 민족의 주체성」, 『돈암어문학』 12집, 1999.

경향을 보여 왔다. 주제의 선도성과 현실인식의 투철함, 이를 담아내기 위한 기법으로서의 풍자, 이러한 특징의 반대급부적인 요인인 주제의 생경한 노출과 단조로운 작품 세계 등이 그것이다. 물론 이러한 연구 경향은 남정현의 작품이 내재하는 특징에서 기인하는 것이기도 하다. 그가 가장 활발하게 활동한 1960년대 전반기의 작품들에는 당시의 정치권력이나 반공주의에 대한 비판이 당대의 다른 작가들에게서는 유례를 찾을 수 없을 만큼 단호하게 서술되어 있으며, 이러한 특징이 시종한다는 점에서 그의 작품은 동일한 주제의 변주곡이라는 평가를 할 수 있다. 그러나 남정현의 문학이 저항문학의 관점에 치중되어 조명된 것은 단지 그의 작품의 특징 때문만은 아니다. 주제의식은 선명하고 날카롭지만 문학성이라는 측면에서는 어딘가 경직된 작가라는 이미지는 「분지」와 필화를 중심에 둔 후대의 서술에서 생성된 것이다. 말하자면 저항문학으로서의 남정현 문학의 이미지는 작품의 내재적 특징에서 기인하는 것이기도 하지만 절반은 현재의 시각을 덮어씌운 단선적인 파악에서 기인한 것이기도 한 것이다.

이는 연구대상으로 선정된 텍스트가 대부분 개작된 판본이라는 점에서도 드러난다. 남정현은 1960년대에 두 권의 작품집을 간행하는데 『너는 뭐냐』(1965)와 『굴뚝 밑의 유산』(1967)이 그것이다.[3] 이들 작품집에는 잡지에 발표된 작품이 문장이나 어휘가 조금씩 손질되어 실려 있다. 그러나 1987년에 발행된 『분지-남정현 대표작품선』이나 2002년에 간행된 전집의 경우는 그렇지 않다. 이들 작품집에는 발표 당시의 작품들이 상당부분 개작되어 있는데 그 개작의 대체적인 방향은 작품

김양선, 「허허한 세상을 향한 날이 선 풍자」, 『작가연구』 12호, 새미, 2001.
임헌영, 「반외세의식과 민족의식」, 『남정현 문학전집』 3, 국학자료원, 2002.
장영우, 「통곡의 현실, 고소의 미학」, 『작가연구』 12호, 새미, 2001.
황도경, 「역설의 미학, 풍자의 언어」, 『작가연구』 12호, 새미, 2001.
3) 필화로 인해 「분지」는 두 권의 작품집 모두에 빠져 있다. 『너는 뭐냐』의 경우 애초에는 「분지」가 포함되어 있다가 빠진 흔적이 있다. 목차에 먹칠된 부분이 있으며, 본문에 페이지가 누락되어 있다.

74

의 전체 내용이 사회과학적인 인식으로 정향되는 것이다. 「광태」(1963)
의 첫 부분 서술의 개작과정은 이를 상징적으로 보여준다.

① 내가 자신을 가지고 기껏 얘기할 수 있는 것은 다만 내 성미가 이렇
게 고약하여진 그 시기에 관해서뿐인 것이다. 기아선상에서 허덕이는 민
중을 위하여 총칼을 들었다는 5·16군사혁명. 그렇다. 나의 그 선하던 성
미는 그 날의 무질서한 총성을 계기로 해서 무참하게 변모하여버린 것이
다. 별 이유도 없이 이렇게 갑자기 사나워졌다는 이야기인 것이다.[4]

② 내가 자신을 가지고 겨우 얘기할 수 있는 문제는 다만 내 성미가 이
렇게 고약하여진 그 시기에 관해서일 뿐인 것이다. 기아선상에서 허덕이
는 민중을 위하여 총칼을 들었다는 5·16군사 쿠데타. 그렇다. '4·19' 이
후 삼천리 방방곡곡에 갖가지 형태의 아름다운 꽃으로서 가슴 설레이게
피어 오르던 자유와 민주와 통일에 대한 민중의 열망을 짓부수면서 무질
서하게 울려퍼지던 그 날의 총성을 계기로 해서 나의 그 선하던 성미는
무참하게 변모하여 버린 것이다. 별 이유도 없이 이렇게 사나워졌다는 이
야기인 것이다.[5]

③ 내가 자신을 가지고 겨우 얘기할 수 있는 문제는 다만 내 성미가 그
렇게 고약하여진 그 시기에 관해서일 뿐인 것이다. 기아선상에서 허덕이
던 민중을 위하여 총칼을 들었다는 5·16군사 쿠데타. 그렇다. '4·19'이
후 자주, 민주, 통일에 대한 전민족적인 희원이 송이송이 현란한 꽃으로
피어오르던 그날. 그만 그 꽃송이들을 시샘해선가, 청천병력같이 갑자기
울려퍼지던 그 날의, 그 무질서한 총성을 계기로 해서 나의 그 선하던 성
미는 무참하게 변모하여 버린 것이다. 별 이유도 없이 이렇게 갑자기 사나
워졌다는 이야기인 것이다.[6]

①은 1967년 ②는 1987년 ③은 2002년에 간행된 작품집에 각각 실

---

4) 『굴뚝 밑의 유산』, 문예출판사, 1967, 89쪽.
5) 『분지』, 한겨레, 1987, 171쪽.
6) 『남정현 문학전집』, 국학자료원, 2002, 257쪽.

린 것으로 1987년에 간행된 작품집에는 '5·16군사혁명'이 '5·16군사쿠데타'로 변화하였으며, 원본에는 없던 4·19에 대한 서술이 삽입되어 있다. 또한 다시 2002년에 간행된 전집에는 4·19의 의미가 민중의 열망에서 전민족적인 희원으로 새롭게 규정되어 있으며, 자유가 자주로 변화했다. 이 글의 목적이 남정현 소설의 개작과정을 서술하려는 것이 아닌 만큼 변화의 의미를 세세히 따질 수는 없다.[7] 중요한 것은 후대에 이르러 개작된 작품을 아무런 전제 없이 1960년대라는 시기와 연결시켜 남정현 소설의 저항성을 현재의 시각으로 덮어씌워서는 안 된다는 사실이다. 개작된 작품들은 사회과학적 인식으로 정향되어 메시지나 주제의식은 한층 명료하게 전달되지만 반면에 창작될 당시의 시대와의 생생한 호흡은 감소되어 있기 때문이다. 그렇다고 남정현 문학의 저항성이 후대에 가미된 것이라는 의미는 아니다. 저항성은 그의 문학의 본질적인 특성이지만 그 특성이 당대와의 연관 하에 분석되어야 한다는 것이다.

정리하자면 남정현의 문학을 새롭게 조명하기 위해서는[8] 김승옥이

---

7) 이러한 종류의 개작은 상당히 광범위하게 행해진 것으로 보이며, 남정현 소설의 개작과정을 면밀하게 검토하고 그 의미를 따져보는 것은 따로 연구할 만한 주제라고 생각된다. 이는 단지 억압적인 창작환경의 문제가 아니라 변화하는 정치정세에 대한 작가의 대응을 따져볼 수 있는 복합적인 문제인 듯하다. 가령 「너는 뭐냐」의 결말 부분 서술을 보면 발표당시인 1961년에는 '인민'이라는 말이 쓰인 데 비해, 1965년의 작품집에는 '국민'으로 변화한다. 또한 『굴뚝 밑의 유산』과 『분지』에 실린 「사회봉」에는 '김일성'이라는 어휘가 쓰인 데 비해 전집에서는 이 단어가 사라진다. 이밖에도 성 모티프가 축소 변화되는 등, 여러 변화요인들을 검토해본다면 남정현이라는 작가의 내면풍경과 그가 처했던 문단적, 사회적 상황에 보다 심층적으로 다가갈 수 있을 것이라 판단된다.

8) 근래에 들어 그의 문학을 새로운 방법론으로 조명하려는 시도가 있어 왔다. 정신분석학적 방법을 적용하거나(김형중, 「남정현 소설의 정신분석학적 연구 시론」, 『한국문학이론과 비평』, 26, 2005. 3) 기법적인 측면을 좀더 세밀하게 분석하거나(김상주, 「남정현 소설의 기법 고찰」, 『남정현문학전집』 3, 국학자료원, 2002), 남정현 소설에 나타나는 민족담론의 이중성에 주목하는 것(김종욱, 「민족담론과 여성의 이미지」, 『한국현대문학연구』 13, 2003. 6), 풍자구도의 특성에 주목하는 것(오양진, 「캐리커처의 인류

나 최인훈이 1960년대적인 작가로 분석되는 것처럼 무엇보다 1960년대라는 시기와 연관하여 분석할 필요가 있다. 그의 문학에 서술된 현실인식과 당시의 금기였던 반공주의에 대한 비판이 아무리 선도적이고 예사롭지 않다 해도 이는 그가 귀속한 시대에 산출된 것으로 남정현은 어떤 의미에서는 1960년대 전반의 풍경을 가장 명확하게 드러내고 있는 작가이다. 남정현의 문학이 새롭게 조명되기 위해서는 필화와 결합된 저항작가로서의 이미지에 가려진 1960년대 작가로서의 면모를 드러낼 필요가 있다. 그는 김승옥이나 최인훈과는 다른 방식으로 자신의 시대를 전유한 것으로 그의 문학의 본질에 다가서기 위해서는 남정현 문학의 전유방식과 그 의미에 초점을 맞추어야 한다. 따라서 이 글에서는 1958년부터 1965년까지의 작품을 대상으로 그가 당대사회를 어떤 방식으로 전유하였는지를 해명하고, 이 전유방식에 담긴 의미를 분석해보고자 한다. 텍스트로는 1960년대에 간행된 2권의 작품집과 잡지에 발표된 작품들을 사용할 것이다.

여기서 초점을 맞출 것은 세 가지이다. 첫 번째는 이 시기 남정현의 작품에 지속적으로 등장하는 성 모티프, 혹은 여성의 문제이다. 그의 소설에서 현실에 대한 비판은 성, 혹은 여성을 매개로 한다. 이는 이 시기 그의 모든 작품에서 거의 일관되게 나타나는 특성이다. 문학작품에서 훼손된 민족의 정체성이나 현실의 모순이 여성의 몸을 매개로 형상화되는 것은 매우 일반적인 현상 중의 하나이며, 이는 흔히 작가의 가부장적 인식을 전제하는 수가 많다.[9] 그러나 남정현의 작품에서 성,

---

학」, 『한국근대문학연구』, 2006. 4) 등이 그것이다.

9) 남정현 소설에 나타나는 여성의 이미지는 몇몇 논자들에 의해 주목되어 왔다. 김종욱은 남성과 여성의 이미지를 전통성/현대성, 정신성/육체성, 식민지 민족주의/제국주의를 표현하는 소설적 구성원리로 보면서, 남정현 소설에서 여성은 민족담론을 통해 식민지를 대표하는 능동적 주체로 구성된 남성들에 의해 점유되고 예속되는 수동적인 대상으로 재구성된다고 분석했다. (위의 글) 또한 이상갑은 남정현의 1960년대 소설에서 여성은 시대악의 상징적 기호로 쓰인다고 보면서 이것이 이후 허허선생 연작에서는 허허에게로 고스란히 전이된다는 점에 주목하고 있다.(「비인간의 형상, 그 역설의

혹은 여성은 이 범주를 넘어서는 데가 있다. 가부장적인 인식이 아예 없다는 것이 아니라 그것으로 국한되지 않는다는 것이다. 남정현에게 있어서 성이나 여성의 육체는 단순한 상징이나 남성 주체의 욕망을 타자에게 전치시키는 행위로 국한되는 것이 아니라 일종의 세계를 인식하고 서술하는 방법론적인 통로로 작용하고 있는 듯하다. 때문에 남정현의 문학을 분석하는 데 있어서 성–여성의 의미를 파악하는 것은 필수적이다.

두 번째는 당대 문학장과의 연관 하에 남정현의 소설을 조명하는 것이다. 남정현의 작품은 얼핏 보아 평지돌출이라는 수사를 가능하게 할 만큼 그 발언의 수위가 높다. 이는 비단 필화를 겪은 「분지」에 한정된 것이 아니다. 5·16으로 인한 작가의 상심과 분노가 절절하게 느껴지는 「기상도」, 「자수민」, 「광태」에 서술된 반공주의에 대한 비판은 지금의 시각으로 보아도 결코 범상하지 않다. 또한 반공주의와 매우 예민한 관계에 놓여 있는 통일이나 북한에 대한 발언도 마찬가지이다. 흥미로운 것은 이러한 문학적 발언들이 제도권 문학 내에 아무런 충돌 없이 수용되었다는 것이다. 이는 필화의 주인공인 「분지」도 마찬가지이다. 주지하다시피 「분지」는 『현대문학』 1965년 3월호에 실렸으며, 발표 당시에는 아무런 문제가 없다가 북한의 노동당 기관지 『조국통일』에 실림으로써 문제가 되었다. 문학작품으로는 최초로 작가가 반공법 위반으로 기소되었고 그 명목은 반미와 계급의식 고취였다.10) 그런데

____

의미」, 『남정현문학전집』 3, 국학자료원, 2002)

10) 남정현은 1965년 3월 『현대문학』에 「분지」를 발표하고, 이 작품으로 인해 그해 7월 7일 구속된다. 발표 당시 아무 말이 없다가 뒤늦게 문제가 된 것은 「분지」가 북한 노동당 기관지 『조국통일』 5월 8일자에 실렸기 때문이었다. 때문에 그가 구속된 날짜는 7월 7일이지만 훨씬 이전인 5월 초부터 이미 당국의 조사를 받고 있었다. 남정현은 서울지검 공안부에 송치되었다가 보름 만에 석방되었다. 그러나 이후에도 반공법 위반 혐의자로 계속 조사를 받았고 1966년 7월 23일 반공법 위반으로 정식 기소되었다. 1966년 9월 6일 첫 공판이 있었고 한승헌, 이항녕, 김두현 변호사가 변호단을 구성하였으며, 안수길이 특별변호인으로 참석하였다. 판결 선고때까지 8회에 걸쳐 공판이 계속되었고, 3회 공판 때에 검찰측 증인으로 한재덕(공산권문제연구소장), 이영명(함흥

1964년에 문제가 되었던 정공채의 시 「미 8군의 차」 역시 같은 잡지에 실렸었다는 것을 기억할 필요가 있다. 이 작품은 『현대문학』 1963년 12월호에 실렸다가 일본의 신문잡지들이 번역 소개하여 큰 반향을 불러일으키자 뒤늦게 문제가 되었다. 작가가 기소되지는 않았지만 반공법 위반 혐의로 조사를 받았으며 이 과정에서 반미 여부에 대해 문인들이 평가를 했다.[11] 얼마 전에 실린 시가 반미 여부로 문제가 되었던 차에 「분지」가 『현대문학』에 실렸다는 것은 앞뒤를 가려볼 만한 문제이다.

세 번째는 남정현의 작품을 반공주의와의 연관 하에 살펴보는 것이다. 1960년대는 반공주의가 전일적으로 내면화되는 시기이다. 4·19를 계기로 제기된 다양한 통일논의들은 50년대의 반공주의가 막강한 위력을 지닌 이데올로기였지만 그것이 전사회적으로 내면화된 것은 아니었음을 보여준다.[12] 그러나 이들 통일논의를 주도해간 혁신세력이 5·16으로 제거되면서 반공주의는 다시 강화되기 시작한다. 이는 단지 정치적인 탄압의 문제만은 아니었다. 쿠데타 세력은 4·19의 영향에서 자유로울 수 없었으며, 정통성 부재를 메워야 했기 때문에 민족적 민주주의를 비롯한 다양한 담론을 개발하고 적극적으로 지식인들을 포섭했다. 이로 인해 1960년대 초반 쿠데타 정권에 대한 인식은 일정한 기대를 동반하는 혼란스러운 것이었다.[13] 1960년대는 여러 요인이 복합

공산대학출신, 군속), 최남섭(대남간첩, 구속중), 오경무(대남간첩, 구속중) 등 5명이 출석했고, 피고인측 증인으로는 이어령이 나왔다. 1967년 5월 24일 반공법 4조 1항을 적용하여 징역 7년 자격정지 7년이 구형되었으며, 6월 28일 초범이며 정상을 창작한다는 취지로 선고유예가 선고되었다.(한승헌, 「남정현의 필화, '분지'사건」, 『분지』, 한겨레, 1987, 375-394쪽 참조)

11) 정공채는 1964년 3월 중정으로 불려가 심문을 당했으며, 조지훈, 조연현, 김현승, 김용호가 그의 작품을 평석하였다. 한 명은 '철저한 반미주의자의 작품'이라고 평가했으며, 세 명은 민족주체성을 엮은 서사적 장시라고 평가했다.(『한국문학필화작품집』, 황토, 1989, 149-153쪽)

12) 정창현, 「1960년대 반공이데올로기의 정착과 지식인층의 대북인식 변화」, 『1960년대 한국의 근대화와 지식인』, 선인, 2004.

적으로 작용하는 가운데 반공주의가 그 헤게모니를 장악해가는 시기로 이 시기에 반공주의는 저항에 직면한 이데올로기는 아니었다고 보인다. 이러한 시기에 남정현의 문학이 어떻게 반공주의를 비판할 수 있었으며, 정권의 실체를 폭로할 수 있었는지 해명할 필요가 있다.

따라서 이 글에서는 1958~1965년의 남정현의 문학을 작품에 나타난 성-여성의 의미를 해명하고 당대 문학장과 반공주의와의 연관 하에 조명해보도록 하겠다.

2. 욕망의 부재로서의 남성 지식인

남정현 소설에 등장하는 남성은 대부분 무기력하고 무능력하며, 어떤 적극적인 소망이나 생활의 계획, 희망을 품고 살아가지 않는다. 이들은 대학 중퇴나 대학 졸업의 학력 소지자로 지식인이라 할 수 있는데 먼저 경제적으로 무능하다. 직업이 있거나 없거나 상관없이 무능하여 부양을 받는 입장에 처해 있다. 남정현 소설의 공간이 대부분 가정인 까닭에 이들 남성을 부양하는 인물은 보통 부인 혹은 부부와 다를 바 없는 위치의 여성이다. 그런데 이들 남성은 경제적으로 무능할 뿐만 아니라 성적으로도 무능하다. 남정현 소설의 남성들은 성적으로 무지하거나 무능력하여 조화로운 성적 결합을 이루는 예가 매우 드물다. 그렇다고 지식인의 이름에 걸맞게 사회적인 식견이 탁월하거나 비판적인 인식이 날카로운 것도 아니다. 세상사의 이치를 몰라 주위의 사물이나 사건이 온통 의문투성이다. 이로 인해 이들은 작품에서 멸시와 경멸의 시선에 포위되어 있으며 그 시선은 대부분 가족, 그 중에서도 부인 혹은 여성의 몫이다. 가장 긴밀한 관계에 있는 사람에게 멸시와

---

13) 1964년 한일회담 이전까지 쿠데타 세력에 대한 인식은 정용욱, 「5·16쿠데타 이후 지식인의 분화와 재편」(『1960년대 한국의 근대화와 지식인』, 선인, 2004)을 참조할 것.

경멸을 받는 것인데 그렇다하여 자신의 처지를 특별히 비관하거나 부당하다고 항거하거나 괴로워하지도 않는다. 마치 생래적으로 서로 다른 종류의 인간들이 우연히 한 공간에 거처하고 있는 것처럼 주위의 시선은 이 남성인물에게 영향을 미치지 않는다. 남정현 소설의 남성은 매우 독특한 성격과 상황의 소유자라고 할 수 있는데 이를 전형적으로 보여주는 작품이 「너는 뭐냐」이다.

「너는 뭐냐」는 관수와 신옥의 가정풍경을 그리고 있는 작품으로 관수는 번역을 업으로 삼고 있지만 집안경제를 책임지고 있는 사람은 신옥이다. 경제적으로 무능한 것인데 그는 성적으로도 무능하다. 이에 신옥은 관수에게 싫증이 나있다. 결혼 후 2~3년이 지나도록 제 먹는 쌀값도 벌지 못하고, 성욕의 해결이 좀 순조롭다 할 수 있겠으나 그것도 이제는 이쪽에서 서둘러야 하니 헤어져야겠다는 생각을 하고 있는 것이다. 그런데 관수를 경멸하는 사람은 비단 신옥만이 아니다. 식모 인숙과 주인집의 아이들도 마찬가지이다. 인숙은 배우모집에 응시했다가 떨어지고 임시로 식모살이를 하고 있는 인물인데 그녀에게 가장 중요한 것은 '예술'이다. 신옥의 온갖 횡포에도 아랑곳하지 않고 오히려 그녀를 존경하는 것은 신옥이 샹송가수 복거래를 닮았기 때문이다. 이는 그녀가 관수를 멸시하는 이유이기도 하다. 인숙의 입장에서 보자면 그는 예술에 대한 소양이 도통 없다. 예술이 뭔지도 모르면서 번역을 한답시고 방구석에서 쓸데없이 책이나 주무르고 있는 관수에 대해 그녀는 구토증을 느낀다. 주인집 아이들 역시 관수를 사람 취급하지 않는다. 이들은 라디오 드라마라면 사족을 못 쓰는데 관수는 전혀 관심이 없으니 그가 무슨 재미로 살까 하며 동정하는 것이다.

이처럼 관수는 멸시와 경멸의 시선에 포위된 채 쓸모없고 둔감한 물체처럼 고립되어 있다. 그러나 관수는 이러한 주위의 시선에 대해 괴로워하지도 않으며 영향 받지도 않는다. 관수는 관수대로 의문투성이인 세상사를 바라보며 궁리를 하느라 바쁘기 때문이다. 아내 신옥은 위생학을 그토록 들먹이며 이로 인해 인숙의 입을 마스크로 틀어막아

헐게 하면서도 정작 자신은 방에서 똥을 싼다. 관수는 이 이해할 수 없는 행위를 이해하기 위해 아내의 똥이 새로운 형태의 오줌은 아닌가 하는 기묘한 생각을 해보고는 한다. 또한 신옥은 주변의 사내들이 모두 자기 하나만을 좋아한다고 굳게 믿고 있지만 이로 인해 매양 실연을 당하니 딱한 노릇이다. 더구나 아내가 자신의 행위들을 합리화시키는 도구인 '현대'라는 것의 정체는 불가사의하여 관수는 골머리를 앓는다. 또한 인숙은 〈야화〉니 〈양산도〉, 〈도라지〉 등속을 읽으며 예술에 살고 예술에 죽자며 다짐을 하지만 이들 잡지에 낭비되어 있는 '예'자를 생각하면 걱정이고, 라디오 드라마를 들으며 우는 아이들을 보면 자신의 혈액이라도 빼앗기는 것 같다. 말하자면 관수는 고립되어 있고 주변 인물들은 다수이며, 현상적으로 시선의 감옥에 갇혀 있는 자는 관수이지만 실상은 서로 다른 두 세계가 유리창을 사이에 둔 풍경처럼 견고하게 병렬해 있는 것이다.

이는 두 세계 사이에 본질적인 차이가 존재하기 때문으로 그것은 욕망의 문제이다. 작품에서 관수를 제외한 인물들은 모두 일상적인 욕망에 충실하게 생활하고 있다. 신옥은 '광활한 후리월드'에서 연애와 실연의 되풀이에 열심이고, 인숙은 배우가 되기 위해 열심이며, 아이들은 라디오 드라마에 열중해 있다. 그러나 관수는 신옥의 애인인 미스터 김을 소개받는 일로 인해 그녀에게 빚을 지고 고심은 할지언정 그들이 가지고 있는 종류의 일상적인 욕망은 전혀 가지고 있지 않다. 이들의 차이점은 관수와 신옥의 정사장면에서 상징적으로 드러난다. 관수는 신옥과 처음으로 성교섭을 하면서 여성과의 교접절차를 제대로 몰라 아내에게 톡톡히 망신을 당한다. 신옥은 고등학교 때 담임선생님한테 성교육을 마스터 한 데 반해 관수는 여인의 살이 처음이었던 것으로 '이 내 몫으로 차례 온 찬란한 잔치를 어떠한 순서로 소화시키면 좋을지를' 몰라 성교육을 받아야 했다. 주변인물이 일상적인 욕망에 침잠되어 있다면 관수는 일상적인 욕망은 물론 성적인 욕망도 통상적인 형태로 담지하지 않은 자로 이들의 차이는 여기에 존재한다. 성이 인간의 가장 강력한 형태의 욕망 중의 하나임을 감안할 때 관수는 일상적인 욕망이 남들보다 적거나 그 형태가 다른 인물이 아니라, 질적으로 구분되는 인물인 것이다. 즉 신옥과 인숙, 아이들이 욕망의 차원에서 세상을 파악하고 관계를 맺는다면 관수는 여기에서 비켜 서 있는 존재라 할 수 있다.

이러한 관수의 캐릭터, 경제적 사회적으로 무능하고, 일상적인 욕망이 부재하며, 성적으로 무능력하다는 설정은 그가 지식인이라는 항목과 결합함으로써 작품 내에 독특한 거점을 만들어낸다. 그것은 욕망이 부재한 자로서의 지식인이라는 거점이다. 「너는 뭐냐」에서 가정의 풍경을 서술하는 자는 관수이다. 관수가 신옥과 인숙, 아이들을 인지하고 묘사하는 것이지 그 반대는 아니다. 욕망의 그물에 비켜 서 있는 자가 욕망에 침잠하여 그 바깥이나 근원에 무지한 인물들을 응시하는 것으로 이는 관수가 지식인이라는 설정과 맞물려 있다. 「너는 뭐냐」에는 욕망으로 들끓는 일상과 근본적으로 분리되어 있는 지식인이 바라본 세상 풍경이 그려져 있는 것이다. 아내의 실연을 염려하여 남자의 심리를 설명하는 관수에게 당신 혼자만 먹자판의 사나이들 계열에서 홀가분하게 빠져나가겠단 말이냐며 비난하는 신옥의 말처럼 관수는 먹자판에서 빠져나와 있는 인물이라 할 수 있다.

이와 같은 남성인물의 특성은 이 시기 남정현 소설에서 일관되게 드러난다. 「경고구역」의 종수는 대학을 중퇴한 인물인데 여동생 순이가 아프지 않으면 할 일이 없는 인간으로 부인 숙이와 성적으로 결합하지 못한다. 「굴뚝 밑의 유산」의 석주 역시 대학 중퇴의 학력 소지자로 굴뚝에서 보초를 서는 일이 고작이며 영옥과 부부와 다를 바 없지만 성관계는 맺지 않는다. 또한 「기상도」의 철은 식이와 란이의 교접을 비참한 운동으로만 인식하며, 「자수민」의 아무개는 해바라기양의 현란한 육체가 도무지 곤혹스럽기만 하다. 이들은 모두 지식인으로 경제적 사회적으로 무능하며, 일상적인 욕망은 물론 성적 욕망도 거세된, 욕망 자체가 부재한 자들이다. 남정현 소설의 남성이 무능력한 나머지

도무지 세상사의 갈피를 잡지 못하는 것도 이 때문으로 욕망 자체가 부재한 인물들로서는 도리가 없는 일이다. 세상사와 실질적으로 연계를 맺을 거점이 없는 것이나 마찬가지이니 이들의 무능력은 욕망의 부재의 현상형태라 할 만하다.

결국 남정현의 소설에서 욕망이 없다는 것, 무능력하다는 것은 지식인이라는 설정과 결합하면서 그 자체가 하나의 계기로 현상한다고 할 수 있다. 남정현 소설의 남성인물들은 욕망의 부재와 무능력으로 인해 멸시와 경멸의 시선에 포위된 채 고립되어 있지만 이로 인해 욕망이라는 거울에 왜곡된 세계를 본질적으로 인식할 수 있는 계기를 포착한다. 욕망의 부재는 이들 인물이 세계를 통찰할 수 있는 유일한 무기로 이들의 지식인적 속성은 무능력과 욕망의 부재를 통해서만 발휘된다. 때문에 이들 인물과 주변 인물과의 소통불가능과 몰이해는 피차간에 이유가 있는 것으로 선과 악으로 구분되거나 어느 한 편에만 책임이 있는 것이 아니다. 물론 관수는 혼자이고 주변인물은 다수이며, 경멸과 멸시의 시선에 포획되어 있는 쪽은 남성 쪽이지만 그로서도 자신의 정당성을 주장할 만한 어떤 행동을 하거나 언어를 구사하지는 않는 것이다. 그는 다만 치열하고 끈질기게 응시한다. 남정현의 소설에 서술된 풍경은 욕망이 부재한 남성 지식인이 바라본 세계의 모습으로 이는 성−여성을 매개로 드러난다.

3. 현실 결합 통로로서의 성 − 여성

남정현 소설에서 남성과 여성은 보통 서로 대립적인 이미지로 형상화된다. 앞서 살펴보았듯이 남성이 무능력하고 무기력한 인물인 데 비해 여성은 활발하게 자신의 삶을 영위한다. 여기서 이들 여성의 활동성을 뒷받침하는 핵심적인 근거는 성적인 측면이다. 이들은 대부분 성적으로 자유롭거나, 그 이력이 복잡하거나, 매매춘으로 경제적인 능력을 획득한다. 또한 매매춘에 종사하는 경우 그 상황을 적극적으로 영위하고 즐긴다는 점에서 통상적인 생존의 모습과는 결을 달리한다. 이는 남성인물들에게 욕망이 제거되어 있다는 측면과 정확히 대척적인 지점에 있는 것으로 남정현 소설에서 성-여성은 부조리한 현실에 대한 상징인 동시에 그 현실에 결합되어 가는 통로인 개인의 욕망을 상징한다고 보인다. 때문에 그의 소설에서 성-여성은 거의 대부분 부정적인 측면으로만 다루어진다. 이를 잘 보여주는 작품이 「누락인종」이다.

「누락인종」의 성주는 십만 환을 주고 영약주식회사의 외무원 자리에 취직해 있다. 이 회사는 노말한 시각과 후각의 소유자로는 집무가 힘든 곳으로 여기서 만든 소여물 같은 엉터리 영약을 파는 것이 성주의 업무이다. '반공'과 '반일'을 위협삼아 휘두르지만 약은 잘 팔리지 않고 성주는 이러한 일상에 휘둘려 맥이 빠져 있다. 그의 친구인 동수와 용두의 처지도 대동소이하다. 동수는 결혼을 했지만 하는 일이 없어 근근이 모아뒀던 책을 팔고, 생활에 티끌만한 역할도 못하는 자신을 마누라를 비롯하여 사람들이 왜 때려주지 못하는 것일까 하는 자학에 시달린다. 용두는 한 달에 두어 번 나오다 말다 하는 주간신문사에서 교정을 담당하고 있는데 그나마 형편이 나은 편이다. 그러나 성주나 동수와 만난 자리에서 찻값과 술값을 감당하다보면 그들의 목숨이 자신의 손에 달린 것 같은 책임감이 가슴을 짓누른다. 이들은 도무지 희망을 찾을 길이 없다.

이러한 상황에서 성주는 명희의 결혼 요구에 시달리고 있다. 명희는 결혼만 하면 아버지에게 돈을 울궈낼 수 있다고 성주를 악착같이 따라다닌다. 그녀는 도의연구소의 일원으로, 돈을 받아내 이 연구소를 부흥시키려는 속셈을 지니고 있다. 그러나 성주로서는 도무지 명희와 결혼할 마음을 먹을 수가 없다. 명희가 정신도 육체도 인간 이하인 엄청난 추물인 까닭이다. 명희의 집요한 요구에 성주가 친구들에게 도움을 청하면 친구들은 갈팡질팡이다. 용두는 자신이 성주의 용돈만 부담하다

죽으란 말이냐며 결혼을 권하지만 막상 명희의 얼굴을 바라보면 그만 난감해지고, 동수도 동일한 심정인 것이다. 그러나 명희와 주변의 압력은 점점 죄어오고 급기야 청첩장까지 나온다. 이에 성주는 자신을 택시에 태우려는 친구들을 뿌리치고 도망을 가지만 개찰구를 통과하지 못하자 절망감에 울음을 터뜨리고 만다.

이 기묘한 이야기에서 핵심은 결혼을 해야만 성주와 친구들의 상황이 나아질 것이라는 설정과 명희의 추악한 외모이다. 명희는 무조건 넓기만 한 이마, 눈곱인지 눈인지 모르게 시늉만 낸 눈, 하품하는 아가리처럼 벌어진 코, 곧바로 맞붙은 턱과 가슴의 소유자로 마치 북경원인과 같다. 하지만 정작 명희는 자신의 외모에 대한 자각이 전혀 없이 성주에게 결혼을 강요한다. 작품에서 명희의 외모에 대한 과장된 묘사와 현실성 없는 결혼강요는 일종의 상징으로 기능하는 것으로 이는 개인이 사회에 진입되어 가는 과정에 대한 서술이라고 볼 수 있다. 결혼하여 가정을 이루는 것은 개인이 한 사회의 구성원으로 편입하는 가장 기본적이고 일반적인 통로이다. 개인이 결혼에 접근하는 계기는 욕망의 차원이며 그 자체로는 선도 악도 아니다. 그러나 이를 제도의 측면에서 보자면 결혼은 사회에 포획되고 순치되는 강력한 계기이다. 즉 결혼은 일상의 욕망을 매개로 하여 개인을 체제 내로 포획하는 제도로 성주는 그 경계에서 진입을 강요당하고 있다. 이때에 명희의 추악한 외모는 일차적으로 성주가 결혼을 통해 진입하게 될 현실의 모습을 상징한다. 성주가 명희와 결혼한다는 것은 곧 명희의 배경을 이루는 도의연구소의 일원이 된다는 것을 의미하는데 이 연구소는 말할 수 없이 추악한 곳이다. 도의연구소로 가는 길은 오물만이 흘러야 할 수챗구멍처럼 더럽고, 연구소는 무슨 폐물을 넣어두었나 싶게 침울하며, 소장이라는 자는 시골면장부터 제헌의원까지 지낸 괴물 같은 늙은이로 헌법을 제정한 자신과 같은 선량이 끼니 때문에 허우적거리는 것은 도의가 땅에 떨어진 탓이라 여기는 적반하장의 인물이다. 명희나 소장이나 연구소나 모두 추악하기 그지없는 존재로 이는 성주가 명희와 결혼하겠다고 생각하는 한, 즉 사회에 편입된 인물로 살아가겠다고 결심하는 한 감수해야 할 현실의 모습이다.

문제는 작품에서 성주가 명희와의 결혼을 거부하고 다른 길을 택할 수 있는 가능성이 어디에도 열려 있지 않다는 데 있다. 성주는 명희에게 자신은 당당히 여자와 결혼하고 싶고, 결혼만은 자신의 뜻대로 하고 싶다고 절규하며 그녀와의 결혼을 피하기 위해 필사적으로 노력한다. 그러나 그는 개찰구를 빠져나가지 못해 절망하고 만다. 또한 성주 친구들은 결국 까만 양복을 차려입고 그에게 결혼을 강제하는 모습으로 변모한다. 개인의 욕망은 그 자체로는 중립적이다. 그러나 그것이 실현되는 구체적인 상황에 놓이게 되면 문제가 달라진다. 욕망이 실현되는 시스템, 즉 사회의 전반적인 시스템이 부조리할 때 개인의 욕망이나 그것이 실현되는 방식 역시 여기서 자유로울 수는 없다. 개인의 정당한 욕망 실현의 가능성이 어디에도 열려 있지 않고, 실현가능한 욕망은 사회가 요구하는 형태의 욕망뿐이라면 욕망을 가진다는 사실 자체가 곧 비틀리고 추악한 현실에 발목을 잡히는 일이 되고 만다. 이는 성주 친구들의 부화뇌동에서 단적으로 드러난다. 그들은 현실의 추악함을 인식하고 있기는 하지만 그나마 일신의 고단함을 타개하기 위해서는 그 현실과 타협하는 것 이외에 다른 방도가 없다. 때문에 명희의 외모는 끔찍하지만 결혼해야 한다고 성주를 몰아붙일 수밖에 없다. 이로 인해 명희의 외모는 현실에 대한 상징에서 한 발 더 나아가, 현실에 대한 상징인 동시에 그곳으로의 진입통로인 개인의 욕망에 대한 상징이라는 복합적인 의미를 띠게 된다. 개인의 욕망이 부조리한 현실과 결합하는 통로로 인식되어, 부조리한 현실뿐만 아니라 욕망 자체가 경계와 부정의 대상으로 화하는 것이다.

여기에는 작가 남정현의 현실인식이 개재되어 있다. 즉 성주가 정당하게 결혼할 가능성이 열려 있지 않다는 작품의 설정에는 현실에서 어떠한 긍정적인 계기도 찾을 수 없다는 작가의 현실인식이 가로놓여 있는 것이다. 이는 이 작품이 4·19직전의 선거광풍으로 얼룩진 1960년

3월에 발표되었다는 사정을 감안하면 수긍이 될 만한 설정이기도 하다. 그러나 이 인식은 이 시기 남정현의 작품에서 일관되게 드러난다. 다음의 서술은 이를 잘 보여준다.

> 행렬을 따라 얼마나 왔는지 앞을 콱 막는 장벽에 이르렀다. 이게 종점인가. 「극장이다」 결국 여기에 닿기 위한 행렬이었나 보다. 종수는 희망도 절망도 아닌 감개에 잠겼다. 문짝에다가 빨갛게 「만원」이라고 써 붙여 있었다. 한 사람만 더 보태도 배가 터진다는 경고다. 종수는 가슴이 뿌듯했다. 이 장쾌한 건축이 코방아를 찧는 절경을 예상해서다. 미끈하게 벗어진 대머리 아저씨가 겁 없이 입장한 것을 봤기 때문이다. 허지만 암만 기다려도 여간해서 무너지게 생긴 건축은 아니다. 그래도 종수는 실망하지 않았다. 또 한 놈의 전동된 「올빽」 청년이 문지기와 실갱이를 하고 있지 않으냐 …(중략)… 아직도 청년은 머리를 굽실대며 사정하는 품이 선생한테 벌을 받는 중학생이다. 저 문 안에 들어가기만 하면 아마 죽어도 한이 없다고 문지기에게 누누이 설명하는 모양이라고 종수는 대중했다. 귀찮다는 듯이 문지기는 상을 약간 찌푸리더니 문을 아주 꽉 닫아버렸다. 그래도 「올빽」머리는 단념하지 않고 꼭 통곡하는 시늉으로 그 긴 문짝을 탕탕 후려쳤다. 저 안에서 목을 매는 혈육이라도 발견했는가. 덩달아 종수도 문짝 대신 앞가슴을 탕탕 치며 고개를 돌린 쪽이 그야말로 장관이다. 입장료 천 몇 백 환이라는 안내의 말씀이 겁나서가 아니고 그 밑으로 빠끔하게 열린 구멍 주변에 한량없는 화폐들이 홍수 났기 때문이다. 각자가 먼저 화폐를 지불하겠다는 피나는 대결이다.[14)](#)

사흘이나 외박한 아내 숙이를 찾기 위해 외출한 종수는 어디론가 가고 있는 사람들의 행렬을 만나고 도대체 그들이 어디로 가는지 따라가다 극장에 도착한다. 극장은 개인의 욕망을 매개로 환상을 창출하고 유포하는 대표적인 곳이다. 사람들은 극장에 들어가려 안달이다. 청년은 벌을 받는 중학생 모양으로 굽실거리며 들어가기를 애원하고, 닫힌 문을 통곡하듯 두드린다. 종수는 '만원'이라는 팻말에 극장이 무너지기

---

14) 「경고구역」, 『자유문학』, 1958. 9, 240-241쪽.

를 바라지만 극장은 건재하며, 자진해서 갖다 바친 돈으로 홍수가 나 있다. 사람들은 자신이 처한 현실에는 아랑곳없이 자신의 욕망이 부르는 곳으로 끌려가며, 그 욕망을 실현하기 위해 굽신거리고 돈을 지불하는 것이다. 또한 「사회봉」의 원규는 방이 없어 부인과 잠자리를 할 수 없는데 이 억압된 욕망은 결국 누이인 성자와의 정사로 이어진다. 이는 어떠한 욕망도 정당한 형태로 실현될 수 없으며, 실현된 욕망은 이미 왜곡되어 있다는 작가의 현실진단이라 할 수 있다.

결국 남정현 소설에서 성—여성은 현실 자체에 대한 상징인 동시에 개인이 부조리하고 추악한 현실에 결합되어 가는 통로인 개인의 욕망에 대한 상징이라고 할 수 있다. 현실에서 긍정적인 계기를 찾지 못하는 현실에 대한 철저한 부정은 곧 일상의 욕망 자체를 부정하게 만드는 것으로 그의 소설에서 성—여성이 온통 비틀려 있으며, 현실에 대한 비판이 성—여성과 끊임없이 유비되어 서술되는 까닭이 여기에 있다. 칼모찡 중독으로 흐느적거리는 갑자나 (「굴뚝 밑의 유산」), 현대병에 걸린 신옥과 예술에 심취한 인숙은(「너는 뭐냐」) 미국문화에 골수가 파먹힌 일그러진 문화의 상징이며, 기저귀를 버리지 못하고 루프로 자궁을 가로막은 청자는(「부주전상서」) 현실의 부조리는 외면한 채 일신의 안락만을 추구하는 풍조에 대한 상징으로 이러한 현상의 이면에는 개인의 욕망이 잠재되어 있는 것이다. 이와 같은 현실과 욕망, 양자 모두에 대한 부정으로 인해 남정현의 소설에서는 현실비판의 메시지가 서사나 인물을 중심으로 모아지는 것이 아니라 요설적인 문체를 따라 도처에 넘쳐흐른다. 욕망 자체를 부정하게 됨에 따라 인물들이 긍정적이거나 생산적인 활동을 할 도리가 없기 때문이다. 그리고 여기에는 현실 혹은 정치를 윤리의 차원으로 치환한 작가의 인식이 가로놓여 있는 듯하다.

4. 윤리적 인식과 두 겹의 비판

욕망이 거세된 고립된 남성 지식인이 욕망으로 들끓는 세상 풍경을 묘사한다는 남정현 문학의 구도는 세계의 모습을 드러내는 데에 있어서 양날을 가진 칼과 같다. 욕망이라는 일그러진 창에 가려진 세상의 본질을 선명하게 포착할 가능성을 한 켠에 두고 있다면 다른 한 켠에는 세계의 풍부한 가능태와 현실태들이 단 하나의 거점으로만 환원되고 축소될 가능성을 두게 된다. 선명한 만큼 단선적일 수 있는 것으로 이는 실상 욕망을 본질파악의 장애나 부조리한 시스템과의 결합 통로로만 파악하는 관점에 이미 내재되어 있던 것이다. 욕망은 남정현의 파악처럼 부정적일 수도 있지만 긍정적일 수도 있으며 무엇보다 인간의 생존조건이다. 이를 그 부정태를 이유로 전면적으로 거부한다는 것은 세상사의 복잡한 이면들이 당위, 즉 윤리의 측면으로 환원된다는 의미이기도 하다. 5 · 16과 5 · 16이 일어난 이후의 세태에 대한 작가의 절망과 상심이 직접적으로 서술되어 있는 5 · 16 3부작이라 할 만한 「기상도」, 「자수민」, 「광태」에는 이러한 세계에 대한 윤리적인 파악이 잘 드러나 있다.

「기상도」는 1961년 8월에 발표된 작품으로 이 작품에는 5 · 16 이후의 남한 사회를 파악하는 작가의 시각이 선명하게 드러나 있다. 작품의 서두는 주인공 철이의 환상으로 시작된다. 철은 열리지 않는 문 앞에 서 있다. 이 문은 두드려도 흔들어도 불원 열릴 것이라든가 영원히 열리지 않을 것이라든가 도무지 아무런 소식이 없다. 열리지 않는 문 앞에 선 사람들은 문은 닫아 건 사람들이 누구인지, 어찌해야 문이 열릴 것인지, 왜 자신들이 문 밖에서 굶거나 떨고 있는지 생각하지 않는다. 백의의 민족답게 날이 새기만 기다리고 있으며 문 밖의 비참한 처지를 면하고 싶다는 생각뿐이다. 이 때문에 이들의 모가지는 점점 길어져 도로를 가로질러 건너편 쇼윈도에 가서 척 걸리고 진열장의 틈새에 끼어 비명을 지르기 시작한다. 이에 철은 그만 자신은 하늘에서 내려온 사람이며 행선지가 기재되지 않은 여권, 즉 어디에나 갈 수 있는 여권이 있다고 소리를 지르고 만다. 열광적인 환호성이 들리자 철은 무서워져 거짓말임을 실토하지만 군중들은 분노하지도 않으며 표정도 없다. 그만 정도의 거짓말에는 이미 익숙해져버린 태도이다. 철은 그들이 송장 같다는 생각에 징그러워 그곳을 탈출하려는 생각으로 발길질을 하다가 환상에서 깨어난다.

철의 환상은 「기상도」의 전체 내용을 압축한 우화이다. 문을 닫아건 채 문 안에서 호령하고 호의호식하는 자들이 쿠데타를 주도한 세력 및 지배자들이라면 문 밖에서 떨고 있는 자들은 대중들이다. 철 자신은 한 번은 이 문을 열고 들어가 보고 죽어야 할 것이 아니냐고 바득바득 대드는 사람이지만 이러한 철의 생각은 아무리 소리를 쳐도 상대에게 전달되지 않는다. 철의 성량이 작기도 하고, 그들이 체념에 익숙해져 있는데다 문 밖이라는 위치를 면하고 싶다는 생각에 골몰해 있기 때문이다. 여기에는 4·19가 일어난 지 불과 1년 남짓 후에 군사 쿠데타가 일어났음에도 아무런 저항도 조직적인 움직임도 없었던 당시 상황에 대한 작가의 진단이 내재되어 있다. 아주 단순하게 말하면 쿠데타를 주도한 세력에 대한 비판과 함께 이를 용인한 당대 사회의 대중에 대한 비판이 함께 있는 것이다. 이들은 근본적인 성찰이나 행동에는 관심이 없고 다만 개인의 일신, 자신이 문 밖에서 떨고 있다는 목전의 처지만을 중요하게 생각한다. 그러하니 문 안에 들어가 보아야 한다는 철의 소리는 전달되지 않지만 여권이 있다는 소리에는 열광적으로 반응한다. 이러한 작가의 인식은 환상 이후에 서술되어 있는 빠 플라자의 내부 풍경이나 그곳에서 벌어지는 일에서도 동일하게 보인다.

빠 플라자는 지난날에는 융성했지만 지금은 바닥에서 고름 같은 액체가 흘러나오는 쓰레기통처럼 폐물화된 곳이다. 이곳에는 철과 함께 식이와 선이, 란이가 살고 있다. 식이와 선이는 통일 문제로 사이가 좋지 않다. 식이는 통일만 되면 원산에 있는 자신의 집에 갈 수 있다 하고, 선이는 식이의 입에서 통일 소리만 나오면 비위가 상해 제 몸을 스스로 가누지 못하는 생리의 소유자이기 때문이다. 선이는 식이에게 정부에서는 선건설 후통일이라는데 왜 밤낮 통일 소리냐며 새끼 공산당에 간첩이라고 몰아붙이며 싸움을 한다. 결국 이 싸움은 배고픔에 지쳐 중단되고 둘은 어쨌거나 지금의 처지가 공산당보다는 낫다는 데 합의를 보고는 한다. 플라자가 5 · 16이후의 남한 사회라면 식이와 선이는 그 속에서 각자의 욕망대로 살아가는 인물이다. 다만 식이는 플라자의 내부 환경에 신경 쓰지 않고 안주하는 인물이고 선이는 4 · 19로 몰락한 자신의 내력 때문에 떠나고 싶어하는 인물일 따름이다. 이러한 상황에서 통일이니, 간첩이니, 공산당이니 하는 말들은 그 실제의 의미와는 아무런 상관없이 자신의 입장을 합리화하기 위해 편의대로 쓰일 뿐이다. 말하자면 이들은 플라자를 황폐화시킨 권력에 의해 그곳에서 비참한 생활을 영위할 수밖에 없으면서도 이를 자각하지 못하거나 떠나고 싶다는 생각에만 골몰하고 있으며, 통일이나 간첩, 공산당 등 권력의 언어를 그대로 자신의 것으로 내재화한 인물인 것이다. 다음의 서술은 플라자라는 남한의 현실과 그 안에서 생활하는 사람들에 대한 작가의 인식을 압축적으로 보여준다.

그것은 정말 이상한 소리라고밖엔 다른 말이 없었다. 송장이 아닌 담에야 그 소리를 듣고도 잠이 안 깰 사람은 없을 게라고 철은 생각하는 것이다. 목마른 자들이 일제히 물을 들이키는 듯한 아니 병실에서 들려오는 신음소리 같은 혹은 병신들이 육갑하는 소리일지도 모르는 좌우간 그런 여러 가지 음향이 배합된 이상한 소리가 깊어가는 「플라자」의 음산한 공기를 더욱 참혹하게 적시는 것이었다. 철은 아닌 밤중에 이게 무슨 소린가 해서 목을 길게 빼고 소리 나는 쪽에 눈을 줄라치면 아 거기에는 불도 끄지 않은 채 식이와 란이가 형성해 놓은 목불인견의 참상이 전개되어 있는 것이었다. 대단한 형벌이라도 받는 것처럼 식이와 란이는 알몸이 되어 서로 부둥켜안고 엎쳤다 뒤쳤다 사지를 비비 꼬면서 끽끽 사뭇 숨넘어가는 발성을 하지 않는가. 밑바닥에서 흘러나오는 그 고리퀴퀴한 액체가 바야흐로 발밑까지 차 오는데 그들은 오불관언인 것이다.15)

발밑까지 고름 같은 액체가 차오르는데 식이와 란이는 정사에 열중해 있다. 그들의 정사는 갈증 난 자의 물켜는 소리, 병자의 신음소리, 병신의 육갑하는 소리로 비유된다. 전술하였듯이 남정현 소설에서 남녀간의 정사는 언제나 부정의 대상이었지만 5·16 이전의 작품에서는 이만한 강도로 서술되거나 묘사되지는 않았다. 이 장면의 묘사에는 5·16으로 인한 절망이 담겨 있는 것으로 여기에는 권력에 대한 비판은 물론 무기력한 대중에 대한 절망이 함께 담겨 있다. 자신의 욕망에 침잠해 있는 그들은 발밑의 균열을 돌아볼 틈이 없는 것이다.

이러한 인식은 「자수민」, 「광태」에서 한층 심화되어 드러난다. 「자수민」의 해바라기 양은 남한사회가 침윤된 미국문화의 상징이며, 이는 당대 사회에서 유일하게 발휘될 수 있는 자유의 종목이다. 영단을 대낮처럼 밝히고 있는 전등에 대해서는 얼간이처럼 끌려갈 각오를 하기 전에는 시비를 걸 수 없지만 해바라기 양의 거울은 자유와 민주주의 명목으로 보호받는다. 이곳에 사는 아무개의 이름은 상징적이다. 그는 반공주택영단의 절망적인 상황에 자아를 상실해 버린 것이다. 때문에 그는 '간첩 자수 기간'에 무언가 기대에 찬 엷은 흥분을 느끼며 걸어 나간다. 「자수민」의 아무개가 자아를 상실한 자라면 「광태」의 '나'는 세태변화로 인해 자아가 폭력적으로 변화해버린 자이다. 5·16 군사혁명 이후 '나'는 곱고 착하던 성격이 고약해졌고, 아내 지아를 비롯하여 주변의 모든 기물을 파괴한다. 지아의 육체는 '나'의 폭력에 원형을 상실했을 만큼 망가졌고, '나'는 지아에게 떠나라고 하지만 지아는 원수를 갚지 않고 어찌 떠나겠느냐 한다. 이 둘의 절망적 관계는 도무지 해결될 가망이 없다. '나'는 지아를 때리다 몽롱해지고 어디선가 들려오는 군가소리가 이 둘을 감싸 안는 것으로 작품은 끝이 난다. 이 역시 5·16 이후의 현실에 대한 비유로 '나'나 지아는 연유도 모른 채 서로 싸우고 증오하고 물어뜯는다. 아무개, 나, 지아는 모두 상황을 어렴풋

---

15) 「기상도」, 『사상계』, 1961. 8, 322쪽.

이는 인식하지만 어찌 타개해야 할지 갈피를 잡지 못하며, 이 혼란은 내부로 향하여 자아상실이나 자신의 의지로 제어할 수 없는 폭력으로 드러나는 것이다.

이처럼 이들 3부작에는 당시 사회에 대한 비판과 함께 그 사회를 살아가는 사람들에 대한 비판, 절망이 공통적으로 드러나 있다. 이는 5·16에 대한 당시 사회의 반응을 살펴볼 때 수긍이 갈 만한 측면이 있다. 5·16에 대한 당대 사회의 반응은 반드시 부정적인 것은 아니었다. 제2공화국의 보수성과 무능, 민주당의 분열 등으로 정국은 안정되지 않았고, 쿠데타 주체 세력은 4·19의 정신을 아예 외면할 수는 없었다. 때문에 집권 초기에는 쿠데타 세력에 대한 기대와 지지가 존재했으며, 지식인층의 반응 역시 호의적인 것이었다. 물론 반대의견도 존재했지만 그러한 의견들이 조직화되고 구악보다 신악이 더 무섭다는 박정권의 실체가 드러나기 위해서는 시간이 더 필요했다. 그러나 이러한 정세를 감안한다 해도 남정현의 작품에서 비판의 칼날이 권력과 대중 양 측면에 모두 겨누어진 두 겹의 것이며, 특히 5·16 3부작의 경우에 대중에 대한 절망이 나타나 있다는 점은 유의할 필요가 있다.

이는 남정현이 세계를 윤리적인 지식인의 관점에서 파악하기 때문이라고 보인다. 미국문화를 무분별하게 수입하고, 반공과 반일의 구호로 대중을 현혹하고, 간첩사건을 양산하여 정국을 주도하고, 통일논의를 권력의 유지만을 위해 전유하는 현실은 미국문화에 무비판적으로 침윤되고, 반공과 반일의 구호에 휘둘리고, 간첩사건과 통일논의에 대한 정치권력의 논리를 자신의 것으로 내재화하는 대중의 존재와 맞물린다. 남정현의 철저한 현실부정의 정신은 부패한 현실은 물론 욕망에 휘둘리며 권력에 포섭되어 가는 장삼이사도 부정하는 것으로 여기에는 지식인과 대중의 간극이 가로놓여 있다. 욕망으로 넘실대는 일상을 살아가는 개인이 정치현실의 본질을 꿰뚫어 본다는 것은 혁명적인 전환기가 아닌 한 그의 지식인적 속성을 전제하지 않으면 그리 가능한 일이 아니다. 그러나 남정현의 작품에서 이 차이는 무화되며, 현실에 대한 철저한 부정으로 인해 방점이 찍히는 쪽은 지식인의 관점 쪽이다. 이는 「너는 뭐냐」의 결말에서 상징적으로 드러난다.

> 그때 누군가가 벼락같이 달려들어 여인의 어깨를 움켜쥐고, 「너는 뭐냐!」 호통을 치며 차에서 끌어내리는 것이었다. 질질 땅바닥에 끌려나온 여인은 분명 아내였다. 아내의 어깨를 잡은 작업복의 사나이를 쳐다보며 관수는 암만해도 저 친구가 지금 사람을 잘못 건드렸다고 자기 일처럼 후회해주고 있었다. …(중략)… 그런데 어찌된 셈인지 아내는 얼굴이 파랗게 질리며 끽소리 못하고 손을 싹싹 부비며 용서를 구하는 판이 아닌가. 관수는 무슨 위대한 철리라도 파악한 기분으로 사뭇 감격하여 무릎을 쳤다. 「너는 뭐냐!」 이 한 마디가 아내의 손을 부비게 할 만큼 그렇게 효과적인 언어인 줄은 정말 몰랐던 사실이었다. 관수도 한번 실험해보고 싶었다. 볼 것도 없이 관수는 아내의 어깨를 잡은 그 친구의 손을 뿌리치며 미안하지만 이 여인은 내가 맡겠다고 장담하며 나섰다. 「너는 뭐냐!」 관수는 흡사 노래라도 부르듯 명랑하게 소리를 뽑으며 핑크색 「넥크레스」가 달랑거리는 아내의 멱살을 작업복의 사나이보다 더욱 꽉 움켜잡았다.16)

아내의 정체를 폭로한 것은 작업복의 사나이지만 관수는 그 사나이보다 아내의 목을 더욱 꽉 움켜잡는다. '너는 뭐냐'라는 주문을 몰랐기에 망정이지 그것을 터득한 이상 아내로 상징되는 지배권력을 징치하고 변화시킬 사람은 관수, 즉 지식인인 것이다. 이 작품을 제외하고 남정현의 작품에서 민중의 모습이 거의 보이지 않는 것은 이 때문으로 보인다. 실상 이 작품에 단편적이나마 민중의 모습이 보인 것은 발표 시기를 감안해야 한다. 「너는 뭐냐」는 1961년 3월이 발표시기로 4·19 이후와 5·16이전이라는 1년 남짓의 짧은 기간에 발표된 유일한 작품이다. 말하자면 이 작품의 결말에는 5·16으로 압살되기 이전의 4·19의 전망이 나타나 있는 것이다. 이처럼 민중의 모습이 시기적 특성에 국한되어 있고, 그나마 지식인 쪽에 방점이 찍혀 있는 것은 그의 비판

---

16) 「너는 뭐냐」, 『자유문학』, 1961. 3, 57쪽.

정신이 현실에 대한 전면적인 부정이라는 윤리적인 지점에 서있기 때문이다. 이로 인해 남정현의 작품들은 단조롭게 반복된다. 윤리의 관점에서 보자면 세상은 변화하지 않는다. 이승만 정권이나 박정희 정권이나 그 부도덕성이나 반민중성의 면에서는 동일하며 여기에 부화뇌동하고 포섭되는 대중 역시 동일하다. 때문에 세부적인 항목들은 달라지지만 기본적인 구도는 놀랍도록 유사하다. 욕망하지 않는 자로서의 남성 지식인이 윤리적인 거점에서 바라본 세계의 풍경이라는 구도가 시종일관 관철되는 것이다. 이러한 관점에서 「분지」는 독특한 작품이다. 이 구도가 다소 이질적으로 드러나기 때문이다.

5. 문학장과 반공주의

「분지」가 남정현의 다른 작품들과 구분되는 지점은 작품의 톤이 단일한 결로 정돈되어 있다는 점이다. 이 작품에서 성—여성은 민족주의적 색채로 강하게 견인되어 있으며, 작품의 서사는 미국에 대한 비판으로 집중되어 있다. 물론 「분지」 이전의 작품에서도 성—여성의 민족주의적 색채나 미국에 대한 비판은 곳곳에 드러나 있었다. 질병의 접대부이며, 제임스가 함부로 밟고 지나간 자리로 서술되는 순이는 미국에 종속되어 있는 남한 현실을, 칼모찡에 중독된 갑자, 현대병에 걸린 신옥, 재즈의 선율에 취한 경아 등은 미국문화에 침윤된 당대 문화에 대한 상징이라고 볼 수 있다. 또한 이들 작품의 서사는 각기 고유의 의미를 지니고 있다. 그러나 이들 작품에서 성—여성과 서사는 하나의 의미로 단일하게 드러나지 않는다. 남정현의 작품이 진행되는 힘이 일반적으로 서사나 인물이 아닌 문체 중심인데다 성—여성과 현실비판이 비유적으로 서술되기 때문에 어떤 인물이나 사건이 복합적으로 해석될 여지를 남겨두고 있는 것이다. 가령 「너는 뭐냐」의 신옥은 장면에 따라 남한에 침입한 미국문화, 부패한 정치권력, 천박한 대중문화 등으로

서로 다르게 해석될 수 있으며, 이 서로 다른 측면들이 작품 안에서 상호작용하면서 복합적인 목소리를 낸다. 인물이 그러한 만큼 서사의 결도 복합적이다. 「현장」의 동수와 희주의 반복되는 다툼이나 「부주전상서」에서 용달이 청자를 살해한 사건 등, 남정현 소설의 서사는 하나의 의미로 단일화되지 않는다.

이에 비해 「분지」의 인물과 서사는 단일하게 정리되어 있다. 먼저 작품의 주인공인 홍만수 일가의 내력을 보면 아버지는 독립투사였으나 해방이 되어도 돌아오지 못하고, 어머니와 여동생 분이는 모두 미군에게 희생당한 여인이다. 어머니는 아버지를 기다리며 해방의 기쁨에 태극기와 성조기를 들고 환영대회에 나갔다가 미군에게 강간을 당했고, 분이는 스피드 상사의 첩이 되어 갖은 구박을 당하는 처지이다. 말하자면 아버지나 어머니, 여동생이 모두 외세에 희생된 인물인 셈이다. 이와 달리 홍만수는 군 제대 후 양키 물건 장사, 즉 외세에 빌붙어 살고 있다. 여기에는 이유가 있는데 어머니처럼 미쳐서 죽을 수는 없다고 마음을 다잡고 분이의 부탁대로 양키물건장사를 했던 것이다. 그런데 분이가 밤마다 스피드 상사에게 육체적인 특성을 탈잡혀 괴롭힘을 당하는 게 홍만수에게는 고통거리이다. 분이의 몸이 스피드 상사의 부인 비취여사와 다르다는 명목으로 욕설과 폭언, 폭력에 시달리는 것이다. 분이의 몸이 무엇이 문제인지 알 수 없던 차에 비취 여사가 한국에 오게 되고 이에 홍만수는 향미산으로 여사를 데리고 가 음부를 확인하려 한다. 분이와의 차이점이 무엇인지 파악하려는 것이다. 이 사건으로 인해 홍만수는 펜타곤 당국의 핵무기와 최정예 사단에 포위된 채 죽음을 기다리게 된다.

이 작품에서 인물과 서사가 의미하는 바는 선명하다. 해방 후 아버지를 기다리다 미군에게 강간당한 어머니는 유린당한 민족 주체성을 상징하며, 전쟁통에 양공주가 된 분이 역시 어머니와 처지가 크게 다르지 않다. 다만 어머니와 달리 분이는 미군에게 빌붙어 사는데 이는 양키물건 장사를 하는 홍만수도 마찬가지이다. 분이와 홍만수의 이러한 생활은 대외의존적인 당시 남한사회의 축도라 할 것이다. 또한 홍만수가 향미산에서 미군과 대치하는 동안 어머니에게 사건의 전말을 읍소하는 형식으로 되어 있는 작품의 전체 구도는 암시적이다. 홍만수는 어머니에 대한 고통스러운 기억으로 인해 산소도 찾지 않고 의도적인 기억상실증에 걸려 있었다. 그러던 홍만수가 향미산에서 어머니에게 진술을 한다는 것은 비취여사의 육체를 점검하면서 어머니, 즉 민족의 주체성을 되찾았다는 것을 의미하는 것이다. 이와 동일한 맥락에서 미국 여인들의 배꼽에 태극기를 꼽겠다는 진술 역시 민족주체성 천명으로 생각할 수 있다.

물론 그렇다고 해서 「분지」가 완전히 단일한 의미로 모아지는 것은 아니다. 어떤 문학작품도 그렇게는 되지 않을 것이며, 또한 이 작품에도 남정현 특유의 요설과 성–여성의 복합적인 의미가 드러나 있다. 어머니가 강간을 당한 후 아들에게 음부를 내보인다는 설정도 독특하거니와 어머니의 음부를 본 아들의 반응 역시 독특하다. 홍만수는 어머니의 음부를 보고 악취와 두려움, 더럽고 무섭고 황홀한 무엇, 놀라움과 쾌감 등을 함께 느끼는 것이다. 이러한 독특한 설정과 반응으로 인해 「분지」의 인물과 서사는 민족주의적 색채에 강하게 견인되면서도 여기에 견인되지 않는 이질적인 요소들도 함께 지니고 있다. 그러나 이러한 복합성이 남정현의 다른 작품들에 비해 훨씬 약화되어 있으며, 이로 인해 「분지」의 톤은 정돈되어 있다.

여기서 「분지」를 당대 문학장과 연관하여 살펴볼 필요가 있다. 앞서 서술하였듯이 1963년 12월 『현대문학』에 실렸던 정공채의 「미 8군의 차」가 반미여부로 문제가 되었고, 1960년대 초반 신문을 길들이기 위한 조치로 반공법 등에 의거한 필화사건이 있었음을 감안하면 「분지」가 『현대문학』에 실린 것은 이 작품의 내용이 당시 문학계의 반공주의의 스펙트럼과 충돌하지 않았기 때문이라는 가정을 해볼 수 있다. 실상 「분지」 필화는 작품이 북한의 기관지에 실렸기 때문에 일어난 것으로 이 작품의 현실비판의 선명성이나 미국에 대한 비판적인 인식의 정도가 필화의 직접적인 원인은 아니다. 이를 감안하지 않고 필화만을 중시하거나 지금의 시각을 여과 없이 투사하여 「분지」 필화를 해석하는 것은 위험하다. 이는 1970~80년대의 보다 공고화된 반공주의의 세례와 1990년대의 탈반공의 세례를 함께 거쳐 온 이후의 시각을 덮어씌우는 것일 수 있기 때문이다. 즉 지금의 시각으로 「분지」만을 따로 떼어 놓고 본다면 작품의 구도가 평지돌출적으로 충격적일 수 있지만 당시에는 그렇지 않았을 것이라고 가정할 수 있는 것이다.

　「분지」가 당시의 문학장과 문제없이 결합할 수 있었던 매개는 성−여성을 민족주의적 시각으로 바라보는 「분지」의 구도에서 찾을 수 있을 듯하다. 실상 여성을 미국과 관련하여 민족주의적 관점에서 바라보는 것은 우리 1950~60년대 소설에서 익숙하게 볼 수 있는 설정으로 대표적으로 양공주가 등장하는 소설을 들 수 있다. 송병수의 「쇼리 킴」은 그 전형적인 경우라 할 것인데 이 작품에서 여성을 매개로 한 민족주의적 시각은 소박하나마 외세로서의 미국에 대한 인식과 결합되어 있다. 그러나 선우휘의 「깃발 없는 기수」의 경우 여성을 매개로 한 민족주의적 정서는 반공주의를 강화하는 역할을 한다. 미군에게 동족의 여성을 빼앗기는 상황에 대한 통분을 토로하면서 이 상황을 초래한 주체로 공산주의자를 설정하여 반공주의를 강화하는 것이다. 또한 하근찬의 「왕릉과 주둔군」에서 이 정서는 복고적인 혈통주의로 드러나며, 1960년대의 작품은 아니지만 천승세의 「황구의 비명」에서는 민중적인 휴머니즘으로 드러난다. 즉 여성을 매개로 한 민족주의적 정서는 외세로서의 미국에 대한 인식과 그 대척점에 존재하는 반공주의를 모두 아우를 수 있을 만큼 그 스펙트럼이 광범위하다. 「분지」와 문학장의 접점은 여기서 찾아야 한다고 보인다. 「분지」의 서사는 당대의 문학장에 민족주의적 정서를 매개로 결합할 가능성을 지니고 있는 것이며, 이로 인해 문학장에 받아들여질 수 있었다고 보인다.[17]

---

17) 「분지」는 이러한 특성으로 인해 박정희 식의 국가민족주의의 자장에서 자유롭지 않

그러나 이것으로 문제가 다 해명되는 것은 아니다. 「분지」의 경우 민족주의적 정서를 매개로 당대 문학장에 무리 없이 결합될 수 있었다고 해도 다른 작품들에 서술되어 있는 군사정부나 반공주의에 대한 비판 역시 예사로운 수준이 아니다. 일례를 들면 「자수민」은 5 · 16 이후 남한사회를 직설적으로 풍자하고 있어서 당시 남한 사회가 미군이 사용하던 허술한 창고로 비유되며 쿠데타 세력은 반공주택영단으로 서술된다. 창고는 창도 없고 어처구니없이 커다란 전구만 있는 감옥과 같은 곳이며 반공주택영단의 간부들은 반공만을 모토로 한 자들이다. 또한 '자유, 헌법은 우리 아기 잡기장, 생각날 때마다 지우고 또 쓰고 하면 되는 것'(「광태」), '일국의 헌법을 멋대로 뜯었다 고쳤다 할 수 있는 그렇게 위대한 혁명군 아저씨들이 내려준 판단'이니 외출금지를 이해해야 한다, '도대체 군인들이 정치한다는 걸 어떻게 생각하니'(「현장」), '김일성이가 인간이란 이름으로 행세하는 동안 이 땅 위에서는 공연히 용기를 내서 세상일에 무슨 간섭을 한다든가 혹은 집권자의 비위에 거슬리는 언동을 취해서는 안 된다.'(「사회봉」), '요새 애들은 북한엔 공산당만 산다고만 알지, 사람이 산다는 사실은 좀처럼 인정하려 들지 않는다… 이것이 반공교육이냐. 몸서리가 처진다. 이러고도 무슨 통일을 하느냐, 무엇 때문에 공산당과 동포에 대한 깊은 애정과를 구별하여 가르치지 못하는가.'(「부주전상서」) 등등의 서술을 보면 그 수위를 짐작할 수 있다.

쿠데타 이후 혁신계가 모두 잡혀 들어가고, 신문이 정비되고, 정권의 대내외적 안정을 위해 반공주의가 강화되어가던 당시 상황을 염두에 둘 때 남정현의 문학은 어떻게 이런 인식에 도달할 수 있었고, 또한

은 작품으로 평가되기도 한다. 민족주체성을 다만 주체와 타자와의 선명한 대립구도 속에서만 봄으로써 민족이 또 다른 의미에서 식민지 모국과 동일한 구조를 띠게 된다는 것이다. 홍만수가 비취여사의 뒷모습에서 어머니의 모습을 연상하는 것은 이 때문이라고 한다.(이상갑, 「1960년대 민족주의론과 「분지」의 위치」, 『한국근대문학연구』 5집, 2002. 4, 29-55쪽)

100

발표될 수 있었던 것일까. 여기에는 두 가지 층위의 상황과 작가 남정현의 현실인식의 거점이 작용하고 있는 듯하다.

먼저 상황을 살펴보자면 첫째로 당시 남정현이 재능 있는 작가로 솟아오르는 중이었다는 사실을 주목할 필요가 있다. 남정현은 특유의 독설과 흡인력 강한 문체로 독자들의 지지를 받았다.[18] 남정현의 작품이 실린 매체를 살펴보면 1958. 9~1961. 3. 사이에는 등단지인 『자유문학』에만 작품이 실린다. 그러던 것이 61년 3월 『자유문학』에 실린 「너는 뭐냐」가 제6회 동인문학상을 수상하면서 매체의 영역이 『사상계』, 『신세계』, 『한양』, 『문학춘추』, 『청맥』 등으로 넓어진다. 『자유문학』이 4·19이후 김광섭의 개인잡지 성격을 띠게 된 사정도 있겠지만 기본적으로 남정현은 여러 매체의 청탁을 받는 인기 작가였다고 볼 수 있다. 이를 기반으로 남정현은 자신의 작품을 자유롭게 발표할 수 있는 공간을 획득할 수 있었다.[19]

다른 하나는 남정현이 창작활동을 한 시기이다. 남정현이 필화를 겪기까지의 기간인 1958년에서 1965년까지는 우리의 현대사 어느 부분을 잘라내어도 그렇기는 하지만 특히나 굴곡이 많은 기간이다. 정권이 바뀌었고, 혁명과 쿠데타가 1년을 사이에 두고 일어났으며, 헌정이 중

---

18) 백낙청은 현역작가 중 남정현 씨가 비교적 많은 독자를 가졌다고 하면서 그 이유를 대중의 저항을 대변하고 있기 때문이라고 분석하고 있다. 그러나 백낙청이 남정현의 문학에 대해 긍정적인 평가를 하는 것은 아니다. 기발한 착상이 간간이 번뜩이고 거리낌 없는 독설이 매력적이지만 작품다운 작품으로 읽기에는 너무 장황하고 정리 안 된 사설에 차 있다는 것이 그의 평가이다.(「저항문학의 전망」, 『조선일보』, 1965. 7. 13)
19) 남정현은 「부주전상서」가 『사상계』(1964. 6)에 발표되자 이를 읽은 장준하가 몹시 좋아하면서 전화를 했었다고 회고하고 있다. 이후 1964년 11월 무렵 현대문학과 사상계 양쪽으로부터 작품을 청탁 받았는데 「분지」를 쓰고 나서 정치색이 짙다는 생각에 순수문학지이고 사상적으로 검증된 조연현, 김동리가 포진한 현대문학 측에 원고를 넘겼다. 당시 남정현은 동인문학상 수상자로 한창 각광받고 있던 중이었기 때문에 현대문학 측은 기뻐하며 이 원고를 바삐 실었다. 그리고 사상계 측에 넘겨준 원고는 「천지현황」이다.(구술로 만나는 한국예술사(oralhistory.arko.or.kr), 임헌영, 「반외세 의식과 민족의식」, 『남정현 문학전집』 3, 국학자료원, 2002, 175쪽, 참조)

단되었었고, 공화당과 박정권이 탄생했다. 혁명과 쿠데타로 세 개의 정권이 교차되었던 이 복잡한 시기에 문학은 검열망의 후미에 위치했던 것으로 보인다. 정권의 입장에서는 신경 쓸 일이 너무 많았던 것이다. 이승만 정권은 다가오는 선거에 대비해 정적인 조봉암을 죽여야 했고, 4·19로 정권을 잡은 민주당은 그 보수성에도 불구하고 표현의 자유를 천명하지 않을 수 없었다. 또한 박정권은 이전의 정권들이 길들이기에 실패했다고 판단한 언론을 제압해야 했고, 미국의 지지를 얻어야 했으며, 쿠데타로 인한 정통성 부재를 메우기 위해 각종 담론과 정치적 상징을 만들어내야 했다. 이러한 사정으로 인해 문학에 대한 검열은 다른 분야에 비해 상대적으로 후미에 위치할 수밖에 없었을 것이다.

　이는 이 시기 필화의 성격을 볼 때 확연히 드러난다. 남정현이 활동한 시기에 문학필화를 살펴보면 앞서 언급한 반미 여부로 문제가 된 정공채의 「미8군의 차」(1964. 3), 외설을 이유로 입건되었던 박용구의 「계룡산」(1964. 6), 용공성이 문제된 구상의 「수치」(1965. 3, 희곡), 계급의식 고취로 문제된 김정욱의 「송아지」(1965. 3, 라디오 드라마), 남정현의 「분지」(1965. 7) 등이 있다.[20] 이들 필화의 특성은 박용구의 「계룡산」을 제외하고는 모두 작품이 외부 반출되었거나 공연물이라는 점에 있다. 앞서 서술하였듯이 정공채나 남정현의 작품은 발표 당시에는 아무런 문제가 없다가 일본과 북한에 알려짐으로써 뒤늦게 문제가 된 작품들이다. 또한 5건의 필화 중 3건이 1965년에 몰려 있다. 「수치」, 「송아지」, 「분지」가 그것인데 「수치」의 경우 1963년에 발표되고 이듬해인 1964년에는 드라마로 각색되어 KBS를 통해 방영되었는데 1965년에 새삼 문제를 삼은 것이다. 이는 1965년이 한일회담 반대로 들끓었던 해였고, 「수치」와 「송아지」가 모두 공연물임을 감안할 때 일종의 공안 분위기 조성용이었다는 추측을 할 수 있다. 즉 이 시기 문학에 대

---

20) 괄호 안의 숫자는 문제가 된 시점이다. 「계룡산」은 『경향신문』에 연재된 소설이고, 「수치」는 『자유문학』, 1963. 2월에 실렸다.

한 검열은 조직적이거나 치밀하게 행해진 것이 아니라 우연적인 성격이 강했다고 보인다. 정국의 필요에 따라 사건을 만들거나 외부 반출이 문제가 된 것으로, 정국의 필요에 의해 만들어진 사건의 경우도 대상이 모두 공연물이기 때문이다.

결국 남정현의 작품은 자신의 문학적 재능과 느슨한 검열망이라는 조건 속에서 형성과 발표의 공간을 창출할 수 있었다고 보인다. 물론 이러한 공간이 있었다고 해서 누구나 남정현과 같은 비판의 수위에 도달할 수 있는 것은 아니다. 여기에는 남정현의 독특한 현실인식의 거점이 개재되어 있다. 앞서 남정현의 현실에 대한 윤리적 인식을 서술하였던 바 그 비판의 칼날은 부패한 정권은 물론 거기에 부화뇌동하는 대중을 겨냥할 만큼 투철한 것이었다. 선과 악이 분명한 것으로 이러한 시각은 현실을 변증법적으로 풍부하게 사유할 수는 없지만 원론적이고 날카롭게 잘라낼 수는 있다. 때문에 그는 1960년대 초반 많은 지식인들이 빠져든 함정이었던 박정권에 대한 기대에서 자유로울 수 있었다. 쿠데타로 집권한 이상 그 정권은 악인 것이다. 세계를 욕망의 관점에서 파악하고 윤리의 지점에서 판단한 남정현의 독특한 현실인식은 복잡하고 혼란스러운 1960년대 초반의 현실을 면도날처럼 선명하게 그어낼 수 있었던 것이다. 이는 당시의 반공주의에 대한 비판이 정치사상의 문제라기보다는 윤리의 문제에 가깝다는 사실과도 맞물리는 사항이다.

1950~60년대 당시에 반공주의 자체에 이의를 제기할 수 있는 사람은 아무도 없었다. 언제나 비판의 지점이 되는 것은 반공을 빌미로 정부에 대한 비판을 봉쇄하고, 권력유지를 위해 반공을 내세웠다는 것이었다. 때문에 이 시기에 반공주의에 반대하였다고 하여 그 반대자가 반공주의의 축자적 의미, 공산주의에 반대한다는 이 의미를 벗어나는 일은 없다. 이는 남정현의 경우도 동일하다. 반공주의의 축자적 의미에 대해 반대한다는 것은 당시의 상황에서 대중적 지지를 받을 수도 없으며, 공적인 공간에서 움직일 수 있는 여지 자체를 제거하는 일이었다.

어떤 의미에서는 정치권력의 반공주의를 비판하기 위해서는 내면이 무엇이건 적어도 외부적으로는 반공주의라는 깃발의 보호 아래 있을 필요가 있었다. 때문에 이 시기에 반공주의에 대해 비판한다는 것은 그것이 '주의'라는 이름에 대한 비판이기는 하지만 이념이나 정치사상의 문제가 본질적인 것이 아니다. 해방 이후 반공주의는 정권창출과 유지를 위해서 봉사해왔고 이를 거부할 수 있는 사상적 자유는 없었다. 때문에 반공주의에 대한 비판의 결은 반공주의 자체가 아니라 정치권력의 반공주의의 행사가 잘못되었으니 제대로 하라는 식이 될 수밖에 없다. 축자적 의미의 반공주의에 동의하는 자가 정치권력의 관제 반공주의를 비판한다는 모양이 되는 것인데, 이때에 반공주의는 정파적 이익을 위해 휘두르는 칼이거나 보호색의 기능이 본질적인 것으로 정치사상으로서의 내포를 제대로 갖출 수가 없다. 1960년대에 반공주의에 대해 비판한다는 것은 정치사상의 문제가 아닌 정치권력의 폭압적 행태에 저항한다는 윤리의 문제에 더 가깝다고 할 수 있는 것이다.

이러한 점에서 1960년대라는 시대적 상황은 성－여성을 매개로 한 반공주의 비판이라는 남정현 문학의 특성을 주조한 근본적인 원인이라고 할 수 있다. 1960년대 소설에서 성－여성의 위상은 독특하다. 특히 이념을 다루는 1960년대 소설에서 성－여성은 남성 지식인의 환상이 전폭적으로 투사되거나 현실에서 아예 초월되어 있는 공간으로 설정되고는 한다. 물론 성－여성의 이러한 역할은 시기를 막론하고 많은 문학작품에서 발견되는 일반적인 현상이다. 그러나 1960년대 소설에서 성－여성은 이념의 문제와 긴밀하게 얽혀서 작용하는 특징적인 양상을 보인다. 최인훈의 「광장」, 이호철의 「소시민」, 박경리의 「시장과 전장」 등이 대표적인 경우로 이들 소설에서 성－여성은 소설의 인물들이 속악한 현실과 구분되고 초월될 수 있는 유일한 공간으로 설정된다.21)

---

21) 졸고, 「유토피아에 대한 몽상으로서의 이념」, 『한국어문학연구』 45집, 한국어문학연구학회, 2005, 참조.

이는 대항 이데올로기가 미처 정립되지 못한 1960년대라는 시대적 조건과 이념을 타락한 현실과의 분리를 지향하는 초월적인 정신성으로 바라보는 작가적 경향이 결합되었기 때문이라고 할 수 있다. 즉 1960년대는 이전까지 근근이 맥을 이어오던 진보적 담론이 5·16으로 뿌리 뽑힌 후 새롭게 담론창출을 해야 했던 시기였으며, 1960년대 사회는 대항 이데올로기를 생산해낼 수 있을 정도로 분화된 사회가 아니었던 까닭에 이 시기 소설은 이념을 정치성과 분리된, 몽상적인 정신성으로 기화된 형태로만 다룰 수 있었던 것이다. 이때에 성─여성은 몽상적인 정신성으로 기화된 이념이 소설 내에서 육화되고 살아 숨쉴 수 있는 유일한 공간이다. 「광장」의 은혜, 「소시민」의 정옥, 「시장과 전장」의 가화는 이념의 문제로 고뇌하는, 그러나 정신성으로 기화되었기에 아무런 힘도 갖지 못한 채 현실에 패배하거나 섞여 들어가는 작품의 인물들을 속악한 현실과 구분 짓고 이 구분을 보증해주는 공간으로 작용하는 것이다.

이들 작가들의 작품에서 성─여성이 소설의 인물들이 도피해 들어가는 안식처이자 근거지로 작용했다면 남정현의 작품에서는 철저하게 파괴된 공간으로 작동한다. 대항 이데올로기가 정립되지 못한 1960년대적 상황에서 반공주의라는 지배 이데올로기를 문제 삼을 때 이는 이념간의 투쟁이 아닌 선과 악, 윤리의 문제로 치환되며, 개인의 욕망은 당위의 시선으로 재단된다. 성─여성은 당위의 시선으로 재단된 욕망의 세계를 효과적으로 드러낼 수 있는 기제로 동시대의 다른 작가들이 도피와 초월의 근거로 삼았던 공간을 파괴함으로써 남정현은 작중의 인물이 현실과 타협하거나 위안받을 수 있는 여지를 뿌리부터 파괴해 버린다. 단순하게 말해 구체적인 정치현실이 변화되지 않는 한 남정현 작품의 인물은 현실에 발붙일 공간이 없는 셈이다. 성─여성을 이념의 문제와 밀접하게 관련지어 소설화시킨다는 점에서 남정현은 전형적인 1960년대 작가이지만 그 공간을 초월이 아닌 파괴의 장소로 설정하고 있다는 점에서 그는 동시대의 작가들과는 구분되는 독특한 위치를 점하고 있다고 할 수 있다. 그러나 현상적인 이질성을 걷어내고 나면 남정현 역시 대항 이데올로기의 부재라는 1960년대적 상황에 충실했던 작가이다. 그리고 동시대의 다른 작가들이 성－여성을 초월적인 공간으로 설정하여 소설의 풍부한 육체는 획득하였으나 현실성 결여를 대가로 지불하였던 것처럼 남정현은 자신의 작품에서 선명성을 획득하는 대신 결여도 초래했다. 그것은 선명한 대신 단선적이라는 것과 당대의 작품 중 최고 수준의 반공주의 비판에 도달하였으나 그것이 보다 넓은 영역으로 확장되지 못했다는 것이다. 물론 이는 남정현 개인의 문제만은 아니다. 「분지」 필화는 남정현이 처했던 시대적 사회적 상황을 잘 보여주는 것으로 이는 두 가지를 왜곡시켰다고 할 수 있다. 남정현의 1960년대라는 시대 내에 갇혀 있던 윤리의식이 좀 더 확대된 지평으로 넓어지고 깊어질 수 있는 기회를 박탈했으며, 재기발랄한 감각의 작가인 남정현을 사회적이고 정치적인 이미지 안에 가둬버렸다. 개작과정으로 보아 작가 스스로도 여기에 감금된 것인지 모른다. 반공주의의 억압이 작가의 내면을 포함하여, 문학사의 한 장면을 축소 왜곡시켰다고 할 것이다.

주제어 : 성, 여성, 문학장, 반공주의, 욕망, 윤리, 필화, 지식인

◆ 참고문헌

강진호, 「외세의 질곡과 민족의 주체성」, 『돈암어문학』 12집, 1999.

김병걸, 「상황악에 대한 끈질긴 도전」, 『분지』, 한겨례, 1987.

김병욱, 「천부적 이야기꾼」, 『분지』, 한겨례, 1987.

김상주, 「남정현 소설의 기법 고찰」, 『남정현문학전집』 3, 국학자료원, 2002.

김양선, 「허허한 세상을 향한 날이 선 풍자」, 『작가연구』 12호, 새미, 2001.

김종욱, 「민족담론과 여성의 이미지」, 『한국현대문학연구』 13집, 2003. 6.

김형중, 「남정현 소설의 정신분석학적 연구 시론」, 『한국문학이론과 비평』 26집, 2005. 3.

남정현, 강진호 대담, 「험로를 가로지른 문학의 도정」, 『작가연구』 12호, 새미, 2001.

류양선, 「풍자소설의 민족문학적 성과」, 『한국현대작가연구』, 민음사, 1989.

백낙청, 「저항문학의 전망」, 『조선일보』, 1965. 7. 13.

오양진, 「캐리커처의 인류학」, 『한국근대문학연구』, 2006. 4.

이봉범, 「남정현 문학의 알레고리와 풍자」, 『반교어문연구』 8집, 1997.

이상갑, 「비인간의 형상, 그 역설의 의미」, 『남정현문학전집』 3, 국학자료원, 2002.

임경순, 「유토피아에 대한 몽상으로서의 이념」, 『한국어문학연구』 45집, 한국어문학연구학회, 2005.

임중빈, 「상황악과의 대결」, 『현대한국문학전집』 15, 신구문화사, 1967.

임헌영, 「반외세 의식과 민족의식」, 『남정현 문학전집』 3, 국학자료원, 2002, 175쪽.

장영우, 「통곡의 현실, 고소의 미학」, 『작가연구』 12호, 새미, 2001.

정용욱, 「5·16쿠데타 이후 지식인의 분화와 재편」, 『1960년대 한국의 근대화와 지식인』, 선인, 2004.

정창현, 「1960년대 반공이데올로기의 정착과 지식인층의 대북인식 변화」, 『1960년대 한국의 근대화와 지식인』, 선인, 2004.

한승헌, 「남정현의 필화, '분지'사건」, 『분지』, 한겨례, 1987.

황도경, 「역설의 미학, 풍자의 언어」, 『작가연구』 12호, 새미, 2001.

―――, 『한국문학필화작품집』, 황토, 1989.

구술로 만나는 한국예술사(oralhistory.arko.or.kr).

◆ 국문초록

남정현이라는 작가와 그의 문학은 현대사의 정치적인 굴절과 밀접하게 맞닿아 있다. 정치권력의 압력과 정세의 변화는 남정현의 창작활동을 근본적으로 규정한 요인이었다. 이는 작가 본인은 물론 문학사와 작가론의 입장에서도 불행한 일이다. 그의 문학에 대한 연구가 「분지」필화를 중점에 둔 저항문학으로서의 선도성이라는 관점에 치중되어 동어반복적인 경향을 보이고 있기 때문이다. 이 논문은 이러한 관점에서 벗어나 남정현 문학의 당대적 성격에 주목하였다. 즉 그의 문학의 선도성과 저항성이 독보적인 것이라고 해도 그것은 1960년대라는 사회에서 산출된 것으로 당시의 사회적 맥락과 연관되어 해석되어야 하는 것이다. 이를 위해 이 논문은 1958~1965년의 남정현의 문학을 작품에 나타난 성–여성의 의미를 해명하고 당대 문학장과 반공주의와의 연관 하에 분석하였다.

남정현의 문학에서 성–여성은 철저하게 부정적인 측면으로만 다루어진다. 이는 개인적인 욕망에 대한 부정을 의미하는 것으로 그 이면에는 작가의 지식인적이고 윤리적인 세계인식이 내재되어 있다. 이로 인해 그의 작품에는 민중의 모습이 거의 보이지 않는다. 반면 이러한 인식은 얼핏 보아 평지돌출이라는 수사를 가능하게 할 만큼 선도적인 발언으로 발현된다. 남정현 작품에 나타난 당대의 정치적인 상황이나 반공주의에 대한 비판은 유례를 찾을 수 없을 만큼 본질적이고 날카롭다. 이러한 작품의 특징은 필화로 드러나기도 한다. 그러나 여기에는 단지 남정현 문학의 특징만이 아니라 당시의 급변하던 정치정세와 문학장의 문제가 개입되어 있었다고 보인다.

결론적으로 남정현은 사회학적이거나 정치적인 측면에서 세계를 바라본 작가라기보다 재기발랄한 감각과 탁월한 문학적 재능이 윤리의식으로 조율된 작가이다. 그가 만일 정치적이거나 사회학적인 측면에서 세계를 파악했다면 현실비판의 선명성은 도리어 둔화되었을지도 모른다. 남정현의 날카로운 감수성과 윤리의식은 1960년대 전반기라는 특수한 시기에 정치권력과 반공주의의 본질을 꿰뚫는 희귀한 작품을 창작할 수 있게 한 원동력이라고 할 수 있다.

◆ SUMMARY

Sex-females, Ethics in the Novels of Jeong-Hyun Nam and Anti-communism

Lim, Kyoung-Soon

Nam's writing activities are intimately related to the political changes of Korean modern history. The political pressure and the change of situation constrained Nam's writing activities to the roots. This was unfortunate not only to the writer himself but also to the study on Korean literary history and writers. The studies on his works have been concentrated to their leadership in the resistance literature, with emphasis on the ⟨Bun-ji⟩ case. As a result, they bear a tendency of tautologies. In this article, we try to overcome the previous viewpoints and note on the historical properties of Nam's works. Though his writings clearly bear leadership and resistant characters in their time, they were produced from the society in the sixties and thus should be understood in the context of that society. In order to achieve this, we clarified the meanings of the sex-females in Nam's novels in 1958~1965 and analysed them in relation to the field of literature and anti-communism.

The sex-females in Nam's novels appear to be drastically negative. This means the denial of the individual desires. The intellectual and ethical world-understandings of the writer are carved in the other side. As a result, the characters of populace are almost missing in his novels. On the other hand, this understanding appears as leading voices which can be termed as the pop-outs from a flat. Nam's comments on the political situation and anti-communism are uniquely keen and radical. But this should not be attributed to the characteristics of his writings only: also the rapidly changing political situation and the field of literature should be taken into account.

In conclusion, the main appraisal on Nam's novels should be attributed to the talented sense and the ethics-tuned literary gift: not to the sociological/political viewpoint. If his eyes were on the political and social side, the clarity of his criticisms might have turned to be dull. Nam's keen ethical sensibility was the root of his power to produce the unparalleled works which penetrate the essence of the political power and anti-communism in his time.

Keyword : sex, females, field of literature, desire, ethics, <Bun-ji>, intellectual

-이 논문은 2007년 7월 31일에 접수되어, 소정의 심사를 거쳐 2007년 9월 30일에 최종적으로 게재가 확정되었음.

반공주의의 내면화와 1960년대 풍자소설의 한 경향
— 이호철·서기원의 단편을 중심으로

김 준 현*

목 차

1. 1960년대 반공주의의 특성과 내면화
2. 내면적 검열체제의 확립과 풍자소설의 대두
3. 반공주의 기호의 확장과 비판능력의 박탈
4. 반공주의 기호의 확장과 감시체제의 확립
5. 결론

1. 1960년대 한국 반공주의[1)]의 특성과 내면화

　박정희 정권에 의해 주도된 반공주의가 이승만 정권에 의해 주도된 그것과는 그 양상에서 차이를 보인다는 점은 주지하는 사실이다. 기존의 논의는 해방 이후 한국 반공주의의 변천과정을 다음과 같은 3단계로 나눈 바 있다.

---

　* 광운대 강사.

** 이 논문은 '2단계 BK21 고려대학교 한국어문학교육연구단'의 지원비를 받았음.

1) 이 글에서는 '반공주의'와 '반공이데올로기'를 구분하지 않는다. 최근의 연구들에서 '반공주의'라는 용어가 보다 널리 쓰이기 때문에 이 글도 그러한 흐름을 따라 본문에서 '반공주의'라는 용어를 사용하지만, 인용문에 '반공이데올로기'라고 표기된 경우에는 그대로 옮긴다.

1) 이승만정권 시기: 외양적 반공이데올로기의 확산. 2) **박정희정권 시기: 실재적·내재적 반공이데올로기의 구축.** 3) 전두환·노태우 시기: 기존의 반공이데올로기의 확대·재생산.[2]

인용된 논문은 '외양적'인 것과 '내재적'인 것이라는 상반된 특질을 이승만 정권과 박정희 정권의 반공주의를 구분하는 근거로 사용한다. '내재적'이라는 말과 함께 쓰인 '실재적'이라는 말은 반공주의가 한국 사회에서 규율이나 권력 장치로서 완전한 기능을 발휘하기 시작한 것이 박정희 정권 수립 이후였으며, 이승만 정권 때에는 그 기능이 상대적으로 완전하지 못했다는 것을 의미한다. 양자가 어떤 기준으로 이와 같이 변별될 수 있었는지를 파악하기 위해서는 '내재적'이라는 말의 의미를 자세히 살필 필요가 있다.

박정희 정권의 반공이데올로기와 이승만 정권의 그것이 가진 <u>차이점을 가장 잘 드러내는 것은 '내면화'라는 말일 것이다.</u> 이승만 정권 역시 청색 아니면 적색이라는 리트머스 시험지적 잣대를 들이대며 자신들의 정책에 반하는 세력을 용공으로 몰아 반공의 이름으로 처단하였다는 점에서는 박정희 정권과 크게 다르지 않다. …(중략)… 이승만 정권의 반공이데올로기가 주로 제도적인 차원에만 머무르는 소박한 것이었다면, 박정희 정권의 그것은 사회 성원들의 <u>사유방식까지를 통제하는 내면적 차원</u>에까지 나아간 한층 더 진보된 것이었다.[3]

'내재적'이라는 말과 '내면화'라는 말은 서로 통하는데, 그 의미는

---

2) 윤충로·강정구, 「분단과 지배이데올로기의 형성·내면화」, 『사회과학연구』 제5호, 동국대 출판부, 1998, 283쪽.(강조-인용자)
3) 앞의 글, 284쪽.(강조-인용자)
　양성철, 『분단의 정치-박정희와 김일성의 비교연구』(한울, 1987)에서도 위와 같은 시각이 드러난다. "국가 안보 문제를 국내의 정치적 이점으로 전환시킨 이승만의 기술은 국가안보, 구국안보, 총력안보, 국민총화를 권력과 체제유지와 체계적, 제도적으로 연계시킨 박정희에 비해 훨씬 더 초보적이며 훨씬 비효율적이었다."(259쪽)

위의 인용문에 한층 명확하게 나타나 있다. 이승만 정권의 반공주의가 사회 성원들의 행동을 통제하는 제도적 차원의 파급효과를 가지는 데 그쳤다면, 박정희 정권의 반공주의는 사회 성원들의 행동과 그것에 대한 징벌의 단계 이전의 <u>사유방식 자체를 통제</u>하는 효과를 지녔다는 것이다. 즉, '통제'의 성격이 사후적인 것이 아니라 사전적·예방적인 것이 되는 것이다.

따라서 박정희 정권에 의해 주도된 반공주의와 그 내면화 과정은 한국의 반공주의를 역사적으로 고찰하는 데 있어 매우 중요하게 취급되어야 한다. 그런데, 실제로 반공주의의 내면화가 어떠한 양상으로 진행되었는지를 천착한 연구 성과는 많지 않다. 다시 말해, 박정희 정권이 어떠한 방식으로 사회성원들이 반공주의를 내면화하도록 주도, 혹은 유도할 수 있었는지를 논의한 예는 찾기 힘들다는 것이다. 앞서 인용된 논문에서도 박정희 정권이 이승만 정권보다 '한 층 진보된 방식'을 보여주었다고 언급할 뿐 그것이 구체적으로 어떤 면에서 진보되었는가에 대한 논의는 미루고 있다.[4]

이 글은 이러한 문제의식에서 출발하여 반공주의가 당대의 사회성원들에게 내면화되는 방식에 주목한다. 이 방식이 어떤 것이었고 어떻게 이루어졌는지에 대한 논의가 이루어진 연후에 1960년대 반공주의의 특성에 대해 구체적으로 논할 수 있을 것이다.

1988년에 발표된 심회기의 논의는 반공주의 내면화의 방법적 원리를 엿볼 수 있는 중요한 단초를 제공한다.

---

4) 강정구, 윤충로의 연구는 내면화의 과정을 반공주의의 전파 메카니즘이 한층 복잡해지고, 여러 가지 미디어를 통해서 그것이 이루어졌다는 데서 이유를 찾았으나, 그것의 구체적 내용이 무엇인지 ―예를 들어 미디어를 통해 어떠한 방식으로 그것이 전달되었는지―에 대한 자세한 논의는 미루고 있다. 대신 반공이데올로기를 보완적 하위이데올로기와 접맥시킴으로써 지배이데올로기를 공고히 하는 방식에 대해 자세히 살피고 있다.

　1) '국가안전보장', '공공의 안녕질서 유지', '공공복리의 증진'은 1972 년 12월 27일 유신헌법체제 이후 한국의 시민사회를 규제하는 핵심이데올 로기가 되었고 법적인 시민권을 획득한 메타법이데올로기로 군림하고 있 다. 어떠한 진보적 주장이나 개혁적 비판도 이 이데올로기 앞에서는 맥을 못추고 주저앉고 만다 …(중략)…/ 그런데 이러한 기호(안전, 안녕, 평온, 화합, 조화 등)들의 근원적인 문제성은 <u>그것들이 과학적인 기호가 아니 라 심리적 기호로서 얼마든지 남용될 수 있는 지극히 '위험'한 기호들 이라는 점이다.</u> …(중략)…/ <u>예컨대 '우려'라고 하는 개념은 처음부터 그 외연이 너무 넓어서</u> 우려되느냐 안 되느냐 하는 물음에 있어서는 이미 기 호의 성질상 90% 이상은 우려된다고 판단할 수밖에 없는 결과가 예정되 어 있다.5)

　2) (한국의 경우에는) 오히려 대내적 문제가 국가 안전 보장의 핵심과제 로 인식되고 있다 …(중략)… 대항이데올로기의 표출 혹은 대항이데올로기 수준에도 미달한 현실개혁이나 비판적 태도마저도 국가안전에 대한 위협 으로 간주되고 있다 …(중략)…/ 국가보안법은 원래의 취지인 공산주의통 제법의 목표를 넘어서 거의 모든 사람을 <u>마음만 먹으면 언제든지 처벌할 수 있을 정도로 확대해석되고 있다. '좌경용공'이라는 기호가 이것을 설명해준다. '좌익' 혹은 '공산주의'로 명확히 표현하지 않고 '비스름 한' 것도 안 된다는 식이다.</u>6)

　위의 인용문에서 볼 수 있는 것처럼 '반공', '안보'와 관련된 법적 기호들은 용도에 따라 얼마든지 확대해석 되거나 자의적으로 해석될 수 있는 여지를 처음부터 안고 있다. 이 글은 인용문에서 지적한 <u>법적 효력을 갖는 기호의 외연이 넓어지는 과정이 박정희 정권에 의해 주도 된 '반공주의의 내면화' 과정에 있어서 큰 비중을 차지한다고 보는 데</u> 서 출발한다.

　인용문은 물론 유신헌법 제정 이후의 안보 이데올로기와 관련된 법 조항에 대한 고찰이기는 하지만, '기호의 외연'이 넓어지는 양상은 그

---

5) 심희기, 「한국법의 상위이념으로서의 안보이데올로기와 그 물질적 기초」, 『창작과 비 평』, 1988. 3, 266-269쪽.(강조─인용자)

6) 앞의 글, 278쪽.(강조─인용자)

보다 훨씬 전인 5·16 직후부터 이미 전면적으로 드러난다. 5·16 쿠데타 당시, 모두 93명의 인사가 '잠재적 용공주의자'라는 명목으로 구속 수감되었고, 곧 이어서 같은 혐의로 체포된 사람은 수천 명의 규모에 이른다. '잠재적 용공주의자'라는 말에 이미 인용문이 문제 삼고 있는 '용공'이라는 기호가 포함되었고, 거기에 '잠재적'이라는 말이 결합되어 당시 한국 내에 '잠재적 용공주의자'라는 혐의로부터 자유로울 수 있는 사람은 한 명도 없을 만큼 기호의 외연이 넓어졌다.

　이렇게 외연이 넓어진 기호들의 영향력은 단순히 처벌이나 검열 같은 외형적 절차에만 그치는 것이 아니다. 국민들로 하여금 (법적 처벌로부터 자유로운) '선량한 시민'으로서의 정체성을 확립하지 못하게 하는 단계에까지 미칠 만큼 파급효과가 커진다는 점에서 문제적이다. 사회성원 개인으로서 '공산당'과 자신을 구별하기는 어렵지 않으나, '잠재적 용공주의자'로부터 자신을 구별하는 것은 쉬운 일이 아니다.7)

　<u>이를 토대로 한다면 '반공주의의 내면화'라는 말은, 국민들로 하여금 논리적이고 주체적인 사고를 할 수 있는 능력을 박탈한다는 것과 같은 뜻을 가지게 된다.</u> '국가권력의 핵심 이데올로기인 반공은 그 억압적 성격으로 인해 지배를 수행하기 위한 기제는 될 수 있었으나 지적·도덕적 지도력은 발휘할 수 없었다.'8)는 말도 이와 같은 맥락으로 이해될 수 있다.

---

7) 이 단계에서는, '용공행위'는 '공산주의에 찬동하는 행위'를 넘어 '정부시책에 불만을 품는 모든 행위', 더 나아가서 '정치나 정책에 대한 의견을 수립하거나 피력하는 모든 행위'를 지칭하는 것으로 확대해석될 여지가 많아진다. 안일주의에 빠진 공무원 사회에 대한 비판도 '빨갱이'와 비슷하다는 이유로 자유롭게 표출되지 못하는 장면은 이미 논의된 바 있다.(강진호, 「공복사회의 실상과 원칙주의자의 신념」, 『현대소설사와 근대성의 아포리아』, 소명출판, 2004, 참조)

　"네 하는 소리나 지껄이는 투는 꼭 빨갱이들 비슷하다는 얘기다. 얘기 내용도 더러 그런 냄새가 풍기고, 너무 진지한 체를 해도 꼭 그놈들 비슷해진다는 말이다. 네 생각도 충분히 옳고 일리가 없지는 않겠다마는, 그런 식은 빨갱이로 오해받을 수도 있다는 말이다. 조심해야지."(이호철, 『소시민/심천도』, 『이호철 선집』, 새미, 2001, 293쪽)

8) 윤충로·강정구, 앞의 글, 274쪽.

이러한 형태의 '내면화'는 반공주의에 관한 연구에서 흔히 쓰이는 기호 중 하나인 '자기검열'9)이라는 말과도 밀접하게 연관된다. 반공주의가 가진 '지배기제'로서의 역할은 제도에 의한 외형적 강제로 수행되기 이전에, 개개인의 내면에서 먼저 수행된다. 이 상황에서 개인은 정부시책에 관해서 논리적으로 비판을 할 수도, 통일 문제에 관해서 주체적으로 의견을 표출할 수도 없다. 그러한 행위는 모두 '잠재적 용공행위'라는 넓은 외연을 가진 기표로부터 자유롭지 않은 것들이기 때문이다.

2. 내면적 검열체제의 확립과 풍자소설의 대두

1960년대 중반부터 풍자소설이 활발히 창작되는 경향은 앞장에서 살펴본 반공주의의 내면화 과정이 심화되는 것과 그 궤를 같이한다.

> 바로 그 무렵(인용자: 「추운 저녁의 무더움」을 탈고할 때)이 한창 6 · 3 사태로 계엄 외중이었다. 신문이고 잡지고 시청에서 철저히 계엄군의 검열이 행해질 때인데, 처음에 장군과… 무엇무엇이라고 제목을 붙였다가 아무래도 검열관의 눈에 뜨일 것 같아서, 애매모호하면서도 詩情이 있는 「추운 저녁의 무더움」으로 고쳤었다. 그 덕분인지 한 자의 삭제나 수정 없이 그대로 …(중략)… 평론가 홍사중씨가 월평에서 이 작품을 호평했는데, 그 평문은 몽땅 검열에 걸려서 못 실린 웃지 못 할 에피소드가 있다.10)

---

9) 반공주의와 관련된 '자기검열'에 대해서는 이미 다양한 사례가 언급된 바가 있다. 널리 알려진 예로는 박완서의 예가 있다.
"그런 데도 저는 모든 죽음을 빨갱이가 반동이라고 해서 죽인 것으로만 썼었습니다. 이렇게 정직하지 못했던 것, 정직할 수 없는 것이 앞으로의 전쟁문학에서도 큰 문제라고 생각됩니다."(박완서 외, 『6 · 25 분단문학의 민족동질성 추구와 분단 극복의지』(좌담), 『한국문학』, 1985. 6, 49쪽)
10) 이호철, 「작가의 말」, 『이호철 전집』 제2권, 청계연구소, 1988, 앞표지 날개.

위의 인용문은 박정희 정권 초기에 있었던 검열에 얽힌 일화를 소개하고 있다. 여기에서 우리는 제도적 검열이 작동하기 이전에 이미 작자의 창작 과정에서 검열이 영향을 미치는 것을 볼 수 있다. 이호철은 검열을 염두에 두고 작품의 제목을 변경하였는데, 작품의 주제나 내용을 변화하지 않고 제목만을 변경한 것이기 때문에 일반적인 자기검열과는 다른 양상이라고 할 수 있다.

좀 더 자세히 살펴보면, 이 경우는 무의식의 차원에서 작품의 주제나 내용까지도 바꾸어 버리는 일반적인 자기검열과는 구별된다. 다시 말해 이호철의 경우는 검열에 걸릴 수 있는 주제와 내용을 유지하면서도 검열을 회피할 목적으로 그것을 문면으로부터 숨겼을 뿐이라는 것이다. 해당 작품에 대한 이해와 해석을 전제로 하는 평문(월평)이 검열에 걸릴 내용을 포함했다는 사실은 작가가 원래 표현하고자 했던 내용이 제도적인 검열을 피하면서도 독자에게 성공적으로 전달될 수 있었음을 방증한다.

일반적으로 검열이란 표현물이 발표되기 이전에 공권력에 의해 그 표현이 억제되는 것을 가리킨다. 이것이 제도적 장치로서의 검열에 대한 정의이다. 그러나 검열은 관점에 따라 더 넓은 의미를 가진 것으로 정의되기도 한다.

부르디외에게 있어 검열은 법이나 제도적 차원에 국한되는 것이 아니다. 그는 사회 내에 존재하는 모든 표현행위에 가해지는 상징폭력으로 작용하는 검열에 주목한다. 그에 따르면, '모든 언술은 말하고자 하는 이해관계와 언술이 생산되는 시장구조에 고유한 검열 간의 타협의 산물'이며, '검열은 자신들의 표현을 시장에서 재가된 형태로 변형시킴으로써 표현을 완곡화하게끔 만드는 일종의 자기 검열로서 작용한다.'[11] 이 관점에서 보면 모든 표현물은 언술 주체와 상징폭력 사이의 타협에 의해 형성된 결과인 것이다. 이렇게 볼 때, 검열은 작품이 창작

---

11) 브루디외, 정일준 역, 『상징폭력과 문화 재생산』, 새물결, 1995, 68쪽.

118

된 후 발표되는 과정에서 영향을 미칠 뿐만 아니라, 그 이전에 작품이 기획되고 창작되는 과정에서부터 영향력을 행사하는 것이다.

이 논의를 따라가면, 당시 반공주의에 의해 강화된 검열을 부정적으로 바라보거나, 혹은 반공주의나 그와 관련된 검열제도 자체에 대한 비판의식을 표현하려는 작가들도, 창작이라는 표현행위를 수행하기 위해서는 그 검열과 최소한의 타협점을 모색할 수밖에 없다는 결론에 도달한다. 「추운 저녁의 무더움」은 탈고 이후에 제목을 바꾸는 과정을 거쳐 그 타협점을 찾을 수 있었던 예인데, 이러한 타협점 찾기는 작품이 구상되는 단계에서부터 이루어지는 것이 더 일반적인 예라고 할 수 있을 것이다. 자연스럽게 이런 타협적 모색은 기법이나 양식적 차원에까지 나아간다. 이 글에서 살펴볼 '풍자'가 이에 해당한다.

풍자는 이중적인 성격을 지닌다. 대상에 대한 적극적인 부정이나 비판을 전제[12]하면서도 동시에 그것을 우회적인 방식으로 수행한다는 점에서 그러하다. 그것은 풍자에서 가장 빈번히 사용되는 기법이 알레고리라는 사실에서도 드러난다. 알레고리는 이중적 의미를 가진 이야기 유형을 지칭한다. 알레고리는 정작 말하려는 것과는 다른 어떤 것을 말한다. 정작 말하려는 것과는 다른 어떤 것을 말해야 하는 점은 '비판'의 자세에서 본질적인 한계로 보일 수도 있다.[13] 그러나 다른 관점에서 보면 반대로 그 우회가 궁극적으로는 '강력한 부정'과 '통렬한 비판'을 목적으로 한다는 점에서 한층 적극적이고 고차원적인 비판 형

---

12) 풍자는 기본적으로 대상에 대한 부정에 그 바탕을 두고 있다. 골계의 하위 개념으로서 풍자를 볼 때 다른 하위 개념들에 비해 매우 강력한 부정성을 드러내는 방식으로서 주목된다.(김윤식, 『문학비평용어사전』, 일지사, 1976, 294쪽)

13) 풍자를 한계를 가진 비판으로 보는 시각은 크게 두 가지이다. '대안을 제시할 수 없는 비판이다'와 '우회적 비판은 결국 간접성의 한계를 넘어서지 못한다'가 그것이다. 채만식의 풍자 소설들에 대한 고평에 이어지는 회의론적 평가들은 이와 관계가 있다. '풍자는 현실을 우의적이고 간접적인 방식으로 고발하기 때문에 기법적인 한계를 안고 갈 수밖에 없다는 발언은 이런 맥락과 관계가 있다.

태로 파악될 수도 있다.

풍자에 대한 가치평가는 이렇게 서로 다른 두 가지로 나뉠 수 있다. '우회하면서 비판한다.'는 이중적인 성격을 '(보다 효과적인) 비판을 위한 우회'로 파악하면 그 비판의 적극성이 부각될 것이고, '(타협적으로) 우회된 비판'으로 해석하면 그 소극성이 부각될 것이다. 이 글의 대상이 되는 텍스트들도 '풍자'를 포함한다는 점에서 그것이 적극적인 비판의 방식인지, 혹은 타협의 산물로서 소극적인 비판의 방식인지에 대한 문제가 제기될 수 있다.

이 문제는 가치 평가 주체가 가진 풍자 자체에 대한 전제적 기준에 맞닿아 있는 것이기 때문에 논의되기 어려운 것일 수 있지만, 여기에서 다루는 텍스트들의 특성에 주목하면 어느 정도 논의의 실마리를 잡을 수 있을 것으로 보인다. 바로 이 텍스트들의 '우회동기'와 '비판대상'이 서로 일치한다는 사실이다. 즉, 이 텍스트들이 반공주의에 의한 검열 장치와 타협하면서도 결국 그 타협이 그 검열 장치 자체에 대한 비판이라는 분명한 목적을 지니고 있다는 점이다. 이러한 점이 이 작품들이 포함하는 알레고리적 '우회'가 '타협'을 목적으로 한 것이 아니라 궁극적으로 '비판'을 목적으로 한 것이었다는, 즉 소극적인 비판으로 그 의의를 쉽게 한계 지을 수 없다는 평가에 접근할 수 있게 하는 근거가 될 것이다.

알레고리의 기법은 억압된 사회의 검열을 피해갈 수 있는 유일한 방법일 수 있다. 부르디외의 용어를 빌려온다면 풍자는 '검열과 타협'하면서도 동시에 그 검열체제를 비판할 수 있는 거의 유일한 대안이었다. 그런 점에서 이 작품들이 보이는 우회의 방식이 곧바로 풍자가 지닌 한계로 이어진다고 보기는 힘들다.

태평성대의 사회적 분위기에서는 골계가 해학의 형태로 나타나고, 억압과 통제의 시대에는 풍자와 기지, 반어의 형태를 띤다고 하였는데,14) 한국 사회에서도 풍자소설은 정치적 억압이 심할 때 흔히 창작되는 경향이 있었다. <u>1960년대 중반부터 본격화된 반공주의의 내면화</u>

와 자기검열은 당대 소설에서 풍자성이 대두된 동기인 동시에 그 풍자의 대상이었다. 당시 이호철, 서기원, 남정현[15] 등에 의해 발표된 풍자적 경향을 띤 단편들은 당시의 반공주의를 그 비판의 대상으로 하는 좋은 예이다.[16]

이 글은 1960년대 중반 이후 일정한 기간 동안 창작된 이호철과 서기원의 풍자소설을 대상 텍스트로 삼는다.

「분지」와 관련된 필화 사건으로 인해 남정현의 작품은 반공주의와의 상관성이 텍스트 외적인 차원에서부터 극명하게 드러났기 때문에 이런 관점에서 이미 여러 번 논의된 바 있다. 그에 비해 이호철과 서기원의 풍자소설은 그와 상통하는 맥락의 비판의식을 담고 있음에도 불구하고 상대적으로 간과된 면이 있다.

나아가서 이 글에서 살피는 이호철과 서기원의 작품들이 그들의 작품세계에서 덜 중요한 작품인 것처럼 취급·평가되어온 경향이 있는데, 이것은 해당 작품들이 담고 있는 주제와 작가의식이 반공주의 혹은 그 검열체제와 관련하여 심도 있게 논의되지 않았던 점과도 관계가

---

14) 강태근, 「한국 현대 소설의 풍자성 연구」, 경희대 박사논문, 1988, 18-20쪽 참조.

15) 남정현도 반공주의과 그와 관련한 기호의 외연 확장을 적극적으로 풍자·비판하지만, 그의 풍자는 이호철, 서기원의 그것과는 대별되는 특징을 지닌다. 남정현의 작품에는 알레고리적 장치들이 사용되면서도 비판의 대상과 비판의 메시지가 직설적으로 문면에 드러나 있다. 남정현이 사용한 풍자적 방식은 비판의식을 더욱 강하게 드러내는 데에 초점이 맞추어진 대신 비판의식을 우회적으로 드러내고 있지는 않은 것이다. 김병걸은 일찍이 이런 특성을 지닌 남정현의 풍자를 '직선적 풍자'(김병걸, 「상황 악에 대한 끈질긴 도전」, 『남정현 전집』 3, 국학 연구원, 2002, 40쪽 참조)라고 일컬은 바 있다. 이 글이 남정현의 작품을 논외로 한 것도 그의 풍자가 지니는 이러한 변별적 자질 때문이다.

16) 반공주의에 의해 주도된 검열에 대한 비판의식을 드러내는 작가들은 이외에도 많다. 그러나 그러한 문제의식을 편린으로서 한정시켜 드러내지 않고 이호철, 서기원, 남정현과 같이 작품의 주제적인 차원으로까지 끌어올린 본격화한 작가들은 많지 않다. 그리고 이 세 작가가 일정기간 동안 여러 편의 작품을 통해 같은 문제의식을 일관성 있게 형상화했다는 점 또한 중요하게 취급되어야 한다.

있는 것으로 판단된다(기존 논의는 해당 작품에 대해 살피는 각각의 지면에서 검토될 것이다).

이 작품들에 대한 재조명과 재평가의 필요성은 다음과 같은 근거로 제기될 수 있다. 첫째, 이 작품들이 드러내는 반공주의와 관련된 비판의식이 해당 작가들에 의해 짧지 않은 기간 동안 적지 않은 작품에 걸쳐 일관적으로 나타난다는 점이다. 둘째, 그 비판의식이 당대의 특수한 상황과 밀접한 관련을 맺고 있다는 점이다. 셋째, 그 비판의식의 표출이 개인적인 차원을 넘어서 하나의 창작 경향을 형성하는 데까지 나아갔다는 점이다.

3. 반공주의 기호의 확장과 비판능력의 박탈
─ 이호철의 「부시장 부임지로 안 가다」, 「어느 이발소에서」

이호철은 「탈향」으로 문단에 나온 이후 「판문점」, 「닳아지는 살들」, 『소시민』 등 분단현실에 대한 성찰을 보여주는 일련의 작품을 발표했다. 그가 본격적으로 풍자성이 짙은 작품을 창작하는 것은 대략 1965년 전후이다.[17] 당시에 창작된 일련의 풍자소설들은 박정희 정권에 의해 반공주의가 주도되는 상황을 배경으로 설정하고 있다.[18]

앞서 언급된 바와 같이 5·16 군사 쿠데타 성사 직후 93명의 인사가 '잠재적 용공주의자'라는 혐의 하에 체포되었으며, 다시 총 2,014명에 달하는 사람들이 정치범 용의자로 몰려 검거 투옥되었다. 「부시장 부임지로 안 가다」는 당시의 상황을 그리고 있다.

---

17) 「추운저녁의 무더움」을 풍자소설로 분류한다면 1964년에 발표된 이 작품이 이호철의 최초 풍자소설이 될 것이다.

18) 이호철의 소설 중 앞서 언급된 「추운 저녁의 무더움」과 「심천도」를 비롯하여 「등기수속」, 「퇴역선임하사」 등도 여기에서 살피는 작품들과 상통하는 비판의식을 드러내는 작품들이다. 「부시장 부임지로 안 가다」와 「어느 이발소에서」는 그러한 비판의식을 작품의 주제적 차원에서 보다 집중적으로 드러내는 작품이기에 대표성을 지닌다.

한꺼번에 많은 사람이 체포되어 마산시 부시장 자리가 공석이 되었고, 상이 제대 육군 중위인 주인공 규호가 그 후임으로 임명된다. 그러나 규호의 아내는 기관원들이 그런 이유로 규호를 찾는다고는 생각지 못한다. 그리하여 '전라도에 농사지으러 갔다'고 둘러대 놓고 규호를 피신시키기로 한다. 이 소설은 규호가 자신을 부시장으로 모시러 온 것을 '용공주의자'로 체포하러 온 것으로 오인하고 피해 다니는 과정을 희화적으로 그리고 있다.

규호와 그 아내의 오해는 희극적인 해프닝이지만 이러한 상황의 설정에는 개인을 '용공주의자'로 규정하고 체포하는 것이나, 반대로 '부시장'으로 임명하는 것이 모두 자의적으로 진행되어 일반 사회성원들로서는 그 기준을 도무지 짐작할 수 없다는 통찰이 숨어 있다. 쿠데타 성공 직후 공포정치를 휘두르던 군부의 자의성을 비꼬는 것이다.

> 어제는 지리 선생이 잡혀갔다. …(중략)… <u>빨갱이라면 온통 사지를 떨고 치를 떨면서도</u> 정작 교원들의 권익 문제라도 나오면 세계 각국의 통계숫자까지 일일이 들어가며 항상 살기등등하던 영감님이다./ 그저께 저녁에는 생물 선생에(과) 고학년 수학을 맡은 권선생이 잡혀갔다./ "아니, 권선생도 걸렸소?" 규호가 이렇게 물으니까, 그는 이상하게 발끈해지며, "아니, <u>안 걸리는 게 이상하지. 나두 강선생처럼 상이군인이 아닌 다음에야.</u>" 규호가 상이군이라는 것을 야유하는 것이었다. …(중략)…/ 그리고 오늘 저녁은 규호 차례였다.[19]

인용문에서 볼 수 있는 바와 같이 '빨갱이라면 치를 떨던' 지리 선생도 연행되었다. 이 사실은 주인공 규호를 혼란에 빠뜨리기에 충분하다. 그가 '용공분자'가 아니었다는 것은 규호에게 확실해 보였기 때문이다. 그런 상황에서 생물 선생이나 수학 선생 등 여러 사람들이 무작위로 잡혀가는 것은 이상한 일이 아니다. 주목해야 할 것은, 한 동료가

---

19) 이호철, 「부시장 부임지로 안 가다」, 『사상계』, 1965. 1, 339-340쪽. 이하 쪽수만 표시.(강조-인용자)

규호는 상이군인이기 때문에 잡혀가지 않을 것이라고 생각함에도 불구하고, 그 사실이 결코 그를 안심시키지 못한다는 점이다. 규호로서는 시민들을 체포하는 정부의 기준을 파악할 수 없기 때문이다.

여러 사람들을 검거하는 근거가 된 '잠재적 용공주의자'라는 말은 앞장에서 살펴본 바와 같이 자의적으로 해석될 여지가 다분한 기호이다. '용공'이라는 외연이 넓은 기호에 '잠재적'이라는 심리적 기호가 더해져서 그 외연은 한층 더 넓어진다. '빨갱이라면 치를 떨던 사람'이라도 '세계 각국의 통계숫자를 들어가며 살기등등했다'는 점에서 얼마든지 '잠재적 용공주의자로 분류될 수 있다. 반공 이데올로기의 규율을 받는 당시의 사회 성원들에게 그것은 아무런 기준이나 구분점을 제공해주지 않는다.

규호의 예로 볼 수 있듯이 등장인물들은 자신이 '잠재적 용공분자'인지 아닌지 판단할 수 있는 능력을 갖지 못한다. '안 걸리는 게 이상하지'라는 대사에서 그러한 무차별성과 자의성을 사회성원들이 인식하고 있었다는 것이 전달되며, 상이군인이라는 사실 조차 당사자를 안심시키지 못한다는 점에서 그 점은 한 번 더 강조되어 제시된다.

「부시장 부임지로 안 가다」에서 그려진 반공주의는 쿠데타로 정권을 잡은 군부가 휘두르는 공포정치의 도구로서 지니는 부정적 성격을 명확히 드러낸다. 이 소설은 규호라는 인물이 겪는 희극적 해프닝을 통해 이 부정적 성격을 풍자한다.

> 1) 마침 건너편 래디오방에서 '반공을 국시의 제일의로 삼고'가 왈칵 터지고 있었다. 규호는 그 소리에 화닥닥 놀라면서 골목길로 달려 들어갔다. <u>옳은 소리지 옳은 소리구 말구</u>, 잠시 후에는 점잖게 이렇게 속으로 중얼거리면서 호젓한 골목길 끝까지 오자, 손수건을 꺼내서 이마의 땀을 닦아냈다.(346쪽)
> 2) 짜개지는 행진곡이 울리다가 또 '반공을 국시의 제일의로 삼고' 여자 아나운서의 목소리가 터져 나오자, 규호는 깜짝 놀라서 마시던 커피를 그냥 놓고 후덕후덕 커피 값을 치르고 층층다리를 달려 내려오며 쌍년 쌍년

하고, 그 아나운서의 욕을 하고 있었다. <u>결국 어느새 그는 반공에 쫓기고</u> <u>있는 것이었다.</u> 나는 용사여, 나는 상이군인이여, 제일선 김종오 사단장 휘하의 9사단에서 백마전투를 겪은 육군 중위여, 누가 뭐래여, 누가 뭐래 여 이 나를 두고 어느 놈이 뭐라는 거여, 쾌속으로 이렇게 중얼거리며 층 층다리를 콰당콰당 달려내려오고 있었다. 그러나 그 누구도 아무도 뭐라 는 사람은 없는 것이다.(348쪽)

자신을 용공주의자와 구별하지 못하는 상태에서 '반공을 국시의 제 일의로 삼'[20]는다는 내용의 연설은 규호로 하여금 이중적인 반응을 유 도한다. '옳은 소리지'라고 하면서 동시에 도피하는 것이다. '반공을 국 시의 제일의로 삼고'라는 말에는 '옳은 소리지'라고 되뇌면서 그 말을 읊는 아나운서를 '쌍년, 쌍년' 하며 욕하는 장면은 그러한 이중성을 희 극적으로, 그러나 날카롭게 포착한다. 결국 '옳은 소리지'라고 되뇌는 것은 규호의 자기 부정에 다름 아니다. 자신은 죄가 없이 도피를 해야 하는 불합리한 상황에 처해 있는 데도 그 상황을 긍정하는 것이 되기 때문이다. 이것이 그가 주체적인 사고를 포기하는 지점이며, 동시에 내 면화된 반공주의를 체현하는 지점이다.

결국 '옳은 소리'라는 규호의 발언에서 독자는 풍자적 거리를 인식 한다. 독자는 과연 그것이 정말로 옳은 소리인지 다시 한 번 돌아보게 된다. 당시에 막강한 영향력을 행사했던 '반공을 국시의 제 일의로 삼 는다'는 명제에 대한 비판적 거리가 확보되는 것이다. 「부시장 부임지 로 안 가다」가 문면 뒤에 감추고 있는 당대 상황에 대한 비판의식은 이와 같이 표출된다.[21]

─────────────

20) 잘 알려진 바와 같이 이것은 박정희 대통령의 취임 연설 중 한 대목이다. 상대적으로 약했던 5·16정권 수립의 명분을 당시 군부가 '반공주의'에 기대어 확립하려고 했던 것은 주지하는 사실이다. 그 좋은 예로 『한국 군사 혁명사』(한국 군사 혁명사 편찬 위 원회, 1963)는 5·16의 '불가피성'의 5가지 이유 중 첫 번째 항으로 '용공조직 및 단체 의 출현'을 놓고 있다.

21) 「부시장 부임지로 안가다」는 박홍일, 「이호철 풍자소설 연구」(계명대 석사논문, 1992), 김영택, 「1960년대 한국소설과 풍자」, 『어문학연구』(목원대, 1998) 등의 연구에서 풍

「어느 이발소에서」는 『창작과 비평』 창간호에 수록된 작품22)이다. 『창작과 비평』이 초기에 박정희 정권에 대한 비판의식을 견지했다는 점에서 창간호의 첫 게재 작품으로 소개된 이 소설의 주제의식을 거칠 게나마 엿볼 수 있다.23)

이 소설은 어느 날 오후 이발소에서 불과 한나절도 안 되는 시간 동안 일어난 일을 그리고 있다. 그런데 이 이발소는 '5·16 체제를 실감으로로건 착각으로건 느끼면서 살아야 하는 남한 사회'가 반영되어 있는 공간이다. 이 작은 공간이 5·16 체제의 남한 사회 전체를 상징하고 있는 셈이다.

> 1) "당신은 뭐요?"/ "주인이요."/ "주인이면 주인이지, 그 앉아 있는 꼴이 뭐요? 도대체에 이 사람들 정신있는 사람들인가. 때가 어느 땐지도 모르고, 이 사람들이." 술냄새가 약간 났으나 <u>옳기는 한 소리인 것 같아서</u> 주인도 후닥닥 일어나 섰다.24)
>
> 2) "도대체 사람들이 이래 가지구야. 아무리 민주주의가 좋다지만, 그 앉은 꼴이 뭐요, 꺼부정히 앉아서. 좀 가슴을 쫘악 펴고 앉아요, 펴고. 금방 죽어 자빠지더래두 정신만은 제대로 말짱하게 가져야지."/ <u>옳은 소리일 것이었다.</u> 늙은 관리는 이르는 대로 화닥닥 가슴을 잔뜩 뒤로 젖히고 앉았다.(59-60쪽. 강조—인용자)

자소설로서 언급된 바 있다. 그런데 이 논의들은 규호의 회화화된 행동에 초점을 맞추고 있다. 5·16 정권에 대한 비판은 '바보스러운' 규호를 부시장으로 임명했다는 것을 근거로 이루어진다고 설명되고 있어 이 소설의 비판의식이 가진 의미가 축소될 여지가 있다. 규호의 도피는 회화화되기는 하였으나 그것이 평균 이하의 '바보스러운' 판단력의 결과인 것으로 파악하기는 힘들어 보인다.
22) 1965년 당시 『창작과 비평』에 수록될 때의 제목은 「어느 이발소에서」였다가 후에 「1965년 어느 이발소」로 개제되었다. 소설의 내용이 당대의 시국과 밀접하게 관계되어 있음을 드러내려는 작가의 의도가 드러난다.
23) 이 글에서 함께 살피는 서기원의 「아리랑」은 『창작과 비평』 제2호의 첫 게재작으로 수록되었다.
24) 이호철, 「어느 이발소에서」, 『창작과 비평』 창간호, 1966. 1, 55쪽. 이하 쪽수만 표시. (강조—인용자)

126

> 3) 마침 네시 뉴스가 울려나왔다. 자유센터 구내에서의 총격 사건 뉴스였다. <u>과연 과연 싶었다.</u> …(중략)… "개애새끼들."/ 나타난 무장괴한이 개새끼들이라는 것인지 아니면 <u>여느 때는 민주주의 민주주의 하다가 이런 일만 터지면 청천벽력이나 일어난 듯이 흥분을 하는 방송뉴스가 개새끼들이라는 것인지 알쏭달쏭하였다.</u>(64쪽. 강조─ 인용자)

> 4) 그 청년의 말은 <u>과연 지당한 말이었다.</u> 요즈음 세월에 모두 이러고 있을 때가 아닐 것이었다. 정신들을 차리고 빠릿빠릿하게 있어야 할 것이다. 썩은 동태 눈알을 해가지고 희멀겋게 뻗어있어서는 안될 것이었다. 휴전선을 사이에 두고 빨갱이와 마주 대결하고 있고, 월남에 파병을 하고, 곳곳에 간첩들이 활개를 치는 판에 도대체 이렇게 멍청하고 있을 때가 아닐 것이었다. 사람들은 이렇게 논리적으로 따져서 <u>수긍은 하면서도 무엇인가 써늘하고 무서워지는 것이 있었다.</u>(60쪽. 강조─인용자)

'한낮의 한가한 시간'을 보내는 사람들이 모인 이발소의 분위기는 정체불명의 두 청년이 등장하면서 일순 긴장상태에 돌입한다. 청년의 '때가 어느 땐데', '아무리 민주주의가 좋다지만', '당장 빨갱이들이 나오면 어쩌려구' 등의 위압적 발언에는 이발소에 있던 늙은 현직관리나 순경까지도 반박할 엄두를 못 내고 복종해야 하는 힘이 내재되어 있다.

「부시장 부임지로 안가다」에서도 풍자적 거리가 확보되는 지점이었던 '옳기는 한 소리'라는 표현은 이 소설에서 한 층 본격적으로 다루어진다(인용1~4). 「부시장 부임지로 안 가다」의 규호가 '반공을 국시의 제 일의로 삼고'라는 말에 대해 '옳은 소리'라고 반응했을 때처럼, '때가 어느 땐데'라는 청년들의 말에 '옳은 소리'라고 하는 인물들의 반응 역시 이중적이다.

이 소설에서는 청년의 말에 대해 '옳기는 한 소리다', '천번만번 지당한 말이다'는 등장인물의 독백이 여러 번 반복된다. 그런데 3과 4 인용문에서 볼 수 있는 것처럼 그 독백에 이어 곧 '정확하게 무얼 어쩌자는 말인지 알쏭달쏭하다'는 생각이 뒤따른다는 점에서 문제적이다. 여기에서 다시 '옳기는 한 소리다'라는 진술에 풍자적 거리가 발생한다. 3과 4에서 그러한 거리는 '민주주의'와 '안보체제'의 괴리에 대한 자각으로까지 이어진다.

이 소설의 등장인물들은 '때가 어느 때인데'라는 말에 대해 의심하기 이전에 일단 그것에 동의한다. 그런데 동의하는 순간 청년들의 부당한 행위에 항거할 수 있는 자격을 포기하는 것이 된다. 이러한 상황에서 청년과 다른 인물들 사이의 대등한 대화는 성립될 수 없다.

「부시장 부임지로 안 가다」와 「어느 이발소에서」는 '옳기는 한 소리'로 표상되는 반공주의적 기호들이 선량한 사회성원을 잠재적 죄인으로 만들어버리는 순간을 포착한다. 이 기호들은 사회성원들로부터 주체적인 비판능력을 박탈한다. 그들은 자신들에게 가해지는 부당한 통제에 항거할 수 없다. 이미 '용공'이라는 기호는 주체적인 비판능력을 가지는 것조차 그 하위개념으로 포섭할 수 있을 만큼 확장되었기 때문이다.

4. 반공주의 기호의 확장과 감시체제의 확립
— 서기원의 「아리랑」, 「이유」, 「오산」

서기원도 이호철과 거의 비슷한 시기인 1965년을 전후해서 일련의 풍자소설들을 창작한다. 여기서 살펴볼 텍스트는 「아리랑」, 「이유」, 「오산」, 세 작품이다.[25] 이 세 작품은 일종의 연작이라고 보아도 무방하다. 발표시기가 밀접한 것은 물론, 세 작품 모두 동일인물로 보이는 기관원을 주인공으로 삼고 있기 때문이다. 그리고 작품에서 비판적으로

---

25) 이 외에도 풍자성을 강하게 갖고 있는 작품으로 「마록열전」 연작이 있다. 그 중 감찰사(암행어사)를 주인공으로 채택한(그러나 시간적 배경은 현대로 되어 있다) 「마록열전 4」는 이 글의 대상 텍스트들과 주제·설정 면에서 일맥상통하는 면이 있다.
　"그 중에 신의 주의를 끈 건 '고발정신을 앙양하자'는 의미심장한 구호였는데, 이것은 다름 아닌 민권의 소재를 증명하는 생생한 증거라 할 만 했습니다. 허되 무엇을 고발하느냐에 관해서는 태평군의 식자들 사이에도 의견이 구구하여,(후략)" 서기원, 「마록열전4」, 『창작과 비평』, 1972, 343쪽

드러내고자 하는 부정적 상황도 그 선명도의 차이가 있기는 하지만 대체로 동일하다.26)

「아리랑」은 세 작품 중 가장 먼저 발표된 것으로, 『창작과 비평』 제2호에 수록된 작품이다.

> 동경에는 우리나라 음식점이 적어도 백여 군데를 넘는다. 그러나 선량한 시민이라면 간판을 눈여겨보고 들어가지 않으면 안 된다. <u>조선요리</u>라고 적혔거나 <u>대동강 모란봉</u> 따위의 글자가 보이거든 아예 근처에 가지 말아야 한다.27)

인용된 부분은 「아리랑」의 도입부이다. 밑줄 친 '조선요리'나 '대동강', '모란봉'등은 모두 북한을 연상시키는 말들이다. 즉, 풀이해 보면 '북한과 관계가 있을 가능성이 있는 음식점을 가지 말아야 한다.'는 당위적 명제가 되는 것이다. 이 말을 바꾸면 '북한 음식점에 가면 선량한 시민이 아니다'가 된다. 그러나 그 근거는 전혀 제시되지 않고 있다. 그 근거 대신 제시되는 '선량한 시민이라면'이라는 발언이 오히려 독자로 하여금 이 명제 자체에 대한 거리를 유지하게 만드는 역할을 한다.

> 내 짐작이지만 아리랑의 임자는 아마도 중립계일 것이다. 그러나 남북통일론자일지도 모를 일. 내가 이렇게 추측하는 근거가 무엇이냐고 묻는다면, 얼른 대답할 수는 없다. 하지만 이곳에 부임한 즉시 <u>상전한테 가르침을 받은 대로 우선 그렇게</u> 의심해야 한다.(166쪽. 강조－인용자)

---

26) 이 세 작품은 이현경, 「서기원 소설 연구」(고려대 석사논문, 1994)에서 이미 고찰된 바 있다. 그러나 이 논문에서는 작품들의 풍자대상을 '소시민적 반공이데올로기를 소지한' 개인으로 한정하여 작품의 주제가 축소·한정된 면이 있다.

27) 서기원, 「아리랑」, 『창작과 비평』, 1966. 3, 166쪽,(강조－인용자) 이하 쪽수만 표시.

「아리랑」의 주인공은 '공산주의자나 그 동조자'를 색출하는 기관원으로, 일본에서 활동 중인 용공분자를 감시하는 임무를 띠고 일본에 파견되었다. 위의 인용문에서 볼 수 있는 것처럼 그는 자신의 판단의 근거를 필요로 하지 않는 인물이다. '상전한테 가르침을 받은 대로' 판단하고 행동할 뿐이다. 이를 통해 그는 주체적, 논리적 사고를 하지 못하는 인물로 그려진다. 이런 점에서 그는 이호철의 작품에 등장했던 인물들과 다르지 않다.

그럼에도 불구하고 그는 자신의 수사방법 내지는 조사방법이 과학적이고 논리적이라고 믿는다. 이 점이 이 소설의 풍자성을 발생시킨다.

1) 그러나 내 사업은 정밀함을 자랑하는 성격의 것, 철두철미 과학적이어야 한다. 이승만 정부의 전근대적 수사기관이라면 중학생이 기하학을 공부하듯 아무렇게나 선과 원을 그려 피의자들의 관계와 공범사실을 날조해냈겠지만, 이젠 그런 시대가 아니다.(171쪽. 강조-인용자)

2) 최가는 공산주의자는 아닌 것 같지만, 통일동맹에 돈을 댄다는 「아리랑」에 단골이라는 점과 반정부주의자인 이황을 도와주고 있다는 사실은, 그가 적어도 공산당의 동조자임을 반증하는 자료다. …(중략)… 나의 삼단논법에 의거한다면 이황이 통일동맹에 가담하고 있는 증거만 잡으면 그들의 계보는 절로 풀어지기 마련이다.(174쪽. 강조-인용자)

인용문 1에서 주인공은 자신의 방식이 '철두철미 과학적'이라고 자처하고 있다. 심지어 이승만 시대의 수사방법과 자신의 그것을 구분하고 있기까지 하다. 이 진술에 의해 표면적으로 소설의 배경이 되는 1960년대 중반(한일 비준서 교환 즈음)이 1950년대의 이승만 정권 때보다 나아진 것처럼 제시되지만, 주인공의 지적능력이 이미 독자에 의해 의심받는 상황에서 이 진술은 정반대로 해석될 여지 또한 남긴다.

사실 여기에는 중요한 인식이 내포되어 있다. 즉, 주인공인 기관원과 그가 속한 기관이 애초에 '선량한 시민'과 '용공분자'를 가려내는 기준을 가지고 있지 않다는 점에 대한 인식이다. 이승만 정권에서 사용되었다는 '날조'는 그 다음의 일이다. 기준을 갖고 있지 않기 때문에, 사건을 그 기준에 맞도록 날조할 수도 없고, 무엇보다도 그럴 필요성도 없다. 외연이 넓은 '용공주의자'라는 말이 그 기준을 박탈하는 동시에 그것을 마련할 필요도 없게 만든다.

주인공은 소설의 결말에 이를 때까지 그가 '용공분자'라는 근거를 제시하지 못한다. 이호철이 사회성원들이 용공주의자의 구별기준을 획득하지 못했다는 것을 그렸다면, 서기원은 용공주의자를 색출하는 기관 역시 그 기준을 갖지 않는다는 것을 그리고 있는 것이다.

> 1) 작자의 방언을 새겨들은 즉, 마치 딴 나라의 정사를 왈가왈부하듯이 도무지 제나라에 대한 애정이란 것이 티끌만치도 보이지 않는다. 비난이 아니라 조롱이었다. 그러니 <u>작자도 빨갱이가 아니면 조국을 버린 망국의 무리가 아니고 무엇인가.</u> 아무래도 돈푼 깨나 지닌가본데 혹시나 공산당한테 자금을 대고 있지나 않은지 걱정스럽기도 하다.(169쪽. 강조-인용자)
> 2) 통일문제를 일본인과 결부를 시켜서, 이를테면 우국의 충정을 토로하고 있는 셈이라, 내가 기대하던 방향과는 좀 각도가 다르기 때문이다. …(중략)… "<u>허지만 이형, 통일은 꼭 해야 하지만 지금 단계에서 경솔하게 나서다간 북쪽의 계략에 넘어갈 위험이 많지 않을까요?</u>"/ "헷…" 별안간 황은 괴이한 웃음소리를 터뜨렸다. 그리고는 일그러진 얼굴을 문득 거두고 입맛을 다셨다./ "<u>형씨도 화석이 되셨군. 동물이나 식물의 화석 말입니다.</u>"(178쪽. 강조-인용자)

인용문 1에서 볼 수 있는 것과 같이 '나'에게 있어 국가 정책에 대한 비판은 '빨갱이'로 곧바로 치환될 수 있는 행위이다. 인용문 앞에 제시되었던 '작자의 방언'이란 5·16 이후 '금리가 연 삼할'이나 되어버린 경제상황을 비판하는 내용이었다. 이러한 비판을 '제나라에 대한 애정이 보이지 않는다'고 보는 것은 물론 자의적인 판단이다.

인용문 2는 주인공에 대한 비판이 직접적으로 행해지는 유일한 부분이다. 주인공의 경직된 사고는 굳어진 '화석'에 비유된다. '경솔하게 나서다간 북쪽의 계략에 넘어갈 위험이 많다'는 말은 결국 '나서지 말아야 한다'는 말과 동일해지며, 이것을 통해 우리는 정치적 사안에 의견을 갖는 데 대한 내면화된 금기의식을 엿볼 수 있다. 이러한 점이 '화석'이라는 비유를 통해 비판되며, 이 부분이 이 소설 전체의 비판의식을 읽어낼 수 있는 중요한 단서가 된다.

「이유」와 「오산」은 상대적으로 짧은 분량을 가지고 있고, 구성도 단순하다. 「아리랑」의 주인공은 여러 인물과 만나서 대화하지만, 두 작품의 주인공은 각각 한 명의 '감시대상'과 대면할 뿐이다.

> 1) 영화관에서 모두가 웃는데 그자만은 웃지 않았으며 그 웃지 않는 표정이 우연히 본인 눈에 띄었던 것입니다.[28]
> 2) 이상, 작자의 되잖은 설교조를 다시 들을 것까지 없겠습니다. 작자의 사상은, 사상이란 말이 아깝지만 요는 우리들 사회에 협조하겠다는 것도 아니고 저항하겠다는 것도 아닌 야릇한 물건인가 합니다. 어떻게 보면 사상온건으로 통할 수 있음직도 한데 곰곰이 생각해보니 그게 최고의 악질인 것만 같습니다. <u>어째서 최고의 악질인지 딱 꼬집어서 말하기는 어려우나 하여간 비위를 거슬리게 하고 약을 올리는 대갈통이지 뭡니까.</u>(437쪽, 강조-인용자)

「이유」는 인용문에서 볼 수 있는 바와 같이 기관원(화자)이 상부에게 올리는 보고서의 형식으로 되어 있다. 화자의 관찰대상이 된 것은 한 심리학과 강사이다. '영화관에서 혼자만 웃지 않았기 때문'이라는 것이 관찰대상 선정의 이유이다. 강사는 이렇게 자의적으로 감시대상으로 선정되었음에도 불구하고, 자신이 '악질분자'가 아님을 규명하기란 쉬운 일이 아니다. 화자는 그가 왜 악질인지 근거를 대지는 못하고 있으나, 그것이 그에게나 그가 속한 기관에게 있어서 중요한 문제가 아니기 때문이다.

---

28) 서기원, 「이유」, 『신동아』, 1967. 8, 432쪽. 이하 쪽수만 표시.

　　1) 그놈의 가방, 가방을 든 노인네만 찾아내면 될텐데, 그놈의 가방. 헐레벌떡 인파 속을 뒤져 헤매는 동안 벼라별 생각이 다 오락가락했다. 수류탄, 다이나마이트, 권총 등등, 가쁜히 뵈는 꼴이 수류탄은 아니겠고, 다이나마이트인지 모르겠다. 김영달이, 땀투성이가 돼서 김노인을 되찾은 것은, 평화신문사 앞에서였다. 게시판 앞에서 신문을 읽고 있는 김노인을 발견했을 때, 와락 달겨들어 한 대 후려갈기고 수갑을 채워주고 싶었다.29)

　　2) 그건 도시락이었다. 도시락을 거꾸로 해서 김노인은 뚝배기에 밥을 몽땅 말았다. 첫 숟가락이 입속에 들어간 순간, 아까 비시시 웃던 그 웃음이 그림자처럼 스쳐갔다. …(중략)… 「김삿갓 노인의 행적을 될 수록 객관적으로 기록한 끝에 '김 아무개는 리스트에서 빼는 것이 경비와 노력을 절약하는데 기여한다고 사료됨'이라는 결론을 맺었다. 그러나 김영달의 오산은 여기에 그치지 않았다. 일단 보고서는 접수가 됐지만, 반장이 끝까지 잃어주었는지 의문인 것이, "자네, 싫겠지만 오늘도 김삿갓을 잘 부탁하네. 그놈은 미친 시늉을 하고 있으니까 조심을 해야 되네."(403쪽, 강조―인용자)

　「오산」에서 감시대상이 되는 '김삿갓 영감'은 '임정파 인사'로 지금은 이미 칠순을 넘긴 노인이다. 주인공 '김영달'의 관점에서도 적절한 감시대상으로 판단되지 않는 인물이지만, 그는 명령을 하달 받은 대로 김노인을 미행할 수밖에 없다.

　이 과정에서 문제가 되는 것은 김노인이 들고 다니는 가방이다. 1에서 그려진 바와 같이 주인공은 가방에 한 번 신경을 빼앗기자 곧 '명령 받은 대로' 그 가방의 정체를 알아내기 위해 필사적인 노력을 기울이고, 이 과정에서 자연스럽게 감시대상에 대한 적개심이 생성된다.

　2에서 이 가방 안에 든 것은 도시락이었음이 밝혀진다. 김노인의 감시는 하나의 해프닝으로 막을 내린 것이다. 그러나 문제는 그에 대한 보고서를 제출했음에도 불구하고 그에게 똑같이 김노인을 미행하라는 명령이 하달된다는 데에 있다. 이 과정에서 표면적으로 드러나는 것은

---

29) 서기원, 「오산」, 『월간중앙』, 1969. 4. 400쪽. 이하 쪽수만 표시.

감찰기관과 소속 기관원들이 보여주는 경직성이지만, 그러한 폭로의 이면에는 용공주의자의 색출이라는 표면적 목적보다도 그와 관련된 감시 행위 자체가 본질적인 것이라는 통찰이 숨어 있다.

서기원의 작품에 등장하는 주인공들은 용공주의자를 색출하는 임무를 가진 기관원이면서도 이호철의 작품에 등장하는 평범한 인물들과 마찬가지로 용공주의자를 구별하는 기준을 갖고 있지 못하다. 이것은 그 기준은 당시의 어디에도 존재하지 않았다는 것을 의미한다. 반공주의 기호의 외연을 넓히는 것은 오히려 그 기준을 더욱 더 모호하게 만드는 것이었기 때문이다. 그것은 당시의 반공주의가 내부적 통제장치, 혹은 '지배기제'의 성격을 더 강하게 띠었다는 사실과 밀접한 연관이 있다.

5. 결론

1960년대 한국사회를 규율했던 반공주의가 가지는 특징은 그것이 사회구성원들에게 내면화되어 사유방식 자체를 통제하는 차원으로 나아갔다는 것이다. 그것이 내면화되는 방식으로는 관련 기호들의 외연 확장이 있었다. '공산당', 혹은 '공산주의자'라는 기호가 '용공주의자'라는 기호로 대체되면서, 반공주의 기호는 정부가 임의로 그 외연을 확장, 변형할 수 있는 도구적인 기호로 변화했다.

자신을 '공산주의자'로부터 구분하는 것은 반공주의로 규율되는 사회의 성원으로서 기본적인 생존권을 보장받을 수 있는 최소한의 조건이었다. 그러나 그 기호 자체의 외연이 넓어짐으로 인해 국민들은 점점 주체적으로 사유할 수 있는 근거를 잃게 되고, 자기검열의 과정을 스스로 재생산하게 되기에 이른다.

이런 상황에서 풍자소설이 창작방법으로 모색된 것은 우연한 일이 아니다. 풍자는 대상을 비판하는 양식이면서 동시에 검열을 피할 수 있는 장르이다. 1960년대 반공주의는 그 내면화에 의한 자기검열을 특징적 양태로 지니고 있었기 때문에, 그 모순을 인식한 작가들은 그것을 비판하면서 동시에 그것을 금지하는 검열을 우회할 방법을 모색하게 되었고, 풍자소설의 창작은 가장 적절한 선택 중 하나였다.

이호철과 서기원은 그 대표적인 예인데, 이들은 1960년대 중반, 5·16으로 수립된 박정희 정권이 안정화되기 시작하던 무렵에 일련의 풍자소설들을 발표하였다. 이호철은 평범한 사회성원들이 자신들을 용공분자로부터 구별하지 못하고 부당하게 발휘되는 사회적 권력 앞에서 무력해질 수밖에 없는 문제를 촌극을 통해 그렸다. 이 작품들은 표면적으로 권력 앞에서 무력한 소시민들을 풍자하는 것으로 보이지만, 사실 비판의 초점은 국민을 그러한 소시민으로 전락시키는 반공주의의 한 특성에 맞추어져 있다.

서기원은 간첩 및 용공분자들을 색출하는 기관원을 주인공으로 내세웠다. 이 기관원들에게도 일반 사회성원과 용공분자를 구별할 수 있는 기준은 마련되어 있지 않다. 그들에게는 용공주의자를 색출하는 목적보다 불특정 다수의 인물을 용공주의자라는 이름으로 감시하는 것이 더 중요한 일인 것처럼 그려진다. 여기에서 당대 한국사회를 규율했던 반공주의의 통제적 기능에 대한 작가의 비판의식이 드러난다.

주제어 : 반공주의, 기호 외연의 확장, 내면화, 검열, 풍자, 비판, 우회

◆ 참고문헌

1. 기본자료
서기원, 「아리랑」. 『창작과 비평』, 1966. 3.
───, 「이유」, 『신동아』, 1967. 8.
───, 「오산」, 『월간중앙』, 1969. 4.
이호철, 「부시장 부임지로 안가다」, 『사상계』, 1965. 1.
───, 「1965년 어느 이발소에서」, 『창작과 비평』, 1966. 1.

2. 논문
강진호, 「반공주의의 소설·사회학적 기능」, 『현대소설사와 근대성의 아포리아』,
    소명출판, 2004.
───, 「공복사회의 실상과 원칙주의자의 신념」, 『현대소설사와 근대성의 아포리
    아』, 소명출판, 2004.
강태근, 「한국 현대소설의 풍자성 연구」, 경희대 박사논문, 1988.
권혁범, 「반공주의 회로판 읽기: 한국 반공주의의 의미체계와 정치사회적 기능」,
    『통일연구』, 1998. 11.
김영택, 「1960년대 한국 소설과 풍자」, 『어문학연구』 제7권, 계명대학교, 1998.
박홍일, 「이호철 풍자소설 연구」, 계명대 석사논문, 1992.
심희기, 「한국법의 상위이념으로서의 안보이데올로기와 그 물질적 기초」, 『창작과
    비평』, 1988. 3.
윤충로·강정구, 「분단과 지배이데올로기의 형성·내면화」, 『사회과학연구』 제6
    집, 동국대 출판부, 1998.
이현경, 「서기원 소설 연구」, 고려대 석사논문, 1994.
임헌영, 「분단시대 소시민의 거울」, 『이호철 전집』 제2권, 청계연구소, 1988.
한지수, 「한국사회 지배이데올로기의 형성과 재생산」, 『한국인문사회과학의 현 단
    계와 전망』, 역사비평사, 1988.

3. 단행본
김윤식, 『문학비평 용어사전』, 일지사, 1976.
박정희, 『박정희 대통령 선집 II』, 지문각, 1969.
부르디외, 정일준 역, 『상징폭력과 문화 재생산』, 새물결, 1995.

양성철, 『분단의 정치―박정희와 김일성의 비교연구』, 한울, 1987.
한국 군사 혁명사 편찬 위원회, 『한국 군사 혁명사』, 1963.

4. 기타
박완서 외, 「6·25 분단문학의 민족동질성 추구와 분단 극복의지」(좌담), 『한국문
        학』, 1985. 6.
서기원, 「마록열전4」, 『창작과 비평』, 1972. 6.
이호철, 「작가의 말」, 『이호철 전집』 제2권, 청계 연구소, 1988.

◆ 국문초록

이 글은 1960년대 반공주의의 특성을 검토하고 당시 창작된 풍자소설의 한 경향을 파악하려는 의도를 지닌다. 5·16 주체인 박정희 정권의 지배 담론으로 활용된 반공주의는 이전 시기의 그것과는 구별되는 성격을 가진다. 1960년대 반공주의를 이전의 반공주의와 구분하는 키워드는 '내면화'이다. 이것은 반공주의가 제도적 차원이나 법집행 차원을 넘어서 사회성원들의 사유방식 자체를 통제하는 데까지 나아간 것을 의미한다.

반공주의의 내면화는 관련 기호들의 외연을 넓히는 방식(예: 공산주의자 → 용공주의자)으로 이루어졌다. 이를 통해 정부로서는 친정부적이지 않은 행위를 특별한 조작 없이 모두 반공의 이름으로 처단할 수 있게 되었고, 국민들은 자신들의 주체적인 행위나 의견을 외연이 넓어진 '빨갱이'의 그것과 구별할 수 없게 되었다. 반공이라는 체제 하에서 국민들은 자신의 정체성을 확립할 수 없었으며, 따라서 주체적이거나 논리적인 사고를 할 수 없는 상태로 나아간다. 내면화된 검열이라는 것은 이러한 상태를 일컫는다.

풍자는 두 가지 성격을 가진다. 하나는 비판의 형태라는 것이고, 하나는 우회의 형태라는 것이다. 이 글에서 살피는 풍자소설들은 검열을 비판하면서 동시에 그것을 우회한다. 1960년대 중반을 전후로 풍자소설이 활발히 창작되었던 사실은 작가들이 반공주의가 생산하는 모순에 대한 비판의식을 표출하기 위해서는 강력한 검열 장치를 우회하여야 했던 상황과 관계가 있다.

이호철의 「부시장 부임지로 안 가다」와 「어느 이발소에서」는 반공주의 관련 기호들의 외연이 확장되면서 생기는 모순을 우연히 일어나는 촌극을 통해 날카롭게 묘파하여 풍자하고 있다. 등장인물들은 불법적인 행동을 하지 않았음에도 불구하고, 도피하거나 부당한 외압 앞에서 비굴해지는 모습을 보이고 있다. 공산주의자로부터 자신을 구분할 수 없는 시민은 '잠재적 죄인'으로 전락해버리기 때문이다.

서기원의 「아리랑」, 「이유」, 「오산」은 용공분자를 색출하는 임무를 가진 기관원을 주인공으로 내세운다. 그런데 그들과 그들이 속해 있는 기관은 용공분자를 평범한 시민들로부터 가려낼 수 있는 확립된 기준을 가지고 있지 않다. 그리하여 그들의 임무는 언제나 성공적으로 수행되지 못하고 희화화된 촌극으로 이어진다. 이를 통해 용공분자의 색출자체보다 감시 자체가 더 중시되는 반공주의의 대내통제적 특성이 드러난다.

◆ SUMMARY

Internalization of Anti-communism and
Satirical Short Stories in 1960's

– Focused on Lee, Ho-chul and Seo, Ki-won's Short Stories

Kim, Jun-Hyun

This paper is focused on the relation of the special character of anti-communism and satirical short stories in 1960's, in Korea. The anti-communism system used by the *'Park, Chung-hee'* government had a special character, which can be described by the word 'internalization'. With this 'internalization', the anti-communism system could control not only people's act, but also their thinking itself.

The internalization of anti-communism was made possible by widening denotations of related signs. By that, The government could control all kind of anti-government acts in the name of anti-communism without any fabrication because no Korean citizen was free from the widened sign 'pro-communist'. As people were not able to own concrete methods to distinguish themselves from communists, they also could not own their subjective identity and independence. 'The internalized censorship' is another word describes this condition.

Satire is a form of criticism, and at the same time, it is a form of a roundabout. Writers who would criticize the negative effects of anti-communism in 1960's, always had to face the strong censorship it produced. Satire is one of the best way to evade censorship, criticizing itself and its owners. For this reason, writers tried new type of their creation, that leads to satirical short stories.

Lee, Ho-chul's stories contain humoristic episodes driven by widened denotations of signs. Characters run away or get obsequious even though they did nothing illegal. By this stories, he criticize anti communism system which keep people from being independent and expressing their own thoughts.

Main characters in *Seo, Ki-won's* stories are agents of the government, whose mission is to chase and capture communist. Their missions always fail because they have no formula to distinguish communists from ordinary people. It shows that domestic political control was an important issue of anti-communism, because characters lay stress on investigation itself, not on arresting communists.

Keyword : anti-communism, widened denotations of signs, internalization, censorship, satire, criticism, roundabout

－이 논문은 2007년 7월 31일에 접수되어, 소정의 심사를 거쳐 2007년 9월 30일에 최종적으로 게재가 확정되었음.

검열의 내면화와 그 정치적 발현
- 1960년대 보수우익문학의 동향을 중심으로

이 봉 범*

목 차

1. 1960년대 반공주의의 동향과 보수우익문학

1960년대 반공주의의 동향에서 주목되는 현상은 반공담론의 이론적 체계화가 현저해진다는 점이다. 기존의 반공이 다분히 '덮어놓고' 식의 감정반공, 고함반공, 주먹반공과 같은 방어적(수세적) 성격을 주조로 한 것임에 비해 1960년대 접어들어서는 점차 勝共위주의 적극적(공세적) 성격으로 변모한다. 그것은 容共, 協共과 대타적인 의미에서 사용되었던 防共, 反共, 打共, 擊共, 滅共 등의 용어 혼란이 '승공'으로 수렴되는 것에서도 잘 드러난다. 이러한 반공담론의 기조 변화는 무엇보

---

* 성균관대 강사.

** 이 논문은 2005년도 한국학술진흥재단 지원으로 연구됨(KRF-2005-079-AM0037).

142

다 박정희를 중심으로 한 군부세력의 이념적 지향의 산물이었다. '혁명공약', 그 중에서도 "반공을 국시의 제일의로 삼고 지금까지 형식적으로 구호에만 그친 반공태세를 재정비 강화한다."(1항), "민족적 숙원인 국토통일을 위하여 공산주의와 대결할 수 있는 실력배양에 전력을 집중한다."(5항)에 천명되어 있는 바와 같이 '반공주의'는 군부세력에게 부당한 정권획득을 정당화하는 효과적인 기제였고, 이후 '민족주의', '발전주의' 이데올로기와 공고한 담론적 접합을 통해 박정희체제의 지배이데올로기로 군림하게 된다. 물론 그것은 1950년대 '친미반공주의'와 '선건설후통일론'을 답습한 것이었다. 그러나 반공의 보루이자 경제성장의 가장 강력한 추진자로서 이미지를 구축한 군부정권은 지배의 재구성, 즉 근대화 과제의 전면화를 통해 지배의 동의기반을 확장하려는 과정에서 과거와 달리 억압적·체계적 방식으로 반공주의적 동원을 강화하게 된다.[1] 그것은 곧 냉전반공주의가 새롭게 재구축되는 과정을 의미하며, 이로부터 전쟁과 공포의 기억, 레드컴플렉스에 의한 원초적 경험으로서의 반공이 국가권력에 의해 해석·정식화된 반공으로 그 성격이 급격하게 전환되어갔다. 이 맥락에서 반공주의를 통한 규율과 통제가 한층 강화되는[2] 한편 언론, 학교 등의 이데올로기적 국가기구에 의한 국민교육이 체계적·제도적 방식으로 수행되면서 반공주의의 재생산구조가 정착되기에 이른다. 이승만 정권 붕괴이후 통일논의의 급속한 확산으로 도전받고 있던 반공이데올로기가 5·16을 통해 다시 반공반북이데올로기로 부활해 헤게모니를 획득해 나가게 된 것이다.[3] 5·16후 곧바로 고등학교 이하에 반공교육이 의무적으로 실시되는 것은 그 전주곡에 불과했다.

---

1) 조희연, 「박정희 시대의 강압과 동의」, 『역사비평』 67호, 2004년 여름, 168쪽 참고.
2) 중앙정보부의 설치(1961. 6) 및 반공법의 공포·시행(1961.7)과 이를 바탕으로 행해진 인혁당사건(1964. 8), 동백림사건(1967. 7), 통혁당사건(1968. 8)과 같은 국가 폭력을 떠올리면 된다.
3) 정창현, 「1960년대 반공이데올로기의 정착과 지식인층의 대북인식 변화」, 정용욱 외, 『1960년대 한국의 근대화와 지식인』, 선인, 2004, 233쪽.

다른 한편으론 광신적 반공이데올로기로 무장한 보수우익의 위기의
식이 강하게 작용했다. 민주주의이념에 토대를 둔 4·19혁명의 여파로
새롭게 조성된 열린 시공간 아래 그동안 자유민주주의와 공산주의의
극단적 대립구도로 말미암아 은폐되어있던 다양한 이념과 가치들이 분
출하는 상황은 반공주의의 굳건한 뒷받침 속에 기득권을 유지·강화해
왔던 보수진영에게는 큰 위기로 받아들여질 수밖에 없었다. 특히 민족
주의의 이름으로 민족적·평등적 요구가 전사회적으로 폭발하고, 그
요구를 적절하게 제어하지 못한 민주당정권의 무기력으로 인해 빚어진
정치적 혼란은 기존의 반공전선을 심각하게 위협하는 수준이었다. 이
러한 반공전선의 위기는 결국 군사쿠데타라는 비상한 방식에 의한 반
공진영의 재편성을 초래했으며,4) 이후 반공체제가 더욱 공고화되는 과
정에서 반공의 물적 기반 강화와 더불어 권력과 연계된 반공이데올로
그들의 한층 세련된 반공담론의 생산이 수반된다. 반공이데올로그들의
위기의식을 더욱 가중시킨 요인은 형식적인(구호적인) 반공논리로는
더 이상 국민들의 동의기반을 재생산할 수 없었다는 점이었다. 전후에
는 전쟁의 실존적 체험과 이에 따른 반공의식의 내면화를 통해 취약한
형태로나마 반공체제가 유지될 수 있었으나, 시간이 지남에 따라 전쟁
에 대한 객관화가 어느 정도 가능해지고 未체험세대의 분포가 점차 확
대되면서 국민들의 對共免疫은 약화될 수밖에 없었다. 또한 4·19에서
검증된 바와 같이 냉전적 반공주의를 확대 강화해 국민국가형성의 문
화적 기초를 조성하려고 추진되었던 국가주도의 각종 문화정책이 역설
적으로 근대적 시민의식을 교육·함양하는 결과를 가져왔으며, 따라서
1960년대 초반에 이르면 반공과 표리일체를 이루었던 서구적 자유민
주주의는 그 유효성을 상실한 채 국민들로부터 파산선고를 받기에 이
른다. 이렇게 점증하는 반공전선의 위기상황은 필연적으로 억압적 통

---

4) 임대식, 「1960년대 초반 지식인들의 현실인식」, 『역사비평』 65호, 2003년 겨울, 319
쪽 참고.

제 형태로 반공주의적 동원방식의 전환을 강제하게 된다. 전략 변경, 즉 수세에서 공세로의 전환과정에 '승공통일'을 주조로 한 반공이론서와 대중해설서인 반공(승공)관련 계몽독본이 경쟁적으로 산출되는 것이다.

'승공'은 반공과 근본적인 차이점을 갖고 있다. 반공이 공산주의를 부정·배척하는 안티테제 (Antithese)임에 반해 승공은 말 그대로 공산주의를 반대하는데 그치는 것이 아니라 퇴치하는데 목적이 있으며, 따라서 공산주의보다 더 나은 대안이 요구된다.[5] 그리하여 자유민주주의의 이념적 우월성만을 반복 확인하는 수준을 넘어 공산주의에 대한 본격적인 이론 탐구로 진전될 수밖에 없었다. 공산주의에 대한 접근조차 금기시했던 과거와는 전혀 다른 환경이 도래한 것이다. 물론 1950년대에도 공산주의에 대한 탐색이 없었던 것은 아니다. 특히 잡지의 특집 형태, 이를테면 '금일의 소련 동태' 특집(『자유세계』, 1953. 6), '소련제문제' 특집(『사상계』, 1954. 2), '소련연구' 특집(『현대공론』, 1954. 11), '동요하는 공산주의' 특집(『사상계』, 1956. 6), '중공의 현실' 특집(『신태양』, 1958. 12) 등 '철의 장막'을 파헤치는 다양한 시도를 보여줬으나 대체로 소련을 비롯한 공산주의 전반을 20세기의 '괴물' 또는 '魔物'로 전제한 접근이기에 그 이념적 본질규명보다는 현실의 부정성을 전면화하는 내용이었고 게다가 외국이론가들의 견해를 번역·차용하는 수준이었다. 북한에 대한 접근은 원천적으로 봉쇄되었으며, 제한된 범위 내에서 허용된 학술적인 접근에서조차 북한은 소련과 중공의 지배를 받는 괴뢰집단이라는 수준을 넘지 못했다. 감정적 증오와 적대감을 노골화한 체험담 중심의 각종 수기가 번성했을 뿐이다.

학술적이면서 계몽적인 공산주의비판을 표방한 반공이론서의 첫 성과는 『공산주의이론과 현실 비판전서』(전 6권)이다.[6] 1963~65년에 걸

---

5) 윤원구, 「공산주의비판」, 한국유신학술원, 『유신의 참뜻』, 1976, 417쪽 참고.

6) 제1권 『맑스 레닌주의』(양호민), 제2권 『공산주의이론의 역사적 변천─현대공산주의이론비판』(최광식), 제3권 『동서관계30년사─전후 공산주의운동의 역사와 전술전략』

쳐 '내외문화사'(공산권문제연구소)에서 펴낸 이 전서는 20세기 인류의 최대과업은 공산주의와의 투쟁이고 우리 또한 대공투쟁이 最上至高의 '민족적 성업'이라는 전제 아래 '과학적'인 반공, 즉 명확한 이념적 체계를 갖춘 지성적, 진취적 차원의 대공투쟁을 위한 지침서로서 기획 출간되었다('발간사' 참조). 월남지식인들 중심의 당대 공산주의연구의 권위자들이 편찬한 이 전서는 철학, 정치, 경제 등에 걸친 공산주의이론에 대한 철저한 분석과 소련, 중공, 북한을 중심으로 한 공산주의현실에 대한 비판을 통해 그동안 감정적 차원에서 이루어졌던 공산주의연구의 수준을 한 단계 끌어올리는 성과를 보여준다. 특히 한국에서의 공산주의의 기원과 역사적 전개과정, 그리고 해방 후 북한정권의 성립과정을 실증적으로 재구성해 체계화한 점은 주목할 만하다. 흥미로운 것은 공산주의를 접근하는 구도가 자유민주주의/공산주의에서 민족주의·민주주의/공산주의로 수정·변모되고 있다는 사실이다. 이러한 구도의 변화는 반공주의 자체의 모순, 즉 반공이 민족공동체의 다른 일방을 적대시하는 민족주의적 딜레마로 말미암아 수동적 동의를 넘어 능동적 동의로 전화되는 것을 저해했던 반공주의적 동원의 근원적 한계를 해결하려는 시도의 표현으로 볼 수 있다.[7] 이로부터 북한(공산주의)은 자유와 민주의 적일뿐만 아니라 민족의 적, 다시 말하면 민족분열의 근원이자 통일의 저해자라는 확고한 규정을 받게 된다. 북한체제의 성립과 전개과정은 매국과 배족(背族)의 역사요, 협잡과 기만의 역사요, 폭력과 침략의 역사요, 反민주反평화의 역사라는 제5권의 논지는 이를 잘 집약해주고 있다. 이러한 민족주의·민주주의/공산주의의 대결구도 속에서 승공(통일)의 논리가 계발되고 그 행동지침이 마련될 수 있었던 것이다. 그것은 4·19 후 한국의 민주주의적 발전을 저해하

(한재덕), 제4권 『공산제국의 정책과 현실』(유완식), 제5권 『한국의 공산주의와 북한의 역사』(한재덕), 제6권 『북한의 역사와 현실』(한재덕)과 별권의 형식인 『김일성을 고발한다−조선노동당 치하의 북한 회고록』(한재덕)으로 구성되어 있다.

7) 조희연, 앞의 글, 165쪽 참고.

는 특유의 정치적 조건이 '분단' 현실에 있다는 일부의 성찰을 규범화한 승공으로 해소하는 과정이기도 했다.[8]

이와 같은 승공이론은 남북한의 충돌과 적대가 고조되는 1960년대 후반에 더욱 확장되어 나타난다. 특히 1968년 1·21사태와 울진삼척지구 무장공비사건을 계기로 남북한의 '적대적 의존관계'가 위기상황을 맞아 양 체제가 각기 내부적인 체제모순과 긴장을 역으로 통제하고 규율하는 계기로 삼게 됨에 따라 남한에서는 반공주의적 동원을 한층 강화하게 된다. 그 과정에서 반공이데올로그들이 생산한 대표적인 반공이론서로는 『공산주의 이론과 실제』(한국반공연맹, 1968), 『현대사와 공산주의 1-2』(문화공보부, 1968~1969), 『국민정신무장독본』 전3권(현대교육총서출판사, 1969), 『반공지식총서』 전5권(희망출판사, 1969)[9] 등이 있다. 『공산주의 이론과 실제』는 '반공지도자들의 사상적 지도역량 배양'과 '국민들에 대한 효과적인 계몽 선도'를 목적으로 '공산주의문제연구소'(조성식, 김인홍, 이종구, 김진승, 박승렬), '아세아문제연구소'(김창순, 김남식), 기타 학계 및 언론계(김두헌, 백상건, 김윤환, 홍이섭, 최광석, 박동운, 신상초)의 저명인사들이 집필한 반공교육용 교재이다. 북한분석에 중점을 둔 이 책은 정치, 경제, 외교, 사회, 교육, 문예 등을 망라한 북한체제 전반을 분석·규명하고 있는데, 대체로 '일말의 자유조차 찾아볼 수 없는 인민착취와 억압의 광장', '동족에게 인간증오와 민족말살사상을 강요'(199쪽)하는 집단으로 북한을 규정하고 있다. 한재덕, 오제도, 유완식, 강인덕, 이명영, 이동준, 신상초 등의 반공이데올로그들의 글들을 수록한 『현대사와 공산주의』의 논조 또한 위의 규정에서 크게 벗어나지 않는다. 그리고 『반공지식총서』는 이론서

---

8) 양호민, 「민주주의와 지도세력」, 『사상계』, 1961. 11, 48쪽 참조.

9) 『국민정신무장독본』은 제1권 『이것이 공산주의다』(오천석), 제2권 『민주주의의 참된 모습』(오천석), 제3권 『아름다운 조국』(이은상 외), 『반공지식총서』는 제1권 『추격자의 증언』(오제도), 제2권 『내가 체험한 지옥의 적치』, 제3권 『침입자와의 대결』, 제4권 『자유를 공출당한 사람들』, 제5권 『반공국민독본』으로 각각 구성되어 있다.

라기보다는 기존에 다양하게 생산 유통되었던 체험담 중심의 반공수기를 집대성한 것으로 반공국민독본의 성격을 강하게 지니고 있다. 해방 이후 대공 사건을 취급한 사상검사 오제도의 수기(제1권), 각계 저명인사들의 적치 하에서 겪은 고난의 기록(제2권), 1960년대 중앙정보부가 취급한 국내외 간첩사건과 무장공비 소탕작전 實記(제3권), 귀순자 및 무장게릴라가 폭로한 북한내막기(제4권), 반공에 대한 철저한 인식과 행동화를 권고하는 독본(제5권) 등으로 구성되어 있으며, 중앙정보부장의 '장려사'와 '중앙정보부검열필'이 첨부되어 있다. 이 총서는 승공통일의 당위성 및 북한의 전략전술에 대한 기초적인 지식과 대응방법을 일반인들에게 해설·계몽하기 위해 간행된 반공독본류를 대표한다고 볼 수 있다.10)

　주목할 것은 『현대사와 공산주의』의 간행주체가 '문화공보부'라는 것에서 시사 받을 수 있는 것처럼, 1960년대 후반에 오면 반공이데올로그와 국가권력의 연계가 현저히 강화된다는 사실이다. 당시에 존재했던 대부분의 반공이론서와 독본류 또한 발행주체가 문교부, 문화공보부, 중앙정보부와 같은 교육과 대공담당 행정기관이거나 한국반공연맹, 공산권문제연구소, 대한반공교육원, 아세아자유문제연구소, 대한반공청년단 등의 반공관련 관변단체 및 이에 소속된 반공이데올로그들이었다. 그것은 권력 및 이와 긴밀하게 결합된 일부 권위적 지식인집단이 반공해석에 대한 독점권을 행사했다는 것을 말해준다. 요컨대 1960년대는 규범화되고 이념화된 반공이 지배 권력에 의해 보다 체계적으로 재생산되는 가운데 체제의 모순과 위기를 통제하고 규율하는 이데올로기로 작동했던 것이다. 그것은 억압적 통제와 함께 계몽 및 교육을 통한 한층 세련된 제도적 차원에서의 반공주의적 동원이 광범하게

---

10) 당시 간행된 반공(승공)독본으로는 대한반공교육원 편, 『승공』시리즈(1966), 아세아자유문제연구소 편, 『반공계몽독본』(인간사, 1967), 한국반공연맹 편, 『자유의 보루』(1969), 김인홍, 『승공교육독본』(현대교육총서출판사, 1970) 등과 각급 학교에 배포된 반공교육용 독본 등이 있다.

148

이루어졌다는 것을 의미한다. 이는 반공주의와 개발주의의 결합을 통해 반공개발동원체제를 구축했던 박정희정권이 1960년대 후반부터 개발의 성과가 점차 가시화되자 개발을 위한 동원보다 반공을 위한 동원을 강화했던 과정과 상응하는 현상이었다.11)

한편, 1960년대 보수우익문학은 반공주의 진영의 위기와 그 공고화과정에 상응하는 면모를 보여준다. 오히려 그 중심에 존재했다고 표현하는 것이 더 적절할 듯싶다. 문인들이 권력에 긴박되어 동원을 전제로 창작활동을 유지했던 것은 일제말기뿐만 아니라 해방 이후에도 지속된 현상이다. 특히 단정수립 후부터 문단의 주류를 형성했던 이른바 '문협정통파'의 이율배반적인 태도, 즉 문학이론의 차원에서는 일관되게 순수를 주장했지만 문단활동의 차원에서는 문단권력을 둘러싼 이권다툼에 골몰했고 심지어는 정치권력에 야합해 그들의 나팔수 역할을 해온 것에서 여실히 확인되는 바다. 더 정확히는 보수우익문학을 지탱해온 순수문학 이념의 필연적인 발로라고 볼 수 있다. 김동리가 정초한 순수문학론은 문학의 자율성과 동의어가 아니라 反자율성의 원리에 가까운, 따라서 '도구적' 순수성의 이념이기 때문이다.12)

그런데 보수우익문학은 1960년대에 접어들어 심각한 위기상황에 직면한다. 4·19혁명을 거치면서 진보적 문학매체가 새롭게 등장하고, 문학사조와 유파의 새로운 세대교체가 나타나 지식인의 현실참여와 시민의식, 진보적 민족문학에 대한 다채로운 이론적 논의들이 대두하는 상황은 권력과의 연계 속에서 기득권을 행사하던 보수우익문학에게는 그 존립 자체를 위협받는 수준의 위기였다. 더욱이 새롭게 등장한 세대(또는 경향)에 의해 그들의 미학적 규범이었던 순수문학과 전통주의가 동시다발적으로 공격당하는 국면은 치명적이었다. 그것은 몇 갈래의 대립된 경향들이 상대적으로 극을 이루면서 인정투쟁을 치열하게

---

11) 조희연, 『박정희와 개발독재시대』, 역사비평사, 2007, 106쪽 참고.
12) 이광호, 「문학의 호명―문학의 자율성을 둘러싼 이론적 연대기」, 『문학과사회』, 2001년 가을, 1090쪽 참고.

벌였던 1960년대 문단의 동향, 즉 전통적인 순수문학과 사회적인 참여문학의 대립, 한국적인 전통주의와 국제적인 세계주의의 상극, 역사의식을 강조하는 전후세대와 일상적 자아를 찾는 1960년대 신인들 간의 세대논쟁 과정에 보수우익이 처한 위상을 감안하면 쉽게 감지할 수 있다.[13] 참여문학과의 논쟁에서는 참여문학의 정치성과의 차이를 통한 동질화, 즉 문학의 자율성에 입각한 순수문학 또는 본격문학의 가치우월성을 근거로 방어적인 태도로 일관하는 한편 서정주, 청록파의 전통주의는 배타적인 쇼비니즘에 빠진 현실도피의 문학으로 매도당하고, 서기원과 김현의 세대논쟁에서 보수우익의 존재 자체가 이미 주변화되고 있다는 사실은 보수우익이 처한 문단적 위상을 여실히 보여준다 하겠다. 다른 한편으론 보수우익문학 내부의 형편도 위기를 가중시켰다. 보수우익문학은 예술원, 대학, 문인단체, 문학매체와 같은 문학제도권의 여러 장치들을 장악하면서 물적 기반(미학적 규범 포함)을 재생산해왔으나 5·16직후 각 단체의 분야별 통합방침으로 '한국문학가협회'가 해체되고 독자적인 문학매체 또한 급격히 축소되어 전반적으로 제도적 차원의 영향력이 과거에 비해 현저히 약화될 수밖에 없었다. 게다가 1960년대 후반 문협 선거를 둘러싼 파쟁으로 내부 분열이 현실화되면서 그 위기는 더욱 심화되기에 이른다.

이런 위기상황에 보수우익문학이 보여준 대응은 대체로 두 가지로 요약할 수 있다. 첫째, 문학사 전유를 통한 상징권력의 공고화이다. 그 첫 결과가 『해방문학20년』(정음사, 1966)의 편찬이다. 문단실세들로 구성된 편집위원(곽종원, 김동리, 모윤숙, 박영준, 박종화, 이종환, 조연현)이 주도한 이 간행물은 그들의 자화자찬처럼 해방 후 20년의 문단사와 문학작품 및 매체 전반을 편성한 방대한 규모로, 한국문학사상 최초의 문단자료집이라 할 수 있다. 이들이 내세운 해방 20년 문학의 정통성은 '인간의 자유를 표현하는 작품 활동'이다. 그 논리는 곧 '한

---

13) 최일수, 『현실의 문학』, 형설출판사, 1976, 33쪽.

150

국문인협회'로 집약되는 보수우익문학이 한국현대문학의 정통 계승자임을 자임하는 동시에 그것을 통해 인정투쟁을 벌이겠다는 의도된 기획으로 간주할 수 있다. 그들이 사상의 분열, 국토의 분단, 전쟁으로 점철된 민족적 비극을 개관하면서 '종군'을 하면서까지 작품 활동을 고수했다는 점을 유독 특화해 강조한 것도 이런 맥락으로 볼 수 있다. 그것은 1968년 신문학60년을 독점적으로 전유하는 것에서도 잘 나타난다. 신문학60년을 기념해『월간문학』을 창간하고, 그 창간호에 '신문학60년'('세계문학60년'과 함께) 특집을 기획 게재하는 것에서 잘 나타난다. 신문학60년 전반을 조감하는 총론(백철)과 소설, 시, 희곡, 비평, 아동문학 등 각 장르별로 사적 개관을 다룬 각론으로 구성되어 있는 이 특집은 문인협회 및 그 기관지『월간문학』이 신문학의 적통임을 천명하는 행위였다. 한 발 나아가 문인협회는『신문학60년 대표작전집』전6권(정음사, 1968)을 간행한다. 시·시조(제1권), 소설(제2~4권), 평론·수필(제5권), 희곡·아동문학(제6권)으로 구성된 이 대계는 보수우익문학으로 신문학사를 정렬화해가면서 보수우익문학 중심의 문학사를 편재하는 작업이었다. 그것은 당연히 프로문학을 포함한 진보적 문학경향을 문학사에서 주변화 내지 배제하는 작업이기도 했다. 이와 같은 선택과 배제의 논리는 문인협회가 펴낸『한국단편소설선집』전3권(양우사, 1966),『한국단편문학대계』전12권(삼성출판사, 1969) 등에서도 관철되고 있다. 이렇듯 보수우익문학은 문학사 전유를 통해 역사적 정통성을 재확인하는 가운데 급격히 위축되어가던 자신들의 문학적 입지를 만회하려는 작업을 지속적으로 전개했던 것이다.

둘째, 현실권력에의 능동적·자발적 참여를 통해 권력과의 유착관계를 강화하는 방식이다. 개인적인 차원에서 행정기관이나 관변단체의 성원으로 참여한 것을 제외하더라도,[14] 보수우익문학은 집단적인 형태

---

14) 그 대표적인 예로 5·16후 조직된 '재건국민운동본부'에 김팔봉(본부장 역임), 이은상, 마해송, 오영진, 유치진, 김윤성(편수과장 역임) 등이 참여한 경우를 들 수 있다.

로 권력과 긴밀한 연계를 도모하면서 자신들의 물적 기반을 창출하는 동시에 사회적 입지를 공고히 하는 작업을 노골적으로 감행한다.[15] 권력에 기생해 권력구조의 안정과 정치체제의 지속화에 기여했던 것이다. 다시 말해 위로부터의 미래적 기획의 입안과 정치체제의 정당성을 위한 이론화에 기여하거나 국민적 통합의 조성을 위한 여론 담당의 이데올로그로서 기능한다.[16] 박정희체제에서 대다수 보수적 지식엘리트들이 보여준 행태와 유사한 면모를 보여주는 것으로, 지식과 권력의 야합에 문인들도 예외일 수 없었다. 그 대표적인 경우가 〈새국민문고〉(전5권)와 〈한국전쟁문학전집〉(전5권) 편찬이다. 전자는 '국민교육헌장'을 문학적으로 구체화한 것으로 문학의 정치도구화가 어떻게 발현되는지를 선명하게 보여준다. 후자는 보수우익문학이 그들의 가장 강력한 안전판인 '전쟁'을 호명해 선/악 이분법에 기초한 냉전반공논리를 확대 강화하는데 기여함으로써 궁극적으로 지배체제에 보수적으로 순응하는 모습을 보여준다. 위의 두 사례는 비록 수준과 방식의 차이는 있을지언정 문인협회의 의도된 기획의 산물로, 1960년대 문학과 권력의 연

---

15) 여기에는 문인(조직)이 처한 경제적인 어려움도 크게 작용했다. 가령 문인협회의 기관지 『월간문학』은 박정희와 김동리의 무언의 협정을 통해 탄생했으며, 1970년 전후 한국시인협회가 간행한 약20권의 '현대시인전집' 또한 박목월의 영향력, 즉 육영수의 재정적 후원으로 간행되었다. 이 전집의 간행사에 명시된 '어느 고마운 분'은 육영수를 가리킨다. 김상일, 「황야의 7인과 '월간문학' 창간」, 『문단유사』, 한국문인협회, 월간문학출판부, 2002, 179쪽 참고.

16) 물론 학자들과 달리 문인들의 정부시책에의 참여는 제한적일 수밖에 없었다. 적어도 작품행동을 통한 참여라는 명분을 저버릴 수 없었기 때문이다. 그것은 1962년 3월 '재건국민운동과 문학의 관계'에 대해 강연한 백철의 입장에서 확인 가능한데, 백철은 혁명과업과 재건국민운동에 문학(인)이 참여·協贊하는 것은 지극히 당연하고 또 필요하다는 전제 아래 다만 작품을 통한 간접적인 참여가 바람직하며 그것도 정부의 공약이나 시책을 직역하는 것이 아닌 문학의 계몽성과 사회성을 적극화하는 방식으로 참여해야 한다고 주장한다. 그렇지만 비록 간접적인 참여라 하더라도 그것은 대중들로 하여금 당대 체제에 동의하게끔 유인하는 역할을 한다는 점에서 궁극적으로 지배구조의 재생산에 기여하는 것으로 볼 수 있다. 백철, 『생활과 서정』, 신구문화사, 1968, 265-271쪽 참고.

계 및 그것이 내장하고 있는 문학의 자기검열 문제를 표본적으로 보여주는 경우라 할 수 있다. 이에 이 글에서는 1960년대 후반 문인협회로 수렴될 수 있는 보수우익문학의 문제적인 행보를 분석해 반공주의와 검열 그리고 문학의 관계를 규명해보고자 한다.

2. 검열의 적극적 내면화와 문학의 정치적 도구화: 〈새국민문고〉

〈새국민문고〉(전5권)는 문인협회의 '새국민문고편집위원회'가 발간한 '국민교육헌장'(이하 '헌장')에 대한 문학적 구체화의 결과물이다. '헌장'의 이념을 각층의 학생들과 대중의 수준에 맞게 교육하기 위한 일종의 교재인데, 국민학교 저학년용의 『이웃사촌』(휘문출판사), 국민학교 고학년용의 『슬기로운 겨레』(어문각), 중학교용의 『자유의 나라』(을유문화사), 고등학교용의 『통일의 길』(휘문출판사), 대학·일반용의 『민족중흥』(어문각) 등 5권으로 구성되어 있다. '헌장' 전문과 함께 각 권에 공통적으로 제시되어 있는 '머리말'에 이 문고의 대체적인 성격이 담겨져 있다.

한 나라가 잘 되고 발전하려면 전 국민이 한 마음 한 뜻으로 단결해야 되고, 온 국민이 한 마음으로 뭉치려면 먼저 국민 전체의 나아갈 방향이 제시되어야 한다. 그러나 불행하게도 우리나라는 8·15 해방 직후의 사회 혼란과 6·25 동란으로 말미암은 정신적 물질적 파괴가 사회질서를 어지럽히고 말았다. 국민은 항상 정신적으로 흔들리고 있고 어떻게 살아야 바르게 사는 것인지 그것조차 모르고 있다. 이런 때에 '국민교육헌장'을 제정한 것은 국민의 나아갈 방향을 제시해준 점으로 보아, 매우 그 의의가 크다고 아니할 수 없다. 그러나 아시다시피 국민교육헌장은 짧은 글 속에 여러 가지 문제를 다 담았기 때문에 보다 더 구체적인 이해를 위해 보조적인 글이 필요하다. 다시 말하면 자주독립정신이나 조상의 빛난 얼이나 애국정신이나 반공정신 등을 어떻게 우리생활에 받아들이느냐 하는 문제는 따로 다루어져야 할 일이다. 여기서 이 정신을 우리의 피가 되고 살이 되도록 하려면 여기에 알맞은 문학작품을 써서 그것을 읽고 감명을 받도록 하는 것이 가장 빠른 길이다. 이 작품집을 내는 뜻도 여기에 있다.(강조는 인용자)

'헌장' 제정의 의의를 전폭적으로 지지하는 가운데 그 추상적 언술을 문학적으로 구체화해 생활화(내면화)시키겠다는 목적을 분명하게 밝히고 있다. 이에 따라 '헌장'의 내용을 분석하여 '조상의 빛난 얼' '자주독립의 자세' '반공민주정신의 투철' '애국·애족' 등 총 18개 항목으로 세분하고 각각에 맞는 문학작품 및 문인들의 글(수필 중심)을 배치해 이해를 도모하는 방식을 취한다. 헌장이 공포된 후 이의 구현을 위한 각종 행정적·교육적 조치가 문교부를 중심으로 추진되었으며 이와 더불어 이데올로그들의 이론적 분석 작업과 실천 자료를 담은 자료집이 경쟁적으로 대거 출간된 바 있다. 각종 해설서의 공통적인 특징 가운데 하나가 문학관련 글들이 해설 자료의 주종을 차지한다는 점이다. 아마도 대중적 친화성(또는 접근가능성)이 강한 문학작품의 특성을 적극 활용한 것으로 보인다.17) '알맞은 문학작품을 써서 그것을 읽고 감명을 받도록 하는 것이 가장 빠른 길'이라는 편집주체들의 입장 또한 문학의 이와 같은 장점을 적극 반영한 것으로 판단된다. 이를 감안할 때 이 문고의 영향력이 적지 않았음을 추정해볼 수 있다. 그렇다면 문인협회가 자발적으로 그것도 헌장이 공포된 직후인 1969년 2~5월에 5권 분량의 비교적 규모가 큰 해설서를 간행했다는 것은 대단히 문제적인 행위라고 하지 않을 수 없다. 이 문제를 구명하기 위해서는 먼저 헌장의 제정 배경과 그 성격을 파악해 볼 필요가 있다.

'헌장'은 박정희의 지시에 의해 교육계, 문화계, 언론계, 종교계, 정부 등을 망라해 헌장 기초위원 26명, 심의위원 48명을 구성한 뒤 6명의 기초위원이 제출한 논문을 토대로 3회에 걸친 초안 작성을 준비한 후 여러 차례의 위원회를 거쳐 총 393자의 헌장이 국회에 통과된 뒤

---

17) 대표적으로 조성도, 『국민교육헌장의 이념실천자료』(한글출판사, 1970)를 들 수 있다.

공식 선포되었다. 그 과정에서 박종홍, 이인기, 유형진 등이 헌장 초안을 가다듬는데 중심적인 역할을 했다. '헌장'에 대해서는 교육의 지표를 중지를 모아 성문화하고 제정했다는 것 따라서 형식상 민주적 의결과정을 밟았다는 점에서 과거에 있어서의 군주체제 밑에서 제정 공포된 교육칙어나 교육칙서 등과 근본적으로 다르다는 교육사적 의의를 부여하기도 하지만,[18] 박정희정권이 지식엘리트의 도움으로 국민정서 통합을 위해 시행한 정책으로서 권력과 지식이 야합하여 창안한 국민 동원 정책의 산물이었다는 것은 주지의 사실이다.

민주주의의 파괴에 따른 정통성 부재에 시달릴 수밖에 없었던 박정희정권의 태생적 한계로 말미암아 근대화는 박정희정권의 정당성 확보를 위한 운명적인 명분으로 채택되었다. 이에 따라 박정희정권은 조국근대화(발전주의)를 대안적 가능성으로 제시하면서 지식인들의 광범한 지지와 동참을 이끌어내는 한편 사회와 대중전체를 근대화, 즉 효율적·생산적 주체로 생산하고자 했다. 즉 전근대의 차별의 정치와 달리 대중을 동질적 집단주체로 호명함으로써 사회의 민족화, 대중의 국민화를 추구하는 가운데 그 국민적 주체를 적극적으로 동원하고자 했다.[19] '민족'과 '국가'를 정점으로 하는 국민적 주체의 형성은 민족주의·국가주의 교육이념을 전면에 부각시키면서 반공과 조국근대화 논리에 입각한 인간개조론을 강조하는 교육을 통해 뒷받침되었고, 그것은 아래로부터의 국민들의 근대적인 욕망과 결합되어 상당한 효과를 거두게 된다. 그러나 일본의 메이지유신을 근대화의 모델로 설정한 박정희의 근대화노선은 경제개발의 지원을 일본에게 요구할 수밖에 없었고 게다가 일본을 중심으로 동북아지역 통합전략의 일환으로 한국과 일본의 국교정상화를 원한 미국의 의도가 강력하게 반영되면서 굴욕적인 한일국교정상화를 맺게 됨에 따라 심각한 체제 위기에 봉착한다.[20]

---

18) 문교부, 『문교40년사』, 1988, 254쪽.

19) 황병주, 임지현·김용우 엮음, 「박정희체제의 지배담론과 대중의 국민화」, 『대중독재』, 책세상, 2004, 514쪽 참고.

그 위기를 극복하기 위해 대외적으로 베트남파병이 강력하게 추진하였
으며,[21] 대내적으로는 새로운 국민통합 이데올로기를 통한 강력한 국
가주의를 추구한다. 후자의 방편으로 등장한 것이 '헌장'의 제정과 이
를 통한 국가주의의 극단적인 확산과 강화이다.

　'헌장'의 기본정신은 통상 민족주체성의 확립, 전통과 개혁의 조화
를 통한 새로운 민족문화의 창조, 개인과 국가의 조화를 통한 민주주
의의 발전으로 평가된다.[22] 표면적으로 보면 분명 그렇다. 하지만 그
배면에는 개인을 국가의 목표에 철저히 예속시키는 강고한 국가주의가
시종 관철되고 있다. 그것은 무엇보다 "우리는 민족중흥의 역사적 사
명을 띠고 이 땅에 태어났다"는 첫 문장에 명시되어 있다. 여기서 '우
리'는 국민적 정체성의 일상적 표현으로, 개인은 우리(또는 국민)와 무
매개적으로 동일시된다. 본문의 내용 또한 자유민주주의국가에서 개인
이 마땅히 보장받아야 할 개성의 발양과 다양한 개성의 발양으로써만
사회전체가 풍부해진다는 이념을 끼워 넣어볼 만한 구절을 찾아볼 수
없을 정도로, 국가주의, 전체주의, 경제(물질)제일주의의 이념적 내용으
로 꽉 차 있다.[23] 한마디로 국가주의담론의 강령이라 할 수 있다. 이는
역사적으로 볼 때 '재국민화(renationalization)'의 과정이었다. 한국현대
사에서 국가(국민)형성은 냉전이라는 국제정치적 조건의 최전선에서
좌익사냥을 통해 '반공국민'을 창출하는 과정이었다.[24] 그것은 다른 한

---

20) 이준식, 「박정희시대 지배이데올로기의 형성」, 『박정희시대 연구』, 한국정신문화연구
　　원 편, 백산서당, 2002, 205쪽 참고.

21) 한홍구, 이병천 엮음, 「베트남 파병과 병영국가의 길」, 『개발독재와 박정희시대』, 창
　　비, 2003, 289-291쪽 참고. 이 글은 베트남 파병이 미국의 압력보다는 박정희정권의
　　필요, 즉 박 정권의 정통성 부재와 한일국교정상화의 추진 및 미국의 감군 압력에 따
　　른 군부의 불만 등으로 조성된 체제 위기를 돌파하기 위해 적극적으로 추진된 사실이
　　었음을 강조하고 있다.

22) 유형진 편저, 『국민교육헌장의 이론과 실제』, 배영사, 1969, 46쪽 참고.

23) 백종현, 「독일철학의 유입과 그 평가」, 『철학사상』 6집, 서울대 철학사상연구소, 1996,
　　3-7쪽 참고.

24) 김동춘, 「20세기 한국에서의 '국민'」, 『창작과비평』 106호, 1999년 겨울, 36-37쪽.

편으로 제주4·3사건과 보도연맹학살 같은 '제노사이드'(genocide)에서 입증되듯이, 非국민(빨갱이)을 생산하고 타자화하여 그들에 대한 국가주의폭력을 정당화하는 것을 통해 확대 강화된다. 이후 자신이 용공분자가 아님을 스스로 증명해야 비로소 국민으로 편입될 수 있을 자격을 부여받을 수 있었다. 국민의식이 강화될수록 표준에 어긋나는 이탈에 대한 사회적 견제나 압력은 강해지고 따라서 사회에서의 억압이 더욱 강화되기 때문이다.25) 반공국민이라는 단일적 주체 확립을 통한 국가통제는 그러나 자본주의적 산업화의 진전 및 아래로부터의 민주주의적 요구의 분출에 따른 체제위기로 인해 새로운 전환이 요구되었다. 그것은 새로운 국민통합 이데올로기를 통해 강력한 국가주의를 확대 강화하는 것으로 현시된다.26) 그 과정에서 '헌장'은 새롭게 상상해낸 '국민'적 주체상의 지표로 기능하게 되는 것이다. 〈새국민문고〉는 그 새로운 국민적 주체像을 '새'국민으로 명명하고 '국민교육헌장 정신을 나타낸 새국민 마음가짐의 길잡이'임을 자처한다.

한편, 〈새국민문고〉의 체제는 새국민이 갖추어야 할 중요 덕목을 표제로 제시하고, 그것의 필요성과 의의를 강조하는 총론을 배치한 뒤

---

25) 권혁범, 『국민으로부터의 탈퇴』, 삼인, 2004, 8쪽.

26) 국민에 대한 국가검열과 통제의 극단적 형태는 국민의 충성서약을 강요하는 각종 '맹세'에 잘 나타나 있다. 가령 1949년 7월 문교부가 제정한 '우리의 맹세'(① 우리는 대한민국의 아들딸 죽음으로써 나라를 지키자 ② 우리는 강철 같이 단결하여 공산침략자를 쳐부수자 ③ 우리는 백두산 영봉에 태극기 날리고 남북통일을 완수하자)는 각급 학교교과서 및 모든 간행물의 뒷면에 인쇄되었으며 학생들에게 암송 의무가 주어지기도 했고, 1968년 충남교육위에서 자발적으로 보급한 것을 1972년 문교부가 받아들여 전국 학교에 시행토록 한 '국기에 대한 맹세' 또한 '국민교육헌장'과 더불어 암송을 의무화하여 무조건적으로 국가를 승인하고 국가의 명령을 받아들이는 '신민(臣民)'의 자세를 강제·주입시켰다. 일제말기 '황국신민의 서사'(1937)를 연상시키는 이와 같은 맹세를 통해 국가는 최고의 권위를 지닌 최종적 심판자로서의 위상을 갖게 되고 더불어 국민들에게는 일체의 저항과 불복종을 금지하면서 과잉 국가주의가 확고하게 작동되었던 것이다. 국가주의의 내면화는 최근 '국기에 대한 맹세' 존폐논란 과정에서 국민의 약 70%가 이를 존속시켜야 한다는 입장을 표명한 것에서 그 여독의 정도를 확인할 수 있다.

18개 세목에 부합하는 문인들의 글(작품)을 제시하는 공통점을 보여준다. 총론은 당대 최고의 권위를 갖춘 전문가가 집필해 공신력을 높이는 전략을 취하는데, 제4권은 김동리가 제5권은 서정주가 각각 담당했다. 제4권의 총론 「통일의 길」에서는 서구 열강에 의해 초래된 민족분단은 공산세계의 내적 붕괴와 아울러 민족의 영원성으로 말미암아 통일이 되는 것은 시간문제이며, 다만 방법에 있어 'UN을 통해, 세계적 公議로써' 해결하는 것이 바람직하다고 주장한다. 그 방법적 타당성은 '법과 도리를 무시하고 무력적인 기습으로 침략행위를 감행했던' 북한의 경우와 비교를 통해 강조되고 있다. 제5권의 총론 「민족중흥에 부치는 글」에서는 5·16 후 군부의 활동과 베트남파병을 예로 들면서 '민족중흥 운동을 잘만 계속하면 우리는 민족통일을 이룰 뿐만 아니라 공산세계 해방 뒤의 참으로 넓은 발전의 무대를 전망할 수 있다'는 낙관론을 전개한 뒤, 민족중흥에 '심술꾸러기가 되고, 게으름보가 되고, 트집보가 되고, 흐지부지꾼이 되고, 먼산바래기가 되는 것'은 역사에 죄를 짓는 것이라고 경고한다. 총론의 논조를 통해 '통일', '민족중흥'에 대한 공식화·규범화된 내용을 교육 및 계몽하려는 의도가 역력함을 확인할 수 있다.

4~5권의 체제와 내용은 [표 1]에 정리되어 있다. 그런데 편집진이 애초에 공언한 것과 달리 체계가 미흡하고 내용도 각 항목에 부합된다고 보기 어려운 것이 눈에 띤다. 급조한 것으로 보인다. 그렇지만 전체적으로 '헌장'이 표방한 새국민상의 여러 지표들을 충분히 담아냈다고 볼 수 있다. 특히 문교부가 책정한 헌장의 구현 방침의 3단계, 즉 계몽(인지) 단계, 실천 단계, 심화 단계 가운데 첫 단계(헌장의 이념을 느끼고 알고 깨닫는 단계)에 해당하는 자료로서의 역할을 비교적 충실하게 수행할 수 있는 내용으로 구성되어 있다.[27] '우리의 나아갈 길' 항목에 배치된 김동리의 「형제」(『백민』 18호, 1949. 3)가 대표적인 경우이다.

---

27) 문교부, 「국민교육헌장이념의 구현 요강」, 유형진, 앞의 책, 332쪽.

158

[표 1] 〈새국민문고〉 4~5권의 수록 문인과 작품 목록

	제4권 『통일의 길』	제5권 『민족중흥』
조상의 빛난 얼	「끝없는 강물이 흐르네」(김영랑)/ 「울릉도」(유치환)/ 「나의 조국」(박종화)	「논개」(변영로)/ 「초혼」(김소월)/ 「백자부」(박종화)/ 「선덕여왕」(서정주)
자주독립의 자세	「님의 노래」(김소월)/ 「3월1일의 노래」(박두진)/ 「유관순 추념문」(설의식)	「국문학발달의 사론적 고찰」(조윤제)/ 「민족적 주체성에 대하여」(조연현)
우리의 나갈 길	「전통과 창조」(백철)/ 「형제」(김동리)	「교육의 기본정신」(유진오)
성실한 마음과 튼튼한 몸	「독서와 인생」(이희승)	
저 마다의 소질을 개발하고	「새로운 것」(박종홍)	
창조의 힘과 개척의 정신	「기술의 수련」(양주동)/ 「민족문화와 그 이상」(김기석)/ 「가야금으로 더듬는 선경」(이혜구)	
경애와 신의	「인내와 부도」 「모성의 벽」 「오늘의 여성미」(김남조)	
상부상조의 전통	「야경」(최인욱)	
협동정신		「눈」(이효상)/ 「종군기」(오영수)
봉사하는 국민정신	「거인」(유현종)	
반공민주정신에 투철	「철조망」(강용준)/ 「인민재판 그 의 전말기」(김팔봉)/ 「KLO/8240부대 전기」(이영순)/ 「용사」(박영준)	「홍남철수」(김동리)
애국·애족	「무궁화」(이양하)/ 「김소월시론」(서정주)/ 「붉은 산」(김동인)/ 「난중일기」(이은상)/ 「한국의 하늘」(조지훈)	「금강산」(한용운)/ 「청춘이십년기」(이은상)/ 「월남전선」(최정희)/ 「국어의 순화」(최현배)/ 「미국 영국 독일의 국민성」(정인섭)/ 「솔메마을에서 생긴 일」(황순원)/ 「불꽃」(선우휘)
근면한 정신		「남으로 창을 내겠소」(김상용)
과학정신		「현대생활과 과학정신」(곽종원)

이 단편은 여순사건을 배경으로 형제간의 대립을 통해 좌우 이데올로기의 갈등양상과 좌익의 반인륜적인 만행을 고발한 작품이다. 친형제임에도 착실한 농사꾼인 형과 술과 노름에 탐닉하다 좌익분자가 된 동생의 극명한 대립관계는 이데올로기적 갈등보다는 반란군(좌익)의 부도덕성을 부각시키는데 효과적으로 작용한다. 즉 여순사건의 역사적 맥락과 의미는 증발된 채 반란군의 잔혹한 학살행위와 조카까지 참살하는 패륜만이 매우 짧은 분량에 압축되어 부조되고 있다. 그것은 반란군의 학살로 자식 둘을 잃고도 조카를 구출하는 형의 모습과 대조되어 나타난다. 여순사건을 소재로 한 보수우익의 문학담론에서 공통적으로 나타나듯이, 그것의 정치적 효과는 공포의 창출을 통해 위험한 사상이나 행동과 절연하게 만들고 철저하게 인륜과 가족에 대한 온정적 태도를 지닌 대주체 국가에 순응하는 국민, 이른바 반공국민을 창출하는데 있다.[28] 요컨대 이 작품은 동시대 독자들에게 우익희생자 가족의 집단적인 분노로 표출된 "빨갱이는 씨도 남기지 말고 죽여야" 한다는 멸공의 자세가 '우리가 나아갈 길'임을 환기하는 독서효과를 낳게 했다고 볼 수 있다.

　'반공 민주정신에 투철'의 항목을 통해 그 면모를 조금 더 살펴보자. 헌장 본문 終節에 "반공 민주정신에 투철한 애국애족이 우리의 삶의 길이며, 자유세계의 이상을 실현하는 기반이다"라고 되어 있다. 말 그대로 애국애족은 반공 민주정신이 투철해야 이루어지며 그것이 우리의 생사를 판가름하는 중대한 일이고 나아가 자유세계의 이상을 실현하는 기초가 된다는 내용이다. '자유세계의 이상'이 무엇인지 명확하게 제시하지 않은 채 그 이상을 실현하는 기반으로서 '반공'을 내세우고 있다.[29] 반공에 대한 압도적인 가치 부여는 수록된 작품에서도 확인이 가능하다. 지리산 공비토벌의 일화를 작품화한 박영준의 「용사」(1952)

---

28) 유임하, 『한국소설의 분단이야기』, 책세상, 2006, 55쪽.

29) 박정희는 1967년 대통령 취임사에서 우리의 3대 공적은 '빈곤과 부정부패와 공산주의'이며, 공산주의는 우리의 자유와 인권과 양심을 파괴하는 것으로 규정한 바 있다.

는 원수(공비)를 소탕하는데 종횡무진 활약하는 권중사의 무공을 그린 소설이다. 이 작품에서 공비들은 저열함 내지 '조국을 스탈린에게 팔아 먹어야 한다'고 생각하는 매국노로 형상화되어 있다. 그 공비들을 민족의 품으로 돌아오게 하는 임무를 부여받은 권중사는 "목숨을 살리어 자유스럽게 살도록 해주겠다는데도 공산주의를 잊지 못해 민족의 붉은 피를 더욱더 흘리게 하고야 말겠다는 원수 가운데도 원수인 그 악착스런 놈을 자기 손으로 굽혀 논다"(222쪽)는 쾌감에 젖는데, 그가 설득하는 논리의 핵심은 자유의 유무이다. 非민족성원이었던 공산주의자를 자유를 무기로 민족구성원으로 편입시키겠다는 당위적 규범이 선명하게 부각된 작품이다. 김동리의「흥남철수」(1955)는 유엔군의 참전에 따라 수복된 북한지역에 주민선무의 임무를 띠고 파견된 박철 일행이 겪는 우여곡절을 그린 작품인데, 백미는 결말 부분에 제시된 윤노인 일가의 비극적인 이별과 그 과정에서 발휘되는 박철의 휴머니즘이다. 이를 통해 한국전쟁의 본질과 비극이 예리하게 부각되는데, 문제는 맹목의 반공이데올로기와 소박한 휴머니즘이라는 당위 규범에 철두철미 규율된 관계로 전쟁이란 잔인하고 참혹한 것이며, 인간에 대한 사랑은 어떤 경우에도 포기되어서는 안 된다는 지당한 규범을 확인하는 수준을 넘지 못한다는데 있다.[30] 그리고 강용준의「철조망」(1960)은 포로수용소에서 벌어진 좌우충돌과 그로 인해 좌익에 체포되어 갖은 고문을 당하는 민수의 의식세계와 생명에의 의지를 그린 수작이다. 포로수용소 및 철조망의 표상은 한국전쟁의 역사성과 본질을 함축하는 동시에 극한적인 인간조건의 상징이다. 3년 동안의 작가의 수용소체험을 바탕으로 했기에 포로수용소 내의 환경과 인간군상의 여러 부면을 핍진하게 그려내 독자에게 실감과 절박감을 제공함에도 불구하고 체험의 중압감과 반공관념의 압도로 정치(이데올로기)의 폭력성을 고발하는 것에 편향될 수밖에 없었다. 특히 작품구조상 좌익의 극악무도한 폭력성

---

30) 김윤식 · 정호웅,『한국소설사』, 예하, 1993, 324쪽 참고.

이 집중적으로 묘사될 수밖에 없어 작가의 의도와 상관없이 공산주의의 반인간성이 전면화 되는 결과를 초래했다. 이렇듯 주로 한국전쟁을 형상화한 작품들로 구성된 '반공 민주정신에 투철' 항목은 작품 내적 편차에도 불구하고 전반적으로 규범화된 냉전적 반공주의를 확대 강화하는 것에 직·간접적으로 기여하는 가운데 전쟁미체험세대였던 학생층의 반공교육에 일정한 영향력을 끼쳤을 것으로 판단된다.

그런데 이 문고에 수록된 개개 작품의 특징이나 문학적 완성도를 평가하는 것은 별로 중요하지 않다. 오히려 문고의 기획이 갖는 전체적인 의미를 따져보는 것이 필요하다. 그랬을 때 자연스럽게 검열의 문제가 제기된다. 국가권력이 안정적인 지배를 효과적으로 재생산하기 위해 행사하는 폭력인 검열은 억압과 동시에 피지배자의 검열의 내면화, 즉 검열의 자연화 및 타자에 대한 검열을 당연한 것으로 간주하는 두 측면이 동시적으로 작동하면서 행사된다. 이를 통해 검열내면화의 완성을 의도하는 것이 검열이 궁극적인 목표이다. 1960년대 또한 정치검열과 풍속검열 두 방향으로 제도적 장치들을 통해 다양하게 검열이 이루어지면서 효과적으로 작동했다.31) 문학도 1950년대에 비해 검열에 전면적으로 노출되었으며, 특히 표현에의 접근통로와 표현형태가 반공 이데올로기에 의해 통제되는 상황에 이른다. 즉 반공의 규범에 어긋나는 것에 대한 탄압과 아울러 문학 생산과정에 반공이 핵심적인 모티브로 권장되었던 것이다. 물론 '분지필화' 사건을 비롯해 각종 필화사건에서 확인되듯 문학검열이 주도면밀하게 작동한 것은 아니다. 그러나 문학생산의 공식적인 적절성이 암묵적으로 부과되었으며 그것은 작가들에게 유형무형의 압력으로 작용하면서 문학전반이 검열의 권역에 포획되는 결과를 가져왔다.32) 부르디외의 표현을 빌리자면, 문학 장에서

---

31) 이에 대해서는 이봉범, 「반공주의와 검열 그리고 문학」, 『상허학보』 15집, 2005년 참고.

32) 1960년대 후반 문학 장은 두 개의 불온성이 맞서는 형국으로 묘사할 수 있다. 위로부터 강제된 정치적 불온성과 아래로부터 싹튼 문학 특유의 불온성이 충돌하는 형국인

'구조적 검열'이 초보적인 형태로나마 작동했던 것이다. 구조적 검열의 작동은 모든 문학생산자에게 부과되지만, 특히 권위 있는 담론에는 다른 어떤 담론보다도 공식적인 적절성의 기준에 부합하는 경우라 하더라도 구조적 검열이 부과되며, 피지배적인 위치를 차지하고 있는 사람들은 침묵을 선고받거나 놀라우리만치 노골적인 표현을 할 수밖에 없다.[33]

문학의 정치도구화를 노골적으로 드러낸 문인협회의 〈새국민문고〉 기획은 이와 같은 구조적 검열의 한 형태로 볼 수 있다. 내면화된 반공 이데올로기를 통해 문학적 권위와 문단적 권력을 획득해왔던 보수우익 문학이라고 하더라도 검열에서 자유로울 수 없었다. 특히 권력이 성장 주의의 성과에 자신을 가지면서 점차 지식인들을 활용할 필요성이 줄어들고 따라서 지식인들에 대한 탄압이 더해지는 한편 지식인들의 이데올로기적 선택이 상황적으로 강요되는 국면에서,[34] 보수우익문학은 그 체질상 親체제적인 성향을 더욱 강화할 수밖에 없었던 것이다. 여기에는 당대 문학 장에서 점차 주변화 되어가던 보수우익문학의 위상 추락도 아울러 작용했다. 이와 같이 보수우익문학이 국가권력에의 종속과 그 대변자로서의 역할을 지속하는 과정에서 보여준 능동적인 역할을 통해 1960년대 검열효과의 한 수준을 파악할 수 있다. 검열의 적극적인 내면화와 문학의 정치적 도구화는 보수우익문학에서는 자웅동체였던 것이다. 그 행보는 1970년대 유신체제에서 더욱 강화되어 나타난다.[35]

데, 비록 힘의 불균형관계를 보여주나 그 대립과 충돌은 문학 장 전반이 새롭게 조형되는 원동력으로 작용한다.

33) 삐에르 부르디외, 『상징폭력과 문화재생산』, 새물결, 1995, 229쪽 참고.

34) 임대식, 앞의 글, 328쪽 참고.

35) 대표적인 예로 문인협회가 펴낸 『삼천리의 메아리; 새마을 애송시집』(월간문학사, 1973), 『조국이여 강산이여』(월간문학사, 1976)를 들 수 있다.

3. 냉전적 반공주의의 재전유와 전쟁문학: 〈한국전쟁문학전집〉

한국문인협회가 간행한 〈한국전쟁문학전집〉(휘문출판사, 1969. 10; 이하 '전집')은 해방 후 간행된 전쟁문학관련 작품집 가운데 가장 규모가 크다. [표 2]에 제시되어 있는 바와 같이 전5권이며, 단편(48편), 중편(3편), 장편(1편) 등 총52편으로 구성되어 있다. 필진 또한 김동리, 황순원, 안수길에서부터 천승세, 이동하, 방영웅 등에 이르기까지 기성과 신인을 두루 포괄하고 있으며, 이에 상응해 수록된 작품들도 전시에서부터 당대에 창작한 것까지가 망라되어 있어 규모와 체제를 갖춘 전쟁문학전집으로서의 명실상부한 면모를 보여준다. 더욱이 기존의 『전쟁문학집』(육군본부, 1962)에 수록된 작가작품을 대거 수렴하고 있고, 이후 하근찬이 펴낸 『한국전쟁소설9인집』(금란출판사, 1977)에 수록된 작가작품이 대체로 이 전집에 수록된 것이었다는 점에서 더욱 그러하다.36) 한국문인협회가 이와 같은 획기적인 전집을 그것도 다섯 권을 동시에 간행한 것은 예사롭지 않은 일이다. 특히 그 발간 시기가 1969년이라는 점에 주목할 필요가 있다.

문학사적 흐름으로 볼 때, 1960년대 후반은 이전에 비해 전쟁에 대한 소설적 형상화가 상대적으로 소강상태를 보여준 시기이다. 기성문인들의 작품은 여전히 전쟁과 분단에 대한 인식론적 폐쇄성과 그에 따

---

36) 기존의 전쟁문학 관련 소설집으로는 『전시한국문학선; 소설편』(국방부정훈부, 1954)과 『전쟁문학집』(육군본부, 1962)이 있었다. '전시문학의 최초의 집대성'이라 할 수 있는 전자는 전시에 창작된 20편의 단편을 싣고 있는데, 장병들의 사기를 진작시키고자 하는 강한 목적성으로 인해 대체로 공산주의에 대한 적개심이나 애국심을 고취하고자 하는 경향, 휴머니즘에 입각한 전쟁의 비인간성을 고발하고 자유의 의미를 강조하는 작품들이 수록되어 있다. 장용학을 제외하고 19명의 작가 모두가 종군문인들이었다. 후자 또한 5·16혁명과업 완수와 반공이념을 한층 공고히 해 승공의식을 고취하려는 목적을 표방하고 21편의 단편을 수록한 전쟁소설집이다. 이 가운데 17명의 작가의 작품이 위의 전집에 수록되며 최정희, 오영수, 김성한, 유주현의 작품은 그대로 재수록된다. 하근찬이 펴낸 『한국전쟁소설9인집』에는 전집에 수록된 7명의 작가의 작품이 수록되는데, 그 중 유현종, 송병수, 최일남의 작품은 그대로 재수록되고 있다.

른 추상적 휴머니즘, 즉물적 현실반영, 세태묘사나 단순고발 등으로 점철되어 동어반복의 수준을 넘어서지 못했고, 그나마 창작의 양도 많지 않았다.[37] 또 1960년대 작가들은 개아주의와 상황성의 부재, 즉 민족적 현실인 역사적 분단의식의 부재와 리얼리티의 부재를 동반하면서 무정부적인 세계문학으로 방향도 없이 줄달음치는 가운데 통일과 분단이라는 명제는 그들의 문학적 사고권에서 실종되고 있었다.[38] 물론 세대를 막론하고 전쟁의 실존적 체험은 정신적 외상(trauma)으로 작용하면서 작품의 직·간접적인 모티프로 계속해서 동원되었다는 것을 부정할 수는 없으나, 전쟁 및 분단현실에 대한 문학적 관심은 과거에 비해 현저하게 주변화 되었다고 볼 수 있다. 더불어 한일회담비준, 베트남파병, 3선개헌 파동을 거치면서 박정희정권이 내세웠던 민족적 민주주의론의 본질이 적나라하게 폭로됨에 따라 지배이념으로서의 성장주의와 저항이념으로서의 민족·민주·민중주의가 분화·정립되고 지배와 저항의 진영이 확연히 구별되는 격동의 와중에 이 전집이 등장한 것이다.[39] 지식인들의 이데올로기적 선택이 상황적으로 강요되던 시기와 전집의 발간 사이에 모종의 연관이 존재한다고 볼 수밖에 없다. 이런 정황을 감안할 때, '전집'은 한국문인협회의 의도된 기획의 산물임이 추정 가능하다. 그것은 무엇보다 전집 기획을 확정한 가운데 『월간문학』을 통해 신인들의 작품을 현상(懸賞) 공모하는 것에서 확인된다.[40]

---

37) 물론 1960년대 이호철과 박경리의 장편에서 확인할 수 있는 바와 같이 기성문인 모두가 이에 해당되는 것은 아니다. 특히 『신동아』지면을 통해 백낙청과 박경리가 벌인 '전쟁문학' 논쟁의 대상작품이었던 박경리의 전작장편 『시장과 전장』(1964)은 전쟁이 지닌 문제와 상처를 폭넓게 그려낸, 당시까지 창작된 전쟁소설의 최고작이라고 할 수 있다.

38) 최일수, 앞의 책, 26-33쪽 참고.

39) 임대식, 「1960년대 지식인과 이념의 분화」, 『지식변동의 사회사』, 한국사회사학회 엮음, 문학과지성사, 2003, 286쪽 참고.

40) "6·25동란 19주년을 맞이하여 한국동란을 소재로 민족의 비극을 묘파한 우수한 작품을 모아 '한국전쟁문학선집'을 간행"하기로 했음을 알리고, 대가, 기성뿐만 아니라 신인들의 작품도 수록하기 위해 현상 공모를 시행한다고 밝히고 있다. 『월간문학』

'6·25동란을 소재로 하고 민족정신의 앙양을 주제'로 한 단편소설을 모집하여, Ⅲ권에 수록된 5편의 당선작을 뽑는다. 심사위원은 곽종원, 김동리, 박영준, 선우휘, 이형기였다. 이와 함께 이청준, 박태순, 방영웅 등 당시 역량 있는 신예작가 10명에게 전쟁소설을 신규로 집필케 했다. 그리고 전집 간행 전후 『월간문학』의 지면을 통해 '전후문학(외국편); 1969. 9특집'과 '전쟁문학(한국편); 1969. 10특집'을 기획해 전쟁문학에 대해 재조명을 함으로써 전집 간행의 취지와 의의를 홍보하고 있다. 특히 '내가 쓴 전쟁문학'란을 통해 박봉우, 하근찬, 최인훈 등 10여명의 작가들이 전쟁과 문학에 대한 입장을 개진하는 자리를 마련하는데, 전반적으로 전쟁문학의 당위성을 강조하는 논조를 보여주며 심지어 장만영은 전쟁문학을 지속적으로 창작하지 못한 것에 죄책감을 느낀다고 토로할 정도였다. 따라서 이 전집은 6·25를 기념하는 연례행사의 차원에서 간행된 것이기보다는 보수우익문학의 특정 목적이 개입된 기획물임을 간취할 수 있다. '머리말'을 통해 그 목적의 단서를 찾아보자.

　　전쟁문학이란 전쟁을 소재로 한 문학을 가리킨다. 한국전쟁 문학하면 우리는 누구나 저 육이오 동란을 생각하게 될 것이다. 따라서 〈한국전쟁문학전집〉은 대부분 육이오 동란에서 소재를 취한 작품들일 수밖에 없다. (……) 해방직후부터 시작된 좌우투쟁은 대구를 중심한 시월사건에 잇달아, 여순반란 사건, 제주도 사건, 그리고는 드디어 육이오 동란으로 번져 세계사상에도 전례가 없었던 공산군 대 유엔십자군의 치열한 결전으로 화하게 되었던 것이다. (……) 사람들은 흔히 말한다. 저 육이오 동란과도 같은 심각하고 비참한 이류(異類)의 전쟁을 겪고 난 우리들로서, 왜 그것을 만족하게 표현한 문학작품을 보여주지 않느냐고. '그것을 만족하게 표현한 문학작품', 그런 것을 과연 우리가 갖고 있는 것인지, 그런 것이 과연 가능한지 불가능한지. (……) 이 다섯 권에 수록된 작품들은 육이오 동란, 여순반란 사건 등에서 보여주고 자유세계와 공산세계의 대결이 무엇인가를, 한국의 작가들이 전쟁을 통하여 부각시킨 휴머니즘이 무엇인가를

1969. 6.

증언하게 될 것이다.(강조는 인용자)

김동리가 작성한 이 '발간사'에는 전집을 간행한 취지와 아울러 이를 통해 보수우익문학이 무엇을 겨냥하고 있는지가 잘 집약되어 있다. 무엇보다 냉전적 시각에서 전쟁 및 전쟁문학을 재구성하겠다는 욕망이 강하게 투사되어 있음을 확인할 수 있다. 그것은 10월 인민항쟁, 여순사건, 6·25를 하나로 묶어 자유세계와 공산세계의 진영 대립으로 규정하고, '자유진영'이라는 가상의 공동체에 입각해 전쟁문학을 편제하겠다는 것으로 나타난다. 자본주의세계의 공동운명체를 표상하는 자유진영이라는 것은 냉전질서 하에서 미국에 절대적으로 의존할 수밖에 없었던 한국지배층의 위기의식을 반영하는 하나의 이데올로기였다.[41] 전쟁을 겪으면서 연합국과 미국을 중심으로 한 자유진영(세계)의 일원임을 자임했던 보수우익은 자유세계와 공산세계 간의 진영 대립과 이에 기초한 반공국민과 빨갱이의 대립 및 이와 표리일체를 갖는 미국과의 유대관계(대미의존성 심화)를 통해 지배구조의 안정적인 재생산을 도모해왔다. 그것은 반공이념을 규범화시키는 가운데 모든 가치체계의 획일화, 즉 반공=자유민주주의=선, 용공=공산주의=악이라는 이분법적인 도식 중 양자택일을 강요하는 과정을 통해 확대 강화되었다. 상호 적대를 기본원칙으로 하는 냉전적 진영론에서는 적과 아(我)의 명확한 구분과 이에 따른 절대악과 절대선만이 존재한다. 보수우익문학이 전쟁문학의 핵심 가치로 규정해온 휴머니즘 또한 이와 같은 선악의 극단적 이분법의 산물이다. 그들의 휴머니즘은 자본주의사회에서 기인한 인간소외나 물화현상, 마르크스주의의 도식적 기계주의로부터 인간을 회복하자는 서구의 현대휴머니즘 및 이의 영향과 자극 속에서 모색된 행동성과 앙가주망의 결합으로서의 50년대 휴머니즘(론)과 근본적으로 다르다. 진영론적 적 개념에 의거한 선악의 이분논리 속에서 배태된 휴머니즘이기 때문이다. 따라서 보수우익의 휴머니즘은 체계화된

---

41) 김동춘, 앞의 글, 40쪽.

논리적 차원에서 악(공산세계)의 필연성과 발생학을 탐구하기보다는 악에 대한 적의(敵意)의 감상적 표출과 악의 일소를 겨냥한 징치(懲治)의 목적성을 전면화하는 성격을 지닐 수밖에 없었다.[42] 물론 그것이 반공주의와 표리관계를 갖는 자유민주주의의 가치(또는 체제)우월성을 배타적으로 보증하는 작업이었음은 두말할 나위가 없다. 이로 볼 때 '전집'은 보수우익이 독점해온 냉전적 전쟁관과 휴머니즘론을 사후적으로 정당화하여 순수문학의 위기국면에서 인정투쟁의 일환으로 기획한 산물로 판단된다. 그것은 이 전집이 성찰의 시선이 아닌 '증언'을 위한 것임을 명시한 것에서도 확인할 수 있는 바다.

'전집'의 체계와 내역은 [표 2]에 정리되어 있다. 그런데 세대, 경향, 창작시기, 작품적 완성도 등 여러 측면에서 워낙 편차가 심해 이 전집의 성격을 일률적으로 규정하기 어렵다. 가령, 전방과 대조적인 후방의 사회적 타락상을 비판하면서 문인들의 종군활동의 의의를 강조하는 김송의 「불사조」와 살아남은 자들의 전쟁에 대한 공적 기억이 기만에 찬 것임을 비판하고 있는 박태순의 「죽은 민간인」을 동렬에 놓고 비교할 수는 없다. 또 「첩자」, 「종군기」, 「달뜰 무렵」과 같이 소설에 미달하는 수준을 보여주는 작품과 「산울림」, 「악령」 등 비교적 냉전적 사고에 덜 침윤된 가운데 전쟁의 비극을 날카롭게 드러내고 있는 작품의 경우도 마찬가지이다. 전쟁을 소재로 했다는 다소 막연한 공통점만이 존재할 뿐이다. 그렇다고 하더라도 전쟁체험을 가공하는 방식, 전쟁의 기억을 호명하는 방식, 전쟁 및 분단을 인식하는 관점 등의 차이가 크고 그에 따라 형상화수준에 큰 편차를 보여준다. 전쟁의 참혹함을 공산군의 반인륜적 만행으로 일방화하는 「어린 피해자」와 좌우 모두가 살육의

---

42) 이 점은 전집 각 권에 공통적으로 실린 모윤숙의 「국군은 죽어서 말한다」(『풍랑』, 문성당, 1951)를 통해서도 역력히 확인할 수 있는 바다. 전89행의 시 전체에 흐르는 주된 정서는 散華한 국군의 숭고함을 예찬하는 것이지만 그 숭고함은 살아남은 자에게 원수('이리와 사자떼')에 대한 적개심과 박멸의 투지를 고취시키는 것으로 전치되고 있다. 더불어 원수는 지극히 소박한 인간적 삶을 부정하고 파괴하는 반인륜의 화신으로 묘사되고 있다.

[표 2] 〈한국전쟁문학전집〉 Ⅰ∼Ⅴ권의 수록 작가와 작품 목록

권 수	수록 작품
Ⅰ권(단편) −16편	「정적일순」(최정희; [현대문학] 1955. 10)/ 「홍남철수」(김동리; [현대문학] 1955. 1)/ 「무더운 여름날의 일」(이봉구; [현대문학] 1964. 9)/ 「너와 나만의 시간」(황순원; [현대문학] 1958. 10)/ 「전쟁콩트 8편」(정비석)/ 「고향바다」(안수길; [해군단편집] 1953. 1)/ 「어린 피해자」(최인욱; [현대문학] 1955. 7)/ 「불사조」(김송; [전선문학] 1953. 5)/ 「귀환」(손소희; [여상] 1962. 12)/ 「착한별 이야기」(장수철)/ 「첩자」(유주현; [신태양] 1957. 12)/ 「달뜰 무렵」(김요섭)/ 「동부전선」(오영수; [현대문학] 1955. 4)/ 「귀환」(김성한; [문학예술] 1957. 9)/ 「포말」(강신재; [현대문학] 1955. 3)/ 「파편」(한무숙; [희망] 1951. 5)
Ⅱ권(단편) −15편	「古家」(정한숙; [문학예술] 1956. 7)/ 「퇴색한 훈장」(전광용; [자유문학] 1959. 2)/ 「환상곡」(김광식; [사상계] 1954. 10)/ 「瑕疵」(박경수; [사상계] 1960. 10)/ 「이 성숙한 밤의 포옹」(서기원; [사상계] 1960. 6)/ 「만조」(이호철; [신문예] 1959. 2)/ 「동행」(최일남; [현대문학] 1959. 1)/ 「殘骸」(송병수; [현대문학] 1964. 9)/ 「피빛」(이문희)/ 「때묻은 날개」(정인영) 「산울림」(하근찬; [사상계] 1964. 1)/ 「상처」(한말숙; [현대문학] 1966. 9)/ 「포대령」(천승세; [세대] 1968. 10)/ 「상남이」(백인빈; [자유공론] 1968)/ 「데드라인」(유현종; [문학춘추] 1964)
Ⅲ권(단편) −17편	「금오신화」(최인훈; [사상계] 1963. 1)/ 「악령」(강용준; [월간문학] 1968. 11)/ *「노을진 강산에」(박용숙)/ *「우리 어머니를 아시나요」(송상옥)/ *「낙오병일기」(김문수)/ *「흰옷 입은 사람들」(정을병)/ *「마스코트」(이청준)/ *「호송」(양문길)/ *「黑魚의 집」(유광우)/ *「거대한 이마」(이동하)/ *「죽은 민간인」(박태순)/ *「마리아」(방영웅)/ #「환상방황」(신석상)// #「멀고먼葬送」(송수길)/ #「함박눈」(이광웅)/ #「바위산」(이사원)/ #「핏빛 뜨락」(이혜경)
Ⅳ권(중편) −3편	「地熱」(박영준; [청춘] 1954. 10))/ 「쇠를 먹고 사는 사람들」(이범선; [현대문학] 1968. 2)/ 「싸릿골의 신화」(선우휘; [신세계] 1963. 8∼9)
Ⅴ권(장편)	『여기수(女旗手)』(오유권; 휘문출판사에서 단행본으로 旣刊)

*은 신예작가의 신작을 가리키며, #은 현상공모 당선작을 가리킴

주체라는 중립적인 시선을 보여준 「귀환」(손소희)의 관점은 현격한 것이다. 그럼에도 김동리가 발간사에서 표명한 바와 같이, '냉전적 반공주의와 휴머니즘'이라는 공식화·규범화된 보수우익의문학관이 전집 전체를 관통하고 있음을 부인할 수 없다. 따라서 이 전집은 수록된 작품들이 대표성을 갖는다고 보기는 어렵지만, 적어도 공식적인 매체체제 안에서 생산 소통되었던 전쟁문학의 총람(總攬)으로서의 면모는 분명히 보

여준다고 할 수 있다. 이를 통해 1960년대까지의 한국문학의 주류적 흐름이 반공주의의 자장 속에서 형성되어 왔다는 사실을 확인하게 된다.

　앞의 '새국민문고'와 마찬가지로 이 전집도 수록된 개개 작품에 대한 구체적인 평가보다는 '전집'이 갖는 상징성이 중요하다. 왜 보수우익문학은 1969년에 이 전집을 들고 나온 것일까. 인정투쟁의 일환으로 기획한 산물이라고 언급했는데, 이 점을 부연해보자. 보수우익문학의 인정투쟁은 그만큼 그들이 처한 위기가 심대했다는 것을 반증해준다. 계급주의·과학주의에 대한 안티테제로서 정립된 보수우익의 순수문학(본격문학)은 내부적인 균열과 마찰에도 불구하고 조직, 매체, 등단 제도와 같은 문학제도적 장치들을 창출·장악해 견고한 재생산구조를 확립하고 다른 한편으론 규범화된 냉전적 반공주의를 적극적으로 내면화하여 그것의 지속에 능동적으로 기여함으로써 주류문학으로서의 위상을 배타적으로 구축해왔다. 하지만 1960년대 접어들어 새로운 문학주체들의 등장과 그에 따른 진보적 문학론이 다채롭게 제기되고, 획일성을 조장·강요하는 사회적 억압에 맞서는 문학 특유의 불온성이 대두되는 상황으로 말미암아 그 견고함은 현저하게 약화될 수밖에 없었다. 특히 김수영이 지속적으로 개진한, 정치권력과 지배이데올로기의 억압으로부터 자유를 본질로 하는 문학의 자율성론은 보수우익문학의 금과옥조였던 순수문학의 허구성과 그 정치도구화의 본질이 낱낱이 폭로되는 결과를 가져온다.43) 그것은 곧 보수우익문학의 순수성이 종착역에 다다랐음을 증언해주는 것이었다. 그런데 소용돌이치는 보수와 혁신의 와중지대에서 미학적 자기갱신이 불가능했던 보수우익문학은 더욱 철저한 보수로 회귀할 수밖에 없었다. 즉, 불온성과의 차이를 통한 동질화를 한층 공고히 하는 동시에 냉전적 반공주의의 재전유를 통해 순수문학의 성채를 완고하게 고수하는 방향으로 나아갔던 것이다.

---

43) 일례로 김수영은 해방 후 문학단체는 문학단체의 이름을 도용한 반공단체였으며, 이
　조차 반공을 판 돈벌이단체이거나 문학과 반공을 '이중으로' 팔아먹은 돈벌이단체에
　불과했다고 비판하고 있다. 『김수영전집』 2, 민음사, 1981, 130쪽.

그 행보의 첫 번째 가시적인 성과가 '전집'의 기획 발간이다.

그런데 이 두 방향은 사실 기묘한 공명을 일으키면서 하나로 통합된다. 물론 이것은 과거 반공주의가 보수우익의 생존의 논리이자 순수문학의 교두보로 기능해왔다는 것에서 감지할 수 있는 사실이지만, 1960년대 후반 이후 그 점이 노골적으로 전면화된다. 여기에는 1960년대 후반 반공이데올로기가 지식인층은 물론이고 대중적 차원에서 완전히 내면화되어 '내재화된 반공이데올로기'가 작동하는 현상이 작용했다고 볼 수 있다.44) 먼저 대부분의 문학이론가들이 반공문학을 어용문학의 동의어로 파악하는 것에 강한 이의를 제기하는 가운데 반공문학의 개념을 재규정하고 그 문학적 가치의 우월성을 강조한다. 반공이란 자유와 민주주의를 뜻하며 따라서 반공문학은 참다운 문학 또는 인간성 옹호의 문학으로 직결된다는 것이다.45) 반공의 가치와 반공문학을 무매개적으로 연결시키는 이 논리는 공산주의의 위협과 휴전상태라는 상황론에 의해 강력하게 뒷받침되고 있다. 냉전의식에 입각한 그와 같은 현실인식은 전쟁재발의 위험성에 대한 위기의식을 고조시키는 한편 민족내부의 적을 생산하여 타자화하는 것으로 확대된다. 즉 한국사회에 뿌리내리고 있는 유물주의적 가치관이 내부의 적(악)이며, 그것이 인간정신의 자유를 저해하는 최대 독소임으로 이에 응전할 수 있는 반공의식이 작가들에게 요구된다는 것이다.46) 그리하여 안팎의 적이 포진하고 있는 한 반공문학은 유효하며 따라서 그것을 宣揚하는 것이 한

---

44) 정창현, 앞의 글, 254쪽 참고.
45) 곽학송, 「한국의 특수성과 문학」, 『민족 현실 문학』, 한국문인협회 편, 대광문화사, 1980, 124쪽. 이 저작은 한국문인협회 소속 문인들이 1970년대에 발표한 논문을 엮은 것인데, 특히 1978년 김동리 대 소장비평가들 사이에 벌어진 '사회주의적 사실주의 논쟁'을 둘러싼 보수우익문인들의 집단적 대응이라는 성격이 짙다. 반공주의와 순수문학의 관계에 대한 보수우익의 입장이 가장 체계적으로 또 다양하게 제기되고 있다는 점과 그 입장들이 과거에서부터 일관되게 고수해온 것이라는 점을 참작하여 소급 적용해도 무리가 없다고 판단했다.
46) 김종문, 「작가의 위기의식과 반공의식」, 위의 책, 한국문인협회 편, 118쪽.

국문학의 긴급한 과제라는 것이다. 그 선양의 방향은 어떤 이데올로기의 간섭도 단호히 배제하고 인간성을 옹호해 승화시키는 것으로 설정된다. 그와 같은 인식태도는 참여문학을 비롯해 현실 관련성을 중시하는 문학경향들을 적대적 타자로 설정해 구축(驅逐)하려는 것으로 구체화된다. 참여문학의 주장과 활동양상이 카프와 흡사하다는 전제 아래, 참여문학을 문학의 자유에서 비롯되는 인간성 옹호를 뿌리 채 뽑아버리는 사회악으로 규정한다. 다시 말하면 주의·사상적인 참여문학, 민족문학, 리얼리즘문학은 민족의 역사적 현실을 인식하고 있다는 점을 강조하면서 작가와 독자에게 현실을 고발하고 비판 공격할 것을 요구하지만, 그것은 작가 및 작품의 자유 독립성원칙을 침해함으로서 결국 문학적 자유에 대한 포기를 강요하는 것이라는 주장이다.[47] 요컨대 참여문학은 문학의 자율성을 부정하는 문학말살의 행위에 불과하며, 나아가 현 체제(자유체제)를 부정·파괴함으로써 공산체제를 이롭게 하는 이적행위의 문학이라고 규정한다. 물론 참여문학에 대한 보수우익의 비판이 획일적인 것만은 아니었다. 조연현은 현실에 대한 고발과 개조가 참여(주의)문학의 중요과제라는 전제 속에서 그 필요성과 가능성을 부분적으로 인정한다. 문제는 그것이 부정적·비판적인 방향이 아닌 긍정적·건설적 방향으로 해석하는 태도, 이를테면 반공정신이나 새마을운동을 통해 현실을 고발하고 개조해보려는 문학적 방법에서 진정한 의미의 참여주의문학이 성립 가능하다고 보는 것이다.[48] 참여문학에 대해 다소 유연한 입장을 표명한 조연현이지만, 그 역시 전자의 참여문학은 반공국가에서는 용납될 수 없으며 문학의 본질에도 위배된다는 보수우익의 보편적인 신념에서 벗어난 것은 아니다.

---

47) 원형갑, 「신념의 비극」, 위의 책, 한국문인협회 편, 170쪽. 그것은 참여문학의 한 전형으로 간주되는 신동엽의 「四月」에 대한 비판에서 극단화된다. 즉 이 시의 언어들은 그 발상부터가 히틀러의 淸血主義나 스탈린의 권력절대주의에서 보는 것 같은 유일사상의 독선주의와 숙청제거주의에서 나왔으며, 이러한 이데올로기적 명시성 또는 정치적 신념의 전면화에서만 문학을 생각하는 것은 폭력주의에 불과하다는 것이다.

48) 조연현, 「참여주의문학에 대하여」, 위의 책, 한국문인협회 편, 113쪽.

172

이들 보수우익의 논의를 종합해보면, 자유와 민주주의를 구가(謳歌)하는 휴머니즘이 반공문학이며 따라서 반공문학의 문학관은 정치적 목적달성을 의도하는 참여문학과 달리 문학의 자율성을 구현하는 순수문학(본격문학)으로서의 성격을 갖는다는 논리구조를 보여준다. 그리고 본격문학으로서의 반공문학은 체제대립의 민족적 현실에서 유효성을 지니는 가운데 문학적 자유를 온전히 발현할 수 있는 대안이라는 것이다(반공문학이 특정 정치세력의 이용물이 되지 않는다는 조건을 달지만). 脫이데올로기적 휴머니즘이라는 자율성을 매개로 반공문학과 순수문학의 접점을 도출하는 대단히 조악한 논리이지만, 참여문학(민족민중문학)과의 차이를 통한 동질화 작업을 통해 그것은 강력한 현실적 영향력을 발휘한다. 적어도 이들에게 반공주의와 순수문학은 표리일체였으며, 그것은 보수우익문학의 요지부동한 신념이었다. 이 지점에서 다시 한번 보수우익문학을 지탱해온 순수문학론의 이율배반성을 확인하게 된다. 보수적 순수성을 문학적 자율성으로 등치시키고 그 바탕 위에서 본격문학이라는 명제로 순수문학의 '신화'를 일구어온 보수우익문학의 역사는 1970년대까지 정치성(정치적 도구화)을 은폐한 채 끈질긴 생명력을 유지해왔던 것이다. 그것은 적어도 4·19세대에 의해 이들의 보수적 문학이념이 문학적·비평적으로 극복되기 전까지는 유효했다.

4. 맺음말

필자의 판단으로는 해방 후 보수우익문학에 대한 접근에서 과잉평가도 문제이지만, 친체제적인 관변문학이라는 성격을 앞세워 그 의미를 과소평가하는 것 또한 문제라고 생각한다. 보수우익문학을 비호하는 것이 아니라 후자의 태도는 한국현대문학의 강력한 주류를 형성해왔던 보수우익문학의 본질과 영향력을 제대로 파악할 수 없게 만들기 때문이다. 적어도 보수우익문학의 기원과 전개에 대한 총괄적인 이해가 선행되었을 때 비로소 한국현대문학사의 온전한 재구성이 가능하다고 본다. 최근 보수우익문학의 역사적 기원과 발생적 맥락에 대해 다양한 조명 작업이 이루어지고 있지만, 그 이후의 전개과정에 대해서는 다소 소홀한 감이 없지 않았다. 특히 문단권력의 향배 차원으로만 접근한 결과 보수우익문학의 내부적 균열과 갈등을 드러내는데 일조했음에도 그 문학이 정치적·시대적 상황의 변화 및 새롭게 대두하는 문학 경향들에 어떻게 순응하고 저항하며 자기전개를 했는지를 밝힐 수 없었다. 이런 맥락에서 본고는 1960년대 보수우익문학의 동향에 주목했던 것이다.

반공주의를 통한 규율과 통제가 한층 강화되면서 반공개발동원체제가 구축되고 다른 한편으론 새로운 문학조류가 등장해 인정투쟁을 활발하게 전개하는 국면에서 보수우익문학은 위기에 직면한다. 그 과정에서 보수우익문학은 문학사 전유를 통한 상징권력의 공고화와 함께 현실권력에의 자발적 능동적 참여를 통해 기득권을 수성하고자 한다. 그 대표적인 경우가 국가주의 강령을 담아낸 국민교육헌장을 문학적으로 구체화한 〈새국민문고〉의 발간과 냉전적 반공주의를 재전유해 낸 〈한국전쟁문학전집〉의 기획 발간이다. 전자를 통해 검열의 적극적인 내면화와 문학의 정치적 도구화가 보수우익문학의 자웅동체였다는 사실을, 후자를 통해 냉전적 반공주의와 순수문학의 표리일체를 재확인할 수 있었다. 이러한 모순된 행보는 1970년대 유신체제 하에서 더욱 확장되어 노골화된다. 미학적 자기갱신이 불가능했던 보수우익문학의 불가피한 자기전개였다. 특히 1970년대 후반 '사회주의사실주의' 논쟁에서 보여준 보수우익문학 진영의 총력전은 순수문학론이 종착역에 다다랐음을 스스로 증명하는 행위였다.

주제어 : 반공주의, 보수우익문학, 검열의 내면화, 국민교육헌장, 〈새국민문고〉, 〈한국전쟁문학전집〉

◆ **참고문헌**

1. 기본자료

『공산주의이론과 현실 비판전서』(전6권), 내외문화사, 1963~65.
『문교40년사』, 문교부, 1988.
『반공지식총서』(전5권), 희망출판사, 1969.
『전시한국문학선; 소설편』, 국방부정훈부, 1954.
『전쟁문학집』, 육군본부, 1962.
한국문인협회 새국민문고편집위원회, 『새국민문고 4/5』, 을유문화사/어문각, 1969.
한국문인협회, 『한국전쟁문학전집』(전5권), 휘문출판사, 1969.

2. 연구논저

권혁범, 『국민으로부터의 탈퇴』, 삼인, 2004.
김동춘, 「20세기 한국에서의 '국민'」, 『창작과비평』 106호, 1999년 겨울.
백종현, 「독일철학의 유입과 그 평가」, 『철학사상』 6집, 서울대 철학사상연구소,
        1996.
백 철, 『생활과 서정』, 신구문화사, 1968.
양호민, 「민주주의와 지도세력」, 『사상계』, 1961. 11.
유임하, 『한국소설의 분단이야기』, 책세상, 2006.
유형진 편저, 『국민교육헌장의 이론과 실제』, 배영사, 1969.
이광호, 「문학의 호명−문학의 자율성을 둘러싼 이론적 연대기」, 『문학과사회』,
        2001. 가을.
이봉범, 「반공주의와 검열 그리고 문학」, 『상허학보』 15집, 2005.
이준식, 「박정희시대 지배이데올로기의 형성」, 『박정희시대 연구』, 한국정신문화
        연구원 편, 백산서당, 2002.
임대식, 「1960년대 초반 지식인들의 현실인식」, 『역사비평』 65호, 2003년 겨울.
정용욱 외, 『1960년대 한국의 근대화와 지식인』, 선인, 2004.
조성도, 『국민교육헌장의 이념실천자료』, 한글출판사, 1970.
조희연, 「박정희 시대의 강압과 동의」, 『역사비평』 67호, 2004년 여름.
─────, 『박정희와 개발독재시대』, 역사비평사, 2007.
최일수, 『현실의 문학』, 형설출판사, 1976.
한국문인협회 편, 『해방문학20년』, 정음사, 1966.

──────────, 『민족 현실 문학』, 대광문화사, 1980.
한국문인협회, 『문단유사』, 월간문학출판부, 2002.
한국사회사학회 엮음, 『지식변동의 사회사』, 문학과지성사, 2003.
한국유신학술원, 『유신의 참뜻』, 1976.
한홍구, 이병천 엮음, 「베트남 파병과 병영국가의 길」, 『개발독재와 박정희시대』, 창비, 2003.
황병주, 임지현·김용우 엮음, 「박정희체제의 지배담론과 대중의 국민화」, 『대중독재』, 책세상, 2004.
삐에르 부르디외, 『상징폭력과 문화재생산』, 새물결, 1995.

◆ 국문초록

이 논문은 1960년대 반공주의의 동향과 불가분의 관계를 맺고 있는 보수우익문학의 동향을 고찰하는데 주안점을 두고 있다. 1960년대는 냉전적 반공주의를 통한 규율과 통제가 한층 강화되면서 반공개발동원체제가 구축되고 다른 한편으론 새로운 문학조류가 등장해 인정투쟁을 활발하게 전개하는 국면에서 보수우익문학은 위기에 직면한다. 이런 위기상황에서 보수우익문학은 문학사 전유를 통한 상징권력의 공고화와 현실권력에의 능동적 참여를 통해 권력과의 유착관계를 강화하는 방식으로 대응해갔다. 그 과정에서 권력과의 야합을 통해 기득권을 수성하고자 하는 전략이 한층 노골화된다. 그 대표적인 경우가 국가주의 강령을 담아낸 '국민교육헌장'을 문학적으로 구체화한 〈새국민문고〉의 발간과 냉전적 반공주의를 재전유해 낸 〈한국전쟁문학전집〉의 기획이다. 전자는 문학의 정치도구화가 어떻게 발현되는지를 선명하게 보여주는 경우로, 이를 통해 검열의 적극적인 내면화와 문학의 정치적 도구화가 보수우익문학의 자웅동체였다는 사실을 확인할 수 있다. 그리고 후자는 선악 이분법에 기초한 냉전반공논리를 확대 강화하는데 기여함으로써 궁극적으로 지배체제에 보수적으로 순응하는 경우로, 이를 통해 냉전적 반공주의와 순수문학이 표리일체임을 확인할 수 있다.

◆ SUMMARY

Censorship Internalization and Political Revelation
- Focused on 1960's Conservation Literature Trend

Lee, Bong-Beom

The paper is focusing on the trend of conservation literature which is inseparable from that of anticommunism in 1960's. As regulation and control through cold war anticommunism were strengthened in this period, anticommunism development mobilization system was established. At the same time, new literature tendency appeared and authorization struggle lively unfolding situation, conservation literature came to face a crisis. In these conditions, conservation literature adopted the way to strengthen a close relationship with power by actively participating in real power and firming symbol power through taking exclusive possession of history of literature. Its' strategy to protect vested rights through collusion with power was straightforward more than before. This is supported by two representative examples, publishing 'new nation library' to concretize literarily 'nation education constitution' and planning 'Korea war literature complete collection' to re-monopolized cold war anticommunism. The former shows clearly how literature came to be politics way. Through this, we can find internalizing censorship actively and having literature a political means are other features of conservation literature.

**Keyword : Anticommunism, Conservation literature, Censorship internalization, Nation education constitution, <New nation library>, <Korea war literaturecomplete collection>

─이 논문은 2007년 7월 31일에 접수되어, 소정의 심사를 거쳐 2007년 9월 30일에 최종적으로 게재가 확정되었음.

II. 일반논문

이광수의 텍스트에 나타나는 동성 간 관계와 감정의 언어화 방식

신 지 연*

목 차

1. 서론

　이 논문은 남성—남성·여성—여성의 관계가 근대 형성기의 문학 텍스트에서 언어화되는 양상에 대한 관심으로부터 출발한다. 현재의 관점에서 이 관계들에 할당된 안전한 영토는 탈성화된 '우정' 혹은 '의리'이며 이 영토를 벗어나면 '동성애'라는 별도의 영역으로 분류·구획된다. 그러나 근대적 가치와 제도 및 글쓰기 양식이 성립되어 가던 시기, 구체적으로 1910~20년대에는 성 지향성과 감정에 대한 구획이 현재와 같은 방식으로 작동되었다고 볼 수 없다. 유럽의 경우 19세기 이전에 '우정'은 현재보다 훨씬 넓은 의미로 쓰였으며 성애적 요소가

---

* 경희대 강사.

충분히 깃들 수 있는 것이었다.[1] 일시적 관계 혹은 탈선행위를 지칭하는 단어인 '소도미(sodomy)' 대신 특정한 부류의 사람을 가리키는 '호모섹슈얼(homosexual)'이 사용되며 이러한 관계가 감시와 통제의 대상으로 공고화된 것도 19세기에 이르러서다.[2] 그리고 조선의 경우 '동성애' '동성연애'라는 단어는 성욕학 담론이 유입되는 1920년대 중반 경에 이르러 간간히 사용되기 시작한다.[3]

동성 간의 관계가 활발하게 담론화되지 않았다는 점에서 이 테마는 한국 근대 형성기의 문화 및 문학적 양상을 고찰하는 데에 적절하지 않아 보일 수 있다. 그러나 중요한 것은 '크게 이슈화되지 않았다'는 사실 자체이기도 하다. 특정한 언어와 표상이 일단 어떤 대상에 상응하는 것으로 '발견'되고 나면, 그 이전의 세계로 되돌아가는 것을 불가능하다. 가령 청춘남녀의 관계는 언제나 연애와 결혼의 반경 안에 있어야 할 이유가 없지만, 연애와 결혼을 중심에 둔 담론화 과정은 남녀관계를 그 언어와 표상에 속박하는 기능을 떠맡음으로써 관계의 개별성을 침식하고 이데올로기화한다. 활발한 담론화가 사생활을 감시하고 구속하는 기제로 작용하는 것이라면, 덜 말해졌다는 것은 역설적으로 좀더 자유롭게 말할 수 있었으리라는 가정을 가능하게 한다고 할 수 있다. 동성 간의 관계가 '우정'이나 '동성애'로 영토화되어 있는 오늘날의 담론 체계는 결과적으로 모든 개인의 관계가 간접적이거나 우회적인 방법으로라도 제도를 보장하는 담론에서 자유로울 수 없음을 보여준다고 해야 할 것이다. 그러나 적어도 20세기 초반엔 "웃고 즐기고 입 맞추고 껴안으며 새 힘을 얻고 새 느낌을 느끼는 것"을 "교우의 극치"[4]라고 말하는 것도 가능했던 것이다. 문학 연구에서 중요한 것이

---

1) 필립 아리에스 외, 김광현 역, 「동성애에 관한 역사적 고찰」, 『성과 사랑의 역사』, 황금가지, 1996, 106-110쪽.

2) 미셸 푸코, 이규현 역, 『성의 역사 1—앎의 의지』, 나남, 1990, 54-67쪽; 윤가현, 『동성애의 심리학』, 학지사, 1997, 19-21쪽.

3) 신지연, 「1920~30년대 '동성(연)애' 관련 기사의 수사적 맥락」, 『민족문화연구』 45집, 2006, 265-292쪽.

당대적 전형 뿐 아니라 '예외'이기도 하다면, 이 테마는 근대와 문학의 관계를 이해하는 데에 중요한 하나의 코드로 작용할 수 있을 것이다.

그 일환으로 이 자리에서는 이광수의 1910~20년대 글쓰기에 초점을 맞추기로 한다. 여러 논문들에서 단편적으로 검토된 바 있듯 「윤광호」를 비롯한 이광수의 초기 텍스트에는 동성 간의 친밀한 관계 및 감정이 자주 전경화되어 나타난다. 이러한 면은 대체로 두 가지 방식으로 해석되어 왔다. 첫 번째는 동성애에 대한 논자의 이해 방식을 적극적으로 개입시키는 것이다. 이 경우 연구되는 시기에 동성애 논의 수준이 어디에 있는가에 따라 텍스트 해석 방식이 달라진다. 동성애를 '성 도착'으로 정의하며 정신분석학적으로 접근하는 방식이 한쪽 경향이라면,[5] 퀴어 이론을 적극적으로 도입하는 방식은 근래에 이루어진 또 하나의 방법론이라고 할 수 있다.[6] 두 번째는 이러한 관계양상을 부차적이거나 대리적인 성격을 지닌 것으로 파악하는 것이다. 이때 이광수의 초기 텍스트들이 보여주는 남성에 대한 남성의 사랑은 성적 취

---

4) 「벗의 왕국」, 『개벽』 3호, 121쪽.

5) 「어린 벗에게」를 집중분석한 권정호의 논문, 그리고 이광수 소설의 동성애적 측면을 본격적으로 주목한 첫 논문인 이희춘의 글이 이에 대한 대표적 예가 된다. 권정호, 「춘원의 「어린 벗에게」 소고(小考)」, 『논문집』 27권 1호, 진주교육대학교, 1983, 93-110쪽; 이희춘, 「춘원소설의 동성애에 관한 고찰」, 『어문학』 48, 1988, 163-191쪽.

6) 이반잡지 『버디』에 실린 이주란의 글에서 「윤광호」는 '한국 최초의 동성애 소설'로 평가되며, 「윤광호」와 『무정』을 분석한 한승옥은 "초기 단편의 동성애적 주제"가 "자유연애보다도 한결 진전된 첨예한 내용"이어서 이 "혁신적 사고에 찬탄을 금할 수 없다"고 평한다. '동성애 용인'을 '편견 타파'로 받아들이는 이해 방식에 기반을 두고 있다. 이주란, 「이광수의 『윤광호』」, 『버디』 6호, 1998. 7; 한승옥, 「동성애적 관점에서 본 『무정』」, 『현대소설연구』 20집, 2003. 12, 7-29쪽. 한편 최근 발표된 가브리엘 실비안의 논문은 이광수의 초기 소설들을 현재적 시점의 이반 운동과 접합시킬 수 있는 가능성을 모색하는 관점에서 씌어졌다. 이 논문에 의하면 「사랑인가」는 '정' 담론의 맥락 하에서, 「윤광호」는 성 과학(sexology) 담론의 맥락 하에서, 동성애적 관계를 일종의 계몽 기획으로 제시한다. 이주란·한승옥과 달리 실비안은 「윤광호」에서 동성애를 '병리적으로' 파악하는 성과학적 배치틀이 이미 작동하고 있다고 해석한다. G. 실비안, 「이광수 초기 문학에서 드러나는 동성애 모티프에 관한 계보학적 연구」, 서울대 석사논문, 2007. 8.

184

향과 관계가 없는 것으로서, 감정을 투여할 현실적 대상을 찾을 수 없는 상황에서 선택된 대리보충수단으로 파악되거나 섹슈얼리티에 대한 무관심의 징표로 해석된다.[7]

　이러한 상반된 해석이 가능한 이유를 검토하고, 동성 간의 관계를 서술하는 이광수 식 글쓰기를 당대 맥락 안에서 재조명하는 것이 이 글의 일차적 목적이다. 그리고 그 시대에 그러한 관계에 대해 쓴다는 것이, 풍속적·전기적 사료로서의 가치를 넘어 '문학적' 가치와 접맥되는 지점을 짚어내는 것이 좀더 근원적인 목적이 될 것이다. 최근 「윤광호」 및 김동인과 김환의 텍스트를 분석한 손유경의 논문은, 이 텍스트들 속의 "동성애적" 관계가 "배타적 동정"에 기반해 있음을 당대의 동정 담론의 자장 안에서 설득력있게 제시한 바 있다.[8] 그러나 '동정'이라는 멘탈리티는 개인과 개인의 관계 양태의 재현을 시도하는 데에 필요조건으로서 참여하지만 충분조건이 되지는 못한다. 논의의 초점을 동성 간의 관계에 두고자 한다면, 그 외의 다른 제반 사항, 가령 '우정', '동성애', '동성연애'라는 말로 언급되던 현상들, 자전적 성격이 강한 이광수 특유의 글쓰기 방식, 「윤광호」 등에 대한 주위 문사들의 평 등이 함께 고려되어야 할 것이다. 이러한 사항들을 염두에 두면서 이 논문은 1917년을 전후해서 씌어진 글들과 1920년 이후의 글들을 나누어서 검토하기로 한다. 정확한 기점을 잡기는 곤란하지만, 이광수가 '동성애'라는 미약한 표상에 대해 대타적 의식을 가지고 있었는가 하는 것이 두 시기의 변별 기준이 된다. 전자에는 「사랑인가」 및 『청춘』에 실린 일련의 단편들과 『무정』을, 후자에는 「H군을 생각하고」와 「H군에게」 및 H군이 쓴 「K선생에게」를 집중 분석 대상으로 삼을 것이다.

---

7) 다음 글들에서 이러한 관점을 찾아볼 수 있다. 손정수, 「병리학의 소설사」, 『미와 이데올로기』, 문학동네, 2002, 59-60쪽; 서영채, 『사랑의 문법』, 민음사, 2004, 55쪽.

8) 손유경, 「한국 근대소설에 나타난 '동정(同情)'의 윤리와 미학에 관한 연구」, 서울대 박사논문, 2006, 83-93쪽.

2. 열정과 친밀감의 자발적 노출: 1910년대의 텍스트

1) 또래의 동성을 대하는 두 가지 방식

(1) 욕망의 매개인·대리인으로서의 '벗'

이광수의 초기 텍스트에서 스킨쉽을 동반하는 동성 간의 친밀한 관계를 찾아보는 것은 어려운 일이 아니다. 그 경향은 크게 두 가지로 나누어 볼 수 있다. 첫 번째는 주인공과 상대가 서로의 마음을 이해해주는 '벗'의 관계로 설정되어 있는 경우이다. 「어린 벗에게」[9]에서 병을 앓고 있는 "나"는 "사랑하는 벗"인 "그대"가 오래 전 내 병을 돌봐주던 때를 그리워한다. "내 병이 몹시 중하던 날 나는 2, 3시간 동안이나 정신을 잃었다가 겨우 깨어날 제 그대가 무릎 위에 내 머리를 놓고 눈물을 흘리던 생각이 더 간절하게" 난다. "그대가 만일 평생 내 머리를 짚어주고 내 손을 잡아준다면 나는 즐겨 일생을 병으로" 지내고 싶다는 생각이 들기도 한다. 한편 "나"는 와세다 시절의 친구 "일홍 군"과 "산보할 때에도 반드시 손을 꼭 잡고 2, 3일을 작별하게 되더라도 서로 떠나기를 아껴 서양식으로 꽉 끌어안고 입을 맞추"는 사이였다. 두 사람은 "특별히 친하여질 격별한 기회도 없었건마는 서로 형제같이 애인같이 사귀게 된 것"이었다. 또 「방황」[10]에서 병석에 누워 고열에 시달리던 "나"는 K군의 따뜻한 손이 "내 머리를 짚어 주는 것"을 느끼고 "그 손을 내 손으로 꼭 잡아다가 입을 맞추고 가슴에 품고"싶다고 생각한다. 그리고 "눈을 뜨고 한 팔로 K군의 허리를" 안는다. 「어린 벗에게」의 "나"와 "그대", "나"와 "김일홍", 「방황」의 "나"와 "K군"은 신체적 접촉을 통해 '벗'으로서의 친밀함을 형성한다.

이러한 관계는 비단 청년 남성들 사이에서뿐 아니라 여성 간에 나

---

9) 외배, 「어린 벗에게」, 『청춘』 9~11호, 1917. 7·9·11.
10) 춘원, 「방황」, 『청춘』 12호, 1918. 3.

186

타나기도 한다. 『무정』의 영채와 월화의 관계에서는 현재적 의미의 우애 혹은 사제 간의 정으로 단순화시킬 수 없는 농밀함을 찾아볼 수 있다. 얼굴이 곱고 재주가 뛰어난데도 "부자"와 "미남자"의 구애를 단박에 거절할 줄 아는 월화는 영채에게 이상적 모델이다. 월화는 어린 영채에게 참시인과 허수아비, 진짜 기생과 "소리와 몸을 팔아먹고 사는 더러운 계집"의 차이를 가르친다. 그런 점에서 월화와 영채의 관계는 일방향적인 데가 있다. 그러나 시간이 흘러 영채가 "더욱더욱 월화에게 정이 들고 월화도 더욱더욱 영채를 사랑"하게 되면서, 두 사람은 제대로 된 사람을 만나지 못하는 허전함을 서로를 통해 달랜다. 그들은 함께 살고 함께 연설 구경을 가고 함께 잠을 잔다. '성'에 눈을 뜨기 시작한 영채가 처음으로 함께 자고 끌어안고 입을 맞추는 상대는 월화다. 한 잠자리에 누워 영채는 "월화를 꼭 껴안"고 "월화의 입을 맞추"고, "부끄러운 듯이 낯을 월화의 가슴에 비비고 월화의 하얀 젖꼭지를 물"기도 한다.(213)[11] 월화 역시 자신의 외로움을 털어놓으며 "영채의 등에 이마를 비비"고 "영채의 허리를 끊어져라 하고 끌어안"고, 대동 강물에 투신자살하러 가기 전에는 "힘껏 영채의 입술을 빨았다."(224-225) 성장한 영채를 월화는 이제 가르쳐야 할 '학생'으로 생각하는 대신 "내 정회를 들어줄" 단 하나의 '벗'으로 여긴다. 마음을 주고받는 상호 관계에 이르게 될 때 월화는 영채의 몸에서 위안을 받는다. 영채와 월화는 마음을 통하고 몸을 통한다. 두 사람은 선생/제자이기도 하고 형/아우이기도 하고 벗이기도 하고 동거인이기도 하고, 그리고 섹스 파트너이기도 하다. 영채와 월화의 관계를 한 마디로 정의하는 것은 쉽지 않다. 이 텍스트들에서 두 사람은 서로의 마음을 이해해주는 유일하고 배타적인 관계 안에 들어서고, 마음의 소통은 몸의 접촉으로 옮아간다.[12]

---

11) 다음 책을 텍스트로 삼았다. 김철 교주, 『무정』, 문학동네, 2003.

12) 이 텍스트들은, 「윤광호」 「마음이 옅은 자여」 「동정의 루(淚)」가 동정으로부터 시작된 동성애적 관계를 보여준다고 보는 손유경의 해석과 부합하는 면이 있다. 그러나

　이들의 관계는 '이해'를 기반으로 해서 형성된다. 다른 식으로 말한다면, 마음의 에너지 자체가 상대인 '벗'을 향하지는 않는다. 「어린 벗에게」에서 화자가 벗에게 간절한 편지를 보내는 이유는, 지금 현재 자신의 마음을 온통 사로잡고 있는 김일련이라는 여성에 대해 이야기하기 위해서다. 『무정』의 월화가 영채와 더욱 친밀해지는 것은, 다른 동경의 대상이 생겼기 때문이다. 기생인 월화의 마음은 점잖고 지적인 대성학교의 함교장을 향해 있다. 근대적 가치를 체득한 이들에게 이 욕망의 대상들은 도달될 수 없는 것이다. 일부일처제를 배운 「어린 벗에게」의 화자는 결혼을 한 몸이므로 김일련을 '누이'의 자리에 놓아야 하고, 자신의 일을 천하게 여기는 월화는 아무리 자존심을 지키더라도 자신을 함교장과 대등한 관계에 놓지 못한다. 「방황」의 경우 화자의 괴로움은 욕망의 부재에서 기인한다. "이것이 보고 싶으니, 또는 이것을 하고 싶으니, 살아야 하겠다 하는 아무 것도 내게는 없다." K군은 이런 "나"에게 목표점으로 "조선"을 설정하도록 충고를 하지만, "나는 조선을 유일한 애인으로 삼아 일생을 바"칠 마음이 생기지 않는다.

　욕망의 대상은 너무 멀리 있거나 추상화되어 있거나 비어 있다는 점에서, 일종의 구멍이라고 할 수 있다. 벗과 맺는 관계는 이 구멍을 유지하게 하는 기반이 된다. 그들로부터 이해를 받고 있다는 믿음을 통해, 도달불가능한 욕망을 '가치있는' 것으로 전환시킬 수 있다. 또한 벗들은 아주 구체적으로 그들 곁에 있음으로 해서 동시에 이 구멍을 대리 충족시켜주는 기능을 하기도 한다. 뒤집어서 말한다면 도달불가능한 욕망을 설정함으로써 배타적 친밀감을 유지해간다고도 볼 수 있을 것이다. 그들은 대화를 하고 서로 만지고 끌어안으며 텅 빈 마음을 '메운다'.

　이 관계들이 "보편적 동정을 사회 통합 원리로 내세운 지식인 동정 담론에 대한 비판적 거리 두기를 꾀하고"(앞의 논문, 93쪽) 있을 만큼 자의식적인 것인지에 대해서는 논의의 여지가 있다.

188

(2) 욕망의 대상으로서의 '미소년'

「사랑인가」와 「윤광호」[13])에서 전경화되는 남성─남성의 관계는 이
와는 조금 다른 양상을 보인다. 주인공인 문길이나 윤광호의 심적 상
태는 「어린 벗에게」나 「방황」의 아픈 화자들과 큰 차이를 보이지는 않
는다. 문길은 "그의 가슴 속을 들어주는" "벗"을 찾지 못해 괴로워한
다. 윤광호는 자기 마음속의 "크고 깊은 공동(空洞)"을 보고 "비애와
적막"을 느낀다. 그러나 문길이 미사오(操)에게, 윤광호가 P에게 느끼
는 감정은 위의 경우처럼 이해와 동정을 구하는 데에서 비롯된 것이
아닌, 노골적으로 리비도를 포함한 것이다. 문길은 벗을 찾지 못해 괴
로워한 끝에 "바로 이것"이라는 생각과 함께 미사오라는 소년을 발견
하지만, 미사오는 듬직하게 마음을 통하는 벗이 되는 대신 그의 마음
을 더욱 애타게 만든다. 문길은 미사오의 얼굴에 "황홀"해 하고 "사랑"
을 구하고, 사랑 때문에 번민하고, "손가락을 잘라 혈서를" 보낸다. 한
편 윤광호는 P에게 반하게 될 당시 "누구나 하나를 안아야 하겠고 누
구나 하나에게 안겨야" 하는 "뜨거운 구체적 사랑"을 원하고 있었고, P
를 보게 된 후로는 "P의 얼굴과 그 위에 눈과 코와 눈썹과 P의 몸과
옷과 P의 어성(語聲)과 P의 걸음걸이와…… 모든 P에 관한 것은 하나
도 광호의 열렬한 사랑을 끌지 아니하는 바가 없었다." 또 그는 짝사랑
에 마음을 태우며 "P의 사진에 입을 맞추고 밤낮 품에 품으며 이따금
못 견디게 P가 그리울 적에는 그 사진을 앞에 놓고" 눈물을 흘리기도
하고, 사랑 고백을 하기 위해 무명지를 베어 피를 받아 역시 혈서를 쓴
다. 「윤광호」의 서브플롯에 해당하는 김준원─일본청년의 관계에서도
이러한 양상은 반복된다. 김준원─일본청년의 관계는, 윤광호가 실연
의 슬픔 때문에 실성한 것을 본 후 김준원의 머릿속에 떠오른 옛 일이
다. 12, 3년 전 "미소년"이었던 김준원을 "열애"하게 된 일본청년은 날

---

13) 「사랑인가」, 김윤식 역, 『문학사상』, 1981. 12, 442-446쪽.(『백금학보』 19호, 1909. 12);
춘원, 「윤광호(尹光浩)」, 『청춘』 13호, 1918. 4.

마다 준원을 보기를 원하고 보기만 하면 "손을 잡고 쓸어안고 혹 입도 맞추려 하였다." 미사오는 문길에게, P는 윤광호에게, 김준원은 일본청년에게, '한눈에 반한' 대상, 그러니까 일종의 욕망의 대상이 된다.

이 세 커플은 한쪽이 '소년'에 가까운 면을 지니고 있다. 윤광호—P, 일본청년—김준원의 관계에서 '소년' 쪽에 놓이는 P와 김준원은 탈남성화된다. 윤광호의 마음을 빼앗은 P는 "아름다운 소년소녀" 중의 한 사람이고, 일본청년의 열애를 받을 때에 김준원은 "홍안미소년이라는 조롱을 들을 만한 미소년"이었다. 문길과 미사오는 동급생으로 설정되어 있지만, "얼굴에는 사랑의 색깔이 넘쳐흐르고 눈에는 천사의 웃음이 떠오르"는 미사오의 모습은 '어린 소년'의 이미지에 가깝다.

이 '예쁜 소년'들에게 모든 열정을 쏟아부은 청년들은 파멸하거나 절망한다. 문길은 철로 위에 몸을 맡기고, 윤광호는 실성한 끝에 단도로 자살하며, 일본청년은 준원으로부터 사랑을 거절당한 후 방랑의 세월을 보낸다. 손쉬운 결말처럼 보이는 면도 없지 않지만, 이 파탄은 구원의 가능성이 없다는 점에서 근원적이고 내재적이다. 월화 역시 강물에 몸을 던져 자살하지만, 영채의 서사를 위해 등장한 월화의 경우 그 죽음은 필연적이라기보다는 도구화되어 있다는 의혹을 가질 만한 것이었다. 그러나 문길과 윤광호와 일본청년의 사랑은 그 자체로 자기 목적적인 것이어서, 현실의 제도적 형식과 타협할 수 있는 여지가 없다. 감정적 교류와 상대에 대한 이해를 결혼의 전제로 삼는 가치관이 굳어져 가던 시점에서, 상대가 마음을 연다고 하더라도 동성을 향한 열정은 자리 잡을 곳이 없는 것이다. 욕망의 대상이 아주 멀리 있거나 추상화되어 있을 때, 가까이 있는 벗을 향한 배타적 친밀감은 그 욕망을 지속가능하게 하는 동시에 대리충족시켜주기도 한다. 그러나 이 우회의 형식을 벗어나 열정 자체가 동성을 향해 직접화될 때, 그 관계가 파멸 이외의 다른 귀착점에 도달할 가능성은 희박하다. 이 비극은 부모의 몰이해, 상대의 부정(不貞), 원치 않던 조혼 등 당시 연애·결혼 담론에서 일반화되어 있던 외적 원인을 동반할 수 없으며, 그 때문에 낙후된 사회나 열등한 심성을 비판하는 계몽의 그림자를 거느리지 않는다.

2) '자발적 노출'의 의미(1): 근대의 담론과 개별자적 경험의 '틈새'

윤광호의 혈서에 대한 답장에서 P는 "황금과 용모와 재지(才地)"가 있어야 남에게 사랑을 구할 자격이 있다고 쓴다. 광호는 이 세 가지 중 "황금과 용모"가 없다. 그래서 P는 광호의 사랑에 응할 수 없다. P는 남자가 남자를 사랑할 수 있는가, 등의 질문을 제기하지 않는다. 윤광호의 고민에서도 P가 남자인데도 사랑이 가능한가 같은 문제는 배제되어 있다. 이 소설에는 '남자와 남자의 사랑'에 대한 자의식적인 질문이 개재되어 있지 않다.

남자와 남자 사이의 감정 문제를 밀도 높게 다루면서도 그러한 관계를 지극히 심상한 것으로 다루는 이광수의 태도는 이 소설을 읽어내는 데에 일정한 난점으로 작용한다. 현재의 관점에서 이 소설을 볼 때 동성애 코드를 배제하기는 확실히 힘들다. 그러나 한편 현재적 의미의 '동성애'라는 용어가 가능하기 위해서는 성 정체성 혹은 지향성에 대한 의식이 동반되어야 한다. '동성애 소설' 혹은 '동성애적 욕망을 다룬 글'이란 명명이 유의미한 것은 이성애/동성애 분할 구도의 소수자로서 그 소수성을 주체적으로 전유할 수 있는 태도나 관점, 혹은 그에 대한 갈등을 문제 삼을 수 있어야 하기 때문이다. 그런데 동성 간의 스킨 쉽을 묘사하거나 열정적 감정을 다루는 이광수의 태도에는 관습에 대한 비판이나 금기에 대한 대응의 성격이 찾아지지 않는다. 정상/비정상의 도식을 억압으로 느끼고 그것을 피하기 위해 특정한 은폐 기제를 사용하지 않을 뿐 아니라, 그러한 관습과 금기를 위반한다는 도전 정신도 발견되지 않는다.

아마도 그 일차적 이유는 담론이 활성화되지 않았기 때문일 것이다. 조선에 '동성애' '동성연애'라는 어휘가 유입되어 미미하게나마 유통되는 것은 1920년을 지난 후의 일이다. 더불어 작자 이광수의 연대기에서 딱히 성 정체성을 문제 삼을 만한 사건을 찾을 수 없다는 점 때문에, 이 텍스트들이 보여주는 남성-남성의 사랑은 성적 취향이나 지향과는 무관한 것으로 해독되기도 한다. 유별나게 도드라지는 특수성 때문에 오히려 아무것도 아닌 것으로 처리되는 것이다. 그러나 근대의 이성애/동성애 분류 체계가 없었다고 해도, 동성 간의 농밀한 관계는 '남색'이라 명명되며 식자층에서 경멸받아 마땅한 것으로 받아들여지곤 했다. 또한 이 소설들이 '일본'에서 '학생' 신분의 이광수에 의해 씌어진 것이라는 점 역시 감안되어야 한다. 동성애적 관계가 널리 용인되던 일본의 전통 속에서 20세기 초는 이러한 애정 관계가 부정적 의미를 지니게 되는 동시에 남성 학생 문화의 한 양상으로 집중화되는 경향을 보여주기도 했다.14) 이광수의 인물들이 맺는 동성 간의 친밀함을 그저 무작위적이거나 우연적인 것, 혹은 깊은 우정으로만 볼 수 없는 것은 이러한 까닭이다. 이 난점을 당대의 맥락 및 작자의 특수성을 깊게 이해하고 위 텍스트들의 문학적 가치를 밝혀주는 유의미한 매듭으로 전환시키기 위해, 일단 이광수 자신의 의식적인 주장이 담긴 발언을 들어볼 필요가 있다.

> 아름다온 女子를 사랑한다 하면 곳 野合을 想像하고 아름다온 少年을 사랑한다 하면 곳 醜行을 想像하는 이는 精神生活이 무엇인지를 모르는 卑賤한 人格者라 할 것이로소이다. (……) 男女가 서로 肉體美와 精神美에 호리어 서로 全心力을 傾注하야 사랑함이 人類에 特有한 男女關係니 이는 무슨 方便으로 卽 婚姻이라는 形式을 이른다든가 生殖이라는 目的을 達한다든가 肉慾의 滿足을 求하랴는 目的의 方便으로 함이 아니오 「사랑」 그 물건이 人生의 目的이니 마치 나고 자라고 죽음이 사람의 避치 못할 天命임과 가치 男女의 사랑도 避치 못할 또는 獨立한 天命인가 하나이다.
>
> — 「어린 벗에게」, 『청춘』 9호, 106쪽

---

14) G. 실비안, 앞의 논문, 18-19쪽; 37쪽.

인용문은 주인공 임보형의 입을 빌려 이광수 자신의 사랑에 대한 장광설이 전개되는 부분이다. 이 글에 의하면, "사랑"은 수단이나 방편이 되어서는 안 되는 인생 제일의 목적인 동시에 가치여야 한다. 그는 사랑을 "육욕의 만족" "생식" "혼인"으로부터 단절시킨다. 다만 그가 전제하는 "사랑"이란 "남녀의 사랑"인 까닭에, 이 단절은 실제적 단절이라기보다는 선후관계의 전도라 할 수 있겠다. "육욕의 만족" "생식" "혼인"은 사랑의 목적이어서는 안 된다. 그것들은 사랑으로부터 '자연스럽게' 나오는 결실이어야 한다. 그의 논리는 극단적으로 보이지만, '남녀' 관계를 문제 삼을 때 "사랑의 실제적 이익"들은 당대의 도덕적 기대 지평을 크게 벗어나지 않는다.

그러나 그가 사랑의 정신성을 생식과 혼인보다 앞서 존재하여야 하는 것으로 인과 관계를 뒤바꿀 때, 사랑의 내포는 '남녀'에 한정되지 않는다. 그가 비판하는 "정신생활이 무엇인지를 모르는 비천한 인격자"들에는, "아름다운 여자를 사랑한다 하면 곧 야합(野合)을 상상"하는 사람들 뿐 아니라 "아름다운 소년을 사랑한다 하면 곧 추행(醜行)을 상상하는" 사람들도 포함된다. 그가 '사랑'으로부터 단절시키려는 것은 기생 오입질 및 작첩과 '남색'의 인습이다. 아름다운 소년에 대한 사랑을 '더러운' 것으로 보며 조롱과 경멸의 시선을 던지는 사람들은, 남녀의 사랑을 기생 오입질과 혼동하는 사람들과 다를 바가 없다. 그의 제1과제는 사랑을 '추'와 '악'으로부터 구원해 내어 "미"와 결합시키는 것이다. "아름다운 경치"를 대하여 사랑하고 "아름다운 꽃"을 보고 찬미하고 입 맞추는 일은 당연한데, "어찌하여 우리는 아름다운 사람(남자나 여자나)을 보고 사랑하여서는 못 쓰나이까."(108) "아름다운 사람"에는 여자도 있지만 남자도 있다. 그의 논의는 여기에서 더 멀리 나아가지는 않지만, 만약 끝까지 밀고나간다면 그의 '사랑론'이 도달하는 궁극의 경지는 아름다운 남자에 대한 남자의 사랑에서 찾아지게 된다. 이러한 사랑이야말로 '생식'과 '혼인'에 의해 혼탁해지지 않기 때문이다.

개인사적 편린이 담긴 기록들을 감안할 때, 이광수의 이러한 논의는 추상적인 수준에 그치는 것은 아니었던 것으로 보인다. 자전적 소설인 『그의 자서전』(조광사, 1937)에서 이광수의 페르소나 남궁석은 재당숙 집을 나와 떠돌이 생활을 하면서 "어떤 집 윗목에서 얻어자다가 남녀의 관계란 것도 목격하고 또 남자들의 부자연한 성욕 만족이란 것도 구경"하게 되었다(77). 『무정』에서 11살의 형식이 처음 평양에 와서 혼자 주막에 들었을 때를 서술한 부분은 이러한 경험 혹은 관찰과 무관하지 않은 듯하다. 밤이 되자 같은 주막에 들었던 장사치 세 사람은 서로 형식과 함께 자겠다고 다투더니, "그 중에 제일 거무튀튀하고 무섭게 생긴 사람이 웃고 형식을 안으며 '애, 나하고 자자. 돈 줄게' 하고 형식의 목을 쓸어안으며 입을 맞추려 한다." 그리고 그의 "구린내 나는 입이 형식의 입에 닿았다."(350) 이러한 서술들은, 여성의 몸 못지않게 소년의 몸을 탐하거나 사고파는 일이 성행하고 있었음을, 그리고 이광수 자신이 떠돌이 유년 시절 그러한 세계를 몸소 겪었거나 반복적으로 목격한 일이 있었음을 추측하게 한다. 식자층의 입장에서 볼 때 이런 관계는 방탕한 "추행(醜行)"이었으며 비판과 풍자의 대상이었지만, 하층민들의 입장에서 볼 때는 흔한 관계 중의 하나일 뿐이었을 가능성이 높다.15)

성적 정체성이 많은 부분 '학습'에 의해 이루어진다는 점을 감안한다면, 『무정』이나 『그의 자서전』에서 추론해볼 수 있는 떠돌이 유년기의 체험은 역설적인 방식으로 이광수가 사랑의 범주에서 동성 간의 친밀한 교류를 배제하지 않게 한 토대가 되었음을 알 수 있다. 그는 남자와 여자가, 남자와 남자가, 성교하는 장면을 보았다. 기생방이나 색주가에 들락거리는 일, 소년의 몸을 농락하는 일은 모두 같은 층위에서

---

15) 다음 글은 1940년대에 10~20대였던 노인들의 증언을 통해 이 문제를 다루었다. 이들은 일상적으로 그러한 관계들이 성행하였고 자신들도 경험하였으며, 관계가 돈독해질 경우 가족으로 받아들여지기도 했다고 증언한다. 박관수, 「1940년대 남자동성애 연구」, 『비교민속학』 31집, 2006, 389-483쪽.

‘야만’이며 ‘악습’이다. 여기에는 위계가 없다. 그러므로 정반대로, ‘색(色)’만을 탐하는 것이 아니라면, 상대의 전존재를 향한 감정이라면, 그것은 여자를 향한 것이든 소년을 향한 것이든 문명한 ‘사랑’일 수 있다. 이것은 “아름다운 여자를 사랑한다 하면 곧 야합을 상상하고 아름다운 소년을 사랑한다 하면 곧 추행을 상상”하는 기존의 가치 체계를 거부하며 정리한 새로운 도덕이 된다. 물론 이광수가 ‘사랑’을 문제 삼은 것이 애초에 재래적 관습과 억압을 비판하고 개인의 자율성과 개성 및 감정을 강조하기 위해서였다는 점을 감안한다면, 결국 중요한 것은 사랑이 아니라 혼인이며 그런 점에서 이 주장은 이성애주의적인 귀결점으로 향할 수밖에 없다고 보아야 할 것이다. 그러나 문제는 근대적 결혼 제도에 대한 담론이 이광수라는 개인을 거쳐 언어화될 때, 담론과 개별자적 경험이 온전히 겹쳐지거나 맞물리지 못하는 ‘틈새’가 발생한다는 것이며, 그 ‘틈새’에 뜻밖의 침전물이 고인다는 것이다. 이 침전물로서 남자는 남자에게 숨김없이 욕망의 대상으로 의미화된다. 또 남자는 남자의 몸에서, 여자는 여자의 몸에서 위안을 구하는 일이 허용된다. 이광수의 페르소나 윤광호가 마음의 깊은 공동(空洞)을 메우기 위해 처음으로 빠져드는 대상은 “다홍치마 입은 여학생들”이나 “13, 4세 되는 혈색 좋고 소년”들의 모습 모두이다. 이광수의 글들이 동성 간의 친밀한 관계를 스스럼없이 다룰 수 있었던 것은 기본적으로 이러한 의식적 기반 위에서라고 할 수 있을 것이다.

3) ‘자발적 노출’의 의미(2): 중층적·쌍방향적 시선

이광수가 어린 시절 몸소 겪은 하층민들의 성과 사랑의 세계는 근대적 가치가 침윤되지 않은 것이었다. 한편 그가 성인이 되어 주창하는 근대적 사랑의 방식은, 감정과 섹슈얼리티를 궁극적으로 결혼이라는 제도에 복속시키는 이성애주의적 사고와 맞닿아 있는 것이다. 몸이 겪은 세계와 의식이 지향하는 세계를 결합시키는 과정에서 발생하는

'틈새'는 두 가지 면에서 중요하다. 하나는 앞에서 서술한 것처럼 동성 간의 관계를 적극적으로 다룰 수 있는 가능성 자체가, 이 '틈새'로부터 나온다는 것이다. 또 하나는 앞의 것에 연동되어 있는데, 동성 간 관계의 전면화는 쌍방향 시선을 가능하게 함으로써 작중 인물의 타자화를 최소화시킬 수 있는 기반으로 작용한다는 점이다.

이 문제를 살피기 위해서는 다시 「윤광호」로 돌아가 보아야 할 필요가 있다. 「윤광호」의 주인공은 당연히 윤광호이지만, 보다 문제적인 인물은 김준원이다. 김준원은 윤광호의 감정적 열도를 부각시키고 P에게 대신 전달해주는 보조적이고 매개적인 역할을 하는 데에 그치지 않는다. 회상을 통해 등장하는 준원과 일본 청년과의 관계는 윤광호와 P의 관계를 변주한 것이다. 일본 청년은 윤광호에, 준원은 P에 대응된다. 이 이야기는 준원의 관점에서 서술됨으로써, 윤광호의 일방적인 사랑을 받는 P의 입장을 대변하기도 한다. 이니셜 이름만큼이나 추상화되어 있는 P는 준원을 통해 얼굴과 표정을 가질 가능성을 지닌다. 준원은 그런 점에서 P의 대리인이라고도 할 수 있다.

일방향적으로 열정이 흐르는 경우, 시선의 권력이 어느 쪽에 부여되느냐에 따라 한쪽 대상은 쉽사리 타자화된다. 사랑을 주거나 구하는 입장, 혹은 실연을 당한 입장에서 서술될 때 상대는 P처럼 냉정한 인물이거나 돈에 눈이 먼 속물 또는 타락자로 묘사된다. 반면 사랑을 일방적으로 받는 입장에 서면 상대는 광기어린 '스토커'에 가까워진다. 「윤광호」는 일방향적인 열정을 중층화해서 한번은 사랑을 구하는 입장에서, 한번은 사랑을 받는 입장에서 서술한다. 이광수의 자전적 글쓰기 등을 검토해 볼 때 그 스스로 양쪽 입장에 서 본 경험이 있으며 P에 대한 윤광호의 태도나 일본 청년에 대한 준원의 태도에 그 경험이 일정 정도 투영되어 있기 때문에 가능한 서술이었을 것이다.[16) 이 경험은 근대적 감정과 사랑의 논의와 맞물리면서 생긴 '틈새'를 통해 자발

---

16) 자전적 글쓰기에 대해서는 다음 장에서 좀더 자세히 다루기로 한다.

적으로 노출될 희귀한 기회를 만난다. 만약 근대 이전의 성과 사랑의 세계 속에만 몸담고 있는 입장이었다면 그것을 글쓰기 형식에 담아야 할 필요성을 느끼지 못했을 것이며, 연애와 사랑에 대한 근대적 담론이 견고해져서 작자에게 체화된 이후라면 '사랑'이라는 영역을 '남녀 관계'로 한정하는 배치틀로부터 자유로울 수 없었을 것이다. 그리고 이 기회를 통해, 쌍방향 시선의 가능성이 열리게 된다. 「윤광호」의 작자는 윤광호 못지않게 김준원의 관점이 텍스트를 지배하는 것을 허용한다. 윤광호뿐 아니라 김준원 역시 이광수의 페르소나로서 기능한다.

김준원의 입지가 좀더 부각되는 부분은 김준원과 윤광호의 관계가 서술되는 장면에서이다. P가 광호 앞에 나타나기 전에, 두 사람은 그저 사이좋은 선후배 관계를 넘어 배타적인 친밀감으로 묶인 사이였다. "광호는 준원만 있으면 넉넉히 이 세상을 지내어가리라 하였고 준원의 생각에도 광호는 자기의 뜻을 가장 잘 알아주고 자기를 가장 잘 사랑하여 주는 친구로 광호를 더욱 사랑하였다." 이 문장은, 준원과 광호, 「어린 벗에게」의 '나'와 벗, 「방황」의 '나'와 K군의 관계에 대한 가장 직접적이고 요약적인 진술이라고 볼 수 있을 것이다. 위에서 설명했듯 이해를 기반한 이 관계는 외면적으로 볼 때 그 자체로 목적적이지 않다. 이 관계는 다른 대상에 리비도가 몰릴 수 있도록 해주는 버팀목 구실을 한다. 그러나 김준원의 관점에서 서술되는 이들의 관계는 마음 '만'을 이해하는 것으로 한정되는 배타적인 관계가 과연 가능한 것인가, 하는 질문을 던지게 만든다.

"장유(長幼)의 관계"에 있는 두 사람 중에서 마음이 먼저 뜨는 쪽은 나이 어린 윤광호다. 김준원은 그것을 당연한 듯이 바라보면서도 한편으로는 질투를 느낀다. "사랑하던 누이나 딸을 시집보낸 뒤에 그 누이와 딸이 자기보다도 그 지아비를 더욱 사랑하고 자기에게 대하여는 독립 반항의 태도를 취하는 양을 볼 때에 발하는 듯"한 불쾌감 속에서, 김준원은 "작일(昨日)까지는 광호가 내 품에 안겨 있었거니와 금일부터는 광호가 자기를 배반하고 다른 사람의 품으로 뛰어간 듯"한 느낌을 받는다. "내 품" "다른 사람의 품" 같은 소유 감각의 언어 속에서 두 사람의 관계는 동료애를 넘어선다. 그리고 윤광호에 대한 마음을 비유하기 위해 "누이나 딸"을 호명할 때, "누이나 딸"은 단순히 혈육 같은 끈끈한 정을 환기시키는 데에 멈추지 않는다. 사랑의 마음을 불러일으키는 여인을 이광수가 언제나 '누이'의 자리에 놓으려 했다는 것은 주지의 사실이다. 또 「소년의 비애」에서처럼 '누이'는 혈육의 정을 넘어서는 존재로 형상화되기도 했다. "사랑하던 누이나 딸"에 비유되면서 윤광호는 김준원에 대해 여성의 자리, 사랑을 '받는' 자리, '소유되는' 자리에 놓이게 된다. 이 지점에서 광호는, 일방적으로 사랑을 받던 '아름다운 소년' P와 '홍안미소년'이던 15, 6세의 김준원과 유사한 입지를 점한다. 옆의 그림이 보여주듯, 광호와 준원은 각각 다른 방식으로 욕망의 주체이자 대상이며, 욕망의 주체로서의 시선과 욕망의 대상이 된 자의 시선은 여러 겹으로 펼쳐지게 된다.

　두 사람만으로 이루어진 세계 안에서, 그들은 서로를 "자기의 뜻을 가장 잘 알아주고 자기를 가장 잘 사랑하여 주는 친구"로 여길 뿐 상대에게 감정적인 에너지를 쏟지는 않았다. 그러나 광호가 이 세계를 먼저 깨트리고 나가자, 준원에게 광호는 선후배 혹은 친구를 넘어 결핍된 '연인'의 자리로 위치 이동한다. 둘만의 폐쇄적인 관계가 깨어지는 지점에서, 도달불가능한 욕망의 매개인으로 설정된 '친밀한 벗'은 실제로 매개인이 아닌 욕망의 구현체였음을 드러낸다. 준원과 광호의 관계 변화는 이해와 동정만을 기반으로 한 배타적인 관계란 것이 정말 가능한가, 이런 관계 사이에서 이루어지는 스킨 쉽이란 우정과 의리의 확인에 불과

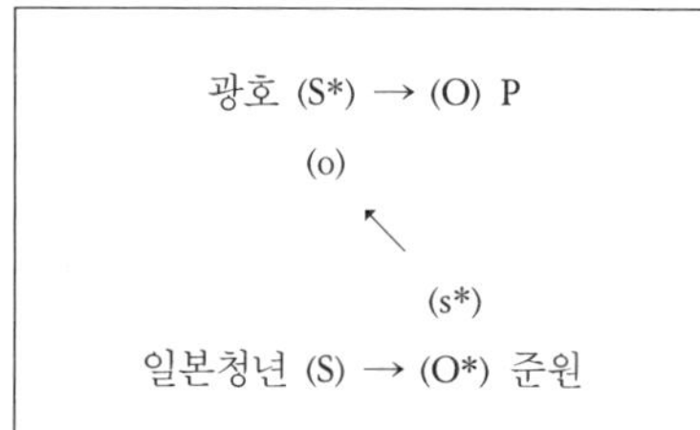

한가, 벗과 연인의 경계는 어디에 있는가, 등에 대해 질문하게 만든다.

「어린 벗에게」와 「방황」에서 '나'와 '벗', '나'와 'K군'의 관계는 서로의 마음을 이해한다는 사실만을 기반으로 하고 있지만, 벗과 K군이 나를 바라보는 시각은 확보되어 있지 않은 채 오로지 나의 관점에서만 서술되었다는 점이 고려되어야 한다. 그러나 「윤광호」의 세 커플 안에서 중층화·쌍방향화된 시선은, 두 사람 사이의 배타적 관계를 '우정'이나 '사랑' 등 특정한 언어로 규정하지 않은 채 두텁게 보여주며 '관계'의 의미를 사유하게 한다. 이러한 가능성은 남성 주체의 입장에서 '남녀관계'를 다룰 때는 좀처럼 얻어지기 힘든 것이다.

한편 이러한 서술 방식은 윤광호라는 인물을 쉽게 규정될 수 없는 모호한 인물로 만든다. 윤광호는 '개성'과 '감정'에 눈뜨는 당대 청년 독자들의 연민을 자극하는 고독하고 외로운 인물로 형상화되지만, P에 관한 열정은 감정 과잉을 넘어 히스테리컬해 보이기까지 한다. 그는 P의 뒤를 몰래 밟고 혼자 그와의 관계를 상상하며, "아침마다 향유를 발라 머리를 가르고" "미안수(美顔水)와 클럽 백분"을 바르고 "아무쪼록 얼굴이 어여뻐 보이도록" 한다. 이러한 면은 1920년대에 접어들어 감정의 열등한 부분이며 여성의 본질적인 측면으로서 개선해야 할 자질로 언급되던 것들이다. 한편 그는 '아름다운 소년' P에게는 적극적으로 구애하지만, 준원에 대해서는 사랑을 받고 이해를 받고 보호를 받는, "친구"임에도 불구하고 다분히 수동적인 위치에 놓이며 준원에 의해 '여성화된' 존재감을 부여받는다.[17) 윤광호는 성차에 따른 성향이나 기질이 본질로서 규정되며 훈육 기제로 견고하게 작동하는 패러다임 안에 갇히지 않는다. 그런 점에서 윤광호는 근대적 남성성을 정체화하지 않은 인물이라고 볼 수 있다. 그는 남성으로 설정되어 있지만, 남성성의 이념으로부터 자유롭다. 주체성의 형성이 배제와 은폐를 통해 작동

---

17) 다음 논문은 『청춘』에 실린 이광수의 단편들 전반에서 남자 주인공이 여성적으로 젠더화되는 경향이 있음을 지적하였다. 신수정, 「감정교육과 근대남성의 탄생—이광수의 초기 단편소설을 중심으로」, 『여성문학연구』 15집, 2006, 229-258쪽.

한다는 점을 감안한다면, 윤광호는 '근대성 미달'의 인물인 동시에 근대적 체계 안에서는 부정되거나 배제되기 쉬운 부면들을 그대로 끌어안고 있는 보기 드문 인물이기도 하다. 이러한 인물 형상 역시 '틈새'가 만들어내는 문학적 가치 중의 하나라고 할 수 있을 것이다.

남성 주체로 정체화되지 못한 윤광호가 죽고, 감정을 제어하고 분석하며 적절한 관계를 유지한 김준원이 그의 죽음을 애도하는 마지막 장면은 문학적인 면에서도 상징적 의미를 담고 있다고 할 수 있다. 작자는 윤광호와 김준원 둘 모두의 시선을 텍스트 안에 허용하지만, 제목에서 보나 분량에서 보나 심정적으로는 윤광호 쪽에 기울어져 있다. 그러나 살아남는 것은 근대적 주체 형성에 성공한 김준원이다. 2년 전 우연히 준원이 일본청년과 만났을 때, 그러니까 윤광호를 '품는' 자리에 놓였을 때, "수염난 준원의 얼굴"은 이미 그가 '미소년'이 아닌 성인 남성의 자리에 놓이게 되었음을 보여준다. 준원의 애도는 윤광호에 대한 것을 넘어, 윤광호와 같은 인물, 그러니까 남성성의 이념이나 여성성의 이념에 정합적이지 않은 인물은 앞으로 현실의 표상 체계에서 배제될 수밖에 없으며 형상화되더라도 은폐의 기제를 두를 수밖에 없으리라는 사실을 향하고 있다고 보아도 좋을 것이다.

3. '동성애'에 대한 자의식과 은폐된 관계: 1920년대의 텍스트

1) 당대인들의 시선과 이광수의 자의식

「윤광호」를 비롯한 초기 글에서 이광수는 동성 간의 열정과 친밀감을 스스럼없이 드러내었지만, 그렇다고 해서 그러한 관계에 대한 타인들의 시선을 전혀 의식하지 않았던 것은 아닌 것으로 보인다.

형식은 학싱들을 지극히 스랑ᄒᆞ얏다 그가 학싱들에게 디ᄒᆞᆫ 일언일동은 어느 것이나 쓰거운 사랑에셔 안이나옴이 업셧다 형식은 어린 학싱들의 코도 씨셔주고 구두끈과 옷고름도 미어주엇다 엇던 교스들은 형식이 이러케 홈을 비웃기도ᄒ고 심지어 형식이가 학싱들을 끔찍이 스랑ᄒᄂᆫ 것을 좋지못한 뜻으로ᄭᅡ지 힉석ᄒ얏다 더구나 형식이가 리희경을 특별히 사랑ᄒᄂᆫ 것은 필연 희경의 얼골을 탐니어 그러ᄒᄂᆫ 것이라 ᄒ며 엇던 자ᄂᆫ 형식과 희경의 더러운 관계를 확실히 아노라고 장담ᄒᄂᆫ 자도 잇셧다

— 『무정』, 409-410쪽

경성학교 학생들, 그리고 이희경에 대한 형식의 애정을 표현한 위 인용문은, 다른 교사들에 의해 이 애정이 해석되는 양상까지 포함하고 있다. 다른 사람들의 눈에 희경에 대한 형식의 애정은 "얼굴을 탐내"는 것으로, 혹은 두 사람이 "더러운 관계"를 맺고 있는 것으로 비추어진다. 서술자는 형식의 "뜨거운" 사랑을 형식의 시선에서 보고 있기도 하지만, 타인의 시선에 이러한 사랑이 '더러운' 것으로 비추어지고 있다는 것도 파악하고 있다. 이 글을 쓰고 있던 1917년에, 서술자로서의 작자는 남자 선생과 남자 제자의 '뜨거운' 관계를 더럽고 나쁜 것으로 해석하는 시선을 분명하게 의식하고 있었다고 보아야 한다. 한편 "이희경 같은 몇 사람에 대하여서는 남자가 여자에게 대하여 가지는 듯한 굉장히 뜨거운 사랑을 깨달았다"(410)는 서술은, "뜨거운 사랑"의 일반화된 양태가 "남자가 여자에게 대하여 가지는" 것임을 인정하는 데에서 나온다고 볼 수 있다. "뜨거운 사랑"의 경험 주체조차도 자기 경험을 '일반적'인 것으로 파악하지는 않는다. 그러나 1910년대에 이광수에게 당면한 과제는 "아름다운 여자를 사랑한다 하면 곧 야합을 상상하고 아름다운 소년을 사랑한다 하면 곧 추행을 상상"하는 기존의 가치 체계를 전복하여 새로운 도덕을 정립하는 것이었다. 그는 '더러운'이라는 수식어가 때에 따라 '뜨거운'으로 교정되어야 할 것을 주창한다. 이 과제를 짊어진 자로서 작자에게는 주위의 경멸과 조롱어린 시선을 '비천한' 것으로 받아쳐낼 힘이 있었다고 볼 수 있을 것이다.

그러나 1920년대에 오면 사정이 달라진다. 1920년대에 들어오면 끊

임없이 반복되는 연애와 성욕에 대한 근대적 담론을 통해 남성과 여성의 젠더 표상이 견고해지고, 이성애적 욕망과 관계가 '정상'으로서 유통되기 시작한다. 그리고 이 자장에 영향을 받으며 '동성애' '동성연애'라는 용어도 제법 사용되게 된다. 여학생들 간의 '동성연애'를 '유행'으로 배치하며 동성 간의 감정을 여성화·탈성화시키는 메커니즘이 작동하고, 남성들 간의 과도한 친밀함이 '변태'로 의미화되어가기 시작한 것도 이 시기였다.[18]

　　앞에서 다룬 이광수의 소설들에 대한 평에서도 이러한 의미화 작용이 가동되고 있었음을 찾아볼 수 있다. 박영희는 『청춘』에 실린 「윤광호」의 마지막 부분에 "P는 남자"라고 쓰여 있어서 "친구들과 웃었다"고 언급한다. 소설에 대한 감상은 "실연을 맛보는 슬픈 감정보다는 좀 불쾌한 남색적 기분의 호기심"이었다.[19] 한편 『별건곤』 3호에는 유명한 소설 주인공들의 모델 인물을 추정해보는 기사가 실리는데, 이광수의 소설로는 『무정』 「윤광호」 『재생』이 대상이 되었다. 그중 "『무정』의 주인공 '형식'이는 교사노릇도 하고 연애도 하고 동성애도 해보다가 바람이 맞아서 동분서주해 돌아다니는 것이 갈데없는 작자 자신을 모델 삼은 것이니 청년기의 전반생을 기록해" 놓은 것이며 "형식이가 교사 노릇을 할 때 유난스러히도 귀여워한 학생 즉 '이희경'이란 미소년은 바로 정주 오산학교를 다니든 생도"로 "사랑이 많은 춘원 선생님의 총애를 한 몸에 받았던 것"이라고 말해지고 있다. 또 「윤광호」에 대해서는 『청춘』에 실렸을 당시 "외설한 작품이라고 문제가 되었"었다는 것, "작자와 거의 동기의 유학생인 서○이란 친구가 그와 방불한 동성애에 걸려서 죽을 둥 살 둥하고 야단법석을 한 일"과 "'이희경'이에게 대한 뼈아픈 경험"을 한 일이 있는 작자 자신의 체험을 섞어놓은 것이라고 추측하고 있다.[20]

---

18) 신지연, 앞의 글 참조.

19) 박영희, 「문학상으로 본 이광수」, 『개벽』, 1925. 1, 86쪽.

20) 「많이 읽혀진 소설의 모델 이야기」, 『별건곤』 3호, 1927. 1, 75-76쪽. 한편 박계주는

이 사려 깊지 못한 가십성 기사를 얼마나 믿을 수 있는지는 미지수다. 그러나 이광수를 둘러싸고 떠도는 당대 소문과 그의 소설을 대하는 태도가 어떠했는지, 그리고 '동성애'라는 말에 대한 당대인들의 인식이 어떠했는지에 대해서는 짐작해 볼 수 있다. 이광수가 오산학교 제자와 각별한 관계에 있었고 가까운 사이였던 서춘(徐椿) 역시 비슷한 애정 문제로 고민했었음이 공공연하게 알려져 있었다는 것, 그리고 그들의 애정이 '동성애'라고 불리기도 했다는 것, 『무정』이나 「윤광호」를 작자의 개인적 경험의 투영체로 읽었다는 것, 남성—남성의 관계가 집중되어 있는 「윤광호」에 대해 불편해 했다는 것 등을 이 글들은 우리에게 알려준다. 『무정』의 형식과 희경, 「윤광호」의 남자들은 혐오스럽거나 더러운 것으로까지 인식되지는 않았더라도, '아무 것도 아닌 것'으로 받아들여지지는 않았던 것이다.

이광수 자신도 이러한 평에 대해 대응을 했다. 자기 소설의 모델에 대한 분분한 이야기를 정리하면서 이광수는 대부분은 다 가짜라고 하면서도 "옛날에 동성애와 실연을 취급하였던 「윤광호」"는 "실재의 인물과 실재의 사실이 뿌럭지가 되어 만들어진 것이나 나는 그분의 명예를 위하여 누구라고 지목하기를 피하겠"다고 말한다.[21] 여기서 이광수는 처음으로 자신의 경험에 "동성애"라는 이름을 붙인다. 남자와 남자 사이의 감정은 '동성애'라는 특수한 범주로 묶이며,[22] 그는 어떤 남자를 "동성애"의 관계로 언급할 때 그 남자의 "명예"를 해칠 위험이 있음을 인지하고 있다.

허영숙으로부터 이 소설이 "서춘 씨를 모델로 한 것"이라는 말을 들었다고 했다. 그는 이 말을 토대로 「윤광호」가 "동경유학 시절의 서춘 씨의 일면에서 힌트를 잡아 춘원 자신의 가상을 가미시킨 것"이라 평한다. 박계주, 「단편에 대하여」, 『이광수전집』 8권 작품 해설, 삼중당, 1971, 666쪽.

21) 이광수, 「내 소설과 모델」, 『삼천리』 6호, 1930. 5, 64쪽.

22) 이후 이광수는 「사랑인가」에 대해서도 "소년의 동성애를 그린 것"이라고 직접 언급한다. 이광수, 「다난한 반생의 도정」, 『조광』 2권 2호, 1936. 4, 138쪽.

2) '오해'의 이면에 은폐된 관계: 「H군을 생각하고」

'동성애'라는 언어로 지칭되는 관계 표상이 정형화되어감에 따라, 동성 간의 관계를 다루는 이광수의 글쓰기 스타일도 변화를 겪게 된다. 『조선문단』 2호(1924. 11)에 실린 「H군을 생각하고」는 이 문제와 관련하여 유심히 살펴보아야 할 자전적 소설이다. 이 소설은 화자인 내가 죽은 제자인 H군을 애도하며, 그와 그의 연인이었던 C의 일들을 기록하는 형식으로 이루어져 있다. H는 거의 10년 만에 나를 찾아와 연인인 C를 소개한다. 이후 H는 나에게 C의 변심으로 인한 괴로움을 절절하게 담은 편지를 여러 통 보내고, 돌이킬 수 없을 만큼 병이 깊어진 상태에서 나를 다시 찾아온다. 나와 아내는 H가 C에 대해 오해하고 있음을 알게 된다. 내가 직접 C에게 전보를 쳐서 H의 소식을 알리자, C는 득달같이 달려와 지극정성으로 H를 돌보지만 H는 결국 죽고 만다.

발표 직후 이 소설은 혹평을 면치 못했다. 박종화는 C의 성격을 알 수 없음을 결함으로 지적했다. "H을 사랑한다 하고 학비 받아다 쓰며 또 한편으론 돈 많은 다른 남자와 사랑을 속살거리면서 H의 병이 위중하야 토혈을 하니 어서 오라는 전보를 3, 4차 띄워도 오지 않던 그로서 H가 다 죽은 뒤에 무덤을 지키고 열녀 노릇을 한다는 것은 너무도 규각(圭角)나는 일이 아닌가 한다."23) 박영희의 지적은 훨씬 적대적이면서도 좀더 정곡을 찌르고 있다. "나중에 C가 불의(不義)라 한 것이 오해라 하였지만, 그 동안에 그러면 C가 무엇을 하였고 무슨 사고가 있었던 것을 저자는 말하지" 아니하였으므로,24) 아무리 오해라 한들 신뢰가 갈 리 없다는 것이다. 이 비판들은 일면 타당하다. H가 C를 오해한 것이라면 그 오해가 어디에서 비롯된 것인지를 소설은 밝히지 않고 있으며, 그 때문에 박종화처럼 C를 종잡을 수 없는 캐릭터로 보는

---

23) 박월탄, 「갑자문단종횡란」, 『개벽』, 1924. 12, 116쪽.
24) 박영희, 「문학상으로 본 이광수」, 『개벽』, 1925. 1, 90-92쪽.

독법이 가능해진다. 그러나 그 오해의 원인이 작가의 부주의함에 의해 설명되지 않은 게 아니라, 설명될 수 없는 좀더 깊은 원인을 가지고 있다고 생각해 보면 사정은 달라진다.

H는 병이 깊어 나의 집에 머물면서 C에 대한 원망과 원한을 털어놓는다. "아무리 토혈을 하니 오라고 해도 안 오고 병이 위중하다고 두 번 세 번 전보를 놓고 전보환으로 노비까지 부치어도 아니 오고 못 온단 편지 한 장 없"다는 것이다. 오해의 첫 번째 원인으로 가장 먼저 가정될 수 있는 것은 C의 주소를 H가 잘못 알고 있었다고 보는 것이다. 그러나 이 일이 있기 전, "나"는 C에게서 "H씨의 주소"를 묻는 엽서를 받았고 H가 있는 곳을 알려주었다. 또한 보다 못한 내가 "H병위급즉래"라는 전보를 보내자 C는 다음날로 와서 "H가 여기 와 있어요?" 하고 "초췌한 얼굴"로 묻는다. 즉 텍스트가 알려주는 정보로 판단할 때, C가 H의 거처를 알 수 없었던 것이지 H가 C의 거처를 잘못 알고 있을 수는 없다. 이러한 점은 연락을 두절한 쪽이 오히려 H가 아닌가 하는 의혹을 불러일으킨다.

이러한 의문을 제기하고 나면, 모순투성이인 것은 C가 아니라 H가 된다. 나에게 보낸 편지, 내 앞에서의 행동에 의하면, 헌신적인 것은 H 쪽이다. 그는 C에게서 소식이 끊겼다고 괴로워하고, 그러면서도 C에게 학비를 마련해주기 위해 일을 계속 해야 한다며 피학적이라고 할 만큼 헌신하는 면모를 유지하려고 하고, 괴로움을 못 견뎌 C를 "푹 찔러 죽이고 싶은" 저주의 마음에 휩싸이기까지 한다. H의 언어에 의하면 C는 '마녀'이고, 이 소설에서 C에게는 발언권이 주어지지 않는다. 그러나 화자와 H의 언어가 개입되지 않은, 그러니까 텍스트의 표면에 드러나지 않는 H와 C의 관계는, 위의 사건들로 판단해보건대 H쪽에서 항상 연락을 먼저 끊은 것처럼 보인다. 그렇다면 "가난하고 병신인 저를 헌신짝처럼 차내어버"리고 "다른 남자와 상애(相愛)의 사이"를 맺은 C의 배은망덕한 행위는, H가 만들어낸 무의식적인 핑계거리에 가깝다. 그는 C의 연락이 닿지 않는 곳으로 이동한 후 C가 연락을 끊었다고 저주하고, 다른 남자와 연애를 한다는 소문을 그대로 받아들여 "나를 배반한 계집"으로 단정짓는 빌미를 마련한다.

"나"의 태도 역시 문면 그대로 받아들일 만큼 투명하지 않다. "나"는 "C와 H와의 애(愛)를 회복하도록" 하는 목적으로 C를 "염탐"한다. 염탐 결과는 C가 애인이 여럿이며 요즘은 어떤 부호의 애첩 행세를 하는 "음분한 여자"라는 것이다. 이 말을 전한 사람은 "C도 모를뿐더러 H도 모르는 사람이오 나하고는 상당히 친하고 또 믿을 만도 한 사람"이다. 말한 자의 중립성을 내세워 화자는 다른 확인 작업 없이 C의 행실을 단정해버리기로 한다. 그리고 둘의 관계가 회복되기를 바라기는커녕 "H로 하여금 아주 C를 발길로 차내버리게" 하자는 생각을 하게 된다. "나"는 표면적으로 두 사람의 관계를 적극적으로 회복시키려고 하는 듯이 보이지만, 실제의 행동에 있어서는 미온적이다. 또한 화자가 언어화하는 H와 C의 이미지는 '잘 어울리는 한 쌍'이 아니다. H는 8년 전과 마찬가지로 "영원한 어린애"의 모습을 지니고 있다. 그는 "순결한 영(靈)의 눈"과 "천사의 웃음"을 가지고 있다. 그러나 C는 초반에는 "쌀쌀한 사람"처럼 보였다가, 오해가 풀려 H에게 헌신적임이 드러나고부터는 "천진하고 남자다운 성질", "남성적인 활발" 등으로 언어화된 성격을 부여받는다. 이 언어들은 C가 '여성적인 여성', 혹은 '연애결혼의 상대로 적당한 여성'이 아님을 은근히 강조한다.

H는 C를 위해 헌신하고 사랑의 마음이 넘쳐 증오로 들끓는 것처럼 보이지만 실제로는 C를 밀쳐낸다. 미미하나마 그것은 "나"의 경우도 마찬가지다. 겉으로는 C의 마음을 돌려놓아야겠다고 생각하는 듯 하지만, 실제로는 C가 음탕한 여자라는 결론에, H의 순수함에 어울리지 않는다는 결론에 도달한다. 그리고 두 사람은 C를 핑계로 가까워진다. H는 고뇌의 편지를 끊임없이 나에게 보내고, C로 인해 몸과 마음이 만신창이가 된 상태로 "나"의 앞에 나타나 오래도록 나와 아내의 간호를 받는다. 보다 적극적으로 해석한다면, H는 "나"와 계속 연락을 취하기 위해 스스로를 실연당한 비극적 스토리의 주인공으로 만들었다고도 할

수 있을 것이다. 그리고 두 사람은 서로에 대한 애정을 아끼지 않고 표출한다. "어머님의 사랑과 선생님의 사랑과는 종류가 다"르며 "선생님의 사랑이 제게는 더욱 귀한 사랑"이라고 H는 편지에 쓴다. 오해를 푼후 H를 데리고 고향에 돌아간 C의 편지에는 "H는 항상 선생님 말씀을 합니다. 선생님 말씀을 할 때마다 매양 눈물을 흘리오며 선생님과 약속한 일을 다하지 못하는 것을 설워합니다"라는 구절이 들어 있다. 폐병으로 죽어가는 H를 보면서 "만일 내가 피를 내어 H를 먹임으로 그의 정신적 생명만이라도 회복할 수가 있다 하면 나는 곧 그리하였을 것이"라고 화자는 안타까워한다. 그러나 서로를 향한 이 마음은 항상 C를 매개로 해서만 그 편린을 보인다. 이 소설이 구조적인 면이나 캐릭터 형상화 면에서 일관성을 결한 불완전한 것으로 보이는 이유는, 전면화된 H와 C의 연애 아래에 은폐된 채로 H와 나 사이의 애틋한 감정이 흐르고 있기 때문이다. 「윤광호」의 시절과 달리 작가는 H와 나의 관계를 섣불리 드러나서는 안 되는 방식으로 서사화하고 있고, 숨김의 방식을 띤 이 관계는 H와 C의 관계가 그들만의 내적 논리로 흘러가는 것을 방해한다. 근대의 제도가 배제하고자 하는 관계의 묘사가 근대미학적 완결성을 해치는 방식을 통해서만 가능하다는 것은 일종의 아이러니이면서 순리이기도 할 것이다.

3) "K선생"의 입장과 "H군"의 입장

H와 나의 관계에 주목하는 이유는 일차적으로 텍스트 내적 구조의 불균질성에 의한 것이었지만, 그 외에도 또 다른 합당한 근거가 있다. 이광수는 이 소설을 쓰기 전 이미 "H군"을 등장시킨 적이 있다. 『창조』7호(1920. 7)에 실린 「H군에게」가 그것인데, 이 글은 『창조』5호(1920. 3)에 실린 「K선생을 생각함」의 답장에 해당한다. 픽션화된 인물을 작자 주변의 인물과 직접 대응시키는 것은 위험하지만, 적어도 이 두 글만으로 볼 때 소설 「H군을 생각하고」의 "H군"은 『창조』를 통해

이광수와 편지를 주고받은 "H군"과 떼어놓고 생각할 수 없다. '오산인'은 편지글에서 이광수를 "K선생"이라고 부른다. 소설 속에서 H의 연인 C는 화자에게 "K선생님이시어요?"라고 묻는다. "H군"과 "K선생"이 함께 시간을 보낸 것은 오산에서였다. 「K선생을 생각함」의 저자는 '오산인'이라는 서명을 했고, 춘원이라 서명한 이광수는 그가 오산 시절의 제자임을 깨닫는다. 소설 속의 화자는 다시 만난 H가 "O학교 기숙사에서 보던" 모습과 똑같다고 말한다. 1920년에 씌어진 「H군에게」에서 춘원은 그와 5~6년 전에 멀어지게 되었음을, 1924년에 "재작년"을 회상하는 소설 「H군을 생각하고」에서는 8년 만에 그와 재회했음을 밝힌다. 두 사람이 헤어지게 된 계기는 「H군에게」에서는 춘원이 "표연히 학교를 떠나 정처없이 대륙을 향하"였기 때문이고 「H군을 생각하고」에서는 화자가 "T역에서 대륙의 방랑의 길을 떠"났기 때문이다. 못 만나는 동안 편지글 속의 H는 "규슈 후쿠오카(九州福岡)에 와서" 고생을 했으며, 소설 속의 H는 "구주 탄광의 광부로 동경의 막벌이꾼으로" 표랑하였다. 적어도 인물 설정의 측면에서보자면, 소설 속의 "나"와 H는 실제 인물인 이광수와 그의 오산 시절 제자와 거의 맞대응된다.

이광수는 편지글 「H군에게」에서 "H"라는 이니셜로부터 "희(熙)"라는 이름을 끌어내고 그에 대한 반가운 마음을 표시하지만, 사실 이 글은 두 사람의 사적인 관계에 집중하고 있지는 않다. 나라를 덥히는 사람이 되자는 의미로 "군(君)을 Heater"라고 불렀던 기억을 되살리며 "일백 건아의 대표"가 되자는 동지적 결의를 확인하며 끝맺는 이 글은, H를 향한 것인 동시에 선도적 지식인 이광수가 수많은 조선 지식인 청년에게 전하는 메시지이기도 하다. 그러나 '오산인'으로 서명된 「K선생을 생각함」은 그렇지 않다. 14, 5세 시절의 자신과 K선생의 관계를 추억하는 이 글은 거의 사적인 관계에 집중한다. 그와 나는 "그 과거에 동성(同性)의 연인"이었다. "나는 K선생의 팔에 어깨를 넣고 같이 뒷뫼에" 오르곤 했다. 나는 "전신을 받치어 사랑을 얻으려"고 했고,

그가 떠나버릴 때 "생명을 잃는 것과" 같았다. K선생을 향한 마음은 열정에 가깝다. 이 글에서 또 하나 주목되는 것은, 작자 '오산인'은 이 관계를 노출하면서도 끊임없이 주위의 시선을 의식한다는 점이다. "그 때에 K선생과 나와의 관계가 열정하여짐을 따라" 학생 사이에 "여러 가지 비평이 일어"나는 것을 무시해버리지 못하고, 어떤 면에서는 그러한 타자의 시선으로 자기의 감정을 들여다보기도 한다.

> 우리들은 어렸을 째에 「사랑한다」던가 「그립어한다」던가 하는 것은 다만 男女 사이에 잇는 줄만 생각하엿다. 그런데 오늘날 내가 K先生이란 男性을 그립어하는 것은 무슨 心理 作用을 밧은 싸닭일가. K先生으로 말할지라도 그 亦 엇더한 動機로 나라는 男性을 사랑하엿을가. 서로 男性이면서 서로 戀愛한담이 異常하다.(90쪽)

사랑하고 그리워하는 것은 "남녀 사이에 있는" 것이 일반적이며 "서로 남성이면서 서로 연애함이 이상하다"고 그는 생각한다. 그는 K선생과의 관계를 '연애'로 표상한다. 그저 'K선생'이라거나 '나'라고 말하는 대신 "K선생이라는 남성" "나라는 남성"이라고 지칭할 때, 이 사람은 K선생과 나의 구체적 관계를 생각하는 대신 남성과 남성의 사랑을 예외적인 것으로 전제하고 그것을 심리적으로 분석하려고 한다. 혹은 "K선생과 나와의 사랑은 혹 우정이었던지도 모를 것"이라고 생각하며 그와 나의 관계를 예외성의 범주에서 일반성의 범주로 위치 이동시켜 보고자 하기도 한다.

물론 이 작자가 시종일관 주위의 시선에 전전긍긍하는 면만을 보이는 것은 아니다. 자신과 K선생의 관계를 '이상하게' 바라보는 시선에 자신의 시선을 완전히 겹쳐버렸다면 이 관계를 기록하는 일은 가능하지 않았을 것이다. 그는 자기와 K선생의 사랑을 "이상히 생각하는 사람은 인생의 대서양 저편에 아메리카 대륙이 있는 줄을 모르는" 사람이라고 말한다. "사랑을 요구하는 인생의 일부분에는 이러한 현상도 있다 함을 무릇 사람들에게 가르치고자" 한다는 계몽의 포즈를 취하기도 한다. 자신과 K선생의 관계를 이해하느냐 못하느냐를 진보/야만의 이항대립 속에 배치하는 담론적 기획을 시도하고 있다고 볼 수 있다. 이런 문장은 마치 "아름다운 여자를 사랑한다 하면 곧 야합을 상상하고 아름다운 소년을 사랑한다 하면 곧 추행을 상상"하는 이들을 "정신생활이 무엇인지를 모르는 비천한 인격자"들로 몰아세우는 이광수의 어법을 연상시킨다. 그러나 이광수가 자신의 이념을 펼치며 시종일관 당당하며 우월한 입지를 유지하는 것과 달리, 오산인은 자신의 사랑을 이해 못하는 사람은 인생을 모르는 사람이라 경멸하면서도 그 경멸의 시선을 끝까지 유지하지 못한다. 주위의 시선에 대한 그의 자의식은, 감정의 영역에 '정상성'이라는 기준이 작동하며 이념적 표준을 만들어 간다는 것을, 그리고 그 표준이 일종의 억압으로 작용한다는 것을 보여준다.

결국 이 글의 톤을 유지하는 것 역시 또 하나의 '틈새'라고 할 수 있다. 이광수에게서 가장 직접적이고 영향력 있는 가르침을 받은 오산인은 자신과 K선생을 바라보는 그 '이상한' 시선의 압력을 좁고 편협한 것으로 의미화하려 하고, 그것은 이 글 자체를 가능하게 하는 동력으로 작동한다. 그러나 또 한편 이광수와 달리 오산인은 어린 시절부터 남자와 남자의 친밀한 관계를 '이상하게' 보는 시선에 노출되어 있었으며, 스스로도 얼마쯤 그 시선을 내면화하고 있다. 결혼 제도의 혁신에 봉사하는 '사랑'을 주장하는 것이 근대화의 '물결' 속에서 이전의 가치들과 맞설 힘이 있는 것이었다면, 남자와 남자의 사랑을 '별도로' 의미화 시키려는 그의 시도는 '물결'과 함께 하기 힘든 것이었다. 애초에 그가 이광수와 같은 입지를 확보하는 것은 불가능했다고 볼 수 있을 것이다.

이 글이 개인 정보를 거의 노출하지 않고 있다는 점도 이러한 관점에서 이해될 수 있다. 스스로를 K선생이라 생각한 이광수가 나중에 낱낱이 밝혀버리긴 했지만, 이 글에서 작자는 자신이 누구인지 K선생이 누구인지를 밝히지 않고 있으며, 함께 한 공간도 "○학교"로 익명화하고 있다. "오산인"이라는 필명이, 오산학교를 다녔거나 그쪽 지역에 연고를 두고 있었다는 정도의 추정만을 가능하게 할 뿐이다. 필명이나 아호로 글을 쓰는 일이 이 시대에는 다반사였지만, 동인지 『창조』는 저자 관념이 비교적 명확한 잡지였다. 필명을 쓰는 경우에도 두 번에 한 번 꼴로 편집 후기에는 본명과 필명을 밝혀주었으며, 외부 필자들의 글일 경우에도 그가 어떤 인물인지 어떤 경로로 글을 싣게 되었는지를 알려주는 경우가 많았다. 이경훈의 추측대로 이 글이 이광수의 작품 게재를 유도하기 위한 『창조』 측의 의도에 의해 발표된 것이라면[25] "오산인"이라는 서명조차도 『창조』 동인들의 생각을 반영하고 있는 것이라고 보아야 할 것이다. 전영택은 "인쇄소에서 본지 인쇄의 일을 헌신적으로 힘써 주시는 이희철 군에게 감사를 드리고 붓을 놓"는다는 치하를 했고 김동인은 오산인의 「K선생을 생각함」이 "참말 좋은 작품"이라고 했지만,[26] 이희철과 '오산인'이 동일인물이라는 것은 동인 중의 누구도 밝혀주지 않았다.

이런 점을 감안한다면, 이광수는 제자에게 '실수'를 했다고 해야 할지 모른다. 오산인은 글 속에서 주위의 시선을 신경 쓰고 자신을 직접 노출시키지 않았지만, 이광수는 아무것도 꺼릴 것이 없다는 태도로 실명을 거론해 버린다. 이광수는 '오산인'이 직접 자신을 H라고 표기했다고 하며 이 이니셜로부터 "희(熙)"라는 이름을 끌어내지만, 이것조차도 착각이었다. 오산인은 자신을 H라고 한 적이 없다. 어떤 식으로든 이광수는 작자 스스로 노출하기를 원하지 않는 정보를 '아우팅'해버린 셈이다. 그리고 오랜 시간이 지나 이광수는 이 청년의 풀 네임이 "이희철"일 것이라는 유력한 정보를 흘리기도 한다. "내가 어느 10월 교정의 포플라에 잎이 달릴 제 표연히 학교를 떠나 정처없이 대륙을 향하던 날"에 "희 군"은 "검은 두루마기에 모자도 아니 쓴 채로 5리, 10리,

---

25) 이경훈, 「춘원과 『창조』」, 『대합실의 추억』, 문학동네, 2007, 56-64쪽.
26) 늘봄, 「남은 말」, 『창조』 6호, 1920. 5, 75쪽; 금동인(琴童人), 「글동산의 거둠」, 『창조』 7호, 1920. 7, 66쪽.

30리 길이나 걸어서 T면 산골짝 K군의 집 사랑까지 왔다가 석양에 초연히 홀로 돌아"갔다.[27] 『나의 고백』에서 이 일은 "양력으로 십일월 초색에" 오산을 떠날 때 "김종중이라는 학생이 뻘겅 담요 하나를 하나 주고 이희철이라는 학생이 오십 전 짜리 은전 한 푼을 주었다"[28]고 기록된다.

이광수를 가장 따르던 오산학교의 두 제자 "김종중" "이희철"이라는 이름은 『무정』의 두 학생 대표 "김종렬" "이희경"이라는 이름을 연상시킨다. 그리고 이형식—이희경의 관계는 K선생—H군의 관계와 어느 정도 비슷한 패턴을 지니고 있기도 하다. 그렇다면 『무정』의 두 사람은 오산학교 시절의 이광수—이희철의 관계가 이광수의 시선으로 객체화되고 변용된 것이라 볼 수 있을 것이며, "형식이가 교사 노릇을 할 때 유난스러히도 귀여워한 학생 즉 '이희경'이란 미소년은 바로 정주 오산학교를 다니든 생도"라는 『별건곤』의 가십성 추측기사는 어쨌거나 사실과 완전히 무관하다고는 할 수 없는 셈이 된다.

『무정』의 서술자는 "형식과 희경의 더러운 관계를 확실히 아노라고 장담하는 자"가 있었다고 썼다. '오산인' 이희철 못지않게 이광수 역시 주위의 따가운 시선에 노출되어 있었기 때문에 이러한 서술이 가능했을 것이다. 그럼에도 이광수가 이희철에게 '실수'를 한 것이라면, 그것은 경험의 공유를 입장의 공유로 착각한 데서 비롯된 것이라고 보아야 한다. 서로에게 배타적 애정을 보여주고 그 애정에 대해 두 사람 다 얼마간 자의식적으로 반응했다는 점에서, 이들은 경험을 공유한 것이 된다. 그러나 이광수가 전시대적 삶의 방식과 새로운 근대 이데올로기 사이의 '틈새'에서 직접 새로운 언어의 구성을 시도할 수 있었던 것과 달리, 이희철은 이광수식 담론 체계와 비(非)이광수식 담론 체계의 '틈새'에 자리하고 있었다. 동성 간의 친밀감을 언어화하도록 하는 가능성

---

27) 춘원, 「H군에게」, 『창조』 7호, 1920. 7, 57쪽.
28) 이광수, 『나의 고백』, 춘추사, 1948, 66쪽.

은 이광수에게서나 이희철에게서나 이 '틈새'로부터 비롯된 것이지만, 둘의 층위는 다르다. 그러나 이광수는 이희철의 입장을 자신의 입장과 동일시하고, 자신이 원하는 방식으로 그와 자신의 신분과 관계를 노출 시킨다.

이광수는 자신의 문제에 국한되는 것이라면, 상대와의 관계가 '정 상'인지 아닌지와 같은 문제에 대해 시간이 오래 지난 후에도 그다지 연연해하지 않았던 것 같다. 1937년에 발간된 『그의 자서전』에서도 그 는 남자에 대해 사랑을 느끼거나 혹은 남자로부터 사랑을 받았던 경험 을 스스럼없이 표현했다. 이 글에서 화자가 처음으로 애정의 관계를 맺는 사람은 "심태섭"이다. "그가 나를 보고 빙그레 웃을 때면 나는 가 슴이 울렁거리고 그의 품에 안기고 싶었다." 이 관계가 지속될 때 화자 는 심태섭이 16, 7세, 그리고 자신은 그보다 열 살 정도 아래인 6, 7세 였다고 말하지만, 그 관계에 대한 화자의 감정은 물론 어린 아이의 것 이 아니다.

> 아모러나 이 거룩한 성산 꼭대기 하늘 가까운 곳에 있는 성에서 나는 처음으로 애정의 경험을 한 것이다. 그것은 우리가 소내기를 만났을 때에 태섭은 바위 밑에서 나를 꼭 껴안아주어서 젖지 않고 춥지 않게 해주고 그리고 소내기가 그치고 볕이 나서 우리가 바위 밑에서 나올 때에 태섭은 내 목을 꼭 껴안고 입을 마초아 주었던 것이다. 나는 그의 입의 향기를 지 금도 기억하고 있다. 그것은 그의 마음의 향기였을는지도 모른다.[29]

껴안고 보듬고 입을 맞추는 태섭의 스킨쉽은 에로틱함을 동반하여 묘사된다. 그리고 그때에 대해 화자는 자신이 "행복 그 물건인 듯" 하 였다고 말한다. 이러한 묘사는 이광수의 '사랑기갈증'과 관련하여, 잘 해주는 누구에게나 리비도가 달라붙는다는 식으로 해석 가능한 면이 있다. 그러나 여기서 문제적인 것은, 남성과 남성의 친밀한 관계를 '비

---

29) 이광수, 『그의 자서전』, 조광사, 1937, 37쪽.

정상'적인 것으로 바라보는 시선이 강해져가던 상황에서 40살이 넘은 이광수가 이 애정을 억압하거나 행간에 숨기는 대신 자기 것으로 끌어안는다는 것이다. 화자와 심태섭은 대리가족적인 관계가 아니라 공공연하게 에로틱한 관계로 묘사된다. 화자는 심태섭을 친형처럼 느꼈다든지 아버지 같은 애정을 보여줬다든지 하는 말로 혈연화하지 않는다. 『그의 자서전』은 형식상 "장편소설"로서 화자이자 주인공인 "나"의 이름은 '남궁석'이고 애명은 '수경'이다. 그러나 이광수는 서문에서 "나 자신의 자서전은" 아니지만 "내 개인적 경험이 많이 들어있는" 까닭에 "넓은 의미로 볼 때에는 내 자서전"일 수 있음을 밝히고 있다. 이러한 장치는 독자들이 이 글의 화자 남궁석을 작자인 이광수로 받아들이도록 만든다. 즉 남궁석은 이광수가 자의식적으로 형상화한, 그리고 독자들에게 보여주길 원하는 자기 캐릭터라고 볼 수 있으며, 동성 연장자로부터 받은 사랑의 행복감 역시 그 안에 포함되는 것이다.

　남자에 대한 감정이 원초적이고 내밀한 행복감으로 나타나는 경우는 남궁석—심태섭의 관계가 거의 유일하다고 보여지지만, 다른 부분에서도 이광수는 남자가 남자에게 보이는 애정이나 스킨쉽을 비교적 무심한 태도로 기술하곤 한다. 동학 두령 박대령의 집에서 만난 "운현"은 박대령의 사위가 되려고 나를 시기하기도 하지만, 단 둘이 있을 때에는 "내 입을 맞추려 들고 껴안으려 들고 어떤 때에는 더러운 말까지 하였다."(81) 운현에게 "나"는 사랑의 경쟁자인 동시에 육욕의 대상이기도 하다. 현재식으로 말하면 성추행이라고 할 만한 운현의 행동은, 운현의 비열함을 보여주는 것일 뿐, 그 행위를 당한 "나"에게 치욕을 안겨주지는 않는다. 또한 상하이로 건너가서 다시 만나게 된 K와는 동경 시절 "혹시 늦도록 이야기하다가 한 자리에서 자게 되면 서로 꼭 껴안고 키스까지도 하"는 사이였다. 곧이어 "인제는 피차에 징그럽게 되어서" 한 침대에서 자더라도 "서로 고개를 돌려대고 엉덩이만 마주 대"고 잔다고 덧붙이지만(176),[30] 어쨌거나 이광수는 현재의 '징그러움'으로 과거의 친밀함을 폐기해버리지 않는다. 남자와 남자가 끌어안고 입을 맞추는 것을 작자는 그저 '심상하게' 처리할 뿐, 과도하게 의미화하거나 은폐하지 않는 것이다. 『나의 고백』(1948)에서도 이광수는 신채호에 대해 "나는 그를 연애하다시피 사랑하였다. 그러나 나는 내가 그를 사랑한다는 말을 그에게 말한 적이 없었다. 역시 연애하는 사람의 심리였다"(76)라고 말하는데, 역시 비슷한 맥락에서 읽을 수 있는 대목이다. 『나의 고백』이 친일의 이력을 고백하고 변명해야 하는 입장에서 씌어졌다는 것을 감안한다면 이 애정 고백을 문맥 그대로 받아들일 수는 없을 것이다. 그러나 이 마음을 한갓 위선으로 치부해버린다고 하더라도, 그가 신채호와의 관계에 있어서 후배나 아들이나 동생 대신 '연인'을 흉내낸다는 것은 남성과 남성의 사랑을 아무럴 것 없이 표현하는 이광수적인 표현 방식이 오래도록 계속되었다는 것을 보여주는 바가 된다.

그러나 H와의 관계는 이와 다른 문제를 포함하고 있다. K선생을 향한 1920년의 글에서, H는 여전히 감정의 열도를 간직하고 있다. 김동인은 그것을 "K에 대한 그 집착"이라고 표현한다.[31] 그러나 K선생의 글에는 제자에 대한 반가움 이상의 감정은 보이지 않는다. 감정적으로 볼 때 이 글이 오가던 시기에 H에게 K선생은 현재적이지만, K선생에게 H는 과거적이다. K선생인 이광수 입장에서는 이 관계를 표출하는 데에 큰 억압을 느낄 필요가 없었을지 모르지만, K선생과의 관계와 그를 향한 자신의 감정 때문에 전전긍긍하는 H의 입장에서 '명예'의 문제일 수도 있는 것이다.

이 문제는 다시 「H군을 생각하고」의 모호하고 불균질한 형식의 문

---

30) 이 장면이 똑같이 반복되는 다른 회고문에서 K는 홍명희라는 실명으로 등장한다. "나는 침대나 침구를 살 돈도 없어서 벽초의 침대에서 벽초의 이불을 덮고 잤다. 매트리스도 없는 침실, 게다가 동경서 같으면 서로 꼭 껴안고 입이라도 맞추고 자련만은 둘이 다 이십이 훨씬 넘은 징글징글한 엉그럭이라 자다가 깨어보면 궁둥이만 마주 대고 잤다." 춘원, 「시베리아(西伯利亞)서 다시 동경으로—문단고행 30년」, 『조광』 2권 5호, 1936. 5, 98-99쪽.

31) 금동인(琴童人), 「글동산의 거둠」, 『창조』 7호, 1920. 7, 66쪽.

제로 돌아가게 만든다. 이 소설은 「H군에게」를 쓴 지 4년 후, 그리고 소설 속의 H의 행적이 실제의 사실을 토대로 한 것이라면, 그가 죽은 지 120일 후에 씌어졌다. 이광수는 "그대를 제사하는 표로 이 회억을 쓰노라"는 말에 뒤이어 그와 재회했던 2년 전으로 거슬러 올라간다. 이 소설이 H를 애도하는 목적과 전연 무관한 것이 아니라면, 화자를 향한 H의 감정을 존중하되 그의 명예를 훼손하지 않는 방식이 고려되어야 할 것이다. 4년 전의 글에서 이광수는 그의 존재를 그의 의도와 무관하게 노출시켜 버렸다. 그리고 그가 '특별한 감정'을 담아 K선생을 호명했던 것과 달리, 수많은 조선 청년 중의 한 명을 대하는 방식으로 답글을 보냈다. 작자 자신의 입장이 아니라 'H의 입장'을 배려하고자 한다면, 이와는 다른 형식을 취해야 할 것이다. 4년 전의 K선생과 H군이라는 호칭을 그대로 이어서 쓰며 '실제'임을 드러내면서도 '소설'로 형식화한 이유, 전면화된 H와 C의 관계가 끝내 선명할 수 없었던 이유, 그러면서 일정정도 단편소설적인 미학이 포기된 이유는 바로 이 지점에 있다고 볼 수 있다. 'H의 입장'에서 두 사람의 관계는, 배제되어서도 노골화되어서도 안 되는 '틈새'에 있었기 때문이다.

4. 결론

이 논문은 동성 간의 관계와 감정이 근대 형성기의 문학 텍스트에서 언어화되는 양상을 점검하는 일환으로서, 이광수의 1910~20년대 텍스트에 초점을 맞추었다. 당대에 활발히 담론화되지 않았던 이 테마는, 바로 그러한 이유로 담론과 문학 사이의 거리 및 문학 텍스트의 의의를 고찰하는 데에 유용한 자리를 마련해줄 수 있었다.

이광수의 초기 텍스트에서는 스킨쉽을 동반하는 동성 간의 친밀한 관계를 어렵지 않게 찾아볼 수 있다. 그 경향은 대체로 두 가지로 나누어진다. 첫 번째는 주인공과 상대가 서로의 마음을 이해해주는 '벗'의 관계로 설정된 경우로서, 이때 '벗'은 주인공이 설정한 욕망을 지탱해 주는 역할을 한다. 또 다른 경우는 상대 남성이 열정과 욕망의 대상으로 설정된 경우로서 그 상대는 '미소년'으로 표상된다. 이 관계들은 특정한 은폐 기제 아래에 숨어 있지도 않으며 관습과 금기에 대한 도전 의식을 동반하고 있지도 않다. 그것은 이광수가 놓인 특이한 입지에서 비롯되는 것으로 판단되었다. 1910년대의 이광수가 강조하는 사랑의 정신성과 아름다움은 궁극적인 의미에서 근대적 일부일처제 및 이성애 이데올로기에 잇닿아 있다고 볼 수 있다. 그러나 이광수는 사랑의 내포를 이성 간에만 가능한 것으로 한정하지 않는데, 그것은 그가 유년 시절 전근대적 하층민의 성애적 관례를 익숙하게 체득하고 있었기 때문인 것으로 보인다. 근대적 결혼 제도에 대한 담론이 이광수라는 개인을 거쳐 언어화될 때, 담론과 개별자적 경험이 온전히 겹쳐지거나 맞물리지 못하는 '틈새'가 발생하고, 이 틈새로 동성 간의 배타적 관계와 감정이 스스럼없이 드러난다. 아울러 이러한 관계의 전면화는 쌍방향 시선을 가능하게 함으로써 작중 인물의 타자화를 최소화시킬 수 있는 기반으로 작용하였다.

그러나 1920년대에 오면 연애와 성욕에 대한 근대적 담론을 통해 남성과 여성의 젠더 표상이 견고해지고, 『무정』「윤광호」 등에 나타난 동성 간의 열정과 친밀감은 조롱어린 평을 받기도 한다. 이광수가 그저 '사랑'이 아닌 '동성애'로 언어화되고 경멸되는 관계를 자각하게 되는 것도 이즈음부터라고 볼 수 있다. 그러한 사정은 H군(이희철)과 관련된 두 편의 글 「H군에게」, 「H군을 생각하고」, 그리고 H군이 이광수를 향해 쓴 「K선생을 생각함」을 통해 파악해 볼 수 있었다. 이 글들은 남자와 남자 사이의 지나친 친밀감이나 열정은 '명예'를 해치는 위험에 맞닥뜨리게 한다는 것, 그러한 감정을 표출하기 위해서는 어떤 식으로든 은폐의 기제를 둘러야 한다는 것을 보여준다. 특히 「H군을 생각하고」는 선생과 제자 사이의 특별한 감정을 청년남녀의 연애와 배신 문제 뒤에 숨겨놓는데, 이로 인해 텍스트의 내적 구조는 불균질함과 모호함을 노정한다. 아이러니컬하게도 근대미학적 완결성을 해치는 방식을 통해서만 제도로부터 배제되는 관계의 묘사가 가능하다는 것은, 미학적 가치와 본질에 대해 다시 한번 생각하게 만든다.

주제어 : 이광수, 동성, 관계, 감정, 동성애, 이성애, 은폐 기제, 무정, 윤광호, H군

◆ 참고문헌

1차 자료

이광수, 김윤식 역, 「사랑인가」(1909), 『문학사상』, 1981. 12.
──────, 「어린 벗에게」, 『청춘』 9~11호, 1917. 7·9·11.
──────, 『무정』(1917), 김철 교주(校註), 문학동네, 2003.
──────, 「방황」, 『청춘』 12호, 1918. 3.
──────, 「윤광호(尹光浩)」, 『청춘』 13호, 1918. 4.
──────, 「H군에게」, 『창조』 7호, 1920. 7.
──────, 「H군을 생각하고」, 『조선문단』 2호, 1924. 11.
──────, 「내 소설과 모델」, 『삼천리』 6호, 1930. 5.
──────, 「다난한 반생의 도정」, 『조광』 2권 2호, 1936. 4.
──────, 「시베리아(西伯利亞)서 다시 동경으로─문단고행 30년」, 『조광』 2권 5호,
        1936. 5.
──────, 『그의 자서전』, 조광사, 1937.
──────, 『나의 고백』, 춘추사, 1948.
오산인, 「K선생을 생각함」, 『창조』 5호, 1920. 3.

2차 자료

권정호, 「춘원의 「어린 벗에게」 소고(小考)」, 『논문집』 27권 1호, 진주교육대학교,
        1983, 93-110쪽.
김동인, 「글동산의 거둠」, 『창조』 7호, 1920. 7, 66쪽.
박관수, 「1940년대 남자동성애 연구」, 『비교민속학』 31집, 2006, 389-483쪽.
박영희, 「문학상으로 본 이광수」, 『개벽』, 1925. 1, 86쪽; 90-92쪽.
박월탄, 「갑자문단종횡란」, 『개벽』, 1924. 12, 116쪽.
방민호, 「이광수의 자전적 문학에 나타난 작가 의식 연구」, 『어문학논총』 22집, 국
        민대학교, 113-127쪽.
서영채, 『사랑의 문법』, 민음사, 2004.
손유경, 「한국 근대소설에 나타난 '동정(同情)'의 윤리와 미학에 관한 연구」, 서울
        대 박사논문, 2006, 83-93쪽.
손정수, 「병리학의 소설사」, 『미와 이데올로기』, 문학동네, 2002, 59-60쪽.
송민호, 「춘원의 습작기작품과 장편 『무정』」, 『이광수 연구』 하, 태학사, 1984, 42-

57쪽.

신수정, 「감정교육과 근대남성의 탄생—이광수의 초기 단편소설을 중심으로」, 『여성문학연구』 15집, 2006, 229-258쪽.

신지연, 「1920~30년대 ‘동성(연)애’ 관련 기사의 수사적 맥락」, 『민족문화연구』 45집, 2006, 265-292쪽.

윤가현, 『동성애의 심리학』, 학지사, 1997, 19-21쪽.

이경훈, 「춘원과 『창조』」, 『대합실의 추억』, 문학동네, 2007, 56-64쪽.

이주란, 「이광수의 『윤광호』」, 『버디』 6호, 1998. 7.

이희춘, 「춘원소설의 동성애에 관한 고찰」, 『어문학』 48, 1988, 163-191쪽.

전영택, 「남은 말」, 『창조』 6호, 1920. 5, 75쪽.

한승옥, 「동성애적 관점에서 본 『무정』」, 『현대소설연구』 20집, 2003. 12, 7-29쪽.

G. 실비안, 「이광수 초기 문학에서 드러나는 동성애 모티프에 관한 계보학적 연구」, 서울대 석사논문, 2007. 8.

미셸 푸코, 이규현 역, 『성의 역사 1—앎의 의지』, 나남, 1990, 54-67쪽.

필립 아리에스 외, 김광현 역, 「동성애에 관한 역사적 고찰」, 『성과 사랑의 역사』, 황금가지, 1996, 106-110쪽.

◆ 국문초록

　이 논문은 이광수의 1910~20년대 텍스트에서 동성 간의 관계와 감정이 언어화되는 양상과 그 문학적 의미를 고찰하는 데에 목적이 있다. 이광수의 초기 텍스트에서 자주 발견되는 동성 간의 친밀한 관계는 두 가지 경향으로 나누어진다. 첫 번째는 주인공과 상대가 서로의 마음을 이해해주는 '벗'의 관계로 설정된 경우다. 이때 '벗'은 주인공이 설정한 욕망을 지탱해주는 역할을 한다. 또 다른 경우는 상대 남성이 열정과 욕망의 대상으로 설정된 경우로서 그 상대는 '미소년'으로 표상된다. 이 관계들은 특정한 은폐 기제 아래에 숨어 있지도 않으며 관습과 금기에 대한 도전 의식을 동반하고 있지도 않다.

　그것은 이광수가 놓인 특이한 입지에서 비롯되는 것으로 판단되었다. 1910년대의 이광수가 강조하는 '사랑'의 정신성과 아름다움은 궁극적인 의미에서 근대적 일부일처제 및 이성애 이데올로기에 잇닿아 있다고 볼 수 있다. 그러나 이광수는 '사랑'의 내포를 이성 간에만 가능한 것으로 한정하지 않는데, 그것은 그가 유년시절 전근대적 하층민의 성애적 관례를 익숙하게 체득하고 있었기 때문인 것으로 보인다. 근대적 결혼 제도에 대한 담론이 이광수라는 개인을 거쳐 언어화될 때, 담론과 개별자적 경험이 온전히 겹쳐지거나 맞물리지 못하는 '틈새'를 통해 동성 간의 배타적 관계와 감정이 표현될 수 있는 가능성이 마련되었다고 볼 수 있다.

　그러나 1920년대에 오면 연애와 성욕에 대한 근대적 담론을 통해 남성과 여성의 젠더 표상이 견고해지고, 『무정』「윤광호」 등에 나타난 동성 간의 열정과 친밀감은 조롱어린 평을 받기도 한다. 이러한 사정은 이광수에게도 영향을 미치는데, H군과 관계되는 두 편의 글 「H군에게」, 「H군을 생각하고」, 그리고 H군이 이광수를 향해 쓴 「K선생을 생각함」을 통해 파악해 볼 수 있다. 이 글들은 남자와 남자 사이의 지나친 친밀감이나 열정은 '명예'를 해치는 위험에 맞닥뜨리게 한다는 것, 그러한 감정을 표출하기 위해서는 어떤 식으로든 은폐의 기제를 둘러야 한다는 것을 보여준다.

◆ SUMMARY

A Study of Same-sex Relationships in the Works of Lee Gwang-su during 1910s~1920s.

Shin, Ji-Yeon

A Purpose of this study is to survey same-sex relationships in the works of Lee Gwang-su during 1910s~1920s.

In many early novels of Lee Gwang-su, a leading character was exceedingly intimate with a same-sex friend or had a passionate desire for a same-sex person. Lee dealt with these relationships without a concealing mechanism or defiant attitude against a custom or a taboo. It can be said that Lee was situated in a peculiar topos, that is, the fissure between a modern monogamy ideology and a pre-modern sexual custom of low-class people.

But in the 1920s, the modern discourse of romantic love and sexuality was influenced to his writings. As a result, he could not but use concealing mechanism to deal with very close intimacy between two men in *Thinking H.*

Keyword : same-sex love, same-sex relationships, Lee Gwang-su, sexuality, intimacy, santiment, friendship

－이 논문은 2007년 7월 31일에 접수되어, 소정의 심사를 거쳐 2007년 9월 30일에 최종적으로 게재가 확정되었음.

서정주 초기시의 극적 성격
– 니체와의 관련을 중심으로

허 윤 회*

<table>
<tr><td colspan="2" align="center">목　차</td></tr>
<tr><td colspan="2">1. 머리말</td></tr>
<tr><td colspan="2">2. 「화사」의 극적 표현과 성격</td></tr>
<tr><td colspan="2">3. 시적 자아와 직정언어</td></tr>
<tr><td colspan="2">4. 영원회귀와 실존적 의식</td></tr>
<tr><td colspan="2">5. 맺음말</td></tr>
</table>

1. 머리말

장르적으로 시와 연극은 서로 다른 장르로서 인식되지만, 발생론적으로 보자면 그 친연성이 가장 크다고 하겠다. 김인환은 김소월의 시를 접근함에 있어서 "문학사를 떠나 작가론의 영역으로 들어서면 연극과의 비교가 한결 용이해진다"고 전제한 뒤에 김소월은 "극적 상황을 구축하는 능력을 꿈이라고 불렀는데, 소월이 말하는 꿈을 상상력이라고 바꿔어도 무방할 것이다."라는 관점에서 김소월의 시세계를 검토한 바 있다.[1] 일반적으로 시에서의 상상이 시적인 것을 구축하는 가장 기

---

* 성균관대 강사.

[1] 김인환, 「연극과 시」, 『상상력과 원근법』, 문학과지성사, 1993, 28-33쪽.

224

본적인 방법이자 인식이라고 할 때, 이는 연극의 제시적 양식과 방법론적인 상동성의 측면에서 바라볼 수 있게 한다. 이러한 관점에서 서정주의 시를 바라본다면 어떠한 결과를 가져올 것인가?

서정주는 자신의 시세계를 확장하는 가운데 김소월에 대한 면밀한 고찰을 동시에 진행한 바 있다. 서정주는 김소월의 시와 타자적인 관계에서 대화의 장을 유지하고 있었다라고 볼 수 있겠다. 한발 더 나아가 김소월의 시들이 "정주 방언과 서울말과 당시에 유행하던 문학 언어의 대화이면서 동시에 시조의 언어와 서정주의 언어와 김지하의 언어의 대화"라고 가정한다면,[2] 그 공통항으로서의 극성 혹은 극적인 것의 관련성은 커진다고 볼 수 있다. 극성을 매개로 하여 이들 항목들은 자신의 세계를 개진하는 하나의 인격 혹은 개체로서 등장하기 때문이다. 이러한 관점에서 서정주의 시를 고찰한 예는 박미경의 「서정주 시의 극성 연구」(동국대 석사논문, 2005)이 아마도 거의 유일한 연구가 아닐까 판단된다. 하지만 이러한 관점이 서정주의 표현적인 층위에만 집중됨으로 인해서 서정주의 시적 특성의 해명에 대한 요구로 나아가지는 못한 바 있다.

특히 이 글에서 초점을 맞추려고 하는 것은 프리드리히 니체와의 관련성이다. 니체는 1920년대 수용되어 정신의 개조라는 측면에서 영향을 미친 바 있다. 초기의 수용과정에서 니체는 독일 합리주의 철학을 새로운 관점에서 바라볼 수 있는 인물로 비쳐지기도 했다. 하지만 정작 니체의 글들이 읽혀지면서 니체의 철학이 갖고 있었던 기존 체제에 대한 비판은 그 영향력을 확대시켜 나아갔다. 이른바 니체의 원근법주의와 계보학은 인간의 모든 행동이 '힘에의 의지'로 수렴되어야 함을 강조하였다. 지금까지 니체와 서정주의 관련성에 대해서는 시인 자신이 자신의 문학을 설명하면서 거론한 바 있다. 서정주는 자신의 나이 18세 무렵에 니체의 『차라투스트라는 이렇게 말했다』를 일어역

---

2) 김인환, 앞의 글, 13쪽.

본으로 읽는다.3) 하지만 정작 서정주의 시와 니체와의 관련성에 대한 심도 있는 글을 찾기는 어렵다.4) 이 글에서는 서정주가 바라본 니체의 모습이 어떠하였으며, 또한 서정주의 시에서는 어떤 영향을 미쳤으며, 이후에 어떤 양상으로 나타나는 지에 대한 검토를 하려고 한다. 그리고 서정주의 시세계에 나타난 니체의 영향을 검토함에 있어서 그 매개항으로서 '극적인 것'의 문제를 함께 살펴보고자 한다.

서정주의 시에 대한 가장 이른 시기의 본격적이면서 동시에 비평적 언급은 조연현의 「원형의 형벌－『화사집』과 『귀촉도』를 통해본 서정주」(『해동공론』, 1948. 9)이다.5) 서정주의 시에 비교적 우호적이었던 조연현 자신도 서정주의 『귀촉도』가 출간된 즈음에 붓을 들어 다음과 같이 말하고 있다. "우리들은 다만 『화사집』에서 몰락할 줄 알았던 씨가 『귀촉도』에서 다시 재기할 수 있는 빛나는 서광을 만났다는 것을 기억" 하면서 글을 끝맺고 있다. 1949년 무렵까지도 서정주의 시는 현재진행형으로 문학의 가파른 길을 걸어가고 있었다. 서정주의 초기시 특히 『화사집』을 중심으로 논의가 집중되었지만, 조연현의 언급에서 크게 나아갔다고 보기는 어렵다. 서정주 문학의 재구성에 있어서 작품의 세계를 밀도 있게 살피면서 외연을 확장시킬 필요가 여기에 있다.

이 글에서는 서정주의 초기시에 나타난 양상을 『화사집』을 중심으로 다루면서, 『화사집』에 수록되지 않은 여타의 작품을 검토의 대상으로 할 것이며, 이 시기 서정주의 시세계가 갖는 의미에 대해서도 살펴

---

3) 서정주, 『서정주문학전집』 3, 일지사, 1972, 169쪽; 황종연, 「신들린 시, 떠도는 삶」, 『작가세계』, 1994. 봄, 25쪽.

4) 남진우, 「남녀 양성의 신화」, 『미당연구』, 214쪽, 주 5). 남진우는 보들레르와 니체의 영향에 대한 지적에도 불구하고 이에 대한 연구가 없음을 의아해 한다. 이어서 니체의 경우에는 『차라투스트라는 이렇게 말했다』와 『비극의 탄생』 정도를 읽었을 것으로 추정한다. 그런데 이를 다시 생각해 보면 서정주는 니체의 저술 가운데에서 『차라투스트라는 이렇게 말했다』와 『비극의 탄생』에 무엇보다도 많은 관심을 가졌었다고 볼 수도 있다.

5) 조연현, 「원죄의 형벌－『화사집』・『귀촉도』를 통해 본 서정주」, 『문학과 사상』, 세계문화사, 1949. 12.

보고자 한다. 서정주의 초기시는 서구적인 문학의 영향에서 자유롭지 못하다. 보들레르와 니체 그리고 초현실주의의 영향을 자신이 고백한 바 있거니와 이러한 시적인 영향이 그의 시에 나타나고 있다. 『화사집』 이후 서정주는 동양으로의 회귀라는 면모를 보여주고 있다. 생의 막바지까지 지속된 동양 혹은 한국인으로서의 자의식은 그의 시 곳곳에 나타나고 있다. 그런 의미에서 『화사집』의 시기는 퍽 이질적인 시기인 것처럼 보이기도 한다. 하지만 서구적 영향만으로 『화사집』의 해석이 완결되지 않는걸 보면 또 다른 이해가 필요한 것처럼 보인다. 그것은 필자가 보기에는 서구적 영향과 그 영향을 자기화하는 과정에서 나타난 시에 대한 이해의 문제라고 판단된다. 그리고 이를 시에서의 극성 혹은 극적인 것에서 찾고자 한다. 서정주가 다른 시인들과 자신을 차별화하는 과정에서 시인의 개성이 어떻게 연출될 수 있는가에 관심을 갖게 되는 것은 당연하다. 이때 시를 현실의 극화된 양상으로 바라볼 수 있다면 시적 표현과 진술은 일상적인 언어가 아닌 독자적인 극화된 현실 속의 언어가 된다. 이른바 서정주가 말하는 직정언어란 단순히 감정의 직접적인 표현이 아닌 표현에 생명이 부여된 살아있는 언어를 말한다. 이것을 가능케 하는 것은 현실의 극화(dramatization)를 통해서이다. 바타이유의 말에 의하면 현실의 극화는 더 이상 신이 존재하지 않는 현실에서 무한의 추구를 가상적으로 제시하는 양태를 의미한다. 그리고 인간은 그를 붙잡은 욕망으로부터 쉼 없이 탈주하는 상태에서만 그 자신을 찾을 수 있다.[6)

2. 「화사」의 극적 표현과 성격

『화사집』의 두 번째 작품은 「화사」가 장식하고 있다. 「화사」는 『화

---

6) George Bataille, *Inner Experience*, Translated by Leslie Anne Boldt, SUNY, 1988, p.134.

사집』에서 매우 중요한 작품일 것이다. 「화사」는 「자화상」과 함께 서
정주의 초기시에서 가장 자주 거론되는 시이기도 하다. 『화사집』에서
는 「자화상」 다음에 「화사」가 실려 있다.

> 麝香 薄荷의 뒤안길이다.
> 아름다운 베암……
> 을마나 크다란 슬픔으로 태여났기에, 저리도 징그라운 몸둥아리냐
>
> 꽃다님 같다.
>
> 너의할아버지가 이브를 꼬여내든 達辯의 혓바닥이
> 소리잃은채 낼룽그리는 붉은 아가리로
> 푸른 하늘이다. …… 물어뜯어라. 원통히무러뜯어,
>
> 다라나거라. 저놈의 대가리!
>
> 돌 팔매를 쏘면서, 쏘면서, 麝香 芳草ㅅ길
> 저놈의 뒤를 따르는것은
> 우리 할아버지의안해가 이브라서 그러는게 아니라
> 石油 먹은 듯…… 石油 먹은 듯…… 가쁜 숨결이야
>
> 바눌에 꼬여 두를까부다. 꽃다님보단도 아름다운 빛……
>
> 크레오파투라의 피먹은양 붉게 타오르는 고흔 입설이다…… 슴여라! 베암.
>
> 우리 순네는 스믈난 색시, 고양이같이 고흔 입설…… 슴여라! 베암.
> — 「화사」 전문, 『화사집』7)

  지금까지 「화사」는 일반적으로 관능적인 육체의 욕망을 표현하는
작품으로서 다루어져 왔다. 이와 함께 「문둥이」 「대낮」 「맥하」 등이

---

7) 강조는 필자.

228

같은 계열의 작품으로 거론되어 왔다. 하지만 「화사」가 보여주는 관능성의 궁극적인 지향과 의미에 대한 맥락적 이해는 애매한 채로 남아있다. 그 이유 중의 하나는 『화사집』에 수록된 「화사」의 잘못된 독해 방식에서 그 이유를 찾을 수 있다. 우선 2연의 "꽃 다님 같다"라는 표현을 3연의 전반부에 붙여서 읽거나 편집하는 경우이다. 『화사집』에서는 이 표현다음에 면이 바뀌게 되는데 공교롭게도 『서정주시선』(1956)의 경우에도 면이 바뀌어 진다. 그런데 이후의 과정에서 「화사」의 2연이 3연의 전반부와 붙어버리는 경우가 일반적인 것처럼 여겨지게 되었다. 하지만 발표당시의 「화사」(『시인부락』 2호, 1936. 12)를 보면 2연의 "꽃 다님 같다"는 1행의 독립된 연으로 표기되어 있다. 연의 표시를 수정할 기회를 찾지 못하고 현재에 이르렀는데 이것은 「화사」에 대한 이해에 적지 않은 걸림돌로 작용하였다. 이를테면 서정주가 「화사」에서 표현하고자 한 시적 진술의 표현방식에 대한 것이다.

　「화사」의 1연에서 '화사'는 '아름다운 베암'과 '징그라운 몸둥아리'를 한 몸에 갖고 있는 존재로 그려지고 있다. 그렇기 때문에 3연에서는 '붉은 아가리'로 '푸른 하늘'을 물어뜯는 것이 정당화된다. 2연 '꽃다님 같다'라는 표현은 '화사'에 대한 묘사로서 볼 수 있지만, 3연의 3행은 '화사'에 대한 시인의 연민과 동정으로 읽을 수 있다. 분명히 이 시에서 '화사'는 인간의 관능과 욕망을 표상하고 있다. 동시에 '화사'를 바라보는 시인(인간)은 이러한 관능과 욕망에서 자유롭지 못하다. '화사'에 대한 이율배반적인 표현은 일종의 두려움으로 전화되어 '화사'의 탈주를 방조한다. 필사적으로 도망가는 돌팔매를 쏘면서 '화사'의 '뒤를 따른 것'은 "우리 할아버지의 안해가 이브라서 그러는게" 아니다. 그것은 일종의 '화사'에 대한 매혹이라고 할 수 있는데 그것은 정체를 분명하게 알 수는 없다. 여기에서 시인은 "石油 먹은 듯…… 石油 먹은 듯…… 가쁜 숨결이야"라는 내면의 소리를 뱉어낸다. 일종의 몽환적인 세계에서 끌어올린 듯한 이 표현은 이 시의 절정을 예고하고 있다.

　그렇다면 「화사」에서 "石油 먹은 듯…… 石油 먹은 듯…… 가쁜 숨결이야"라는 절정의 탄성은 어떤 내적 질서를 갖고 있는가? 이것의 해명은 바로 한 행으로 표현된 2연의 "꽃 다님 같다"와 4연의 "다라나거라. 저놈의 대가리!"에서 찾을 수 있다. 앞에서 '화사'의 이중적인 모습을 이야기했지만 이를 바라보는 시인의 내면도 여기에서 자유롭지 못하다. 2연의 "꽃 다님 같다"라는 표현이 1연을 거치는 과정에서 내비친 시인의 내면적 진술이라면 같은 맥락에서 4연의 "다라나거라. 저놈의 대가리!" 역시 시인의 내면적 진술이면서 동시에 2연과 4연은 대립적인 모순을 보여주고 있다. 일종의 매혹과 원망이 교착하고 있는 것이다. 4연의 3행은 눈앞의 현실과 시인의 내면이 결합된 자연스러운 리듬의 표현인 셈이다.

독립된 한 행의 5연에서 시인은 의식과 무의식의 차이를 통한 합일의 과정에 도달한다. '화사'에 대한 역전된 사고는 "꽃다님보단도 아름다운 빛"을 "바눌에 꾀여 두를까부다"라는 긍정의 영역으로 변화된다. 하지만 이것은 현실을 수용한 뒤의 허무의식이 강한 비현실적 표현이라는 데에 문제가 있다. 그리하여 클레오파트라와 순네의 대립적 제시는 불협화음처럼 보이기도 한다. 클레오파트라의 '고흔 입설' 이나 우리 순네의 '고흔 입술'이나 이러한 매혹에서 자유로울 수는 없다. 인간의 육욕을 상징하는 '베암'이라면 시인 자신도 이러한 한계에서 자유로울 수 없다. 여기에서 "슴여라 배암"이라는 명령어구는 정당한 것이지만, 일말의 회의 혹은 죄의식이 남겨지는 것을 아주 없애지는 못하고 있다.

이 원인을 살펴보면, 하늘을 향해 무수히 머리를 올려 세우지만 '화사'는 결국 지상에 결박되어 '푸른 하눌'을 동경할 수밖에 없다. '화사'는 지상에 결박된 존재로서 세상의 모든 비난을 한 몸에 받고 있지만 정작 자신은 자기에게 부여된 한계에서 한 발작도 벗어날 수 없다. 「화사」에서의 '화사'는 시적 자아와 동일시된다는 측면에서 시를 읽은 사람으로 하여금 감정을 극대화시킨다. 이러한 극대화의 순간에 시인은 '화사'로 표상되는 욕망의 이율배반을 경험하게 된다. 자신도 모르게 관능적 욕망에 추수하면서도 동시에 느끼게 되는 죄의식은 자신의 본

230

래적인 감정을 밀어낸다. 그것은 욕망의 목소리이면서 동시에 떠오르는 이미지이다. 서정주는 이러한 이미지를 병치시키고 있는 것이다. 이미지의 병치가 드러내는 효과를 통해서 「화사」는 다성적인 울림을 갖게 된다.

서정주는 「화사」를 지을 당시를 회고하면서 "이때의 나는 이를테면 그리이스 신화 속의 아폴로 신 같은 거나, 구약의 솔로몬 노래 속의 사내 비슷한 무엇 그런데 가까우려는 것이 하나 되어 있었다."[8]라고 술회한 바 있다. 서정주는 태양과의 동일화를 하나의 이상으로 여기고 있었다. 아마도 강력한 힘에 대한 동경이 그리스 신화의 아폴로 신에게로 그를 이끌었을 것으로 판단된다. 아울러 그리스 신화 속의 아폴로 신과 함께 '솔로몬의 노래 속의 사내'에 대하여 말하고 있다. 이는 구약성경의 「아가」를 가리킨다.

「아가」에서는 남녀의 건강한 사랑을 이상적으로 노래하고 있다. 「정오의 언덕에서」는 아가의 한 구절, "향기로운 산우에 노루와 적은 사슴같이 있을지어다."라는 구절이 인용되어 있거니와 "沒藥 麝香의 훈훈한 이꽃자리/내 숫사슴의 춤추며 뛰여가자"라는 구절은 「아가」의 분위기를 그대로 사용한 예라고 할 수 있을 것이다. 또한 「아가」를 살펴보면 신랑과 신부 그리고 합창단의 노래가 번갈아 가면서 진행되고 있다. 다시 말하면 신랑과 신부 그리고 합창단이 무대 위에서 노래를 하면서 진행하는 일종의 극적 형식을 갖추고 있다. 오래전 고대극의 잔영이 구약성경에 남겨졌다고 할 수 있다. 「아가」는 고대의 극시 가운데 하나라고 할 수 있다. 특히 주목되는 것은 「아가」에서 '합창'의 역할이다. 합창은 신랑과 신부의 생각을 함축적으로 표현함과 동시에 신랑과 신부가 직접 표현하지 못하는 감추어진 생각을 표현하기도 한다. 「아가」의 진행과정에서 '합창'의 역할은 「아가」를 역동적으로 이끌어 가는 것이라고 할 수 있다.

---

8) 서정주, 「천지유정」, 『서정주전집』 3권, 일지사, 1972, 183쪽.

「화사」에서 2, 4, 6연은 시적 자아의 생각을 그대로 표현한 것으로서 노출된 극적 대사의 성격을 갖는다. 시인의 머리 속에 상상된 장면과 현실에 드러난 대화는 서로 길항하면서 역동성을 드러낸다. 특히 3연의 2행과 3행이 그러하며 이 표현에서 시인의 주제의식을 표착할 수 있다. 「화사」에서 보여준 연극성과 표현은 「화사」를 단순한 개인감정의 진술에 머물게 하지 않고 작품을 입체화시키고 있다.

유성호는『화사집』의 세계를 논하면서 그 드라마적 구조에 대하여 설명한 바 있다. 서정주의『화사집』은 「아가」에서 보는 것처럼 기독교적 세계관이 많이 투영되어 있고,『성경』에서 보여주고 있는 창조−타락−귀향−고난−부활이라는 일련의 극적구조를 갖고 있다는 것이다.9) 이를 해롤드 불룸의 용어를 사용한다면 궤도이탈−깨진조각−자기비하−악마화−금욕적 고행−환생의 '수정율'the revisionary ratios을 여기에 적용할 수도 있다.10) 강한 욕망을 드러내는 시인에게서 나타나는 이러한 일반적인 패턴을 서정주는 자신의 첫 시집『화사집』에서 보여주고 있다.11)

3. 시적 자아와 직정언어

『화사집』의 처음을 장식하고 있는 「자화상」의 전반부이다. 「자화상」

---

9) 유성호, 「서정주의『화사집』연구」,『문예연구』, 1998. 여름, 89쪽.
10) 헤롤드 불룸의 수정율과 그 의미에 대해서는 M. H. 에이브럼즈, 「텍스트로 무엇을 할 것인가」,『세계의 문학』, 1989. 가을, 363쪽 참조.
11) 자화상 궤도이탈 자화상
  화사 깨진조각 화사, 문둥이, 대낮, 맥하, 입마춤, 가시내
  노래 자기비하 수대동시, 봄, 서름의 강물, 벽, 엽서, 단편, 부흥이
  지귀도시 악마화 정오의 언덕에서, 고을나의 딸, 웅계(상), 웅계(하)
  문 금욕적 고행 바다, 문, 서풍부
  (부활) 환생 부활

이라는 시는 "애비는 종이었다"라는 시적 진술뿐만이 아니라 "스믈세
햇동안 나를 키운건 팔할이 바람이다" 혹은 "이마우에 언친 詩의 이슬
에는/멧방울의 피가 언제나 서꺼있어"라는 농밀한 시적 언어를 자랑하
는 서정주의 대표작이다. 특히 "애비는 종이었다"라는 시구는 서정주
개인의 가계와 연결되어 그 사실성의 논란이 빚어지기도 한다.[12] 본격
적인 시인으로서의 출발을 알리는 『화사집』의 시작이 "애비는 종이었
다"라는 것은 자신의 존재 근거를 굴종에서 찾고 있다는 점에서 문제
적이라고 할 수 있다. 이 시에서 '나'라는 시적 화자는 '애비는 종'에서
비롯된 환경의 개진을 통하여 비로소 등장한다. 그것은 '나'의 존재를
필연으로 이끈 계통발생의 문화적 접근이기도 하다. 개체발생이 계통
발생을 반복한다면 이미 자신의 미래는 운명적으로 예정된 것임에 틀
림없다. 따라서 「자화상」의 마지막 표현 "병든 수캐만양 헐덕어리며
나는 왔다"라는 시제는 과거시제임에도 불구하고 미래제시형으로 읽
혀진다.[13] 아무튼 『화사집』에서 「자화상」이 차지하고 있는 비중은 매
우 크다고 할 때, 그것은 시적 자아의 제시에 있다.

> 애비는 종이었다. 밤이기퍼도 오지않었다.
> 파뿌리같이 늙은할머니와 대추꽃이 한주 서 있을뿐이었다.
> 어매는 달을두고 풋살구가 꼭하나만 먹고 싶다하였으나…… 흙으로 바
> 람벽한 호롱불밑에
> 손톱이 깜한 에미의아들.
> 甲午年이라든가 바다에 나가서는 도라오지 않는다하는 外할아버지의
> 숯많은 머리털과
> 그 크다란눈이 나는 닮었다한다.
>
> ― 「자화상」 전반부, 『화사집』[14]

---

12) 고은, 「미당담론: 「자화상」과 함께」, 『창작과 비평』 112호, 2001. 6, 291-292쪽.

13) 김인환, 「미당시의 성숙과정」, 『문학과 문학사상』, 열화당, 148쪽.

14) 이 시를 발표당시의 작품과 비교하면 독립된 연으로 되어 있음을 알 수 있다. 현재
『미당 서정주 시전집』(민음사, 1983)에는 발표당시와 달리 1연과 2연이 합쳐져 있으
나, 의미상으로는 충분히 분리가 가능하다고 볼 수 있다. 또한 최초 발표당시의 '갑술

「자화상」에서의 시적 자아는 배경을 갖고 있으며, 그 배경 속에서 자유롭지 못하다. 마치 무대에서 배우가 인물의 성격에서 자유롭지 못한 것처럼. 그런데 서정주의 경우는 매우 특별한 지점에서 자신의 성격을 창조하고, 그 대리인을 통하여 자신의 시적 진술을 하도록 만들었다. 황동규는 이를 두고 '상상력에 의한 자전의 변용'이라고 지적한 바 있다.15) 이 점이 바로 『화사집』의 편집 과정에서 이전의 작품들이 수록되지 않은 채 버려진 이유라고 판단된다. 정확히 「화사」이전의 작품에서 우리가 알고 있는 '서정주'라는 시적 개성은 그의 작품에서 전경화(前景化) 되지 않는다. 마찬가지로 『화사집』에 수록되는 작품들이 제작되는 시기의 미수록 작품들은 시인의 시적 개성을 구현하기에 부적합했던 작품들이라고 추정할 수 있다.

　니체가 차라투스트라 혹은 초인에서 강조한 신성의 추구는 영겁회귀와 동일한 의미를 갖게 된다. 영겁회귀란 '반복될 수 없는 반복'에 대한 자각이다. 들뢰즈는 영겁회귀를 직선적 시간관과 순환적 시간관과도 다른 존재론적 시간관으로 정의하고 이를 통한 새로운 가치의 생성을 통해 니체의 사상을 살피고 있다.16) 인용된 글의 표현만을 놓고 본다면 서정주는 니체의 사상 가운데에서 『비극의 탄생』에 나타난 그리스 비극의 전개양상과 『차라투스트라는 이렇게 말했다』에서의 '초인'의 면모에 보다 깊은 관심을 갖고 있었던 것으로 보인다. 가치철학으로서의 니체에 대한 인식에도 불구하고 '힘의 철학'에서 강조한 현상의 계몽의 인식론적 변화보다는 보다 더 근원적인 가치의 문제적 시선을 통해 니체를 바라보았다는 것을 의미한다. 같은 글에서 당시의 시인의 생각과 함께 언어 표현적 측면을 기술한 내용도 있다. 이를 서

　년'이라는 표기는 시집수록이 되면서 '갑오년'으로 수정되고 있다. 그밖에 행의 구분에 있어서 차이가 많이 나고 있다. 행구분시에 휴지를 두어 낭독하면 훨씬 더 극적으로 작품이 읽힌다. 아마도 「자화상」의 수정과정에서는 이러한 측면도 고려의 대상이 되었을 것으로 짐작된다.

15) 황동규, 「탈의 완성과 해체」, 『미당연구』, 132쪽.
16) 질 들뢰즈, 김상환 역, 『차이와 반복』, 민음사, 2004, 281쪽.

정주는 '직정언어'라고 이름 지은 바 있다.

한편 서정주는 이럴수록 자꾸만 "18~19세 때 읽은 니이체의 차라투스트라가 많이 마음 속에 다시 얼씬거렸다."라고 회고한 바 있다.『화사집』에는 보들레르와 베를렌느와 고흐의 이름이 나오고 또 랭보가 연상되는 시 구절이 나오기도 한다.『화사집』에서 니체의 흔적은 '지귀도시'와 '문'의 장에서 찾을 수 있을 것 같다. 차라투스트라는 마지막에서 이것은 나의 아침이다. 나의 낮이 시작된다. 자 솟아올라라 솟아올라라 그대 위대한 정오여,17) 차라투스트라는 자신의 운명을 받아들이면서 그 속에서 존재의 의미를 '영원회귀'라고 말하고 있는 것이다. 차라투스트라는 자신을 대속함으로써 세상에 깨달음을 주고 있다. 차라투스트라는 예수와 부처의 다른 이름이며 세상의 모든 깨달은 자의 또 다른 이름인 것이다.

> 『화사집』 속의 내 졸작의 하나인 '부활'은 형용사 부사는 될 수 있는 한 안 사용하여 쓰기로 작정하고 시험한 작품이다. 그렇게 때문에 당시 우리 시단의 최고대표격이었던 鄭芝溶의 언어예술보다는 李箱의 시의 어떤 語風들에 나는 공감이 갔다. "아 밤은 참 많기도 하더라"하는 類의 옷입히지 않은 내심의 밑바닥에서 꾸밈없이 그대로 솟아 나오는 語風—그런 語風에 공감을 가진 것은 당연이었다. 나는 이때, 이것을 '直情言語'란 말로 표현하고 있었는데, 그때 친구들 중에는 더러 기억하고 있는 사람도 있을 줄 안다.18)

위에서 서정주가 말하고 있는 직정언어는 감정을 솔직하게 표현한

---

17) 프리드리히 니체, 최승자 역,『차라투스트라는 이렇게 말했다』, 청하, 1984, 371쪽.

18) 서정주,「고대 그리스적 육체성—나의 처녀작을 말한다」,『세대』, 1965. 9. 서정주는 「나의 시인생활자서」(『백민』, 1948. 1, 91쪽)에서 다음과 같이 직정언어를 말한 바 있다. "直情言語—修飾없이 바로 사람의 心臟을 건드릴 수 있는, 그렇언 말들을 追求하는 것이 當時의 내 理想이었든 것이다. 그 結果로서 形容詞代身에 좋든, 언짢든, 行動을 表示하는 動詞의 集團이 내 시에 登場하게 되었음은 勿論이다. 시방도 내 시의 일부를 가르쳐 小說的이라는 評을 하는 이가 있음은 이 때문인 것이다."

다는 의미는 아니다. 정지용의 경우 대상의 표현에 있어서 비유적인 측면에 노력을 기울였는데 반해서 자신의 경우는 그렇지 않다는 것을 강조하고 있다. 시에서 비유적인 표현을 방기한다는 것은 어떤 것일까라고 했을 때, 그것은 시적인 어법이 아닌 일상적인 의미의 전략을 의미하거나 또 다른 제 3의 언어적 정황을 의미하는 것이어야 한다. 이를 서정주는 직접 표현하고 있지는 않고 있다. 다만 이상의 시를 예로 들어서 자신의 언어표현적 특성을 간접적으로 표현하고 있다. 서정주가 제시한 이상의 "아, 밤은 참 많기도 하더라"라는 구절은 이상의 시 「아침」이라는 시 가운데에서 발견된다. "캄캄한 空氣를마시면肺에害롭다. 肺壁에끄름이 앉는다. 밤새도록나는몸살을앓는다. 밤은참많기도하더라"로 시작되는 작품은 폐병으로 고생하고 있던 이상의 솔직한 면모가 드러나 있다. 다만 삶과 죽음의 경계에서 고통스러워하는 시인은 자신의 감정을 배제한 채 냉정한 거리를 갖고서 담담하게 자신을 기록하고 있다. 이 작품은 이상의 「역단」이라는 연작 가운데 하나이다. 이 연작 시편가운데에서 우리는 다음과 같은 작품을 만날 수도 있다.

> 門을암만잡아다녀도안열리는것은안에生活이모자라는까닭이다. 밤이사나운꾸지람으로나를졸른다. 나는우리집대문門牌앞에서여간성가신게아니다. 나는밤속에들어서서제웅처럼자꾸만減해간다. 食口야封한窓戶어데라도한구석터놓아다고내가收入되어들어가야하지않나. 지붕에서리가내리고뾰족한데는鍼처럼月光이묻혔다. 우리집이앓나보다그리고누가힘에겨운도장을찍나보다. 壽命을헐어서典當잡히나보다. 나는그냥門고리에쇠사슬늘어지듯매여달렸다. 門을열려고안열리는門을열려고.[19]

이상이 쓴 「가정」이라는 시의 전문이다. 난해하고 실험적인 시를 썼던 이상의 시세계에서 이채를 발하는 작품이다. 이 작품에서 이러저러한 사업을 시도했으나 실패하고 자신의 집마저 다른 사람에게 넘겨줄

---

19) 이상, 「가정」, 『카톨닉 청년』, 1936. 2.

수밖에 없는 궁핍함을 쉽게 읽을 수 있다. 자신을 "제웅처럼 자꾸만 滅해간다"라고 표현하거나 "내가 收入되어들어가야하지 않나"라는 구절에서는 일종의 페이소스가 느껴지기도 하지만 마지막의 "門을열려고 안열리는門을열려고" 애쓰는 시인의 모습에서 자신의 집에 자신이 들어갈 수 없는 난처한 상황을 합리화하려하고 있음을 알 수 있다. 「가정」에서의 진술은 자신이 가정으로 돌아갈 수 없는 이유에 대한 자기 변명이고 또한 연출이다. 그런 면에서 「역단」 시리즈의 언어 표현적 특징이 잘 드러나 있다.

  그렇다면 서정주가 말하고 있는 자신의 시 「부활」에서 이러한 언어 표현은 어떻게 사용되고 있는가를 살펴보고자 한다. 앞서 살펴본 것처럼 「부활」은 형용사나 부사를 사용하지 않고, 다시 말하면 일체의 비유를 사용하지 않고 시인의 생각을 표현한 작품이라고 서정주는 말하고 있다. 해방 이후에 서정주는 일종의 시론을 다수 발표하고 있다. 여기에는 자신의 시인 생활과 작품에 대한 해설이 포함된다. 그리고 자신의 시 작품을 풀이하는 일종의 자작시 해설 가운데 가장 먼저 시도된 작품이 「부활」이기도 하다. 여기에서 서정주는 다음과 같이 말한다.

> 어떤 사람에게 이미 작고한 한 사람의 애인이 있었다고 가정합시다. 자나 깨나 그 사람을 잊지 못해 하다가, 하로는—그날은 청명한 가을입니다.—종로를 거러갑니다. 그때에도 또한 애인의 일을 생각하고 갑니다. 그러자 문득 옆을 지내가는 모습이 꼭 故人의 얼굴과 비슷함을 느낍니다. 그러자, 그 뒤에 오는 소녀도, 또 그 뒤에 오는 소녀도 모조리 고인과 같습니다. 아니, 같을 뿐만 아니라, 눈에 뵈이는 한도 내에서 종로에 흐터져 있는 젊은 소녀들은, 죽은 순이의 변신이 되어버립니다. 이것은 물론 환상입니다. 그러나, 이 사람은 반가웠을 것입니다.[20]

「부활」은 상당히 환상성을 갖고 있는 작품이다. 시인 자신이 설명하고 있듯이 "한번 가선 소식없든 여려운 住所"란 이승이 아닌 저승 혹

---

20) 서정주, 「부활에 대하야—일종의 자작시해설」, 『상아탑』 6호, 1946. 5. 10.

은 하늘나라를 의미하기 때문이다. 「부활」의 '순이'는 분명 지금은 이 승에 없는 존재이지만, 우연히 종로에서 '순이'와 비슷한 모습의 소녀 를 보고 이런 기시감을 통해, 자신의 순이에 대한 골똘한 생각을 현실 화시키고 있다. 이것은 물론 환상이지만 이것을 가능케 하는 것은 지 금은 없는 '순이'를 기리는 시인 혹은 어떤 사람의 의식이다. 이를 설 명하기 위해서 서정주는 "어떤 사람에게 이미 작고한 한 사람의 애인 이 있었다고 가정합시다."라는 제안을 한다.

다시 말하면 서정주가 말하는 직정언어가 제대로 사용되려면 시인 의 진솔한 감정과 생각도 필요하지만, 그러한 감정과 생각을 담을 수 있는 형식이 또한 필요하다. 이를 다른 말로 하자면 시적 상황의 극적 제시라고 할 수 있을 것이다. 이런 극적인 상황이 시인의 머리 속에 전 제되어 있을 경우에 형용사나 부사와 같은 수식어나 비유는 부차화 될 수밖에 없다. 무대 위에서 연기하는 배우처럼, 일상의 나를 주어진 역 할에 일치시킴으로 해서, 시인의 표현은 독자들에게 감정이입 된다. 이 것은 시와 극이라는 장르의 친연성을 뜻하는 것이기도 하지만 서정주 가 말하고 있는 언어표현에 있어서 '직정언어'가 갖고 있는 내포적 의 미라고 생각한다.[21]

이런 수법은 여러 가지 경로를 통해서 습득했겠지만 일차적으로 니 체와의 관련성을 떠올리지 않을 수 없다. 니체는 『비극의 탄생』에서 그리스 문화의 흐름을 조감하고 있다. 그가 강조하고 있는 것은 '개별 화의 원리'이다. 여기에서 개별화란 '가상을 통한 자기의 구원'을 의미 한다. 니체가 그리스 문화의 두 축으로 아폴로적인 것과 디오니소스적 인 것 가운데, 먼저 아폴로적인 것은 개별화의 원리의 신격화된 것으

---

21) 김용직, 「직정미학의 충격파고—서정주론」, 『한국현대시사』 2, 한국문연, 1996. 김용 직은 서정주를 가리켜 "니체적이라기 보다는 보들레르에 깊이 밀착한 시인"이라고 평 한 바 있다. 물론 보들레르의 영향을 무시할 수는 없다. 서정주는 자신 스스로 "同時 에 나한테 온 것은 보오드레―르, 도스토이엡흐스키―등의 影響과 아울러, 니―체의 強力哲學이었다."(「나의시인생활자서」, 『백민』, 1948. 1)라고 말한 바 있다. 따라서 니 체의 영향력을 무시 할 수는 없다.

로 나타난다. 이어서 디오니소스적인 것은 '거인적인 것'과 '야만적인 것'을 특징으로 하고 있다. 다시 말하면 아폴로적인 것의 합리적인 것에 대비되는 비합리적인 것을 디오니소스적인 것에는 담겨져 있다. 이 두 가지 성질의 대립과 교체를 통하여 그리스 문화는 전개되는데 그 문화의 절정에서 '아티카 비극'과 연극적 주신찬가를 만나게 된다.[22] 이러한 관계를 니체는 다음과 같이 기술하고 있다.

> 우리는 그리스 비극을, 아폴로적 형상세계 속에 늘상 새로운 자신을 투사시키는 디오니소스적 합창으로 이해해야 한다. 비극을 엮어가는 저 여러 파트의 합창단들은 말하자면, 대화라고 불리는 부분 전체의 모체이며, 다시 말하면 무대세계 전체, 연극 자체의 모체이다. 차례대로 여러 번 투사되는 과정에서 비극의 이러한 모체는 연극의 저 환영을 비추어낸다. 이 환영은 전적으로 꿈의 현상이고 따라서 서사적 성격을 갖는다. 그러나 한편으로 이 환영은 디오니소스적 상태의 객관화로, 가상 속에서의 아폴로적 존재와의 합일을 표현한다.[23]

일종의 가상을 매개로 한 변증법의 제시를 니체는 제시하고 있다. 이와 함께 서사시에서 비극으로 이어지는 문화의 전이단계에서 니체는 '비극적인 것'의 본질적 특성을 '합창단'에서 찾고 있다. 아폴로 신전으로 나아가는 처녀들과는 달리, 디오니소스를 찬양하는 주신찬가의 합창단은 자기의 일상생활과 사회적 지위를 잊어버리고 새롭게 변모한 인간으로 행동한다. 니체는 "자기 스스로가 그 자리에서 변신한 것을 보고, 이제 마치 자신이 다른 사람의 몸과 다른 사람의 성격 속으로 실제로 옮겨진 것처럼 행동하는 것, 이것이 연극의 근원현상이다."라고 말한다.[24] 비극 합창단의 영향력은 '비극적인 것'의 근원을 이룬다. 그리고 이때 중요한 것은 '행위'이다. 다시 말하면 인식상의 변화까지도 넓

---

22) 프리드리히 니체, 김대경 역, 「비극의 탄생」, 청하, 50-51쪽.
23) 위의 책, 69쪽.
24) 위의 책, 68쪽.

게 보아서 행위의 연장이라고 볼 수 있다. 사유란 '행위'라고 니체는 말
한다. 왜냐하면 행위를 통해서 마침내 각 개인들은 자신의 행위의 가치
를 자신에게서 찾기 때문이다.[25] 언젠가 김주연과의 대담에서 서정주는
자기 시의 핵심에 대한 질문에서 거침없이 '액션'(행위)이라고 대답을
한다.[26] 이 행위란 실존적 자각이라는 측면에서의 개별화를 얻는 과정에
서 수반되는 인식과 실천의 모든 것을 함축하는 말이라고 할 수 있겠다.

> 은유라는 것은 진정한 시인에게는 수사법상의 형용 같은 것이 아니라
> 그의 눈앞에서, 어떤 개념 대신에 실제로 움직이고 있는 하나의 대표적 형
> 상을 말하는 것이다. 인물이라는 것은, 진정한 예술가에게는, 주워 모은
> 개개의 특징으로부터 조합해 낸 전체를 의미하는 것이 아니고, 그의 눈앞
> 에서 끊임없이 살아 움직이는 인물을 의미한다.[27]

서정주가 생각한 진정한 은유한 단순한 수사적인 측면에서의 형용
이 아닌 형상 그 자체를 의미한다. 시인은 인물(성격)을 통한 끊임없는
생성적 존재를 창조하는 것이다. 엄밀한 의미에서 이러한 존재의 출현
은 기존의 서정시 개념과는 다른 것이다. 낭만주의 이론에서 말하는
것처럼 시란 감정의 자연스러운 흘러넘침이라고 할 때, 시인은 시적
표현의 뒤에 머물게 된다. 하지만 시인의 성격이 드러나는 경우 시인
은 표현을 부차화하고 존재의 형상화에 전념하게 된다. 한 발 더 나아
가서 일상에서의 시인과 실존으로서의 시인은 끊임없는 일치와 분리
속에서 끝없는 생성을 요구받게 된다. 바로 이것이 니체가 말하는 창
조의 고통이고, 영원회귀의 본질이다. 시간과 공간의 생성 속에서 자신
의 존재를 일치시켜 나아가야 하는 이러한 과정은 끊임없는 깨달음의
연속이라고 할 수 있겠다. 「화사」를 쓸 무렵 서정주 자신은 니체가 말

---

25) 알렉산더 네하마스, 김종갑 역, 『니체―문학으로서의 삶』, 책세상, 1994, 66쪽.
26) 김주연, 「이야기를 가진 시」, 『나의 칼은 나의 작품』, 민음사, 1975, 14쪽.
27) 프리드리히 니체, 김대경 역, 『비극의 탄생』, 청하, 67쪽.

하고 있는 영원회귀에 경사되어 있다고 말한 바 있다. 아울러 그의 시적 표현에 대한 생각 또한 니체의 생각에서 크게 벗어난 것이 아니란 생각을 이를 통해서 알 수 있다.

4. 영원회귀와 실존적 의식

서정주의 자전에 의하면 『화사집』 이후 시인의 주변에는 많은 변화가 있었다. 『화사집』 출간이후 이름을 얻어 초등학교에 선생으로 취직을 할 수 있었다거나, 아버지가 돌아가셨다던가, 연극공연이 빌미가 되어 유치장 신세를 지게 되었다던가, 최재서가 주관하던 인문사에 들어가 『국민문학』과 『국민시가』의 편집에 참여하게 되었다는 일들이다. 주로 1940년대 전반기 일제가 패망하여 해방되기 전까지의 일들이다.

> 바보야 하이얀 문들레가 피였다.
> 네눈섭을 적시우는 룡천의 하눌밑에
> 히히 바보야 히히 우숩다.
> 사람들은 모두다 남사당派와 같이
> 허리띄에 피가묻은 고이안에서
> 들키면 큰일나는 숨들을 쉬고
> 그어디 보리밭에 자빠젓다가
> 눈도 코도 相思夢도 다 없어진후
> 燒酒와같이 燒酒와같이
> 나도 또한 나라가서 공충에 푸를리라.
>
> — 「문들레꽃」, 『삼천리』 1941. 4, 전문

만주에서 돌아온 후 발표된 작품으로서 「화사」에서 보여주는 혼돈과 감정이 상당부분 안정되었음을 알 수 있다. "허리띄에 피가묻은 고이안"이란 밖으로 드러낼 수 없는 시인의 내면적 고통을 의미한다고 할 수 있다. 하지만 4연의 "燒酒와같이 燒酒와같이/나도 또한 나라가서 공중에 푸를리라."에서는 「화사」의 "석유먹은듯 석유먹은듯"과 같은 리듬을 그대로 차용하면서 시인의 시선을 하늘로 이끌고 있다. 문득 「화사」의 다성적인 화음을 단선율로 바꾸면서 시적 이미지를 구체화하는 것처럼 보인다. 이 무렵 서정주는 이전에 발표한 감꽃(『동아일보』, 1936. 8. 9)과 여름밤(『시건설』 6호, 1938. 12)를 수정하여 같은 제목으로 수정하여 발표하기도 한다(『조광』, 1942. 7). 이들 작품들은 「문들레꽃」에서처럼 밖으로 들어낼 수 없지만 시인의 내면적 고통과 허무를 시인 자신의 리듬으로 표현한 작품들이다. 이를 테면 "숨ㅅ소리 엮으며 밤은 깊어가고/ 흘리는 땀의 냄새 땀의 냄새여."(「여름밤」)의 구절이나 「감꽃」에서는 "山나물간 어머니는 오지도 않읍네"라는 구절을 반복적으로 사용하고 있다. 이것은 서정주의 시적인 지향 가운데 반복적 어구를 사용함으로써 자신의 고유한 리듬을 유지하려 하던 시인의 면모를 느끼게 하기에 충분하다. 이를 소재의 측면에서 살펴보면 '꽃'을 소재로 한 작품들이 많다. 앞에서 다룬 「문들레꽃」과 「감꽃」은 물론 「살구꽃 필때」라는 작품도 있고, 이 시기에 「엉겅퀴 꽃」(『조광』, 1942. 9)이라는 제목의 산문도 있다.

> 살구꽃도 피는날밤엔 杜子美와같이 燭불도하나 돗구고, 나는 먼저 저 고리를 벗어본다. 할일이 없다.
> 바지를 벗어본다. 할일이없다.
> 란닝구, 사쓰를 벗어본다. 할일이없다.
> 사루마다를 벗어본다. 할일이 없다……
> 아! 양말을 벗어본다. 벗어본다.
> 食刀로 기이다란 발톱을 깍어본다. 발톱열개를 어둠 속에 먼져본다.
> 올뱀아, 올뱀아, 살구꽃나무에도 앉어서 우는 암놈올뺌아. 시장하건 네려와서 주서먹어라.
>
> — 「살구꽃 필때」 후반부, 『문장』 1941. 4.

「살구꽃 필때」는 만주에서 돌아와서 자신의 일상을 드러낸 작품이라고 할 수 있다. 「자화상」에서 보이는 "꽃살구를 먹고 싶다하였으나"
라는 구절과 비교하면 「자화상」의 극적배경이 이제는 자신의 일상으로
바뀌어져 있음을 알 수 있다. 이와 비슷한 시기에 김종한은 「살구꽃처
럼」을 발표한 바 있다. "살구꽃 차라리 웃으려오/음악이 혈액처럼 흐르
는 이밤/전쟁처럼/ 전쟁처럼 살구꽃이 만발했소"라는 표현은 "살구꽃
처럼 흩날리는 낙하산부대"를 묘사한 것이다. 김종한의 이 시는 직유
법의 빈번한 사용으로 인해 성공적인 작품으로 보기는 어렵다. 하지만
서정주의 시에서 살구꽃은 어두움 속에서 자신의 마음 속 깊은데서 환
하게 자신을 이끄는 이미지로 제시된다. 「살구꽃 필때」는 '식도'로 발
톱을 손질하는 일상을 다루고 있지만, 이 장면에서 떠올려지는 것은
어떤 섬뜩함이다. 방심에서 일어날 수도 있는 어떤 사고를 애써 감추
지 않으면서, 극단적인 경우의 예감을 보여주고 있다. 이 시기 삶의 의
미에 대한 시선이 느껴지는 작품이다. 이 작품은 『문장』(1941. 4)에 발
표되고, 다시 해방이후에 『조선교육』(1949. 2)에 재발표되었으나, 끝내
이 작품은 그의 시집에는 수록되지 않은 채로 남게 되었다.

> 눈물 아롱 아롱
> 피리 불고 가는 님의 밟으신 길은
> 진달래 꽃비오는 西域三萬里
> 흰옷깃 염여염여 가옵신 님의
> 다시오진 못하는 巴蜀三萬里
> 신아니 신어줄걸 슲은사연의
> 올올이 아로색인 육날메투리
> 은장도 푸른날로 이냥 베혀서
> 부즐없은 이머리털 엮어 드릴걸
> 草籠에 불빛 지친 밤하늘 구비구비 은핫물 목이젖은 새
> 참아 아니 솟는가락 눈이 감겨서
> 제피에 취한새가 귀촉도 운다
> 그대 하늘 끝 호을로 가신 님아
> 　　　　　　　－ 「귀촉도」, 『춘추』 1943. 10, 전문

이 시에는 "육날메투리는 신중에서는 으뜸인 메투리중에서도 가장 아름다운 半島의 신발이었느니라. 귀촉도는 행용 우리들이 두견이라고도 하고 솟작새라고도 하고 접동새라고도 하고 子規라고도 하는 새는 귀……촉……도……귀……촉……도……그런 發音의 祖上들의 때부터 드러왔었느니다."라는 주가 달려 있다.28) "은장도 푸른날로 이냥 베혀서"라는 구절은 수습할 수 없는 일의 모양을 암시하고 있다. 이미 드러난 현상에 대한 안타까움을 그는 "제피에 취한새가 귀촉도 운다"라고 비유적으로 표현하고 있다. 여기에서 자신의 피에 취했다는 슬픔의 과잉은 시인 자신을 의미하면서 동시에 슬픔을 지시한다. '귀촉도'가 슬픔을 지시하는 객관적 상관물이면서 슬픔에 겨운 시인의 비유적 표현임을 알 수 있다. 이 과정에서 시인은 시 속에서 움직이는 하나의 성격으로 등장한다. 주어진 문제에 끊임없이 대답해야만 하는 운명의 자각은 시인에게 결단을 요구하고 있다.

거울을 디려다 보고 좋아하는 것은 白粉을 무친 남녀들이다. 精神이 그의 闇溟속에서 不絶히 步行해야하는 그러한 時間에 그러한 時間의 集積 끄테 노혀저서 문득 거울에 비친 自己를 본다는 것은 크나큰 危險이다. 萬華鏡에 비친 絶望한 基督의 쌍판이라는 걸 想像해보라. 橄欖山에 祈禱를 올리는 最終夜의 主『예수 그리스도』……
비추어 볼테거던 좀더 大膽히 前後左右의 四圍의 거울 속에 그 相對的 反映의 無限속에 減價와 가치 적어서 가다가는 마침내 보이지 안케 되어버리는 네 自我의 森嚴한 東西南北을 보라. 그 가시적 배열과 제한을 보라. 너의 氷點을 보라.『피스톨』을 노튼 안노튼 그건 너의 自由인 것이다.
이 咀呪할 상징적 복습.29)

서정주의 실존적 의식을 가장 잘 보여주는 산문이라고 할 수 있다. 이 무렵 서정주는 친일시를 『매일신보』와 『국민문학』 등에 발표한다.

---

28) 서정주, 「귀촉도」, 『춘추』, 1943. 10.
29) 서정주, 「주문」, 〈칩거자의 수기〉 상, 『조선일보』, 1940. 3. 2.

이 무렵 조연현은 자신의 문학적 기준을 찾아서 모색을 하고 있었다. 그는 보들레르를 다루고 있는 글에서 "나는 현대인의 한사람으로써 '쌔―드렐'을 부정도 못하고 배반도 못하는 얄구진 인생이다."[30]라고 자조 섞인 글을 발표한 적이 있다. 근대 이후에 보들레르가 문학적 기준이 되어 준 것은 분명하지만 조연현 자신은 여기에 만족할 수 없다는 일종의 문화적 갈등을 표현한 것이라고 볼 수 있다. 이후에 조연현은 니체에 급격하게 경사된다. 「차라투스트라를 생각함」과 「니이체적 창조」등이 이를 잘 나타내고 있다.[31] 일면 과격하리만치 기존의 가치를 부정하고 새로운 가치의 생성을 바라는 신세대는 급기야 니체와 동양주의의 결합 나아가서, 대동아공영권의 실현을 위한 문학의 행동을 촉구하기에 이른다.

와쓰지 데츠로는 독일 유학 후에 니체와 키에르케고르에 대한 연구와 소개를 한 바 있다. 이후에 와쓰지는 『인간의 학으로서의 철학』에서 인간의 존재론적인 측면을 공간적인 측면에서 다루기 시작한다. 하이데거의 『존재와 시간』에 계발 받았으며 동시에 이를 극복할 수 있는 방식으로 공간적인 측면에 조명하기에 이른다. 여기에서 공간적인 측면은 인간의 관계 즉 사회적인 방면으로 확대될 수밖에 없다. 와쓰지의 철학은 존재론적인 측면에서 시작되었으나 사회의 윤리적인 영역으로 확대되고 다시는 제자리로 돌아올 수 없었다.[32]

이를 조연현과 비교해서 살펴본다면 조연현 문학의 시작인 '문학의 행동화'는 새로운 신인의 패기를 보여주고 있었음에도 불구하고 행동이 보여줄 수 있는 문학의 구체화 양상에서 한계를 드러낼 수밖에 없었다. 여기에서 서정주는 자신의 친일 행적을 자신의 자전과 시, 여타

---

30) 조연현, 「쌔드―렐의 세계」, 『매일신보』, 1940. 12. 29. 이 글에서 조연현의 서정주에 대한 짤막한 언급을 볼 수 있다.

31) 조연현, 「ツアラツストラを想ふ」, 『국민문학』, 1942. 6; 「ニーケエ的創造」, 『동양지광』, 1942. 12~1943. 1.

32) 미야카와 토루・이라카와 이쿠오, 이수정 역, 『일본근대철학사』, 생각의 나무, 2001, 308쪽.

의 글을 통해 최대한 드러냈다는 점은 무엇을 뜻하는가 하는 점을 생각해보고자 한다. 조연현의 경우 새로운 가치를 보여주고 있는 니체를 현실의 논리에서 공간적으로 확장시키려 했다. 하지만 서정주의 경우에는 자신의 시 속에서 어떻게 형상화할 것인가에 '시간−존재적'으로 접근하였다. 이는 보다 서정주가 니체를 통해 고답적인 방식으로 니체를 수용했음을 의미한다. 또한 서정주의 니체 수용이 '개인적'인 것에 머물 수밖에 없었다는 것을 의미하기도 한다. 적어도 해방이전의 서정주가 탐색한 신성의 추구에는 개인의 윤리가 자리 잡고 있었던 것이다.

　해방 후에 서정주는 『현대조선명시선』(온문사, 1949)을 출간하면서 「현대조선시약사」를 부기한 바 있다. 이 글에서 서정주는 『생리』를 중심으로 활동한 유치환과 『시인부락』의 오장환과 자신을 묶어서 '생명파'로 명명한다. 그리고 이들의 성격을 "상실되어가는 인간원형을 되돌리려는 의욕"33)에서 찾고 있다. 그리고 이러한 경향은 정지용이 보여준 언어의 기교적 차원이나 경향파의 이데올로기가 아님을 분명히 하고 있다. 물론 이것은 해방이후 좌우익의 대결과정에서 빚어진 갈등의 표현이라는 점을 감안하지 않을 수 없다. 하지만 1935년 무렵 신진 시인들의 대거등장과 함께 자신의 시적 차별성을 내세우려는 '사람 그 속'에서 찾고 있는 점은 분명해 보인다.

　이후에 서정주는 「한국 현대시의 사적 개관」에서 김동리의 견해를 참조하여 생명파의 지향을 '휴머니즘'에서 찾고 있다. 그리고 그 기초를 서양의 르네상스에서 찾고 있다. 이를 바탕으로 그리스의 신화나 셰익스피어의 작품에 나타난 숙명 같은 걸 체득하게 되었음을 고백하고 있다.34) 인간과 사람의 본질을 추적하는 과정에서 서정주는 서양의 르네상스를 통하여 서양의 정신세계에 가닿을 수 있었다는 이야기이다. 어떤 의미에서 이러한 시도는 한참 뒤늦은 도로의 것일 수도 있으

---

33) 서정주, 『현대조선명시선』, 온문사, 1949, 266쪽.
34) 서정주, 『한국의 현대시』, 일지사, 1969, 23쪽.

나 이를 통하여 '휴머니스트로서의 자각적 성립'을 시에 표현하였다는 것은 하나의 성과로 보고 있다.

서정주의 시에서는 서구적인 것의 신성추구와 함께 불교적인 이미지나 동양적인 정신의 세계가 이후에 펼쳐진다. 그런 의미에서 『화사집』을 중심으로 한 서정주의 초기시는 그의 시세계에서 매우 이질적인 것으로 볼 수도 있다. 이러한 이질적인 것의 기원이 서구적인 것에 기인한다는 것은 당연한 것일 수도 있으나 이에 대한 해명을 시도한 예를 찾아보기는 어렵다. 니체는 기존의 서구철학의 껍질을 내파하려고 시도한 근대 관념론의 마지막 철학자이다. 동시에 니체의 철학세계는 현재의 본질을 추구하는 과정에서 현대의 형이상학을 정초하는 바탕을 마련하기도 하였다. 서정주가 주목한 것은 니체 철학의 형식이 아닌 그 내파의 역학적 실체이다. 그리고 현대적 의미에서의 자아의 본질을 체득할 수 있었다. 때문에 서정주의 시세계는 기존의 시에 대한 관념으로는 접근하기 어려운 곤란한 점을 내포하고 있다. 니체를 통한 서정주의 접근은 시의 내용과 형식에 대한 근본적인 물음을 제공하고 있다. 그 거리에 대한 탐색은 서정주가 보여준 시의 매력과 일치한다.

5. 맺음말

이 글은 서정주의 초기시에 대한 성격규명을 그 초점에 두고 있다. 지금까지 서정주의 초기시에 대한 이해는 『화사집』에 나타난 의미망에서 크게 자유롭지 못하다. 그런데 어떤 면에서 보자면 『화사집』은 서정주 시세계를 통틀어 보았을 때 상당히 이질적인 것처럼 보이기도 한다. 그것은 시인 자신이 말한 것처럼 서구적 취향과 동경에서 자유롭지 못했던 시절의 한 때에서 비롯된 것일 수도 있다. 하지만 『화사집』의 내적인 의미망을 이후의 시세계와 단절적으로 바라보는 것은 뭔가 석연치 않은 결말에 이르게도 한다. 결국은 다시 『화사집』에 대한 탐색으로 방향을 돌리게 만드는 이유이다.

『화사집』 이전에 상당한 분량의 작품이 있었으나 이를 배제하고 서정주는 『화사집』을 출간한다. 『화사집』은 일정한 패턴의 구도가 있었다. 이것은 일종의 서사적 구도를 전제한 것이다. 『화사집』 속의 「자화상」은 개별적으로 발표된 「자화상」과는 구별된다. 마찬가지로 『화사집』의 결사는 「부활」이다. 『화사집』 속의 「자화상」에 등장하는 시적 자아는 『화사집』 속에서 움직이는 시적 자아이면서 동시에 『화사집』 속에서 행위 하는 자이다. 마치 극 속의 주인공처럼 서정주는 시적 자아를 자신의 시집 속에 배치하고 있다. '부활'을 향해가는 시적 주인공의 모험과 방랑을 『화사집』은 다루고 있다.

따라서 『화사집』에 나타난 관능성과 육체성은 『화사집』의 부분일 수는 있어도 전체는 아니다. 그리고 이 과정을 통하여 서정주는 시적 자아의 주체적 자각과 이에 걸맞는 시적 표현에 관심을 갖게 되었다는 것이다. 이전의 시인들과는 다른 자신만의 고유한 시적 진술을 찾기 위해서 시에 대한 근본적인 생각을 다시 하게 된다. 그리고 이때 니체에 대한 관심이 많은 영향을 미치게 된다. 니체의 철학은 기존의 개념적 접근을 허락하지 않는다는 점에서 매우 급진적이지만 이를 통한 생명 그 자체에 대한 발견은 시인으로 하여금 대단한 매력으로 비쳐졌을 것이다.

아울러 니체의 영원회귀란 기존의 현실을 끊임없이 가상으로 밀어내면서 새로운 현실에 대한 자각을 요구하는 것이다. 매순간의 긴장은 현실을 가상으로 밀어내면서 다가오는 새로운 현실을 극화시킨다. 삶이란 그런 극장 속의 행위에 불과하다. 그리고 이러한 현실을 시에 옮겨 담는다는 것은 시에 극적 특성을 부여케 하였던 것으로 볼 수 있다. 서정주의 시는 단순히 시인의 감정을 운문으로 표현한다는 의미에서 접근할 수 없다. 그의 시에는 항상 삶의 생생한 재현이라는 목적이 있었다. 서정주 초기시에 나타난 극적 특성들은 이러한 관점에서 재조명되어야 할 문제라고 판단된다.

한편 니체의 영향은 현실에 대한 자각이라는 측면에서 계몽적 요소를 갖고 있는 것도 사실이다. 또한 서구철학에 대한 회의주의적 접근은 대안으로서의 동양이라는 의식을 가능케 하기도 하였다. 이러한 경계 위에서 니체는 당시의 현실을 합리화하는 수단이 되기도 하였다. 이른바 '동양주의'에 대한 접근도 당시 니체의 수용태도와 밀접한 관련이 있다고 할 수 있다. 문학의 현대성에 대한 모색과 현실에 대한 수용이라는 문제에 대하여 서정주는 개인이라는 문제의 틀을 현실에 투사하였다. 이것은 1940년대 『화사집』 이후 서정주의 이력과 밀접한 관련을 갖는 대목이기도 하다. 『화사집』이 보여준 서정주의 자그마한 성공이 갖고 있는 '가상적 진술'의 비밀은 현실에서 제대로 위력을 가질 수는 없었다. 조연현처럼 그는 문학과 현실의 분명한 분리를 시도하지도 않았다. 이 둘의 연계에서 시작된 서정주의 문학적 실험은 엄연한 문학적 현실 앞에서 깊은 회의적 시선으로 방향을 선회한다. 이른바 서정주의 체관은 이로써 분명하게 그 실체를 드러낸 것이다. 다른 측면에서 말하면 『화사집』에서 보여주고 있는 극화된 양상을 현실에 적용한 것이기도 하다. 문학과 현실의 경계를 어떻게 설정하느냐에 따라서 시적 의미는 매우 달라진다. 그 경계 자체를 없애는 것도 하나의 방법일 수 있다. 그렇다고 해도 그 경계의 흔적이 없어지는 것은 아니다. 그런 의미에서 보자면 『화사집』 이후 서정주의 시세계는 매우 일관된 시적 발걸음을 지속시켜 온 것이다. 가상의 현실 속에서 시도한 시적 구원의 불가능성이 바로 그것이다.

주제어 : 서정주, 니체, 극적인 것, 직정언어, 시간 - 존재론

◆ 참고문헌

1. 기본자료

『동아일보』, 『조선일보』, 『학등』, 『카톨닉 청년』, 『시건설』, 『문장』, 『국민문학』, 『동양지광』 등
서정주, 『서정주문학전집』, 일지사, 1972.
──────, 『미당서정주시전집』, 민음사, 1983; 1991.
──────, 『현대조선명시선』, 온문사, 1949.
──────, 『한국의 현대시』, 일지사, 1969.

2. 연구논문

김인환, 「미당시의 성숙과정」, 『문학과 문학사상』, 열화당, 1977.
──────, 「연극과 시」, 『상상력과 원근법』, 문학과지성사, 1993.
김용직, 「직정미학의 충격파고─서정주론」, 『한국현대시사』 2, 한국문연, 1996.
김윤식, 『미당의 어법과 김동리의 문법』, 서울대 출판부, 2002.
김주연, 『나의 칼은 나의 작품』, 민음사, 1975.
남진우, 「남녀 양성의 신화」, 『미당연구』, 1994
고 은, 「미당담론: 「자화상」과 함께」, 『창작과 비평』 112호, 2001. 6.
박미경, 「서정주 시의 극성연구」, 동국대 석사논문, 2005.
유성호, 「서정주의 『화사집』 연구」, 『문예연구』, 1998. 여름.
정현종, 「식민지 시대 젊음의 초상」, 『작가세계』, 1994. 봄.
조연현, 「원죄의 형벌─『화사집』·『귀촉도』를 통해 본 서정주」, 『문학과 사상』,
        세계문화사, 1949.
최현식, 『서정주의 근대와 반근대』, 소명출판, 2003.
황동규, 「탈의 완성과 해체」, 『미당연구』, 민음사, 1994.
황종연, 「신들린 시, 떠도는 삶」, 『작가세계』, 1994. 봄.

3. 외국서적

M. H. 에이브럼즈, 「텍스트로 무엇을 할 것인가」, 『세계의 문학』, 1989. 가을.
해롤드 불룸, 윤호병 역, 『시적 영향에 대한 불안』, 고려원, 1991.
질 들뢰즈, 이경신 역, 『니체와 철학』, 민음사, 1998(2001; 신판).
──────, 김상환 역, 『차이와 반복』, 민음사, 2004.

알렉산더 네하마스, 김종갑 역, 『니체―문학으로서의 삶』, 책세상, 1994.
프리드리히 니체, 김대경 역, 『비극의 탄생』, 청하, 1982.
─────────, 최승자 역, 『차라투스트라는 이렇게 말했다』, 청하, 1984.
미야카와 토루·이라카와 이쿠오, 이수정 역, 『일본근대철학사』, 생각의 나무, 2001,
　　　308쪽.
와쓰지 데쓰로, 최성묵 역, 『인간의 학으로서의 윤리학』, 이문출판사, 1993.
George Bataille, *Inner Experience*, Translated by Leslie Anne Boldt, SUNY, 1988.

◆ 국문초록

　이 글에서는 우선 서정주와 프리드리히 니체와의 관련성에 초점을 맞추고자 한다. 서정주는 자신의 나이 18세 무렵에 니체의 『차라투스트라』를 읽었다고 회고한 바 있다. 하지만 정작 서정주의 시와 니체와의 관련성에 대한 심도 있는 글을 찾기는 어렵다. 이 글에서는 서정주가 바라본 니체 사상의 실상이 어떠하였으며, 또한 서정주의 시에서는 어떤 영향을 미쳤으며, 이후에 어떤 양상으로 나타나는 지에 대한 검토를 하려고 한다. 그리고 서정주의 시세계에 나타난 니체의 영향을 검토함에 있어서 그 매개항으로서 '극적인 것' 혹은 '극화(dramatization)'의 문제를 함께 살펴보고자 한다.

　서정주의 「자화상」에서 시적 자아는 배경을 갖고 있으며, 그 배경 속에서 자유롭지 못하다. 마치 무대에서 배우가 인물의 성격에서 자유롭지 못한 것처럼. 그런데 서정주의 경우는 매우 특별한 지점에서 자신의 성격을 창조하고, 그 대리인을 통하여 자신의 시적 진술을 하도록 만들었다. 한편 서정주가 말하는 직정언어가 제대로 사용되려면 시인의 진술한 감정과 생각도 필요하지만, 그러한 감정과 생각을 담을 수 있는 형식이 또한 필요하다. 이를 다른 말로 하자면 시적 상황의 극적제시라고 할 수 있을 것이다. 이런 극적인 상황이 시인의 머리 속에 전제되어 있을 경우에 형용사나 부사와 같은 수식어나 비유는 부차화 될 수 있다. 오로지 무대 위에서 연기하는 배우처럼, 일상의 나를 주어진 역할에 일치시킴으로 해서, 시인의 진술은 독자들에게 감정이입 된다. 이것은 시와 극이라는 장르의 친연성을 뜻하는 것이기도 하지만 서정주가 말하고 있는 언어표현에 있어서 '직정언어'가 갖고 있는 내포적 의미라고 생각한다.

　그리고 조연현은 새로운 가치를 보여주고 있는 니체를 현실의 논리에서 공간적으로 확장시키려 했다. 하지만 서정주의 경우에는 자신의 시 속에서 어떻게 형상화할 것인가에 '시간-존재적'으로 접근하였다. 이는 보다 서정주가 니체를 통해 고답적인 방식으로 니체를 수용했음을 의미한다. 또한 서정주의 니체 수용이 '개인적'인 것에 머물 수밖에 없었다는 것을 의미하기도 한다. 적어도 해방이전의 서정주가 탐색한 신성의 추구에는 개인의 윤리가 자리 잡고 있었던 것이다.

◆ SUMMARY

Seo-JeongJoo in the Youngest Times as Poet

Heo, Yuhn-Hoi

This article focused on relation Seo-JeongJoo and Friedrich Nietzsche. Seo-JeongJoo is recollected of which reading of Nietzsche's Zarathustra in eighteen years old. However relation of Seo-JeongJoo's poetry and Nietzsche's is could find difficult in seriously. Therefore this article is inquire into Nietzsche's philosophy that Seo-JeongJoo is understand, and Nietzsche's philosophy is influenced to Seo-JeongJoo's poetry and is represented in later on. And This article is used problem flame of dramatic and dramatization as intermediation in study of Nietzsche's philosophy of which be represented on Seo-JeongJoo's poetry.

Poetic I in The Self Portrait is descript with background, he don't free because of wretched in background. This case is as like as actor is don't free from the character in drama. He is created poetic I's character and then spoken poetic utterance by him in special boundary. He is said that it's express method is directed language. If directed language is useful method in poetic express, it's need form like which emotion and thinking is full, Another said that It's dramatic 제시 in poetic situation. If Dramatic situation is pre-situated in poet's mind, and then metaphor like adverb's usage is secondary

Actor is closest to character in drama at time, actor's utterance is transmission to audience. Seo-JeongJoo's poetry is shown relative with drama in genre so deeply. This is implied meaning of directed language. Meanwhile Cho-YeonHyeon is expanded in space-reality's level nietzsche's philosophical value in 1940s'. But Seo-JeongJoo is approached by time-ontological in which how could figure out with poet's attention. This is showed that he is accepted Nietzsche's philosophy by the way naturally rather than realistic need. Nietzsche's philosophy which he accepted is implied with individuality.

Keyword : Seo-JeongJoo, Nietzsche, Drama, Direct Emotion of Language, Time-Ontological theory

―이 논문은 2007년 7월 31일에 접수되어, 소정의 심사를 거쳐 2007년 9월 30일에 최종적으로 게재가 확정되었음.

추상과 과잉
― 중일전쟁기 제국/식민지의 사상연쇄와 담론정치학

차 승 기*

목 차

1. 머리말
2. 참여를 통한 반역: 중일전쟁기에 열린 어떤 담론공간
3. '세계화'와 '세계성'의 간극
4. 정치적 현실주의와 오독의 정치학
5. 맺음말: '역사의 주변'으로부터의 목소리

1. 머리말

　1937년 7월 중일전쟁의 발발은 제국주의 일본과 식민지 조선 각각의 내부에도 제국/식민지 사이의 관계에도 큰 변화를 초래했다. 일본 국내의 경우, 개전 직후인 8월에 〈국민정신총동원실시요강〉이 결정되고 이듬해인 1938년 4월에 〈국가총동원법〉이 공포되면서 본격적인 전시총동원체제에 돌입하였다. 식민지 조선에서도 1938년 6월에 총독부에 의해 〈국민정신총동원 조선연맹〉이 결성되어 전시총동원체제 확립에 박차를 가하는 한편, 이미 같은 해 3월에 제3차 조선교육령을 반포

＊ 연세대 강사.
＊＊ 본 연구는 2005년 일한문화교류기금의 초빙펠로우쉽 지원에 의해 이루어진 것임.

256

하여 식민지 민중들의 황국신민화를 강화하기 시작했고 1939년 11월 조선민사령을 개정하여 창씨개명을 강요하는 등 식민지를 제국 내부로 실질적으로 포섭하기 위한 제도적 틀을 마련해갔다. 이 과정에서 총독부 주도로 '내선일체'의 철저화가 외쳐졌음은 주지의 사실이다.1) 근대적인 총력전으로서의 중일전쟁은 일본 국내의 동원은 물론 식민지(특히 조선)의 정신적·물질적 동원을 필수적으로 요구하면서, 국내 질서 및 제국/식민지 관계의 재편을 수반하게 되었다.

중일전쟁은 1929년 세계대공황 이후 국내외의 갈등과 모순을 타파하고 중국을 둘러싼 서구열강과의 경쟁에서 유리한 위치를 차지하기 위한 일본 제국주의의 이해관계로부터 촉발된 것이었지만, 거대한 대륙에서 다수의 중국 민중들과 충돌하는 일은 제국 일본에게 커다란 모험이기도 했다. 특히 중일전쟁 초기 승승장구하며 점령지를 넓혀가던 1938년 5월의 서주(徐州), 10월의 무한(武漢) 점령을 분기점으로 완강한 중국의 저항에 부딪쳐 전쟁이 교착상태에 접어들고 장기지구전으로 이어지자, 일본은 국내 및 식민지에서의 동원을 보다 강화하는 한편 중국에게 회유의 메시지를 보내면서 '파괴로부터 건설로'라는 슬로건 아래 중일간의 화평을 꾀하는 포즈를 취하게 되었다. 이러한 맥락에서 1938년 11월 3일 코노에 내각은 '동아신질서 건설'을 골자로 하는 이른바 제2차 코노에 성명을 발표하고, 이어 12월 22일에는 중일 국교조정의 근본방침으로서 '선린우호, 공동방공, 경제제휴'라는 〈코노에 3원칙〉을 분명히 한 제3차 코노에 성명을 발표하였다. 이 일련의 성명이, 일본이 승승장구하던 1938년 1월 "이후 국민정부를 상대하지 않는다"는 제1차 코노에 성명에서 일정 정도 후퇴한 것임은 말할 것도 없다.

---

1) 내선일체의 슬로건은 조선 민중을 황국신민으로 만들기 위한 동화정책의 주요 골자로서 南次郎총독 부임 이래 일본 패전에 이르기까지 줄곧 제창되었으나 특히 중일전쟁기 전시총력전체제하에서 더욱 강화되어갔다. 내선일체의 이데올로기적 성격에 대해서는 많은 연구가 이루어졌으나, 특히 조선인의 '일본 국민화' 과정과 관련하여 그 효과를 다룬 최근 논의로는 장용경, 「'조선인'과 '국민'의 간극」, 『역사문제연구』 제15호, 2005년 12월 참조.

이렇듯 제국의 지배의지가 좌절하는 지점에서 중일전쟁기 일본의 모든 사상적 모험이 행해졌다.[2]

전쟁은, 때로는 타자의 절멸을 목표로 하면서까지 전개되는, 타자와의 적대적이고 폭력적인 집단적 충돌이다. 따라서 전선은 타자를 부정하는 힘이 가장 극대화되는 자기확장의 지배의 공간이지만, 역으로 자신을 부정하는 타자와 만나는 자기붕괴의 위기의 공간이기도 하다. 중일전쟁은, 청일전쟁 이후 지배 영역을 줄곧 넓혀가면서 자기확장의 길을 걸어온 일본이 결정적으로 아시아 전체에 군림할 전기였던 동시에, 그 자기확장의 일방통행이 막다른 골목에 부딪치게 되는 계기이기도 했다. 이런 의미에서 중일전쟁 시기는 일본의 지배와 위기가 교차하는 전환기적 성격을 가지고 있다. 바로 이 전환기적 특성에 주목한 일본의 일부 지식인들은 중일전쟁이 세계사의 새로운 단계를 개시할 중대한 계기가 되리라는 전망하에 탈근대적·탈내셔널리즘적 공동체의 미래를 기획하였다. '세계성'의 이념을 바탕으로 '동아협동체' 건설을 제기함으로써 일본주의적 팽창을 저지하고 아시아 연대를 일본 국내 질서 재편의 계기로 삼고자 한 〈쇼와연구회[昭和硏究會]〉[3] 중심의 사상가들이 그들이다.

한편 국민개병제를 통해 이루어지는 국가총력전에서 전선과 총후는 하나로 묶이면서도 서로 다른 질서로 구성된다. 유동하는 전선에서 볼 때 제국 일본의 국경은 불안하게 흔들리는 것처럼 보일 수도 있고 타자(외재성)로부터 촉발될 가능성조차 있지만, 총후에서는 적대적 타자

---

2) 중일전쟁기 이른바 '전시변혁' 사상의 흐름과 쟁점들에 대해 상세히 고찰한 것으로는 米谷匡史, 「戰時期日本の社會思想」, 『思想』 1997년 12월호 참조.

3) 국책연구단체로서의 〈쇼와연구회〉는 수상인 近衛文麿의 브레인 집단이자 정책조사 집단으로 활동했는데, 이들에 의해 '동아신질서' 구상의 구체적인 실현방안으로서 '동아협동체'라는 모델이 제시되었다. 〈쇼와연구회〉에는 三木淸, 尾崎秀實, 蠟山正道, 加田哲二, 笠信太郞 등이 속해 있었다. 〈쇼와연구회〉에 대해서는 酒井三郞, 『昭和硏究會: ある知識人集團の軌跡』, ティビーエス·ブリタニカ, 1979년; 함동주, 위의 논문 참조.

와 폭력적으로 만나는 전선경험이 전몰자에 대한 국가적 추모공간에서의 의례경험으로 전환되고, 검열된 유통경로로 전해오는 전장의 풍문과 과장된 적대적 타자의 이미지가 떠돌며 극도로 효율화된 공포의 경제에 의해 물적·정신적 동원 및 단속이 체계화됨으로써 외재성이 추방당하고 지배와 규율은 보다 실질적으로 심화된다.[4] 그러나 같은 총후일지라도, 식민지 조선의 경우는 제국의 지정학적 배치에 의해 '병참기지'로 재설정됨으로써 총후로서 희생되고 동원될 의무 외에는 갖지 못했다. 다시 말하자면 태평양전쟁 발발 후 1942년 5월 각의의 결정을 거쳐 1944년 징병제가 전면적으로 적용될 때까지 조선은 철저하게 총후의 위치로만 고정되어 있었다.[5] 전선에서 분리된 총후, 전쟁경험에서 분리된 전시체제, 그곳에 조선이 놓여 있었다. 일본과 중국 사이에서 전쟁의 추이를 살피며 탈식민지의 가능성을 탐색하고 있던 지식인들은 바로 이러한 위치에서 일본의 전시변혁 사상 및 식민지 지배 이데올로기에 대응하고 있었다.

---

4) 국가총력전에서 전선과 총후는 끊임없이 수렴되어야 하지만 결코 동화될 수는 없는 관계를 형성하고 있으며, 따라서 전선에서 싸우는 병사는 '국민'의 대표로서 표상되는 한편, 총후의 '민간인'들의 행동거지에 대한 단속과 규제를 가늠하는 척도가 되기도 한다. 그러므로 병사는 "국민의 '내재하는 타자'라고도 말할 수 있다". 河田明久, 「戰う兵士/護る兵士―銃後の自意識の図像學」, 테사·모―리스―스즈키 他, 『岩波講座 アジア・太平洋戰爭 3 動員·抵抗·翼贊』, 岩波書店, 2006, 31쪽. 따라서 총력전은 전선과 총후의 거리조절을 통해 '국민적 전쟁'으로서의 효과를 발휘한다고 할 수 있을 것이다. 한편, 식민지 조선에서의 총후담론이 내포하고 있던 젠더정치에 대해서는 권명아, 「총후부인, 신여성, 그리고 스파이」, 『상허학보』 12호, 2004년 2월 참조.

5) 물론 1938년 2월 육군특별지원병령 공포를 통해 같은 해 4월부터 이미 조선에서 지원병제도가 실시되었고 전선에 파견된 병사가 존재했었다는 사실을 무시할 수는 없다. 이 시기의 지원병제도 역시 징병제로 나아가기 위한 전제의 성격을 가진 것으로서 순수한 '自願'과는 다른 차원에서 평가되어야 할 문제지만, 지원병과 징병은 전쟁 경험의 '국민적 전면성'의 측면에서 구별하여 다루어야 할 것이다. 징병제 실시를 지원병제 실시와 구별하여 식민지 지배정책의 새로운 단계로 설정하고 있는 연구로는 최유리, 「일제말기(1938~45년) '내선일체'론과 전시동원체제」, 이화여대 박사논문, 1995년 참조.

본고는 이렇듯 제국과 식민지가 동시대성을 공유하면서도 상이한 경험공간에 놓여 있었음에 주목하면서, 중일전쟁기 중국이라는 타자의 저항으로부터 촉발되어 제국주의 비판 및 일본 국내변혁을 꾀하고자 했던 일본 지식인들의 논의와 그 논의에 탈식민지적 욕망을 투사했던 식민지 조선 지식인들의 대응을 통해 제국/식민지의 사상연쇄와 그 정치학의 성격을 해명하고자 한다.

지금까지 중일전쟁기의 전시변혁 사상 및 동아신질서론(동아연맹론 및 동아협동체론)을 사상사적으로 다루어온 연구는 많이 있지만, 특히 일본의 경우 1990년대 중반 이후 지구화 문제에 착목하면서 1930년대 사상사의 쟁점들이 새롭게 조명되기 시작한 것으로 보인다. 또한 전전과 전후의 연속성에 주목하는 연구가 붐을 이루고 아시아에 대한 역사—지역적 연구가 비판적으로 행해지면서 새로운 관점에서 중일전쟁기 사상사가 탐구되었다.6) 이 흐름의 연장선상에서, 동시대 식민지 조선의 전향자들이 이러한 사상적 모험에 어떻게 대응하였는가를 다룬 연구가 최근 이루어져왔다.7)

본고는 기존의 연구성과를 참고하면서도, 조선의 전향자들의 사상적 모험의 양상을 개별적으로 기술하기보다는 그들의 모험을 추동하고 성격지운 제국과 식민지의 역사—지정학적 위상 차이에 주목하면서 중

---

6) 淺田彰·柄谷行人·久野收, 「特別インタヴュー 京都學派と三〇年代の思想」, 『批評空間』 II-4, 1995년; 岩崎稔, 「三木淸における「技術」「動員」「空間」」, 『批評空間』 II-5, 1995년; 米谷匡史, 「「世界史の哲學」の歸結」, 『現代思想』 1995년 1월호; 米谷匡史, 「戰時期日本の社會思想」, 『思想』 1997년 12월호; 米谷匡史, 「三木淸の「世界史の哲學」」, 『批評空間』 II-19, 1998년; 米谷匡史, 『アジア/日本』, 岩波書店, 2006년 등.
7) 崔眞碩, 「朴致祐における暴力の予感」, 『現代思想』 2003년 3월호; 趙寬子, 「植民地帝國日本と「東亞協同体」」, 『朝鮮史研究會論文集』 41호, 2003년; 차승기, 「'근대의 위기'와 시간—공간 정치학」, 『한국근대문학연구』 8호, 2003년; 趙寬子, 「徐寅植の歷史哲學」, 『思想』 957호, 2004년 1월호; 洪宗郁, 「一九三〇年代における植民地朝鮮人の思想的模索」, 『朝鮮史研究會論文集』 42호, 2004년; 戶邉秀明, 「資料解題 日中戰爭期·朝鮮知識人の東亞協同体論」, Quadrante, 6호, 2004년; 米谷匡史, 「植民地/帝國の「世界史の哲學」」, 『日本思想史學』 37호, ペリカン社, 2005년 등.

일전쟁기의 사상사적 쟁점을 실마리로 하여 제국/식민지에 형성되었던 담론장의 불균등성과 균열지점을 찾고자 한다. 특히 사상사의 자율적 영역을 재구성하기보다는 사상사적 문제를 '내지'와 '식민지'에서의 전시총동원체제의 경험에 조회함으로써 재심(再審)하고자 한다. 이러한 작업이 제국/식민지 체제의 본질에 접근하는 한 통로가 될 수 있으리라 기대한다.

2. 참여를 통한 반역: 중일전쟁기에 열린 어떤 담론공간

지금까지의 역사기술에서 1930년대 후반 이후의 시기는 일본 제국주의의 민족말살정책이 극에 달한 시기로서 평가되어왔다. 만주사변과 중일전쟁으로 이어지는 일본의 제국주의적 팽창에 따라 식민지는 제국 내의 '병참기지'로서 위치지어지고 내선일체 이데올로기 및 창씨개명으로 대표되는 황민화정책에 따라 조선의 민족적 독자성이 뿌리로부터 제거될 위기에 처해졌다는 것이 일반적인 역사적 평가다. 사실 타민족의 독자성을 부정하는 이 같은 동일화 정책은 1930년대 조선에서만이 아니라 일본이 제국주의적으로 팽창하며 이민족을 점령하기 시작할 때부터 지속되어온 민족지배정책의 기조였다고 할 수 있을 것이다.[8] 그러나 식민지 조선의 경우만이 아니라 전쟁을 수행하는 일본과 침략당하면서 저항하는 중국의 입장을 고려하여 동아시아 전체를 본다면, 이 시기 일본의 민족정책이 하나로 일관되었다고 보기는 어렵다.

기본적으로, 전쟁을 수행하는 식민지 모국이 식민지에 대해 취한 정

---

8) 그렇지만 이 동일화 정책이 강력한 차이화 정치를 연료로 하여 작동되고 있었음을 간과해서는 안 될 것이다. 정책으로서의 동일화는 무엇보다도 폭력성에 기반한 것이기 때문이다. 이와 관련하여 조선 지배 초기 일본이 조선인의 일본인식 개명을 금지시켰다는 사실을 통해 일본의 식민지 지배에 있어서의 동일화와 차이화의 양면성을 보여준 水野直樹, 「조선 식민지 지배와 이름의 차이화」, 『사회와 역사』 59호, 2001년 참조.

책은 동일화 전략에 바탕을 두고 있었다. 중국이라는 대국과의 전쟁을 수행하기 위해 식민지의 인적·물적 자원이 이전보다 더욱 절실히 요구되었고, 따라서 이 시기 강화된 동일화 전략은 전쟁을 승리로 이끌기 위한 가장 효율적이고 목적합리적인 체제로의 개편과 연동하는 것이었다. 일본 국내에서의 〈국가총동원법〉 공포와 식민지 조선에서의 〈국민정신총동원 조선연맹〉의 결성은 그러한 전쟁합리성의 귀결이었다.

그러나 중일전쟁이 장기지구전으로 전환되면서 일본의 민족정책은 분화되는 양상을 보인다. 물론 식민지 조선에서 동원체제를 강화하며 내선일체의 동일화 이데올로기를 지속시켜갔음은 주지의 사실이다. 그러나 새로운 지배대상 중국에서 성장해가는 강력한 항일 내셔널리즘이 제국의 구상을 심각하게 위협하자 일본은 최소한이나마 중국의 민족적 독자성을 인정하지 않을 수 없는 상황에 처하게 되었다.9) 이 과정에서 제기된 것이 코노에 내각의 이른바 '동아신질서' 구상이다. 그리고 이 시점에서 〈쇼와연구회〉 중심의 혁신좌파 지식인들은 중국의 항일 내셔널리즘의 존재를 중요하게 의식하면서, 제국주의의 침략전쟁을 동아시아 통일과 변혁의 운동으로 변화시키고자 하였다.10)

미키 키요시는, 그가 〈쇼와연구회〉에서 주도적인 역할을 수행하는 계기가 된 〈7일회〉 담화 「지나사변의 세계사적 의의」(1938년 7월 7일)에서 중일전쟁의 세계사적 의의를 두 가지로 명료하게 요약하고 있는데, 그 중 하나가 '동양의 통일'이다.

동양이라는 것을 생각하지 않은 채 일본과 지나가 진정으로 결합되는 일은 있을 수 없다. 때문에 일지제휴 또는 일만지일체란, 지금까지 세계사적 의미에 있어서는 전혀 실현되지 않았던 동양의 통일이라는 것을, 지나

---

9) 함동주, 「미키 키요시의 동아협동체론과 민족문제」, 성균관대학교 인문과학연구소, 『인문과학』 30호, 2000, 339-340쪽 참조.
10) 중일전쟁이 지니고 있는 이러한 특수성에 주목하면서 당시의 사상적 모험의 역사적 의의를 재평가한 것으로는 米谷匡史, 「戰時期日本の社會思想」, 85-90쪽 참조.

262

사변을 통해 실현해가는 것이어야만 한다. 그와 동시에 이 경우 동양의 통
일이라는 것은, 이미 서양과 무관하다고는 생각되지 않는다. 동양이 형성
되는 날은 동시에 진정한 의미에 있어서 세계가 형성되는 날이 아니면 안
된다. …… 사변이 여기까지 온 이상, 지나를 해결하지 않으면 일본은 해
결되지 않으며 일본을 해결하지 않으면 지나는 해결되지 않는다. 다시 말
해서, 지나건설의 원리는 동시에 국내개혁의 원리이지 않으면 안 되며,
국내개혁의 원리는 동시에 세계형성의 원리이지 않으면 안 된다.11)

근대적 원리로서의 자유주의가 막다른 골목에 부딪쳤다는 미키 키
요시의 판단12)은 단지 유럽주의의 몰락을 의미할 뿐만 아니라 메이지
이후 일본이 걸어온 탈아론적 근대화의 길이 한계에 봉착했음을 비판
하는 진술이기도 하다. 이러한 관점에서 미키는 일본을 '동양'의 분리
불가능한 일부분으로 위치짓고 있다. 일본의 근대화는 동아시아의 타
자를 억압·수탈하는 한편 그 억압·수탈의 기억을 망각하면서 진행되
어왔으나, 중일전쟁은 그 타자의 존재를 다시 상기해낼 계기를 제공하
였다. 그러나 타자가 존재한다는 사실보다 더욱 중요한 것은 그 타자
가 단지 외부가 아닌 제국주의 일본의 내부와 근저로부터 연결되어 있
음을 깨닫는 것이다. 미키는 이렇듯, 일본이 '탈아'로부터 복귀하여 동
아시아의 타자와 근본적으로 연루되어 있음을 자각함으로써 '동양'이
라는 새로운 현실을 수립할 수 있다면, 그리하여 지금까지 보편성을
참칭해온 근대=서양의 원리를 상대화할 수 있다면 그 때 비로소 진정
한 의미의 '세계'가 개시되리라고 내다보았다.13) '동양의 통일'이 바로

11) 三木清, 「支那事変の世界史的意義」, 『批評空間』 II-19, 1998, 35-36쪽. 강조는 인
   용자.
12) 같은 글, 34쪽. 또한 三木清, 「二十世紀の思想」, 『三木清全集 14』, 153-154쪽 참조.
   원본은 『日本評論』 1938년 7월호. 미키 키요시의 전집은 이와나미서점에서 간행된 것
   (전19권, 1967~1968)을 이용하였다.
13) 미키는 이미 중일전쟁이 발발하기 직전부터 근대=서양을 넘어설 새로운 세계관으로
   서 '세계사'의 철학을 제시하고 있었다. 지금까지의 세계는 단적으로 서양적 세계였
   고, 따라서 동양에 대한 지배, 억압, 착취가 필연적으로 뒷받침되어 온 세계였다. 그러

이렇듯 상호연관된 체제를 현실적으로 드러냄으로써 '세계'를 공간적
으로 재인식하게 하는 계기가 된다면, '세계'를 시간적으로 개진하는
계기는 자본주의 문제의 해결에서 찾아진다. 이 '자본주의 문제의 해
결'이 '동양의 통일'과 함께 중일전쟁의 또 다른 세계사적 의의를 이
룬다.

> …… 동양의 통일은, 일본 민족에게 주어진 세계사적인 과제이다. 그리
> 고 그것은 오늘날 극히 중요한 과제, 즉 자본주의 문제의 해결이라는 커다
> 란 근본적인 문제를 포함하고 있다. 오늘날의 단계에서 세계사 최대의 과
> 제는 실로 이 문제의 해결인 것이다. 자본주의 사회의 다양한 모순을 어떻
> 게 해결할 것인가, 이 해결에 대한 구상 없이는 동양의 통일이라는 것도
> 진정으로 세계사적인 의미를 실현할 수는 없다.[14]

비록 '동양의 통일'이 근대=서양을 상대화함으로써 기존의 서양중
심주의적 세계(사)가 진정한 의미의 '세계(사)'가 아니었음을 (부정적으
로) 일깨운다 하더라도, 동양과 서양을 모두 포괄하는 새로운 질서를
(긍정적으로) 제시하지 못한다면, '동양의 통일'이라는 것도 단순히 근
대=서양적인 자본주의의 원리를 반복하는 데 그칠 뿐이다. 곧 근대=
서양 이후의 새로운 질서를 제시하지 못하는 한, '동양의 통일'이란 서
양중심주의적 세계(사)가 지니고 있던 폭력성을 동양에서 되풀이함으
로써 한낱 제국주의적 침략을 정당화하는 논리로 귀결되고 말 것이다.
미키에 의하면 바로 이곳에 중일전쟁의 세계사적 의의가 있다. 동양의
대두가 근대=서양의 세계(사)를 뒤흔드는 데서 멈추지 않고 "자본주의
사회의 다양한 모순"을 해결할 수 있을 때 비로소 세계사적 의미를 실

나 그것은 엄밀한 의미에서 '세계'가 아니었다. '세계'는 어떤 특정한 인륜적 질서 이
전에, 그 인륜적 질서가 발생할 수 있는 가능성의 조건으로서 놓여 있는 존재의 가장
근원적인 일차원적 근거를 지칭하는 것이기 때문이다. 三木淸, 「世界史の公道」, 『三
木淸全集 13』 참조. 원본은 『新潮』 1937년 7월호.
14) 三木淸, 「支那事変の世界史的意義」, 36쪽.

현할 수 있는 것이다.

그렇다면 '동양의 통일'과 '자본주의 문제의 해결'이라는, 중일전쟁이 던져준 세계사적 과제는 어떻게 실현될 수 있을 것인가. 이 질문에 대한 대답으로 제시된 것이 이른바 '동아협동체'론이다.

'동아협동체'론은 코노에 내각의 동아신질서 구상의 근간을 이루는 동아시아 공동체의 미래기획으로 제시되고 논의되었다. 이 미래기획은 〈쇼와연구회〉에 소속되어 있던 혁신좌파 지식인들 개개인에 따라 조금씩 다르게 구상되었지만, 특히 중일전쟁이 세계전쟁, 나아가 세계혁명으로 진전되리라 예상하고 그곳에서 중일전쟁의 세계사적 의의를 발견한15) 중국전문가이자 저널리스트 오자키 호츠미는, 어느 누구보다도 중국의 민족문제를 예민하게 주시하면서 그로부터 '동아협동체'론을 둘러싼 논의에 비판적으로 개입했다. 그는 "현하의 정세하에서 '신질서'의 실현수단으로서 나타난 '동아협동체'는, 다름아닌 일지사변의 진행과정이 낳은 역사적 산물"16)임을 분명히 하고 있는데, 이는 동아시아에서 일본의 제국주의적 팽창을 저지할 때에만 '동아협동체'가 현실적으로 성립될 수 있다는 판단을 함축하고 있다.

> 동아협동체론 성립의 기초의 하나가 …… 일본의 일방적 방식에 의해 동아제국을 경제적으로 조직화하는 것이 곤란하다는 사실이 명확하게 된 결과에 있었음은 사실이다. 이러한 의미에서 말한다면, '동아협동체'론의 발생을 가장 깊게 원인짓고 있는 것은, 지나에 있어서 민족의 문제를 재인식 한 점에 있다고 생각되는 것이다.17)

---

15) 山本鎭雄, 「尾崎秀實の東亞協同体論と「國民再組織」論」, 『日本女子大學紀要』 13호, 2003년, 4쪽 참조. 또한 米谷匡史編, 『尾崎秀實時評集』, 平凡社, 2004년의 편자해설 참조.

16) 尾崎秀實, 「「東亞協同体」の理念とその成立の客觀的基礎」, 米谷匡史編, 『尾崎秀實時評集』, 187쪽. 원본은 『中央公論』, 1939년 1월호.

17) 같은 글, 190쪽.

미키 키요시 역시 중국의 독자성을 의식함으로써 일본 내셔널리즘을 초월한 '동양'과 '세계'의 역사적 현실성을 인식하고 나아가 '동양의 통일'과 '자본주의 문제의 해결'을 세계사적 과제로서 제시하였지만, 오자키의 경우엔 중국이라는 타자의 항일 내셔널리즘을 더욱 적극적으로 평가하여, '동아협동체'를 동아시아에서의 사회주의적 변혁의 계기로 삼고자 하였다. 더욱이 이러한 세계사적 의의를 지니는 동아시아 변혁을 수행하기 위해 일본 국내의 비자본주의적 재편성을 기획('국민재조직'론[18])했다는 점에서, 오자키 호츠미는 중일전쟁이 초래한 위기를 보다 구체적으로 일본 변혁의 계기로 삼고자 했음을 알 수 있다.

미키와 오자키 등의 기획은 말 그대로 '전시변혁'이라는 이름에 값하는 것이었다. 그 기획은 제국주의 전쟁에 대한 적극적인 반전과 내전을 통해 혁명운동을 촉발시킨 러시아 혁명과는 반대로, 전쟁에 적극 가담함으로써 일본 제국주의의 전복과 세계혁명이 동시에 가능해질 수 있는 계기를 찾고자 하였다. 따라서 이들에게 중일전쟁은 단순히 '이미 눈앞에 벌어진 사건' 또는 '회피해야 할 사태'가 아니라 오히려 '참여를 통한 반역'이라는 역설을 실천해야 할 공간이었다. 그러나 이 같은 '반역'의 기획이 더욱 진전되기 위해서도 '참여'가 심화되어야 했음은 물론이다.

3. '세계화'와 '세계성'의 간극

'동아신질서' 구상 및 그를 둘러싼 논의는 일본의 전쟁 상대자였던 중국을 향해 제기되고 발화된 것이었지만, 식민지 조선에서도 이에 적극적으로 반응하면서 제국/식민지 관계 변화를 지향하는 담론실천이

---

18) 尾崎秀實, 「國民再組織問題の現實性」, 『尾崎秀實著作集 5』, 勁草書房, 1979년 참
　　조. 원본은 『帝國大學新聞』, 1940년 6월 10일.

266

이루어지게 된다. 주로 전향 지식인들을 중심으로 이루어진 이 담론실천은 제국주의 일본이 어떻게 국수주의 또는 내셔널리즘(일본주의, 황도주의)을 넘어서 아시아의 타자와 만날 수 있는가, 이 같은 타자와의 만남이 과연 일본 내부의 변화를 초래하게 될 것인가, 그리고 제국적 질서의 변화는 제국/식민지 관계를 어떻게 재배치하게 될 것인가를 주요 쟁점으로 하여 전개되었다.[19]

조선의 전향 지식인들이 '동아협동체'론 등 일본의 '동아신질서' 구상에 대해 적극적으로 반응하면서 논의를 전개하는 담론공간이 발생할 수 있었던 데에는 몇 가지 조건이 작용했던 것으로 보인다. 물론 기본적으로 식민지에 대한 정치·사상적 억압이 강화되어 조선의 독립과 사회주의적 변혁을 위한 직접적 시도가 현실적으로 불가능한 상황에서, '동아신질서' 구상 발표 후 코노에 내각의 일련의 논의와 행보가 "대중국 정책의 변화와 혁신정책의 표방"[20]의 방향으로 나아가고 있음에 모종의 기대를 가지고 일본의 국책을 전향적으로 받아들이고 있었다는 것은 사실일 것이다. 그럼에도 불구하고 식민지 문제가 전혀 고려되고 있지 않았던 '동아신질서' 및 '전시변혁'구상을 식민지 지식인이 적극적으로 수용하고 그곳에서 나름의 담론실천을 행하게 된 데에는 그러한 담론실천이 전개될 수 있는 공간 자체를 생성해낸, 보다 포괄적이고 근본적인 조건의 작용이 있었다고 생각된다. 일본에서의 '전시변혁'의 담론공간이 중국 내셔널리즘에 부딪침으로써 생성될 수 있었다면, 같은 시기 조선에서의 담론공간은 일본의 '전시변혁' 논의로부터 촉발되면서도 제국/식민지의 역사−지정학적 위상 차이에 의해 규

---

19) 그러나 이러한 담론실천이 가능할 수 있었던 공간은 일본에서 혁신파 주도의 신체제 운동이 패퇴하고 익찬체제가 등장하는 1940년 후반, 그리고 결정적으로 1941년 12월 태평양전쟁 발발과 함께 닫혀져 버리게 되고, 그 후로 일본에서는 일본중심의 대동아 공영권을 긍정하는 담론과 자기만족적인 근대초극 담론이, 조선에서는 제국 '국민'의 영역이 확장되기를 기대하는 내선일체 방법론을 둘러싼 논의가 지배하게 된다.

20) 홍종욱, 「중일전쟁기(1937~1941) 조선사회주의자들의 전향과 그 논리」, 『한국사론』 44호, 2000, 189쪽.

제되는 상이한 조건 위에 개시된 것으로 보인다.

　그 가장 근본적인 조건은 일본이 중국과 조선 각각에 대해 취한 이율배반적 태도로부터 규정된다. '동아신질서' 구상은 다른 민족의 독자성을 부정하고 동화시키고자 하는 일본의 대민족정책이 일정 정도 수정되지 않을 수 없게 된 상황에서 제기되었던 것이다. 그러나 식민지에 대해서는 변함없이, 아니 오히려 더욱 강력하게 동일화정책을 펼치면서 동원을 강요하고 있었다. 따라서 식민지 조선에 대한 '동일화=독자성 부정'과 중국에 대한 '독자성 인정'이라는 일본의 이율배반적 태도가 현저하게 부각되지 않을 수 없었다. '동아신질서' 구상을 둘러싸고 제국/식민지 관계의 변화와 식민지 사회 내의 개혁을 지향하는 담론 공간이 생성된 것은 바로 이 같은 이율배반의 간극 사이에서다. 일본이 동아시아의 타자를 향해 내놓은 두 가지의 서로 다른 카드는 그 두 카드 사이의 거리를 묻는 새로운 담론공간이 생성되도록 만들었다.[21]

　이러한 조건 위에 또 다른 중층결정의 요인으로서 전쟁에 대한 조선과 일본의 경험의 차이가 놓여 있다. 머리말에서도 잠깐 언급했듯이 전선에서 분리된 총후, 전쟁경험에서 분리된 전시체제가 식민지 조선이었다. 병참기지로서 전쟁을 위한 동원은 강화되어갔지만, 엄밀히 말해서 중일전쟁에 조선인들이 '참여'하고 있다고 말할 수는 없는 상황이었다. 국민정신총동원운동을 통해 전쟁의 정당성과 희생의 불가피성을 납득시키는 공작이 적극적으로 전개되었지만, 과감하게 말해서, 여전히 조선인들에게 중일전쟁은 '남의 전쟁'이었다.[22] 따라서 '동아신질

---

21) 필자가 불명확한(편집자인 최재서가 작성했을 가능성이 높지만) 『인문평론』 1940년 2월호의 한 컬럼은 尾崎秀實와 三木淸의 '동아협동체'론을 소개하고 있는 이갑섭의 「동아협동체이론」(『조선일보』 1940년 1월 1~6일)에 대해 "이 협동체 안에서 조선문화가 가질 위치와 의의는 어떠한가? 필자여 분발하라!"며 비판적인 논평을 붙이고 있는데, 간접적이나마 이 논평을 통해 '동아협동체'론이 조선과 '동아협동체' 사이의 관계 문제를 묻도록 촉발시키고 있었음을 읽을 수 있다. 「求理知喝」, 『인문평론』, 1940년 2월호, 45쪽.

22) 예컨대 녹기연맹의 總主事인 山里秀雄는 국민정신총동원운동이 효과적으로 진행되

268

서'구상 및 '동아협동체'론을 둘러싼 일본측 논의가 저항하는 중국에 대한 의식에서 촉발된 데 반해, 조선에서의 논의는 침략당하는 중국에 대한 의식보다는 중국과 일본 사이에서 정황을 엿보는 방식으로 이루어진다.

또한 조선과 일본의 전쟁 '참여' 감각의 차이는 권리에서 분리된 채 의무만이 강요되는 식민지의 위치와도 밀접히 결부되어 있다. 이는 제국이 식민지를 자신의 주권영역 속에는 포섭하고 있으면서도, 이질적인 '법역(法域)'으로 분단하는 제국/식민지 또는 내지/외지의 차별구조 자체와 관련된 문제다.[23] 중일전쟁을 전후하여 제국/식민지 관계가 한편으로는 더욱 밀착되면서도 다른 한편으로는 일방적으로 폭력적인 동원이 더욱 강요되고 있었고, 따라서 전쟁 '참여' 감각의 차이가 더욱 현실화되면서 이 시기 생성된 담론공간에 특정한 색채를 부여하게 되었다. 희생과 동원의 의무가 강화되는 만큼 그에 상응하는 권리에 대한 요구도 표면화되었고, 이는 더 나아가 '참여'에의 요구로 나아가기도 하였다.[24]

중일전쟁기라는 특정한 역사적 국면에 일본과 조선에서 동시대적으로 담론공간이 생성되었지만, 제국/식민지의 역사—지정학적 위상 차

지 못하는 현실을 다음과 같이 지적하고 있다. "대체로 세간 일반의 사람들은, 정동운동은 정부의 일이나 또는 당사자의 일이라고 생각하고 있으며, 자기 자신의 문제이자 내일의 일본의 건설을 위해 불가피한 문제로서 절실하게 느끼고 있는 사람이 적은 듯하다." 山里秀雄, 「精動運動への希望」, 『總動員』, 1940년 5월호, 43쪽.

23) 이른바 내지와 외지는 법영역 내부에 입법기관을 가지고 있는가 그렇지 않은가에 따라 나뉜다. 즉 헌법적 입법기관인 제국의회를 가지고 있는 영역이 '내지', 행정기관인 총독부의 명령에 헌법상의 법률사항이 위임되는 영역이 '외지'이다. 일본의 제국법제는, 내지에서는 서양의 치외법권을 배제하며 속지주의적 원리를 확립하고 외지에서는 속인주의적 원리를 적용함으로써 이질적인 법적 공간을 구성하고 내지/외지의 차별을 구조화하였다. 淺野豊美, 「國際秩序と帝國秩序をめぐる日本帝國再編の構造」, 淺野豊美·松田利彦, 『植民地帝國日本の法的展開』, 信山社, 2004, 66-69쪽 참조.

24) 식민지제국의 주권영역과 법영역 사이의 불일치가 발생시킨 욕망의 정치학은 '내선일체'론을 둘러싼 논의에서 가장 잘 드러나는데, 이에 대해서는 4절에서 좀 더 상세히 살펴보겠다.

이가 그 구체적인 담론실천의 지향과 성격을 구별되게 만들었는바, 이하에서는 이러한 특성에 주목하면서 차이화의 양상을 살펴보도록 하겠다.

앞 절에서 검토했듯이 미키 키요시, 오자키 호츠미 등의 '세계사'의 이념과 '동아협동체'론은 중일전쟁을 통해 마주치게 된 항일 내셔널리즘의 문제를 해결하기 위해 일본 스스로 탈내셔널리즘적·탈근대적 미래기획을 제시하는 과정에서 비롯된 산물이었다. 더욱이 그것은 내셔널리즘을 초월한 새로운 다민족 공동체의 결합원리를 찾아야 했기 때문에 황국의 우월성을 강요하는 일본주의도 비판해야 했고, 세계사적 보편성을 갖는 새로운 삶의 질서를 제시해야 했기 때문에 근대적 자본주의도 제국주의도 극복해야만 했다. 이렇듯 일본의 자기비판을 내포한 미래기획이기 때문에 그것은 도덕적으로도 우월성을 가지고 있는 것으로 주장되었다.

> ······ '동아협동체'론의 발생이 같은 계열의 다른 이론과 다른 점은, 이것이 지나사변의 구체적 진행에 따라 지나에 있어서의 민족문제의 의의를 깨닫고, 거꾸로 자국의 재조직에까지 생각이 미친 진지함에 있는 것이다. 이 점은 동아제패의 웅도를 기초로 하여 그려진 다른 제동아민족의 대동단결계획안과는 다른 겸허함을 가지고 있는 것이리라.[25]

> 일본은 동아의 신질서 건설에 있어 지도적 지위에 서지 않으면 안 된다. 이 점은 일본이 동아의 제민족을 정복한다는 것을 의미하지 않는 것임은 물론이다. 오히려 일본은 동아의 제민족의 융합의 쐐기가 되는 것이다. 동아협동체가 일본의 지도 하에 형성되는 것은, 일본의 민족적 에고이즘에 의한 것이 아니라 오히려 이후의 사변에 대한 일본의 도의적 사명에 기초한 것이며, 이러한 도의적 사명의 자각이 중요하다.[26]

---

25) 尾崎秀實, 「「東亞協同体」の理念とその成立の客觀的基礎」, 205쪽.

26) 三木淸, 「新日本の思想原理」, 『三木淸全集 17』, 532-533쪽. 원본은 『昭和硏究會パンフレット』, 1939년 1월.

270

  물론 '겸허함'이나 '도의적 사명'은 중국을 향한 설득으로서 뿐만
아니라 확전을 주장하는 일본 군부에 대한 견제로서의 의미도 가지고
있으나, 도의적 정당성을 일본이 전유하게 됨으로써 정작 중국측에서
는 '동아신질서' 구상 및 '동아협동체'론이 중국합병론에 다름아닌 것
으로 받아들여지곤 했다. 장개석도 '동아신질서' 건설을 "중국병탄의
다른 이름"27)이라고 비판했고, 왕정위 역시 "침략주의와 공산주의 국
가와 결합하여 일본에 대항할지언정 일본과는 결합하지 않겠다"28)는
것이 중국 인민들의 입장이라는 점을 분명히 하면서 일본의 '동아협동
체'론자들에게 중국의 자주·독립 보장을 요구하고 있었다.
  일본의 혁신좌파들은 일본을 자기비판하면서, 저항하는 중국을 납
득시킬 수 있는 '세계성의 세계'를 동아시아에서 실현하고자 했지만,
그것은 내셔널리즘 및 현실적인 정치적 갈등을 초월한 높은 지점까지
스스로를 고양시킴으로써 오히려 새로운 식민지주의를 낳을 가능성을
함축하고 있었다.29) 특히 미키 키요시의 경우 '동아협동체'의 정당성을

---

27) 山本鎭雄, 앞의 논문, 6쪽 재인용.
28) 왕 징웨이(汪精衛), 최원식·백영서 엮음, 「중일전쟁과 아시아주의」, 『동아시아인의
    '동양'인식: 19~20세기』, 문학과지성사, 1997년, 180쪽. 원본은 「中國與東亞」, 『中華
    日報』, 1939년 7월 10일.
29) 특히 교토학파의 '세계사의 철학'의 '무적 보편'이라는 개념을 이러한 입장에서 비판
    한 것으로는 米谷匡史, 「植民地/帝國の「世界史の哲學」」, 13-14쪽 참조. 또한 미키가
    내셔널한 주체를 부정하면서도 메타주체를 설정하는 과정에서 다시 일본민족에로 회
    귀하는 논리에 대해 비판한 것으로는 岩崎稔, 「ポイエーシス的メタ主体の欲望」, 山
    之內靖他編, 『總力戰と現代化』, 柏書房, 1995년 참조.
    다만 오자키 호츠미는 일관되게 "결코 '초민족적'인 것이 아니라 단지 일본민족 이
    외에 지나도 또 하나의 민족이라는 점을 구체적으로 인식해야 할 것을 주장"하면서
    다른 '동아협동체'론에 대해 비판적인 입장을 견지하고 있었다는 점에서 구별되어 다
    뤄져야 할 것이다. 尾崎秀實, 「東亞政局に於ける一時的停滯と新なる發展の予想」, 米
    谷匡史編, 『尾崎秀實時評集』, 220쪽. 원본은 『改造』, 1939년 3월호. 더욱이 오자키는
    이미 1939년 봄 近衛내각이 사퇴하고 平沼내각이 들어선 이후 "'동아신질서론'='동
    아협동체론'"이 그 "정치적 지위, 정책적 지지를 급속하게 잃고" 말았음을 인식하고
    논의에 보다 비판적으로 개입하게 된다. 같은 글, 249쪽 참조.

확신하는 데서 더 나아가, 중국이 자국의 독립과 자유를 요구하는 것에 급급해 '동아협동체'의 대의를 저버리고 있다고 비판하기까지 했는데,[30] 이렇게 중국의 내셔널리즘을 비판할 수 있는 입장은 그 자신이 상정하고 있던 '세계성의 세계'를 현실에서 실현할 수 있다고 확신할 때에만 나타날 수 있는 것이다. 즉 미키 키요시는 '동아협동체'의 정당성을 확신하고 그 실현에 있어 일본의 지도적 위치를 전제함으로써, 개별적 세계들의 근저에 놓인 보편적이고 일원적인 존재의 차원을 뜻하는 '세계성'을 시간내재적으로 개진될 수 있는 '세계화'로 역전시키고 스스로 근대적 주체로 되돌아가는 길을 밟아갔던 것으로 보인다.

> 새로운 게마인샤프트는 이러한 세계성을 지님으로써 비로소 현실의 역사적인 세계질서의 혁신적 재건의 힘이 될 수 있는 것이다. 동아협동체라고 말해지는 새로운 체제는 근대적인 추상적인 세계주의를 극복하는 한편, 나아가서 새로운 세계주의에의 길을 여는 것이 아니면 안 된다.[31]

'세계성'의 이념을 "현실의 역사적인 세계질서"에로 세속화시킴으로써 미키는 '세계화', 다시 말해서 현실적으로 세계를 구성해가는 과정─전쟁이라는 폭력적인 자기확장과 겹쳐지는 과정─에 참여하게 된다. 이로써 미키는 지배가능한 세계 속에서 보편성을 참칭하는 근대적 주체의 보편주의에로 귀환하고 만다.

또한 놓치지 말아야 할 것은 미키 키요시의 '세계성의 세계' 및 '동아협동체'에 식민지 조선이 완전히 결여되어 있다는 사실이다. 이는 미키 개인의 문제라기보다는 일본이 패권을 장악하고 있는 동아시아내의 불균등한 권력구조로부터 비롯되는 문제라고 하겠다. 즉 중국을 상대하기 위해서는 식민지 조선이 보이지 않아야 하는 특정한 구조가 존재

---

30) 三木清, 「汪兆銘氏に寄す」, 『三木清全集 15』, 389-397쪽 참조. 원본은 『中央公論』, 1939년 12월.
31) 三木清, 「知性の改造」, 『三木清全集 14』, 216쪽. 원본은 『日本評論』, 1938년 12월호.

272

하는 것이다.32) '동아협동체'론은 '일만지'의 새로운 공동체건설을 외치면서도 식민지 조선의 문제에 대해서는 침묵하고 있었는데, 이는 동아시아내에, 하나의 불균등한 권력관계가 흔들릴 때 일본, 조선, 중국 중 어느 한쪽을 망각하거나 희생함으로써만 그 불균등성을 다시—또는 새로운 불균등성으로—회복할 수 있는 구조가 존재하기 때문이라고 할 수 있다. 그러므로 일본이 중국의 독자성을 인정하는 태도와 조선을 일본 내부로 완전히 포섭하는 전략은 동시에 공존할 수 있었다.

> 지나사변 이후 동아의 일체성이 점차 강조되게 되었다. 물론 일만지일체라는 것과 내선일체라는 것은 그 일체성의 의미에 있어 같은 것이 아니다. 하지만 일만지일체라든지 동아협동체에 대해 말하더라도, 내선일체의 실현이 선결의 전제라는 점은 분명하다. 모든 것은 가까운 곳에서부터 시작하지 않으면 안 된다.33)

비록 같은 글에서 '내선일체'의 기초는 조선인의 지위향상에 있다고 말하고 있지만, 그것은 "제국 신민으로서의 반도인의 자각을 강화"34) 하기 위한 것이다. 서로 다른 민족의 독자성과 자율성을 전제로 하는 '동아협동체'가 조선인의 제국신민에로의 완전한 포섭을 전제로 한다는 명백한 이율배반이 전혀 자각되지 않을 수 있는 것은—이념으로서의 세계'성'이 아닌—세계'화'가 지배가능성을 온존시키고 있기 때문이

---

32) 조선이 일본을 상대로 할 때에도 그 발화는 동일한 구조 속에서 이루어진다. 일본의 '전시변혁' 담론이 침략하는 일본과 저항하는 중국 사이에 생성된 담론공간 위에서 전개되고 있었음에도 불구하고, 그 담론에 대응하면서 이루어진 조선에서의 담론실천에는 침략당하면서 저항하는 중국에 대한 의식이 희박하다.

33) 三木淸, 「內鮮一体の强化」, 『三木淸全集16』, 356쪽. 원본은 『讀賣新聞』, 1938년 11월 8일. 아울러 문화를 논하는 또 다른 글에서 미키는 일본이 중국의 문화를 받아들여 풍부하게 자신의 문화로 동화해 온 데 반해 "조선에 있어서는 고유의 가치가 있는 문화가 만들어지지 않았다"고 확신하고 있다. 三木淸, 「文化の力」, 『三木淸全集 14』, 324-325쪽. 원본은 『改造』, 1940년 1월호. 이곳에서도 역시 중국의 문화와 일본의 문화를 대비시키기 위해서는 조선의 문화가 보이지 않아야 하는 구조가 있다.

34) 三木淸, 「內鮮一体の强化」, 355쪽.

며, 식민지/제국 사이의 내적 차이에 맹목적임으로써만 중국과 일본의 외적 갈등에서 통찰을 얻는 구조가 존재하기 때문이다.

이렇듯 세계를 구성해가는 과정에 참여하고 있다는 입장에서 '세계성'의 이념을 현실화하게 되는 미키 키요시에 반해 조선의 전향 지식인 서인식은 오히려 '세계성'의 이념이 가지고 있는 이념성 자체를 일관되게 밀고 나가면서 '동아협동체'의 실현가능성에 대해 회의적인 시선을 보낸다.

> ······ 우리는 오늘날의 사변을 세계사적 의의를 가진 것이라 말할 때에 그 말을 단순한 정치적 '레토릭'으로 사용한다면 몰라도 그렇지 않는 한 그 의미를 적당히 한정하여 오늘날 세계사적 현재가 당면하고 있는 보편적, 절대적 과제에 연결하여 해석하지 않을 수 없다. 그렇지 않는 한 그것이 설사 금후의 동아 제민족의 흥망에 지대한 결과를 재래한다 하더라도 그러한 민족 흥망사적 사실은 한 나라에 있어서의 왕조변천사적 사실과 같이 역사에 있어서의 단순한 '포텐스'의 기복은 표현할망정 결코 그것의 '에폭'을 결정하는 것은 아니다.[35]

일본의 혁신좌파들의 입을 통해 중일전쟁의 세계사적 의의가 말해지고 있지만, 중일전쟁이 진정으로 세계사적 의의를 가지려면 그 전쟁을 통해 해결되는 문제도 '세계사적' 차원의 것이어야 함을 강조하고 있다. 이곳에서 서인식이 말하는 "보편적, 절대적 과제"란 다름 아닌 자본주의의 극복이다. 나아가서 '동아협동체'가 새로운 '에폭'을 결정할 수 있으려면 민족과 민족, 동양과 서양의 상극을 해소할 수 있는 "보다 높은 차원의 종합적 원리"[36]를 창안해내야만 한다고 주장한다. 그가 생각하는 보다 높은 차원의 종합적 원리는 기본적으로 역사의 변증법적 발전을 전제로 하여 전망되고 있는 것으로서, 직접적 전체노동

---

35) 서인식, 「현대의 과제(2)」, 『서인식전집 1』, 역락, 2006년, 149쪽. 원본은 「현대의 세계사적 의의」, 『조선일보』, 1939년 4월 6일.
36) 같은 글, 153쪽.

274

에서 계층노동으로 분화되었던 과정이 고도의 생산력 발전에 기초하여
"매개적인 전체노동"[37]으로 귀환하는 데서 형성되는, "개인이 곧 전체
이며 전체가 곧 개인이 될 수 있는 참다운 의미의 보편인간의 세계"[38]
의 원리이며, "직접적 전체성의 원리와 직접적 개성의 원리를 부정적
으로 종합한 제3의 매개적 전체성의 원리"[39]이다.

　　그리하여 서인식은 당대의 일본과 일본의 '전시변혁' 담당층들이 이
렇듯 변증법적 총체성을 구현한 '세계성의 세계'를 형성할 능력이 있
는지를 반복적으로 묻는다.

> 　　우리는 현실과 희망을 혼동하여서는 안 될 것이다. 문제는 오늘날 동아
> 의 정치적 추력(推力)이 사실에 있어서 세계사의 현대적 과제를 해결할 용
> 의가 있는가 하는 데 있다. 다시 말하면 현대 일본이 세계사의 현대적 과
> 제를 해결할 주체가 될 수 있는가 하는 것이 문제이다.
> 　　……
> 　　현대 일본이 과연 세계사의 주체가 될 용의를 가졌는가? 만일 세계사의
> 기본적 방향계수와 현대일본의 정치적 동향과의 간이 막대한 편차가 생긴
> 다면 모든 것이 공론이다.[40]

　　당연하게도 이 질문들에는 당대의 일본과 일본의 지배계층이 근대
자본주의를 비롯해 근대 이전부터 전체 인류가 시달려왔던 모순과 갈
등을 해결하고 변증법적 총체성의 원리가 관철되는 '세계성의 세계'를

---

37) 서인식, 「문화의 유형과 단계」, 『서인식전집 1』, 219쪽. 원본은 『조선일보』, 1939년
　　6월.
38) 같은 글, 220쪽.
39) 서인식, 「문화에 있어서의 전체와 개인」, 『서인식전집 2』, 99쪽. 원본은 『인문평론』,
　　1939년 10월호.
40) 서인식, 「현대의 과제(2)」, 『서인식전집 1』, 154-155쪽. 원본은 「현대의 세계사적 의
　　의」, 『조선일보』, 1939년 4월 9일, 4월 11일. 신문연재본에는 "만일 세계사의~모든
　　것이 공론이다"는 빠져 있다. 또한 이 글 이외에도 「문화의 유형과 단계」, 「문화에 있
　　어서의 전체와 개인」 등에서도 동일한 질문이 반복해서 등장한다.

형성할 능력을 가지고 있지 못하다는 믿음이 깔려 있다. 그러나 단지 질문의 이면만이 아니라 이러한 담론실천이 진행되는 보다 넓은 문맥을 고려할 때, 서인식이 전망하는 '세계성의 세계'는 구체적인 실현가능성 여부를 묻는 것과는 일정한 거리를 두고 있는 것으로 보인다. 즉 서인식에게 있어 변증법적 총체성의 원리가 관철되는 '세계성의 세계'란 추상적인 지향성으로서는 존재하지만 결코 경험적 차원에서 긍정적으로positively 실현될 것을 전제로 한 것은 아니다. 이는 그의 발화위치로부터 규정되는 특성인데, 식민지의 전향 지식인으로서 그는 중일전쟁이 개시한 새로운 담론공간에서 조선어 독자들을 대상으로41) 일본의 '전시변혁' 논의의 성격과 한계를 심문하는 담론실천을 하고 있는 것이지, 중국의 저항을 의식하면서 구체적으로 '협동체'를 구성하는 기획에 참여하고 있는 것이 아니다. 따라서 그에게 '세계성의 세계' 및 변증법적 총체성의 원리는 일본에서 발화되는 '전시변혁' 담론을 비판적으로 번역하기 위해 부정적으로negatively 설정된 범주라고 할 수 있다.42)

---

41) 서인식과 박치우가 조선어로만 글을 발표한 데 반해 인정식, 김명식 등이 일본어로도 글쓰기를 하고 있다는 것은 발화의 전략과 관련해 간과할 수 없는 차이를 보인다.

42) 이 점에서 서인식에게 '세계성' 또는 '총체성(전체성)' 범주는 독일 비판이론가들의 그것과 기능적으로 맞닿아있는 것으로 보인다. "변증법적 사유는 외양의 모순을 비판하는 것이며, 궁극적으로 인간의 실제 삶의 모순을 비판하는 것이다. 총체성은 긍정적 명제가 아니라 비판적 범주이다." Theodor W. Adorno et. al., *The Positivist Dispute in German Sociology*, London: Heinemann, 1976, pp. 11-12.

　서인식의 '세계성' 및 '총체성'은 '보편성' 범주와도 연동하는 것이다. 필자는 박사학위 논문에서 서인식의 '보편성' 범주가 초월론적 비판의 가능성의 조건이 되는 칸트적 의미의 '규제적 이념regulative idea'처럼 기능한다고 분석한 바 있는데(「1930년대 후반 전통론 연구」, 연세대 박사논문, 2003), 이에 대해 조관자는 버틀러의 입장에 기대어 "보편은 개별을 초월하는 규정적 이념[규제적 이념]이나 유토피아적인 공준으로서 발견되는 것이 아니라, 언제나 '정치적으로 분절화되는 차이의 관계'가 되는 것"이라고 말하고 있다. 따라서 보편은 "개별적인 것의 연쇄 속에서만 발견되는" 것임을 분명히 하고 있다. 趙寬子, 「徐寅植の歷史哲學」, 54쪽의 주 70 참조. 칸트의 규제적 이념에 대한 버틀러의 비판은 물론 타당하지만, 필자가 칸트의 '규제적 이념'을 빌려옴으로써 드러내고자 한 것은 서인식에게 있어 '보편성' 개념이─'세계성' 및 '총체성'도 마찬가지지만─거짓 보편들을 비판하는 부정적 기능을 위해 상정된 것이었다는 사이와 같은 맥락에서 박치우는 '내선일체'가 강요되고 있는 식민지 조선의 상황과 민족적 독자성을 전제로 하여 논의되는 일만지 중심의 '동아협동체'론 사이의 이율배반을 문제삼으면서 다음과 같이 비판한 바 있다.

> 민족이라는 것은 피에 의해서 얽매여진 단일자이기는 하나 한편 또 그러니만치 피를 달리하는 타민족에 대해서는 원주를 달리하는 타자이다. 따라서 피의 동일성만을 존중하는 혈통지상주의에 있어서는 민족의 봉쇄성과 배타성은 피할 수 없는 결론이 되는 것이다. 하다면 이 같은 태도가 과연 일만지 삼국의 협동을 의미하는 신동아협동체의 근본사상과 완전히 어울릴 수가 있을까.[43]

박치우는 비록 당대 서구에서 대두하고 있던 비합리주의 및 파시즘 사상을 비판하면서 논의를 전개하고 있지만, '혈통주의'를 비판하고 있는 이 부분에서는 조선에 대해 '내선일체', 즉 피의 결합을 강요하고 있던 일본의 동일화 정책을 비판하면서 일본의 대식민지정책과 '동아협동체'론 사이의 이율배반을 폭로하고 있다.

서인식과 박치우가 행하고 있는 담론실천은 중일전쟁기 조선에서 생성된 새로운 담론공간의 조건에 의해 규정되고 있다. 그 중에서도 특히 서인식과 박치우는, 전쟁에 참여하고 있다기보다는 동원되고 있는 식민지에서 일본의 중국과 조선에 대한 대민족정책의 이율배반 자체를 심문하면서, 일본의 헤게모니 담론을 그 외부에서 비판하는 태도를 취하고 있다. 서인식은 일본의 '전시변혁' 담론 및 '동아협동체'론에서 강조되고 있는 '세계성의 세계' 및 '총체성'의 원리를 비판적 범

실이다. 따라서 조관자가 필자를 비판하면서 기술한 것 같은 "보편/전체/사회가 개별/개인을 초월하고, 나아가 개별/개인을 회수한다"고 하는 추상적 보편과 서인식의 '보편성'이 아무런 관계도 없음은 물론이다.

43) 박치우, 「동아협동체론의 일성찰」, 『인문평론』, 1940년 7월호, 18쪽. '내선일체'와 '동아협동체'론 사이의 이율배반을 문제삼으면서 박치우의 동아협동체론 비판 논리를 다룬 것으로는 崔眞碩, 앞의 논문 참조.

주로 사용함으로써 일본의 대중국 공작의 불완전성을 드러내고, 박치우는 일본의 대식민지 정책과 대중국 정책의 이율배반을 충돌시킴으로써 일본의 대민족정책과 이데올로기의 허위성을 드러내고 있다. 이들은 일본이 중국을 향해 발화하고 있는 담론 바깥에서 그 담론의 한계와 모순을 비판하는 담론실천을 행하고 있다. 이들의 이러한 대응에 이름을 붙인다면 '추상화*abstraction*' 전략이라고 할 수 있을 것이다. 추상화란 '분리한다'는 것을 뜻한다. 즉 '추상화' 전략의 특징은 전쟁 참여로부터 분리되어 있고, 권리로부터 분리되어 있고, '동아협동체'의 교섭대상에서 분리되어 있는 식민지의 역사—지정학적 조건을 이론적 태도 속에 각인한 것으로서, 일본에서 발화되는 담론을 추상적인 차원에까지 밀고나가 그 타당성을 심문하는 비판을 수행한 데 있다고 하겠다. 요컨대 동아시아에서의 '세계'의 실현이라는 과제에 긴박되어 있던 '동아협동체'의 이념을 현실연관으로부터 분리·추상화함으로써 가능했던 비판이다.

4. 정치적 현실주의와 오독의 정치학

중일전쟁 발발 후 조선은 일본의 대륙정책과 관련된 지정학적 배치에 의해 '병참기지'로서 성격지어졌고, 전시동원체제가 강화되어갔다는 것은 이미 말한 바와 같다. 이러한 제국/식민지 관계의 변화와 식민지 내부에서의 변화는 중일전쟁기에 생성된 새로운 담론공간에 참여하고 있던 전향 지식인들에게 또 다른 전망을 품게 하였다. 그 전망은 중일전쟁이 초래한 동아시아 질서의 변동을 조선의 탈식민지화를 위한 계기로 삼고자 한 담론 정치학에 있어서는 '현실성'을 갖는 것이었다.

이들은 중일전쟁 이후의 전시총동원체제, 그리고 '동아신질서'론 제안 이후의 일본 혁신세력들의 동아시아 미래기획과 국내개혁 구상 등이 조선의 운명을 좌우할 중요한 전기가 되리라는 확신을 가지고,[44] 일본의 대조선 정책과 '동아신질서' 이데올로기 '내부'에서 조선 탈식민지화의 계기를 찾고자 했다는 점에서 '정치적 현실주의'의 입장을 취했다고 할 수 있다. 이러한 입장은 전향 지식인들로 구성된 어느 시국 관련 회의에서 발언한 인정식의 입장으로 대표된다고 하겠다.

> 나는 모든 문제에 있어서와 마찬가지로 이 문제[내선일체 — 인용자]의 고찰에 있어서도 **조선인의 행복과 번영**을 위한다는 것을 중심적인 입각점으로 삼지 않으면 안 된다고 생각합니다. 또 둘째로는 정치문제의 고찰이란 것은 매양 객관적 현실에 의해서 제약된다는 것, 따라서 **현실을 냉정히 파악하고 또 긍정하고 이 현실 밑에서 가능한 최대의 행복을 구**하려는 것이 정치적 사상인의 각개의 계단에 있어서 취하지 않으면 안 되는 태도라고 믿습니다.[45]

인정식 등은 '동아신질서' 구상 그 자체의 원칙적 문제를 심문하거나 그 실현 가능성 여부를 비판적으로 묻는 서인식, 박치우 등과는 달리 '일단 긍정된 현실' 속에서 가능한 최대한의 정치적 공간을 확대해가는 명백한 정치적 현실주의의 태도를 취하고 있다. 따라서 그들은 전쟁과 동원과 동일화 등 현실적으로 만연된 폭력성을 그 자체로 문제삼기보다는, —아마도 그들에게는 현실 자체가 이미 폭력적으로 구성된 것으로 보였을지도 모르겠지만—현재하는 폭력성 내에서 그 폭력의 대가를 획득하고자 하는 전술을 채택하고 있다. 인정식, 김명식 등의 전향 지식인들은 일본 혁신세력의 '동아신질서' 구상과 국내 변혁기획을 적극적으로 긍정하고, 그 구상과 기획 속에 조선을 편입시킴으로써

---

44) 인정식은 "아세아의 모든 민족과 같이 우리 조선의 민중도 이처럼 새로히 결성될 동아의 신질서 다시 말하면 동아협동체의 완성을 전제로 하고서만 금후의 민족적 운명을 논하지 않으면 안 되게 되었다"라고 말하며 '동아협동체'의 완성여부와 조선의 운명을 동일시하고 있다. 인정식, 「동아의 재편성과 조선인」, 『삼천리』, 1939년 1월호, 56쪽.

45) 「시국유지 원탁회의」, 『삼천리』, 1939년 1월호, 38쪽. 강조는 인용자.

조선의 발전과 탈식민지화를 획득하고자 한 것이다.

앞서 인용된 동일한 시국회의에서 인정식은 일본 내에서의 '전시변혁'의 이상에 대해 다음과 같이 인식하고 있다.

> 아시는 바와 같이 혁신주의의 특징은 반공산임과 동시에 반자본적입니다. 그의 궁극적인 이상은 오직 천황만을 추대하고 천황과의 사이에서만 차별과 불평등을 긍정하자는 것입니다. 자본가적 착취와 자본가적 식민지 관념을 근절하고 공존공영을 기조로 하는 사회를 황실중심으로 재건하자는 것이 일본주의의 근본 이상입니다.[46]

분명히 당시 일본 내 거국일치체제를 주도하고 있던 혁신파들의 개혁정책은 반공산·반자본의 성격을 갖고 있었다.[47] 그러나 인정식은 더 나아가 일종의 '일군만민'적인 이상으로 그것을 해석하면서 내지/외지, 제국/식민지의 차별과 불평등을 해소하는 것이 전시변혁의 근본 이상과 관련되어 있다고 해석한다. 그에게 있어 '동아신질서' 구상과 '동아협동체'론이 동아시아에 만들어내고자 하는 다민족공동체의 성격 그 자체는 그리 중요하지 않았다. 오히려 '동아협동체'론은 전적으로 조선의 발전과 조선인의 지위향상이라는 현실적인 전략적 목표를 위해 전술적으로 이용할 실마리에 지나지 않았다. 아니, 그보다 오히려 '정치적 현실주의자'로서 인정식은 일본의 '동아신질서' 구상이 조선을 그 수신자로 하고 있지 않다는 것을 분명히 인식하고 있었다.

> …… 동아협동체의 이상은 일본제국의 신민으로서의 충실한 임무를 다할 때에만 조선민중에게 생존과 번영과 행복을 약속하려 한다. 여기에 조선인의 운명에 관한 문제에 있어서의 넘을 수 없는 한계가 있는 것이다. 이 한계는 명백히 시인되지 않으면 않된다.

---

46) 같은 글, 40쪽.

47) 중일전쟁기 일본 국내혁신의 탈자본주의화 성격에 대해서는 米谷匡史, 「戰時期日本の社會思想」 참조.

280

......

　나는 감히 단언할 수가 있다. 금일의 조선인 문제는 곧 내선일체 문제
이외에 아무것도 아니라는 것을, 웨 그러냐 하면 내선일체 이외의 일체의
노선이 한것 미망에 불과하다는 것이 명백히 제시되여 있으며 따라서 이
노선 이외에 아무 길도 남겨진 길이 없기 때문이다.48)

　인정식이 볼 때 '동아협동체' 내에 조선이 독립된 단위로 참여할 수
있는 공간이 부재한다는 것은 명백했고, 남은 것은 일본의 일부로서
일본이 건설하는 '동아신질서'에서 최대한의 이익과 자유를 획득해오
는 길뿐이었다. 따라서 그에게 조선의 생존과 번영과 행복의 노선은
'내선일체' 이외에는 있을 수 없었다. 그는 이러한 전망하에서 '내선일
체'의 필연성을 강조하며 더 많은 권리를 요구하기 위해 더 많은 의무
에 충실할 것을 주장하게 된다.
　전쟁에의 무력동원을 위해 일본은 1938년 2월부터 식민지 조선에서
육군특별지원병령을 공포하고 4월부터 제도를 실시하였으나, 지원병의
존재만으로는 아직 식민지는 '국민적 의무'의 영역에 완전히 진입할
수 없으며, 따라서 아직 '차별'을 재생산하는 제국/식민지의 정치적 거
리를 좁힐 수 없었다. 지원병으로서 실제로 입소한 조선인의 수가 적
기도 했지만,49) 양의 문제보다도 의무병제도(징병제도)는 일본이 조선

---

48) 인정식, 「동아의 재편성과 조선인」, 56쪽.
49) 지원병에의 지원자 및 입소자 통계는 다음과 같다.

연　도　＼　구　분	지원자 수	입소자 수
1938	2,946(100)	406(100)
1939	12,348(419)	613(150)
1940	84,443(2,866)	3,060(753)
1941	144,743(4,913)	3,208(790)
1942	254,273(8,631)	4,077(1,004)
1943	303,294(10,295)	6,300(1,551)

近藤金刀一編, 『太平洋戰下の朝鮮及び台湾』, 1961년, 33쪽. 김영희, 「국민정신총동

인에게 법적으로 일본인과 동등한 지위를 부여하지 않을 수 없는 상징적인 조건이 되는 것이었다. 이렇듯 동등한 지위 획득의 조건이 되는 의무병제도 도입을 위해 인정식은 조선인들에게 "국민적 정열", "국민적 의무"를 요구한다.[50] 이로써 그가 기대하는 진정한 내지연장주의란 "내지 민족과 동등한 정치적 자격"을 얻을 때 비로소 실현되는 것인데, 전쟁에 국민적으로 참여함으로써만 얻을 수 있는 평등이란 결국 죽음의 평등주의에 다름 아닐 것이다.

한편 김명식 역시 조선이 '동아신질서' 건설에 적극 공헌함으로써 새로운 운명을 개척해야 할 것이라고 주장하면서 '내선일체'론 속에서 기존 제국/식민지 관계의 변화와 조선인의 지위향상을 꾀하고 있었다. 그는 일찍부터 내선일체가 내실 있게 진행되어 조선인이 교육과 병역의 의무를 다했다면 중일전쟁 이후 '신동아' 건설에 조선인이 큰 공헌을 했으리라 말하면서, 조선인이 정치적 훈련, 군사적 조직, 충분한 교육의 경험을 가질 수 없게 해 온 일본의 정책을 오히려 비판한다.[51] 또한 그로 인해 조선인이 문화적으로도 물질적으로도 "만주인이나 지나인보다" 낮은 지위에 놓여 "신동아 건설에서 낙오자"가 되지 않을까 우려하면서, 적어도 "의무교육, 의무병역, 산업조합령의 전면적 실시, 헌법정치의 준비시설"[52] 등이 갖추어질 것을 요구한다. 그는 조선을 신동아 건설에 적극 참여하게 함으로써 전체 일본 제국 내에서 지위상승을 꾀하는 한편, 조선에 자치를 실행하여 제국과의 관계를 변형시키고자 한 것이다.[53] 그는 이러한 전망하에서 '내선일체'론를 '동아협

원운동의 전개 형태와 그 침투」, 『한국근현대사연구』 22호, 2002년, 240쪽에서 재인용. 엄격하고 까다로운 심사과정을 거쳐야 했기 때문에 지원병에 지원한 자에 비해 실제로 입소한 자는 소수에 불과했다.,
50) 인정식, 「동아의 재편성과 조선인」, 63-64쪽 참조.
51) 김명식, 「건석의식과 대륙진출」, 『삼천리』, 1939년 1월호, 49-50쪽 참조.
52) 김명식, 「대륙진출과 조선인」, 『조광』, 1939년 4월호, 48쪽.
53) 김명식 태도의 자치론적 성격에 대해서는 洪宗郁, 「一九三〇年代における植民地朝鮮人の思想的模索」, 174쪽 참조.

동체'론의 연장선 위로 옮겨놓고자 했다.

> …… 역사적 전통을 포기하고 지리적 조건을 말소하는 것은 個的으로는 말할 것도 없고 全的으로도 利가 되지 아니할 것이니 팔굉일우의 관념을 공존공영하여 협화만방으로써 실천함을 꾀하지 않으면 아니된다. 그리하여 어느 시대의 속학적 언론을 재생산치 말고 「個」와 「全」과의 유기적 관련에서 내선일체의 의식을 정당히 인식하여 「개」는 「전」을 위하여 「전」은 「개」를 위하는 협화관념을 파악치 않으면 아니된다.[54]

김명식은 '내선일체'의 정당한 인식을 '협화관념'으로 연결시킴으로써 제국/식민지 관계에도 '동아협동체'의 구성원리가 적용되는 것이 마땅한 듯이 서술하고 있다. 이러한 서술의 전략은 제국/식민지 차별 해소가 일본의 '전시변혁'의 궁극적 이상이라고 해석한 인정식에게서도 이미 찾아볼 수 있었다. 그러나 김명식의 이 글이 쓰여지기 전인 1939년 5월 30일 미나미총독은 국민정신총동원 역원회의 석상의 총독 인사에서 "내선일체는 상호간에 손을 잡는다든가 형(形)이 융합한다든가 하는 미지근한 것이 아니라 …… 형(形)도 심(心)도 혈(血)도 육(肉)도 모두 일체가 되어야"[55]하는 것이라고 분명히 한정한 바 있다. 그럼에도 불구하고 김명식은 '내선일체'론을 의도적으로 '오독'함으로써 조선과 조선인의 지위향상 및 제국/식민지의 관계 변화를 요구하는 근거로 삼고 있다. 즉 그는 '제국의 신민'으로서 당연한 권리주장을 하는 방식으로 담론실천을 행하고 있었다. 사실 전시총동원 체제 하에서 이러한 요구가 가능했던 것은 애당초 식민지의 전쟁 동원을 위해 '내지'측으로부터 '내선일체'라는 헤게모니 담론이 요청되었기 때문이다. 기존의 제국/식민지 간의 간극을 억압적으로 좁히고자 하는 '내선일체'론 자체가 '오독'을 불러일으킬 가능성을 지니고 있었고, 김명식 등은 그 가능

---

54) 김명식, 「「씨제도」 창설과 선만일여」, 『삼천리』, 1940년 3월호, 43쪽. 강조는 인용자.
55) 南次郞, 「聯盟本來の使命 議論より實行へ─窮極の目標は內鮮一体 總和親・總努力にあり」, 『總動員』, 1939년 7월호.

성의 범위 안에서 담론실천을 행했던 것이다. 이 시기 '내선일체'론은 강력한 헤게모니 담론인 동시에 논쟁의 공간이기도 했다.

> 반도인 일부 중에는 내선일체의 자구에 사로잡혀서, 심지어는 구미식의 권리의무의 사상에 입각해서, 내선일체는 반도인이 크게 환영할 점이 있으므로 이 주의를 제창한다면 모든 제도에 있어서도 대우에 있어서도 즉시 종래의 차이가 있던 점들을 철폐하고, 어쨌든 적어도 형태상에서 무차별이 되지 않는다면 하등 이로울 점이 없다고 하는 의견을 내놓는 자도 있는 모양이라고 들었습니다. 이는 바꿔 말하면 우선 권리의 주장에 급급하여 내선일체의 본질에 등을 돌리는 사고방식이라고 생각합니다.[56]

'내선일체'론은 전시동원을 위해 식민지를 실질적으로 포섭하고자 하는 제국의 욕망과 차별로부터 벗어나고자 하는 조선인의 욕망[57]이 충돌하는 지점이었다. 그리고 김명식과 인정식 등은 그 지점에서 식민지의 지위변화를 노리는 담론실천을 수행하고 있었다. 이 담론실천은 일본의 헤게모니 담론을 의도에 거슬러 '오독'함으로써 정치적인 공간을 개시하고자 하는 전략에 의해 수행되었다.[58] 즉 일본의 헤게모니 담론을 과도할 정도로 진지하게 받아들임으로써 그 담론이 내포하고 있던 오독의 가능성을 현실화시키는 전략이라고 말할 수 있을 것이다.

앞서, 중국을 향해 발화되고 있던 일본의 담론 외부에서 그 담론의 한계와 모순을 비판한 서인식과 박치우의 담론전략을 '추상화' 전략이라고 명명했는데, 그에 반해 인정식과 김명식처럼 식민지 조선을 향해 발화된 일본의 담론 내부에서 그 담론을 과도하게 받아들임으로써 오독하고, 정치적 현실주의의 입장으로 제국 내에서 식민지의 위상을 변

---

56) 近藤儀一, 「內鮮一体」, 『總動員』, 1939년 12월호, 10쪽.
57) '내선일체'론에서 차별로부터 탈출하고자 하는 식민지인의 욕망을 읽어낸 선구적 연구로는 宮田節子, 『朝鮮民衆と「皇民化」政策』, 未來社, 1982년 참조.
58) 홍종욱은 "총력전에의 동원을 둘러싼 흥정"이라는 형태로 정치적 영역이 형성된 이 중일전쟁기의 상황을 "전향의 정치"라고 이름 짓고 있다. 洪宗郁, 앞의 글, 174쪽.

화시키고자 한 담론전략을 '과잉*excess*' 전략이라고 칭할 수 있을 것이다. 과잉은 '초과한다'는 것을 뜻한다. 즉 '내선일체'론이 요구하는 '황국신민의 의무'를 과도하게 받아들여 '제국국민의 권리'까지 나아가고, '동아신질서' 건설에의 '동원'을 과도하게 받아들여 '참여'까지 나아감으로써, 궁극적으로 식민지를 초과하여 제국/식민지의 차별구조를 변형시키고자 하는 전략이다. 이 '과잉' 전략 역시 '추상화' 전략과 마찬가지로 중일전쟁기 전쟁 참여로부터도, 권리로부터도, '동아협동체'의 교섭대상으로부터도 분리되어 있는 식민지 조선의 역사—지정학적 조건을 이론적 태도 속에 각인하고 있는 담론을 낳았다. 그러나 일본의 헤게모니 담론 내에서 이루어지는 실천은 그 담론 바깥을 의식하기 어렵다. 즉 근본적으로 동아시아에서 일본이 수행하는 개발과 침략과 동원에 (과잉) 편승함으로써만 제국 내에서 조선의 위상을 변화시킬 수 있기 때문이다. 바꿔 말하면, 더 많은 권리를 위해 더 많은 의무를 받아들여야 하기 때문이다. 더 많은 의무를 통해 더 많은 권리를 획득한다는 것은 단순히 중국을 침략하고 있는 일본을 긍정하는 데서 그치는 것이 아니라, 조선이 이익과 권리를 획득하기 위해 중국이 침략당할 필요가 있음을 긍정한다는 것을 뜻한다. 예컨대 인정식은 중일전쟁이 "농업의 상업적 경영, 농업경영의 기업화, 농산물의 가공화, 농업기술의 개량, 농산물 가격의 증진, 농민생활의 부유화 등 일련의 과정을 촉진하야 조선농민생활의 공전의 번영"을 가져왔고, "인구문제의 방면에서도 각자의 지위가 대륙정책의 진행에 따라 일반적으로 안정되고 향상"되고 있으며, 상공업, 광업 등에서도 번영의 경향이 주목된다고 진술하면서, 중일전쟁의 추이와 조선민중의 이해관계를 직접적으로 연결시키고 있는 것이다.[59]

---

59) 인정식, 「동아의 재편성과 조선인」, 61쪽. 戶邉秀明 역시 이러한 "자립·발전의 모색 그 자체가 지니는 폭력성"에 주목하고 있다. 戶邉秀明, 앞의 글, 346쪽.

5. 맺음말: '역사의 주변'60)으로부터의 목소리

'내선일체'론자로 전향한 문학자 백철은 「전망」이라는 소설에서 과거 사회주의 운동에 투신했다가 1930년대 후반에 이르러 '운동의 현실'을 상실한 후 자살하게 되는 김형오라는 인물을 중심으로 중일전쟁기 조선 사회의 한 단면을 보여준 바 있다. 그 소설에는 어느 지원병의 출정식이 벌어지는 마을 역의 장면이 그려져 있는데, 그 장면을 바라보면서 김형오는 "이 시대와는 벗걸려버린" 자신의 인생을 한탄한다. 억울함과 원망을 품은 채 출정식의 장소에서 물러난 김형오는 돌아오는 길에 자신에게 "절대의 미요 순수의 미"로서까지 느껴지는 한 "이국의 여자!"를 마주치게 된다. 그녀는 출정식 장면을 불행한 표정으로 바라보고 있는 젊은 중국 여인이었다. 그녀를 보자마자 김형오는 자신과 그녀가 "같은 사정을 경험하고 같은 것을 느끼는 두 혼"임을 직감하고 함께 슬픔을 공유한다.61) 일본의 사상 탄압과 전시동원체제 형성에 의해 사회주의 운동에서 좌절한 조선의 지식인과 일본에게 조국을 침략 당하고 있는 젊은 중국 여인은 서로 동일한 운명을 감지하게 된다. 그러나 이 소설의 서술자—그리고 김형오의 시선에 내포되어 있는 서술자—는 이 두 인물로 대표되는 세력이 패배하고 사라지는 것을 필연으로 그리고 있다.62) 더욱이 슬퍼하는 중국 여인을 보면서 "불행할수록 그 아름다움은 더 한층 고결해지고 순수해진다"63)고 느끼는 미의식에는 식민지주의의 의식이 겹쳐져 있다. 사실 일본에서 익찬체제가

---

60) 서인식, 「역사에 있어서의 행동과 관상」, 『서인식 전집 1』, 178쪽.

61) 백철, 「전망」, 『인문평론』, 1940년 1월호, 223-227쪽 참조.

62) 서술자는 형오의 죽음을 "시대 하나를 전송하는" 의식으로 의미부여하고 있으며(같은 글, 195쪽), 중국의 낡은 성들이 무너져가는 신문의 보도를 소개하면서는 "낡은 것이 지나가고 새로운 건설이 오는 그 광경을 어데 감격이 없이 바라볼 수가 있느냐!"며 중일전쟁의 '역사적 의의'를 찬양하고, "역사가 비약하는 데는 언제나 커다란 희생이 따른다"며 전쟁의 폭력성을 합리화하고 있다(같은 글, 213-214쪽).

63) 같은 글, 225쪽.

성립된 후 '대동아공영권'이 외쳐지고 태평양전쟁으로 나아가게 되는 과정은 이러한 '불행한 존재'에 대한 의식을 완전히 지워가는 과정이 었다고 할 수 있을 것이다.

중일전쟁기 생성되었던 담론장의 결정적 폐쇄를 상징하는 것이 바로 조선에서의 징병제 실시가 결정(1942년 5월)된 사건이다. 최재서는 조선에서의 징병제 실시가 결정됨으로써 "안개처럼 모호하던 것이 맑게 개이고, 상쾌한 기분"[64]을 가지게 되었다는 감회를 인용하고는, 징병제 실시의 "결정이 종래의 이러저러한 비관론을 일소한 것은 숨길 것도 없는 사실"[65]이라고 평가한다. 그렇다면 징병제 실시를 통해 일소된 비관론이란 무엇인가.

> 반도인은 어떻게 하면 대동아공영권의 건설에 직접 참여할 수 있을 것인가? 생산확충도 있고, 노무제공도 있고, 헌금도 있고, 저축도 있다. 물론 그것들 하나하나가 충분히 의의를 지닌 봉공임에는 틀림이 없다. 그러나 그것만으로 과연 대동아권의 건설이라고 말할 수 있을까? 이러한 염려는 마음이 있는 반도인의 머리를 스치는 그림자였던 것이다. 따라서 또한 어떻게 하면 반도인은 진정으로 황국신민이 될 수 있을까 하는 의문도 생겨났던 것이다.
>
> 이 갖가지 불안이나 염려에 대해 단적이고 명쾌한 해답을 준 것은 이번의 징병제 발표이다.[66]

중일전쟁 발발 후 지원병제가 실시되었지만, 대체로 식민지에서의 전시동원이란 생산확충, 노무제공, 헌금, 저축 등에 제한되어 있었다. 이것이 앞서도 말한 바와 같이 전선으로부터 분리된 총후가 경험한 전시체제이다. 전선으로부터 분리된 총후, 또는 권리로부터 분리된 의무는 제국 내에서의 식민지의 위상을 일깨워주는 현실인 동시에 제국에

---

64) 崔載瑞, 「徵兵制實施と知識階級」, 『朝鮮』, 1942년 7월호, 49쪽.
65) 崔載瑞, 「徵兵制實施の文化的意義」, 『國民文學』, 1942년 5·6월 합병호, 5쪽.
66) 같은 글, 8쪽.

참여하고자 하는 욕망을 촉발하는 구조이기도 하다. 최재서에 의해 '비관론'이라고 표현된 부분은 사실 '내선일체'론의 오독가능성 및 논쟁가능성과 관련된 것이었다. 그러나 징병제 실시는 이 오독가능성 및 논쟁가능성을 완전히 닫아버리는 결과를 낳았다. 1944년 본격적인 징병제 실시에 의해 식민지의 젊은이들은 대규모로 중국과 남방의 전선으로 투입되었고, 따라서 식민지 조선에게 태평양전쟁은 이제 단순히 '남의 전쟁'일 수 없게 되었다.

태평양전쟁에 의해 닫혀진 중일전쟁기의 담론공간과 그곳에서 전개되었던 다양한 담론실천은 해방 후 국민국가 건설의 기획 속에서, 그리고 이후의 일국적 역사 속에서 망각되고 억압되어왔다. 그러나 제국주의의 식민지 수탈과 해방운동 탄압, 그리고 전시동원과 민족말살이라는 제국/식민지의 '강한 현실' 못지않게—아니 어쩌면 그보다 더—제국/식민지 사이의 관계와 거리가 변동될 때 그 틈으로 비집고 나온 욕망들의 '약한 현실'이 제국/식민지 구조의 본질과 동력학을 말해주지 않을까. 제국주의 국가가 전쟁을 일으키고 그 전쟁에 '세계사적 의의'를 부여하면서 인류역사의 새로운 단계를 개시할 것처럼 영웅적으로 외칠 때, 그 외침에 겁먹거나 귀멀거나 유혹당하는 방식으로 '역사의 주변'의 위치를 각인하고 있는 목소리가 제국/식민지 사이에 형성되었던 폭력의 구조와 그 구조의 재생산 가능성을 오늘날의 우리에게 더 잘 가르쳐주지 않을까. 그러나 그 목소리는 제국주의 시대에도 그랬듯이 국민국가의 시대에도 여전히 '역사의 주변'에서 맴돌고 있는 듯하다.

주제어 : 중일전쟁, 담론정치학, 추상화 전략, 과잉 전략, 세계사의 철학, 동아협동체, 내선일체, 정치적 현실주의

◆ **참고문헌**

1. 기초자료

『조선일보』, 『동아일보』, 『삼천리』, 『조광』, 『인문평론』, 『총동원』

차승기·정종현 엮음, 『서인식전집』 1·2, 역락, 2006.

米谷匡史編, 『尾崎秀實時評集』, 平凡社, 2004.

高山岩男, 『文化類型學研究』, 弘文堂, 1941.

─────, 『世界史の哲學』, 岩波書店, 1942.

─────, 『日本の課題と世界史』, 弘文堂, 1943.

昭和研究會, 『ブロック経濟の本質に關する報告』, 昭和研究會, 1939.

三木清, 『三木清全集』 全19卷, 岩波書店, 1967~1968.

蓑田胸喜, 『昭和研究會の言語魔術』, 原理日本社, 1940.

2. 연구논문 및 단행본

권명아, 「총후부인, 신여성, 그리고 스파이」, 『상허학보』 12집, 2004, 251-282쪽.

김영희, 「국민정신총동원운동의 전개형태와 그 침투」, 『한국근현대사연구』 22집, 2002, 221-266쪽.

水野直樹, 「조선 식민지 지배와 이름의 차이화」, 『사회와 역사』 59호, 2001, 147-174쪽.

장용경, 「'조선인'과 '국민'의 간극」, 『역사문제연구』 15집, 2005, 279-300쪽.

차승기, 「1930년대 후반 전통론 연구」, 연세대 박사논문, 2003.

─────, 「'근대의 위기'와 시간─공간 정치학」, 『한국근대문학연구』 8집, 2003, 239-269쪽.

최유리, 「일제말기(1938~45년) '내선일체'론과 전시동원체제」, 이화여대 박사논문, 1995.

하종문, 「군국주의 일본의 전시동원」, 『역사비평』, 2003년 봄호, 140-157쪽.

함동주, 「미키 키요시의 동아협동체론과 민족문제」, 『인문과학』 30집, 성균관대학교 인문과학연구소, 2000, 339-356쪽.

홍종욱, 「중일전쟁기(1937~1941) 조선 사회주의자들의 전향과 그 논리」, 서울대 석사논문, 2000년.

淺田彰·柄谷行人·久野收, 「特別インタヴュー 京都學派と三〇年代の思想」, 『批評空間』II-4, 1995.

岩崎稔,「三木清における「技術」「動員」「空間」」,『批評空間』 II-5, 1995.

――――,「ポイエーシス的メタ主体の欲望」, 山之內靖他編,『總力戰と現代化』, 柏書房, 1995.

――――,「戰爭の修辭、世界史の强迫」, 酒井直樹ほか,『總力戰下の知と制度』, 岩波書店, 2002.

河田明久,「戰う兵士/護る兵士」, テッサ・モーリス―スズキ他,『岩波講座　アジア・太平洋戰爭 3　動員・抵抗・翼贊』, 岩波書店, 2006.

小林啓治,「戰間期の國際秩序認識と東亞協同体論の形成」,『日本史硏究』 424号, 1997.

酒井哲哉,「「東亞協同体論」から「近代化論」へ」, 日本政治學會編,『日本外交におけるアジア主義』, 岩波書店, 1998.

ジョン・ナムジュン・キム,「文化的異種混交性と哲學的ナショナリズム」, *Quadrante*, 4号, 2002.

杉山雅夫,「大東亞共榮圈の正当化と論理―「世界史の哲學」と三木清」,『人間關係論集』 21号, 2004.

戸邉秀明,「資料解題　日中戰爭期・朝鮮知識人の東亞協同体論」, *Quadrante*, 6号, 2004.

崔眞碩,「朴致祐における暴力の予感」,『現代思想』, 2003年 3月号.

趙寬子,「植民地帝國日本と「東亞協同体」」,『朝鮮史硏究會論文集』 41号, 2003.

――――,「徐寅植の歴史哲學」,『思想』 957号, 2004年 1月.

中野敏男,「總力戰体制と知識人」, 酒井直樹ほか,『總力戰下の知と制度』, 岩波書店, 2002.

洪宗郁,「一九三〇年代における植民地朝鮮人の思想的模索」,『朝鮮史硏究會論文集』 42号, 2004.

宮田節子,『朝鮮民衆と「皇民化」政策』, 未來社, 1982.

山本鎭雄,「三木清の東亞思想」,『日本女子大學紀要　人間社會學部』 12号, 2002.

――――,「尾崎秀實の東亞協同体論と「國民再組織」論」,『日本女子大學紀要　人間社會學部』 13号, 2003.

米谷匡史,「「世界史の哲學」の歸結」,『現代思想』, 1995年 1月号.

――――,「戰時期日本の社會思想」,『思想』, 1997年 12月号.

――――,「三木清の「世界史の哲學」」,『批評空間』 II-19, 1998.

――――,「日中戰爭期の天皇制」, 酒井直樹ほか,『總力戰下の知と制度』, 岩波書店, 2002.

―――, 「植民地/帝國の「世界史の哲學」」, 『日本思想史學』 37号, ペリカン社, 2005.

―――, 『アジア/日本』, 岩波書店, 2006.

Theodor W. Adorno et. al., *The Positivist Dispute in German Sociology*, London: Heinemann, 1976.

Reinhart Koselleck, *Futures Past: On the Semantics of Historical Time*, trans. by Keith Tribe, Cambridge, Mass.: MIT Press, 1985.

Naoki Sakai, "Subject and Substratum: On Japanese Imperial Nationalism", *Cultural Studies* 14(3/4), 2000.

◆ 국문초록

중일전쟁기는 일본이 중국의 강력한 항일민족주의의 벽에 부딪침으로써 동아시아에서 다민족공동체를 구성하기 위한 탈민족주의적·탈근대적 비전을 제시하는 한편, 식민지를 병참기지로 배치하면서 제국/식민지 사이의 거리를 억압적으로 밀착시켜가는 시기였다. 일본, 중국, 조선의 상호관계 속에서 이루어진 폭력과 동원과 변혁의 이질적 힘들의 충돌 및 간극은 중일전쟁기 특유의 담론공간을 생성하게 되었다. 특히 조선의 경우 일본의 식민지로서 중국과 일본의 충돌을 경험하고 있었기 때문에 한편으로는 전쟁의 추이와 결과를 예측하고 다른 한편으로는 강화되어가는 제국/식민지 관계의 효과를 예상하는, 상대적으로 비결정적인 담론공간이 생성되고 있었다.

저항하는 중국의 내셔널리즘을 의식하면서 제기된 '동아신질서' 구상 및 '동아협동체'론에는 식민지가 결여되어 있었기 때문에 조선에서는 그 미래기획 담론의 현실성으로부터 거리를 두지 않을 수 없었고, 그 거리가 담론실천에서 '추상화' 전략의 형태로 나타나게 되었다. 또한 일본이 전쟁을 수행하기 위해 식민지 동원을 강화해감으로써 제국/식민지 관계가 보다 억압적으로 밀착되었는데, 이 밀착이 오히려 식민지를 식민지로서 위치지었던 조건의 변화를 초래하게 되었다. 이러한 변화가 식민지 차별의 극복이라는 욕망을 촉발하였고 그 욕망은 일본에서 발화된 헤게모니 담론을 넘겨짚어 오독하는 '과잉' 전략의 형태로 나타나게 되었다.

'추상화' 전략과 '과잉' 전략은 각각 제국/식민지 관계의 불균등성과 차별성, 그리고 식민지의 역사−지정학적위상을 발화의 입장에 각인한 채, 중일전쟁기에 개시된 담론공간에서 제국/식민지의 관계를 변화시키고자 수행된 담론의 실천전략으로 특징지을 수 있을 것이다. 이러한 실천을 통해 '추상화' 전략은 일본의 '동아신질서' 구상의 근본적 한계를 비판하는 데까지 나아갈 수 있었고, '과잉' 전략은 일본의 헤게모니 담론을 내부로부터 거슬러 읽음으로써 그 기만성과 허위성을 드러낼 수 있었지만, '대동아공영권'이라는 보다 분명한 제국주의적 비전이 제시되면서 중일전쟁기의 상대적으로 유동적인 가능성의 공간은 닫히게 된다.

◆ SUMMARY

Abstract and Excess

– Imperial/Colonial Chains of Thought and Discursive Politics in the Second Sino-Japanese War

Cha, Seung-Ki

In the second Sino-Japanese War, Japan presented the de-nationalistic, de-modern vision to Chinese in order to pass over the wall of anti-Japanese nationalism of Chinese. In other side, Japan assumed a course which make the colonial-Korea as a supply base for the War. The conflicts and gaps of the heterogeneous powers of violence, mobilization, and revolution surrounding Japan, China, and Korea, brought forth a unique site of discourse. Korean converted intellectuals participated in this site of discourse, while forecasting the transition and result of the Sino-Japanese War in the one hand, and expecting the effect of close adhesion of imperial-colonial relationship.

In the first place, Korean converted intellectuals ought to have kept the distance to the future project of Japan (for example, 'the Community of the East-Asia'), because the visions of Japan was presented in face with the resisting China, with the consequence that the vision lacked of the colony problem. A theoretical position which had risen from this characteristic of the site of discourse, was strongly impressed on the strategy of 'abstraction'(徐寅植, 朴致祐).

In the other side, the relation of the imperial-colony was stuck to closer in the process of the war. This change stimulated the desires to overcome the colonial discrimination, and these desires turned up the strategy of 'excess' which misread the hegemonical discourse from Japan, against the grain(印貞植, 金明植).

The both were inscribed the historic-geopolitical topology of the colony in the position of utterance, and at the same time, were the practical strategies of discourse for changing the imperial/colonial relationship.

Keyword : The Second Sino-Japanese War, the politics of discourse, the strategy of abstraction, the strategy of excess, the philosophy of world-history, the community of the East-Asia, the unification of Japan-Korea, the political realism

─이 논문은 2007년 7월 31일에 접수되어, 소정의 심사를 거쳐 2007년 9월 30일에 최종적으로 게재가 확정되었음.

1960년대 이청준 소설에 나타난
민속의 미의식 규명
―「줄」, 「과녁」, 「매잡이」를 중심으로

김 주 현*

<table>
<tr><td align="center">목 차</td></tr>
<tr><td>1. 민속의 호명
2. 기예의 심미성과 탈속성
3. 놀이 의식의 소멸과 숭고의 탄생
4. 폭력, 초논리로서의 운명
5. 보(여지)는 전통</td></tr>
</table>

1. 민속의 호명

1960년대는 전쟁으로 중단되었던 민속 연구가 한국민속학회를 중심으로 재개된다. 민속 연구 자체는 일제강점기부터 손진태, 송석하에 의해 태동하지만 대학에서 민족문화 관련 강좌가 개설되고 민속의 민족문화적 성격에 주목하게 되는 시기는 해방 이후였다.[1] 그 후 1950년대

---

* 중앙대 강사.

1) 임동권, 『민속문화의 현장』, 민속원, 2003, 21-23쪽 참고.
　구체적으로, 1960년대 접어들어 국어국문학회에 민속분과위원회가 설치되고 문화인류학회가 발족되는 등 민속학이 독립된 과학으로 터전을 잡는다. 대학에서도 설화론,

296

를 지나 1960년대에 이르러 조동일, 임동권, 임재해 등의 소장 국문학
도가 등장하면서 민속학의 범주가 세분되고 새로운 방법론이 개척된
다. 그러나 아직 관련 재단이나 기관이 미비한 상태에서 민속 연구는
대개 개인적인 열의와 노력에 의해 진행되었다. 국가가 문화재 개발 5
개년 계획(1969~1973)을 세워 공식적으로 민속 문화 보존에 개입하게
되는 1969년 이전까지 민속 연구의 당면 과제는 거의 방치되다시피 한
자료를 정리하고 채집, 녹취하는 일차적인 자료 수집과 분류에 있었다.

　이러한 1960년대의 민속 연구에서 주목할 것은 일제가 의도적으로
전승을 막고 금지시킨 대중 집회와 놀이로서의 민속 문화를 조사하고,
거기에 내재한 민중의 에너지를 재평가하려했던 국문학계의 시각이다.
민속에 대한 국문학계의 민족주의적인 관심은 평민 문화(문학)을 포함하
여 1960년대 민족주의 담론의 형성에 깊숙이 간여하면서 사실상 1960
년대 문단의 전통 계승론을 앞서서 주도하게 된다. 구체적으로 1960년
대에 전통 계승론을 앞서 주창했던 조동일, 김지하의 경우, 그들의 민
속에 대한 관심은 1960년대 중반에 시작된 사학계의 식민사관 비판과
분리될 수 없는 상태에서, 정적이고 수동적이며 여성적인 한국 문화의
성격을 논박하기 위해 민속 문화의 역동성과 진취성에 착안한 것이었
다. 기타 4 · 19 세대 평론가들의 전통 긍정론이나 『한양』, 『청맥』, 『창
작과비평』 같은 진보적 잡지에서 자주 보이는 조선 후기의 평민 문화
(문학)에 대한 긍정은 지배층과 구분되는 피지배층 문화의 저항성, 현
실 개입력에 주목한 것이었다.2) 물론 이와 달리 순수하게 민속지를 만
드는 자료 정리에 치중한 학자들도 있었지만, 넓게 보아 민속과 관련
된 이 일련의 작업들은 그간 국문학 연구의 변방에 있었던 민속을 학
문의 영역으로 끌어올려 거기에서 '한국적인 것'－전통을 다시 찾는 당

───────────────

　구비문학론, 민요론, 민속문학론, 민간신앙론, 민속극 등의 강좌가 개설되어 민속 현상
　에 대한 학문적인 접근이 이루어진다.(같은 책, 34쪽)
2) 1960년대 전통론에서 국문학의 연속성에 대한 인식이 전통 계승론으로 이어지는 과정
　에 대해서는 김주현, 「1960년대 소설의 전통 인식 연구」, 중앙대 박사논문, 2006, 참고.

대 민족주의의 영향권에 있었다고 볼 수 있다. 1960년대에 민속은 기존 전통 문화의 성격3)과는 구분되는 새로운 전통으로 호명되고 있었던 것이다.

그런데 한편으로 이는 근대화 프로젝트에 사활을 건 정권이 민족사에서 힘, 무(武)의 전통을 찾으면서 강력한 민족주의를 표방하고 그 일환으로 민족 문화 복원 사업을 구상하는 기획과도 배리되지 않았다. 정부, 지식 사회를 막론하고 1960년대를 지배한 패러다임이 민족주의와 근대화론이고 보면 관제/저항 민족주의라는 구분을 떠나서 위기 혹은 전환의 시대에는 전통이 필요에 의해 적절하게 구성되고 재발견됨을 거듭 확인할 수 있는 것이다. 이상은 1960년대 국문학계에 인식된 민속 문화의 성격을 규정할 때 중요한 사실을 시사한다. 즉 민속의 방대한 영역이나 범위를 차치하고라도 일단 그것은 일제 강점기로부터 내면화된 조선 문화의 사대성, 수동성, 소극성에 대한 강력한 안티테제로 기능했다는 점이다.4)

이것이 중요한 까닭은 이러한 전반적인 분위기와 무관한 자리에서 민속을 독자적으로 의미화하고 있는 한 작가의 작품 때문이다. 단수의 답안이나 해석을 거부하는 문학의 특성상 민속에 대해서도 당대의 지배적인 해석 대신 작가의 '해석'이 우선될 수 있으므로 그것 자체에 이의를 제기하고 싶지는 않다. 그러나 그러한 해석이 앞의 것을 능가하는 힘을 얻으면서 평론가들에게 올해의 '주목할 작품'으로 꼽히고5) 나아가 고유의 '전통'으로 거론될 잠재력을 가진다면 사정은 달라진다. 더욱이 그러한 해석이 고유한 민족지 기술에까지 영향을 주게 된다면

---

3) 이에 대해서는 2장에서 밝힐 예정이다.

4) 물론 이는 전체적으로 그렇다는 것이다. 미시적으로 따지면 불교, 무속과 같은 종교와 관련된 민속 문화는 일제 강점기부터 찬란한 종교 예술, 가공하지 않은 천연의 미, 소박한 민예(民藝)에 이르는 다양한 평가를 받았다.

5) 김병익, 「앙팡 모랄리스트」, 『사상계』, 1968. 6; 김현, 「1968년의 작가 현황」, 『사상계』, 1968. 11; 김윤식, 「로망에로의 길」, 『사상계』, 1969. 12; 정창범, 「60년대 작가 개관」, 『월간문학』, 1969. 12, 참고.

298

그 때 전통은 이미 지배층의 전유물만은 아니다. 사실 국민국가에서
전통은 다른 어떤 것보다 민족적 동질성을 생산하는 잘 포장된 문화
상품이 될 수 있으며, 그렇게 포장된 상품(전통)은 어느 사이 기원에
대한 사유를 밀어내고(혹은 기원을 자처하면서) 하나의 패턴이 되어 자
기 복제로 빠지기 쉽다. 거기에 상업성과는 비교적 무관하게 보이는
예술성을 내세워도 마찬가지이다. 아니 오히려 그렇기 때문에 사정은
더욱 복잡해 질 수 있다. 주체의 입장에서 예술성을 담보한 민족지란
매혹적이면서도 객관화하기 어려운 텍스트인 탓이다.

1960년대 이청준의 몇 몇 작품과 이후의 남도 소리 연작은 이 점에
서 문제적이다. 이 글은 남도소리 연작을 각색한 1993년의 영화 〈서편
제〉로 대표되는 한(恨)의 미학의 역사적 정당성, 감동의 실체, 영상미와
오리엔탈리즘의 상후침투성 등을 규명하려는 목적으로 구상되지만 여
기서는 그 사전 작업으로 이른바 1960년대의 예인(藝人) 소설인, 「줄」
(1966), 「과녁」(1967), 「매잡이」(1968)를 검토할 것이다.6) 이는 이 작품
들이 남도소리 연작으로 가는 출발점에 있으면서도, 그 미의식에서 당
대의 일반적인 민속 해석을 벗어나 특수한 미의식을 선보이고 있다는
판단에 기인한다. 더 간결하게 말하면 세 작품에 일관된 '어떤' 종류의
미의식은 〈서편제〉의 원작(오리지널)인 남도 소리 연작으로 확대되며
우리에게 익숙한 한의 미학을 구성하게 되는데, 그것이 민속이라는 소
재를 가공하고 또 이를 문학적으로 형상화하는 데 '성공'했다는 측면
에서 이 작품들은 〈서편제〉가 대중에게 각인시킨 '한의 구조와 미의

---

6) 이청준은 1960년대를 대표하는 작가이다. 4·19의 가능성과 5·16의 좌절을 동시에
체험한 세대의 세대감각과 논리를 전형적으로 체현한 작가(김영찬, 『근대의 불안과
모더니즘』, 소명 출판, 2006, 17쪽)로 이청준의 작품 세계는 1965년의 등단작 「퇴원」
계열과 1966년의 「줄」계열로 크게 나눌 수 있다. 「과녁」, 「매잡이」등 잊혀져가는 장인
들을 전면에 등장시킨 줄 계열은 흔히 예술가 소설 또는 예인 소설로 불리며 이후 남
도 소리 연작에 대한 예비적 성격을 갖는다. 그러나 소재적 측면을 제외하면 사실상
두 계열은 언어와 글쓰기에 대한 자의식을 기존의 한국 소설에서 보지 못한 겹액자
형식에 담아 그 스타일이 곧 1960년대 문학정신이 되는 데 일조했다.

식'의 바로 앞에 하나의 징후로 놓여 있다.[7] 이 글은 세 작품의 미의식 과, 1960년대의 전통 담론들을 교차시킴으로써 그 미의식의 성격을 규 명하고자 한다.

2. 기예의 심미성과 탈속성

「줄」, 「과녁」, 「매잡이」의 주인공은 특정 놀이 문화의 상당한 기술 (技藝)을 보유한 예능인이다.[8] 그런데 이들은 문(文) 중심 문화에서 시 (詩), 서(書), 화(畵)를 담당했던 격조 높은 예인이 아니라 피지배층에 전승된 놀이 문화 중에서도 고도의 기술을 요구하는 놀이를 익힌 자들 이다. 줄타기, 사냥, 활쏘기는 전승 놀이 문화 중에서도 개방적이고 사 회적 연대감을 다지는 쪽으로 나간 집단놀이와 달리 폐쇄적이고 자기 만족감이 앞서는 취미, 오락으로서의 개인 놀이에 속한다.[9] 물론 개인 놀이라도 집단성이 없지 않지만 세 편의 작품이 모두 개인 놀이가 소 재라는 사실은 이 작품이 민속과 관계 맺는 방향성을 취미, 혹은 여가 차원에서 미적인 '향유'가 가능한 어떤 것으로 형상화하는 데 일조한

---

7) '한의 미학'은 이청준 뿐 아니라 '남도 소리' 연작에 앞서 1970년대 초 '신화'와 '한' 연작(「신화 1」, 「신화 2」(1973), 「한 1－어머니」(1974), 「신화 3」, 「한 2－홀엄씨」, 「한 3－우산도」(1975)) 을 발표한 한승원의 문학에서도 발견된다.

8) 흔히 이 작품들은 예인 소설로 불리지만 예인(藝人)이라고 할 때는 주인공들의 기술 을 예술의 그것에 근접한다고 보는 경지에서 텍스트에서 쓰고 있는 명인(名人)이나 김현이 작품집 해설에서 붙인 장인(匠人)(김현, 「장인의 고뇌」, 『별을 보여 드립니다』, 일지사, 1978, 참고)보다 비장한 뉘앙스가 있다. 이는 한편으로 세 작품이 소설쓰기와 연관되는 자의식을 강하게 보유하고 있는 것과도 무관하지 않다. 따라서 예인 소설이 라고 할 때 그것은 이색 소재와 텍스트 실험이라는 맥락에서 이중으로 의미화되면서 동시에 농촌 소설, 도시 소설 같은 분류와는 다르게 특별한 방식으로 취급되어야 하 는 텍스트라는 함의에 구속된다. 그러나 사실 이러한 명칭이야말로 이 작품에서 형상 화되고 있는 예능인들을 그들 자신이 속한 세계－민속으로부터 탈각시키는 역할을 하 므로 이러한 규정으로부터 자유로울 필요가 있다.

9) 민속학회, 『한국민속학의 이해』, 문학아카데미, 1994, 443쪽.

다. 즉 이 작품들에서 기예는, 그 본질과 관계없이, 과거 시, 서, 화가 누렸던 권위에 준하는 미적 향유의 대상으로서 예와 격식을 갖춘 전통으로 선규정되는 것이다.

그런데 이 규정이 가능해지는 조건은 현실적으로 그것들이 사라져 간다는 데 있다. 1960년대는 실제로 기예를 제대로 즐기기 힘든 시대였다. 1960년대에 이 기예들이 원형대로 전승되거나 향유될 수 없음은 명약관화하다. 아직 인간문화재 개념도 없는 상황에서, 허운이 속했던 서커스단과 과거에 매잡이 곽서방을 부린 서영감이 보여주듯, 이들은 산업화에 밀리고 스크린의 대량 복제력에 밀리면서 서커스 단원이 되거나 몇 안 되는 패트런의 호의에 기대야 했다. 그러나 서커스는 사양길에 접어들고 있었고 패트런의 변심 또한 시대의 대세였다. 이렇듯 전통적 기예의 몰락은 변화하는 시대의 물적 토대가 강제한 불가피한 흐름이었으므로 세 작품이 모두 기예 보유자들의 쓸쓸한 말로를 그리는 것은 자연스럽다. 「줄」의 허노인 부자, 「과녁」의 궁사들, 「매잡이」의 곽서방은 경제 논리를 좇는 근대적 주체와 대조되는 외곬수들이다. 따라서 이들의 기예는 비속한 현실과 어울리지 못한다.

이렇게 구성된 기예 보유자들과 그들의 현실은 전근대: 근대의 대립항을 이루면서 가치론적으로 대립된다. 그러나 흥미롭게도 이 대립은 경제적 필요나 요구에 의해서가 아니라 기예를 행하는 이들의 자의식과 그들을 관찰하는 관찰자의 미적 감식안에 의해 부각된다. 경제가 아니라 미(美)가 핵심이 된다. 여기서 기예의 심미성이 발생하는 바, 그 동작은 단순한 기술을 넘어 그것을 가르치고 전수한 스승의 세계관, 이념, 삶의 방식이 총화된 도(道)나 예(藝)에 육박하는 것이다. 구체적으로 「줄」에서 허운은 줄타기 동작을 부친인 허노인으로부터 전수받는다. 그 방식은 놀이로서의 기술이 아니다.

　　허노인이 줄을 타는 모습은 정말 아름다웠다. 천정 포장을 걷어 젖히고, 넓은 밤 하늘을 배경으로 허 노인은 흰 옷에 조명을 받으며 줄을

건너는 것이었는데, 발을 움직이는 것 같지도 않게 그냥 흘러가듯 조용
히 줄을 건너가는 노인의 모습은 유령 같기도 하고, 어떤 때는 그냥 땅
위에서 하품을 하고 있는 것 같기도 했다. 이상한 것은 그렇게 줄을 타
는 허노인이었지만 줄에서 내려오면 그의 온몸은 언제나 땀에 흠뻑 젖어
있곤 했던 것이었다.10)

허노인이 줄을 타는 방식은 우리에게 익숙한 '한국의 미'를 환기시
킨다. 그것은 과거 민속 놀이판에서 관객과 함께 호흡하며 동적으로
줄을 타는 방식이 아니라, 완전히 독립된 세계로 미적 관조의 대상이
되어야 마땅한 류의 것이다. 따라서 흰 옷을 입고 흘러가듯 무심히 줄
을 건너는 정중동의 미학은, 시골 서커스단의 구경거리라는 제약에 묶
여 속된 재주를 부려야 하는 안타까운 운명에 직면하게 된다. 민속놀
이인 줄타기에서 재주를 부리는 것은 당연한 것인데도 오히려 이 작품
에서는 그것이 시류에 야합하는 행위로 간주되고, 또 그것을 요구하는
단장을 허노인의 세계에 적대적인 속물로 그림으로써 그의 줄타기 동
작에 특별한 미적 권위를 부여한다. 노인의 실존을 건 방식은 이렇게
해서 무용(無用)한 아름다움, 교환가치가 부족한 아름다움이 된다. 그
러나 역설적이게도 그로 인해 허노인의 방식은 기존에 합의된 우리 문
화의 전통적 미의식에 접속하게 된다.

전통적 미의식이란 무엇인가? 민속에 주목하기 전까지 한국미의 주
조는 대체로 일제 강점기부터 국학자들에 의해 멋, 풍류, 여백 등으로
표상되었다. 그것들은 정적이고 유려하며, 탈속적인 세계였다. 1956~
59년 조윤제와 이희승이 벌인 '멋' 논쟁이 대표적인 예인 바, 멋의 어
원, 개념에 대한 입장 차에도 불구하고 그것은 실용적이 아닌 것, 풍정,
흥취, 맵시와 관련한 감정이나 정서적 상태를 뜻한다는 데서 일치한다.

---

10) 이청준, 「줄」, 『별을 보여 드립니다』, 일지사, 1978, 46-47쪽.
　　「줄」에서 허노인 부자가 살았던 시기는 1949년으로, 대략 17년 전이다. 그러나 허노
　　인 부자의 삶은 트럼펫 사내와 화자 '나'에 의해 현재에 이어진 시간과 사건으로 의미
　　화된다.

즉 여기에는 '물질성'이 결여되어 있는 것이다.11) 다른 논자들의 글을 보아도 마찬가지이다. 조지훈은 아름다움계, 미계, 고움계, 멋계 를 한국적 미를 표현하는 네 어휘로 들고 멋을 비균형성, 비대칭성과 관계된 번역할 수 없는 특수한 한국적 미의식으로 결론 내린다.12) 정병욱은 외래문화를 데포름하는 우리 문화의 특별한 능력으로 멋을 개념화13)하는 등, 편차는 있지만 대체로 멋은 정신적이면서도 비대칭적인 한국 문화를 물질적이면서도 틀에 짜인 외래문화와 구분 짓는 특수한 미적 자질—전통으로 인식되었다. 따라서 4·19 이후 일부 문인들이 멋을 세대논쟁에 결부시켜 정태적이고 고루한 미의식으로 비판한 것은 타당성이 있었다. 선배 세대들이 정의한 논리의 그물을 벗어난 멋이라는 전통은 눈앞의 기근을 해결할 수도, 이성과 합리성에 의해 기획되어야 하는 근대화에도 기여할 바가 없다고 보였던 것이다.14) 즉 서구 문화의 보충물로서 역할은 무시되어도 좋을 만큼 1960년대 중반에 멋은 패배적이고 수동적인 식민지 미학의 그림자로 간주되고 있었다. 말을 바꾸면 이는 멋이 고유의 미의식으로서는 그 기원이 수상쩍고 불온한 비논리적인 것으로 의심받기 시작했다는 뜻이 된다. 근대화와 적극적으로 소통하는 민족적 전통을 요구했던 1960년대의 분위기를 떠올리면 여기에는 충분한 개연성이 있다.

그리고 이것이 또한 다른 연구자들의 해석처럼 허 노인과 활장수 영감의 고집을 산업화에 저항하는 장인(동시에 시효가 지난 소설이라

---

11) 이희승, 「멋」, 『현대문학』, 1956. 3; 조윤제, 「멋이라는 말」, 『자유문학』, 1958. 11; 이희승, 「다시 멋에 대하여」, 『자유문학』, 1959. 2·3호.

12) 조지훈, 「멋의 연구」, 『조지훈 전집 8—한국학 연구』, 나남출판, 1996.

13) 정병욱, 「우리 문학의 전통과 인습」, 『사상계』, 1958. 10.

14) 이는 최인훈이 「열하일기」에서 예리하게 지적하고 있다. 여기서 최인훈은 당시 전통론의 논란거리였던 멋, 풍류를 내세워 가상의 나라 루멀랜드(한국—인용자)의 비합리적인 민족성과 실패한 민주주의를 통렬하게 비튼다. 4·19세대의 정신적 선배로 여겨진 최인훈의 위치를 고려할 때 4·19 세대 문인들이 기성세대 전통론을 어떻게 바라보았는지 짐작할 수 있을 것이다.

는 예술에 붙잡힌 작가 자신이기도 한)의 고뇌 차원에서 파악할 수 없는 이유이다.[15] 이들의 생명을 건 고집은 어설픈 산업화 비판 따위가 아니라 바로 그 투쟁에 의해 정당화되는 고유한 미적 자질, 즉 무용한 감성으로서의 멋을 재천명함으로써 그 고집을 미적 영역에서 강화하는 역할을 수행하고 있기 때문이다. 그들의 고집이 현실과 맞서는 힘이 아님은 석주호를 통해 분명해진다.

경박한 시골 유지들로부터 자신을 구분하기 위해 활을 택한 검사에게 활은 세속적 교환 가치의 저 편에 있는 특별한 문화적 기호이다. 그는 가까이 있는 유지들이 미처 깨닫지 못한 북호정의 "신비스런 광경"을 '보물'로 칭하며, 그것을 알아보는 자신에게 만족감을 느끼고 기꺼이 신비스런 광경의 일원이 되고자 한다. 이 때 석주호를 매료시킨 것 또한 허 노인의 줄타기 동작과 유사한, 격식과 절도를 갖춘 활쏘기 동작이다. 그것들은 노인의 완고한 기질, 활터의 침묵 등과 합쳐져 지방 유지들로 대변되는 경박한 일상으로부터 석주호의 세계를 미적으로 구분 짓는다. 대법관을 아버지로 둔 석주호에게 경제 논리는 오히려 천박함의 표상이므로 그들로부터 자신을 구분하기 위해 활쏘기를 택한 그로서는, 궁도의 훼손에 분노하면서도 동시에 활을 쏘는 딸의 혼사를 걱정하는 노인의 현실적인 위기감을 이해할 수 없다. 노인의 위기감은 그가 노인에게 기대했던 특별한 취향[16]과 상치되는 범속한 일상이기 때문이다. 그렇다면 석주호가 발견한 보물이란 아직 경제 논리에 흡수

---

15) 김현, 「장인의 고뇌」, 이청준, 앞의 책; 양윤모, 「근대화와 전통적 기예의 관계에 대한 연구」, 『한국근대문학연구』, 2002. 4; 장윤수, 「이청준의 창조적 실존과 자기 구원의 초상」, 『우리어문연구』, 22집, 2004, 참고.

16) "이 노인의 성미는 정말 대쪽이구나. 노인에 대한 애초의 우려에서 벗어난 주호는 그렇게 생각했다. 오히려 그 편이 만족스러웠다. 그는 하숙집 주인이 된 서울 근교의 〈스님〉들을 생각했다. 그리고 관광 안내원이 된 심산 명찰의 법복을 생각했다. 노인은 너무 웃음이 없었고 말이 거칠었고 붙일맛이 없었다. 그가 읽은 명인 소설의 어떤 주인공을 만난 듯한 생각이 들 정도였다. 그래서 더욱 만족스러웠다. 노인은 골동품이었다."(「과녁」, 위의 책, 208쪽)

되지 않은 '골동품'을 발견했다는 자신의 감식안에 대한 쾌감일 따름이며, 독자는 석주호의 관점을 통해 활쏘기를 미적인 영역으로 이해하게 된다.

물론 이 감식안 자체는 석주호의 공덕일 수 있다. 유지들이 참가하기 전까지 석주호는 활터의 규칙에 순종하는 예의를 보여주었고, 무리하게 시도했던 최초의 활쏘기에서 받은 충격은 '겸손'이라는 교훈을 주었으므로 궁도의 도와 세속의 질서는 아슬아슬하게 균형을 유지하고 있었다. 그러나 석주호가 유지들을 활터로 끌어내면서 양상은 달라진다. 유지들의 호기심에 편승하여 석주호는 본격적으로 미의 논리를 들이대며 노인의 과년한 딸을 속된 시선에 노출시킨다.

> 주호가 노인을 권했다. 그러자 노인은 아주 난처한 얼굴이 되어, 그럼 다음날 새벽으로 때를 잡자고 했다. 낮에는 생각도 할 수 없는 일이라는 태도였다. 그러나 주호는 아무것도 부끄러울 것은 없다, 그리고 아름다운 것은 떳떳이 자랑되고 칭찬받아야 한다고 강조했다. 그 목소리는 노인보다 더 엄숙하고 법정에서처럼 고압적이었다.[17]

노인이 주호의 말에 굴복한 까닭은 그것이 아름답다는 단정 때문이다. 복지부동이던 노인을 굴복시킨 '아름답다'는 말이 노인의 입장에서 하나의 치명적인 유혹이었음은 명약관화하다. 어째서인가? 활을 잘 쏜다거나 못 쏜다는 판단이나 잡념이 끼었다는 등은 기술로서의 활쏘기와 궁도라는 심신수련을 전제로 하는 판단이다. 그러나 아름답다는 것은 다르다. 미는 주관적 취미 판단의 영역이므로 규칙이나 관습으로 설득되지 않는다. 노인의 입장에서 궁도란 수련에 이르는 길과 생계수단이었을지언정 미적 관조의 대상이었던 적은 없었을 것이다. 그런데 주호는 색다르게 미를 들고 나왔고, 노인에게 이에 대한 응대책은 존재하지 않았던 것이다. 결과적으로 주호는 중인환시(衆人環視)에 딸을

---

17) 위의 책, 209쪽.

구경거리로 만듦으로써 노인 스스로 궁도를 훼손했다는 자책감에 빠지게 만든다. 그러나 그렇다고 하여 딸의 모습이 아름답다는 평이 거짓은 아니므로 그것이 "정말 아름답다"는 인용문의 서술은, 「줄」에서 허노인의 줄타기를 아름답다고 서술하는 태도와 마찬가지로, 그전까지 미적 향유의 대상이 아니었던 활쏘기와 줄타기를 주의 깊게 감상해야 할 미의 영역에 포함시키도록 요청한다. 즉 탈속적이기 때문에 아름다운 것이 아니라 아름답기 때문에 이들의 고집은 범속한 일상과 맞서는 가치가 되고 또 이들은 특별한 내면을 가진 존재로 형상화되는 것이다.

3. 놀이 의식의 소멸과 숭고의 탄생

그렇다면 이 미는 어떤 성격의 것이며, 그것이 획득되는 과정에서 잃고 얻은 것은 무엇인가? 이 또한 기예 보유자들의 비상식적인 태도로부터 추론 가능하다. 먼저 허노인 부자를 생각해 보자. 허노인에게 줄타기는 서커스, 즉 관객에게 보일 목적으로 갈고닦은 놀이가 아니다. 그들은 광대이되, 허노인의 입을 빌면, 줄 위에서의 삶을 위해 세속을 버리는 이인들이다. "귀가 열리거나 눈이 열려서는 안 된다"는 것은 세속과 금을 그었을 때만이 비로소 온전해지는 줄 위의 인생을 뜻한다. 그렇기에 허노인 부자에게 줄은 전혀 다른 두 개의 세상을 가르는 경계선이다. 「과녁」에서는 이것이 부녀가 함께 활을 쏘는 새벽 시간: 활쏘기를 가르치는 낮시간의 대조로, 「매잡이」에서는 옛 풍속을 고집하는 곽서방: 그것을 버릴 것을 강권하는 서영감의 대립으로 나타난다. 이러한 대립은 기예 보유자의 세계와 일상의 삶을 가치론적으로 구별함으로써 이해받지 못하는 그들의 '고독'한 행동에 권위를 부여하지만 그 과정에서 사라지는 것은 그것이 '놀이라는 의식' 자체이다.

1960년대에 민속은 그 안에 민중의식을 담지하고 있었다. 민속의 주체는 민중이므로 민속놀이 또한 재생산과 집단적 번영을 추구하는 놀이 의식이 주를 이루었다. 남사당 놀이판의 요소인 줄타기를 보아도 기교한 재주에 그치는 것이 아니라 그 동작 전체가 율동적인 한 개의 무용이며, 노래도 하고 재담도 하는 가무희이기도 했다. 따라서 여기에는 해학적이고 낙천적인 재담이 일쑤 동반되었다.[18] 물론 근세 이후 떠돌이 예인 집단이 몰락하면서 이 패의 일원이 서커스단으로 유입되었을 가능성은 충분하며 그렇게 편입된 서커스단에서 과거의 놀이 방식이 온전히 전승되었으리라고 보기는 어렵다. 본디 무예의 종류로 전승되어 온 활쏘기나 겨울철 중류층 이상의 놀이였던 매사냥 역시 시대의 변화에 밀려 본래의 정취를 잃었으리라고 추측할 수 있다. 그러나 이러한 사정을 감안하더라도 세 작품에 나타난 반(反)놀이 의식은 심미성과 비극성을 강화하기 위해 억지로 주조되었다는 혐의를 떨치기 어렵다.

무엇보다도 여기에는 소박하고 조화로운 민속놀이 개념으로서는 파악되지 않는, 숭고에 가까운 미의식이 지배적이기 때문이다. 숭고(sub-limity)는 오성에 의해 인식되는 절제되고 균형 잡힌 고전적 미에 대해 이성에 의한 인식을 위주로 하는 특수한 미의식이다. 폴켈트는 칸트 이후 숭고의 특질을 정리하면서 그 객관적 특질로 숭고의 대상이 수량이나 힘에 관해 직관적 파악의 한계를 초월할수록 절대적이며, 몰형식성, 몰한계성을 가지며, 주관적으로는 주체가 대상에게 압도됨과 동시에 반대로 자기를 높여가는 경우에 쾌, 불쾌의 혼합감정인 앙양적 긴장이 생긴다고 정리했다.[19] 또 숭고의 일종인 비장(tragic)은 그 중에서도 쾌와 불쾌의 긴장관계에서 '인간적 위대성'을 적극적 가치로 하는 특수한 미를 성립시킨다. 즉 숭고와 비장은 대상을 사랑스럽고 매혹적

---

18) 하상두, 「한국곡예의 특성」, 『한양』, 1962. 10.
　　또 줄타기는 본디 춤과 음악, 연극적 연희를 주로 하는 남사당이나 사당패와 달리 곡예를 위주로 하는 솟대장이패의 특기였으나 1930년대 이후 사당패와 함께 남사당 놀이에 수용되는 과정을 거쳐 독립된 패거리로서는 사라지게 된다.(심우성, 『민속문화와 민중의식』, 동문선, 1978, 203쪽)
19) 편집부, 『미학사전』, 논장, 1988, 396쪽.

인 것으로 느끼는 심미적 체험이기보다 대상에 대한 외경, 존경심에 바탕을 두는 '부정적 쾌감'을 불러일으킨다.[20]

그런데 이러한 부정적 쾌감이 세 작품에서 공통적으로 드러난다. 먼저 「줄」에서 주체와 대상은 관찰자: 연희자의 관계에 있다. 「줄」의 대상(연희자)은 허노인 부자이며 텍스트에서 일차적으로 확인되는 주체는 그들을 시종 지켜본 증인으로서 그들의 사연을 화자 '나'에게 들려주는 트럼펫 사내이다. 대상의 행동 중에서 가장 충격적인 대목은 운의 줄타기 기술이 마침내 허노인의 인정을 받은 다음날 일어나는데, 흥미롭게도 이 부분은 1인칭이 아니라 3인칭 시점으로 서술되어 있다. 그 결과 1인칭의 약점인 주관성은 희석되고 화자가 직접 독자에게 사건의 전말을 알려 주는 효과가 생긴다. 즉 허노인 → 트럼펫 사내 → 화자 '나' → 독자 순을 밟던 스토리텔링의 기본 구조가 허노인 → 화자, 독자로 압축된다. 그 결과 화자와 독자는 어느 틈에 트럼펫 사내라는 매개 없이 대상을 관찰하는 주체의 위치에 있게 된다.

> "아버지, 이젠 줄을 그만두시고 좀 쉬십시오."
> 운이 말했으나 노인은 조용히 머리를 가로 저었다.
> "줄에서 내 발바닥의 기력이 다 했다고 다른 곳을 밟고 살겠느냐? 같이 타자."
> 그 날 밤, 줄에는 두 사람이 함께 올라섰다. 운이 앞을 서고 허 노인이

---

20) 타타르키비츠에 따르면 18세기에는 침묵, 우울, 공포 등과 같이 매력적이면서도 겁을 주는 것들이 낭만주의와 더불어 예술과 시에 가까워지면서 숭고와 함께 미학속으로 들어왔다. 그 결과 숭고는 사고의 웅대함 및 정서의 심오함과 결합되어 정신을 도취시키고 고양시킬 수 있는 능력으로 정의된다(W. 타타르키비츠, 송효주 역, 『미학의 기본개념사』, 미진사, 1992, 204쪽). 이에 앞서 칸트는 『판단력 비판』에서 숭고미를 분석하면서 숭고의 체험이 본질적으로 상상력이 아니라 대상의 '절대적 크기'를 상정한 이성에 의해 가능하다고 주장하며, 숭고의 체험은 총체성이라는 이성의 이념이 심미적인 방식으로, 즉 감성적인 방식으로 자기를 드러내는 것이라고 보았다. 숭고는 인간의 정신 속에서 유한과 무한을 합일 없이 매개하며 실존의 비극성을 드러낸다(김상봉, 「칸트와 숭고의 개념」, 한국칸트학회 편, 『칸트와 미학』, 민음사, 1997 참조).

뒤를 따랐다. 운이 줄을 다 건넜을 때는 객석이 뒤숭숭하니 난장판이 되어 있었다. 뒤를 따르던 허노인이 줄에서 떨어져 운명을 한 뒤였던 것이다.[21]

따라서 죽음을 예감했으면서도 끝내 줄을 탄 허노인의 고집에 정작 견디기 어려운 충격을 받은 쪽은 화자 '나'이다. 화자는 "믿어지지 않는 집요한 이야기로써 사내가 나에게 떠맡기려는 것의 무게"를 감당하기 힘들다고 고백하고, 이야기를 중단시킬 정도로 그것을 직접 목격한 것 같은 충격에 빠진다. 물론 화자 '나'는 문화부 기자이며, 사내의 이야기를 재구성해야 하는 임무가 있지만 그의 내면에는 직업의식만으로는 납득되지 않는 복잡한 감정이 그 자신도 정확히 알 수 없는 형태로 자리를 잡는다. 이는 트럼펫 사내가 들려준 허노인이라는 (과거의) 미적 대상이 비할 바 없는 절대성으로 현재의 화자의 이성을 압도한 탓이다. 이렇게 하여 허노인의 사연은 나의 "문학적 센스" 따위와는 급이 다른 것이 되며 그에 동반해 허노인 부자가 줄을 탔던 '나'의 별 볼일 없는 시골(고향)은 '실존을 건 인간적 가치 투쟁의 장'으로 승격된다.

그러나 사건을 냉정하게 뜯어보면 여기에는 판을 억지로 꿰어 맞춘 작위성이 농후하다. 이 모든 것이, 허노인이 단 한번 발을 헛디딘 날로부터 만 하루만에 진행되었기 때문이다. 다시 말해 하루 사이에 운은 허노인의 시험을 통과하고, 부자는 진정으로 교감했으며, 허노인은 범인이 엄두를 낼 수 없는 비장한 종말을 선택한 이인이 된다. 그런데 결말의 개연성을 위해 소설이 동원하는 장치는 매우 어설프다. 트럼펫 사내의 대화 속에서 허노인이 "아들의 줄타기를 보면서 땀을 뻘뻘 흘"렸다든가 "무섭도록 줄을 쏘아보고" 있었다는 서술 정도가 개연성을 위한 장치인데, 필연적인 사건 전개를 위해 필요하다고 해도 사실 그것의 진위는 텍스트 내부에서 충분히 설명되지 않는다. 허노인 부자의 이야기에 신빙성을 부여하고자 시점을 적절히 교체하고 화자의 질문을 첨가하는 등의 초보적인 장치를 마련했을 뿐이다. 그러나 허노인 부자

---

21) 이청준, 「줄」, 앞의 책, 48쪽.

를 가까이서 보았다는 전제만으로는 미심쩍은 서술이 곳곳에 눈에 띈다. 예컨대 허노인이 발을 헛디딘 다음날 "땀을 뻘뻘 흘리면서 줄(운의 줄타기-인용자)을 쏘아본다"는 서술은 표면상 사내가 본 광경으로 기술되지만 사실 이는 3인칭 시점을 빌고 있다. 이밖에 허노인이 전수한 줄 위에서의 자유에 관한 충고 또한 운이 그것을 트럼펫 사내에게 알려주지 않은 이상(실제로 알려주었다는 정보는 어디에도 없다) 알기 어려운 서술의 묘에 불과하다.

결국 트럼펫 사내가 들려준 허노인 부자의 이야기 전체를 의심할 수 있는데, 이러한 의심을 차단시키는 이가 바로 화자이다. '나'의 충격은 트럼펫 사내의 '죽음'과 더불어 사건을 명백한 것으로 만든다. 그러므로 독자의 입장에서 보면 화자야말로 트럼펫 사내에 의해 재구성된 허노인의 죽음을 숭고한 진실로 보증하고 그것을 효과적으로 감정 이입시키는 주체이다. 화자는 확인이 불가능한 트럼펫 사내의 '고백'을, 근대와 불화하는 전통적 기예 보유자의 비극적 투쟁으로 규정하는 '해석의 권위자'이다.

이렇듯 서술의 묘를 활용해 대상을 숭고하게 만드는 해석의 메커니즘은 「과녁」에도 적용된다. 관찰자 석주호는 신비스러운 새벽의 북호정을 발견한 후 그 절제된 아름다움이 지켜지기를 바라는 욕망과 그것을 흔들고 싶은 욕망 사이에서 갈등을 겪는다. 주호가 느끼는 쾌의 감정은 북호정의 새벽 광경으로부터, 불쾌의 감정은 대낮에 북호정에서 만난 노인의 고집에서 기인한다. 그러나 노인이 궁도를 어기도록 함정을 판 석주호의 계략은 엉뚱하게도 무고한 고전동 소년의 죽음을 초래한다.

① <u>주호는 그 과녁이 지금껏 어디에 숨어 있다가 갑자기 나타나서 자기의 화살을 받은 것 같았다.</u> 그 순간 소년이 쓰러졌다. ② <u>그리고 그 쓰러지는 모습은 묘하게 아름답고 그래서 더욱 처참한 느낌이 들게 했는데, 그것은 그가 쓰러질 때 먼저 두 다리를 꺾어 잠시 꿇어앉아 있는 듯하다가 이내 앞으로 폭 고꾸라진 동작의 순서 때문이었을 것이다.</u> 혹 기억력이 좋은 사람은 그 때, 어느 영화에선가 사냥군의 총에 번쩍 피를

뻗치며 무릎을 꿇는 듯 넘어진 새끼노루를 생각해 냈을지도 모른다.[22]

인용문은 「과녁」의 주제가 산업화에 희생당하는 전근대적 가치가 아님을 분명히 보여준다. 먼저 주체의 입장에서 자신의 욕망이 종내 돌이킬 수 없는 비극(궁도를 훼손을 포함한)을 초래했다는 자책은, 그러나 ①에서 보이듯, '~같았다'에 의해 대단히 약화되어 있다. 그것을 메우는 것은 새끼 노루 이미지를 품은 고전동 소년의 죽음이다. 응당 이어져야 마땅할 주호의 죄의식이, ②에서 일정한 미적 형식을 갖춘 소년의 죽음으로 대체되면서 소년을 '살해'했다는 죄의식은 윤리로 가 두어지지 않는 미적 체험에 그 자리를 내어준다. 이 일탈의 심리에 설득력을 부여하는 진술이 바로 소년이 쓰러지는 모습이 "묘하게 아름답고 그래서 더욱 처참하다"는 표현이다. 이러한 모순 형용은 쾌와 불쾌의 혼합 감정인 숭고에 닿아 있다. 물론 역사의 어느 현장에서는 광대와 궁사의 죽음이 특별한 미적 체험이었을 수 있다. 그러나 다른 미적 체험과 마찬가지로 숭고 역시 시대를 투영하는 '역사적 감각'을 의식해야 한다. 근대 문학사에서 숭고의 본질을 유감없이 보여준 김동리의 「무녀도」를 예로 들면, 김동리는 이 작품에서 당시 미신의 대명사로 꼽히던 무당 모화를 통해 근대(외래사상)와 대결하는 전통(무속)의 절대적 주체성을 그렸다. 「무녀도」의 숭고는 식민지 근대성이라는 복잡한 국면에서, 실존을 건 모화의 투쟁에 의해 역사적으로 탄생한다. 그렇기에 모화의 굿 역시 '놀이'가 아니지만 그렇다고 화자나 서술자의 확언에 의해 과도하게 그 미가 확인되고 규정되는 불투명한 대상이 아니다. 무언가를 과도하게 규정하는 것이 실은 그것이 결여되어 있어서라면, 「줄」, 「과녁」은 본디부터 희박했을 미를 보충하기 위해 정작 그들의 본질인 놀이 의식을 제거한 것이 아닌가? 나아가 그것을 숭고하다고 규정하기 위해 동원되는 패턴은 이들의 죽음이 간접적으로 환기

---

22) 이청준, 「과녁」, 앞의 책, 212쪽.

하는 근대화 비판이나 전통적인 것에 대한 모종의 향수보다 더욱 문제적이다. 이제 그 패턴을 검토할 차례이다.

4. 폭력, 초논리로서의 운명

우리 문학사에서 이성이 통어하는 논리적 사유 체계에 맞서는 대표적인 사유의 예를 들라면 운명을 꼽을 수 있을 것이다. 마지막 굿을 마친 모화가 스스로 예기소로 들어간 장면은 패배가 아니라 적극적으로 운명을 타개한 행위로 해석되어왔다. 구렁이와 대결하는 두꺼비와 방식과 더불어[23] 이러한 방식이 서구적 사유로는 돌파할 수 없는 고유한 사고 체계에 서 비롯한다면 이 비장한 장면이 우리 문학에서 전통의 존재 방식에 대해 남긴 깊은 인상은 그 초논리성이다. 「무녀도」 뿐 아니라 「등신불」, 「을화」에 이르기까지 김동리의 작품에서 운명은 기계적 논리에 구애받지 않는 한국적 인간형을 이해하는 핵심어가 되어왔다.

'한국적인 것' 찾기가 적극적으로 탐색된 1960년대에도 이러한 인간형은 비교적 폭넓게 존재했다. 한국 전쟁이 배경인 소설들은 종종 불심(佛心)에 기대 원수를 용서하고, 전설과 습속을 좇아 선, 악을 판단하며 주어진 현실을 수용하는 정적인 태도를 보인다. 이러한 방식으로 황순원, 오영수 소설의 인물들은 김동리와는 사뭇 다르게 운명을 해석했고 세계와 타자에 대해 날선 대결보다는 통합, 화해와 같은 수평적 관계를 지향했다. 운명이라고 해서 모화나 만득의 경우처럼 반드시 실존을 건 날카로운 기투로 형상화되지는 않았던 것이다. 사실 근대와의 대결이라는 역사적 감각을 토대로 성립된 김동리의 운명론은 이미

---

23) 김동리, 「두꺼비」, 『조광』, 1939. 8.
   이 작품에서 두꺼비는 구렁이에 대항하기 위해 스스로 구렁이에 잡아먹힌 다음, 마디마디에서 알을 까고 나온다.

1947년에 사실상 유효성을 잃었다고 보아야 하며[24] 1960년대는 오히려 운명의 초논리성이나 기존의 전통론에 동반된 숙명론을 역사의 보편적 발전단계에 따른 필연적인 민중의식으로 대체하려는 경향이 승하게 된다.

그런데 「줄」, 「과녁」, 「매잡이」는 이러한 흐름을 역행하며 다시 운명을 전통적(이라고 여겨지는) 사유의 핵심에 놓는다. 이는 '김동리적인 것'으로의 회귀라 이를 만하다. 「줄」은 줄 자체가 지상과 허공에 가로놓인, 현실과 이상을 함께 끌어안고 살아갈 수밖에 없는 운명을 상징하는데, 더욱이 이 운명은 대물림되기까지 한다.

> 도대체 노인의 운명― 그 논리 이상으로 정연한 질서는 허노인이 죽은 지금 그에게 어떤 의미를 지니는 것일까. 허노인은 줄을 지배하지 못하고 줄이 그를 지배했다. 그게 아름다움이라는 것인가. 또 운은 노인의 무거운 운명을 떠맡아 지고 어떻게 자기 인생을 구축해 갈 수 있었는지. 장의사 사내의 이야기로는 운도 마찬가지로 줄에서 떨어져 죽었다고 했다. 그렇다면― 운은 노인의 인생을 어떻게 배신할 수는 없었던 것일까…… 그것은 또 운에게 무슨 의미를 줄 수 있는가……[25]

"논리 이상으로 정연한 질서"는 허노인이 구축한 줄 위에서의 세상이다. 그러나 이는 부정(했다고 의심받은)한 아내를 죽임으로써 비로소 완성되었다는 원천적인 결함이 있다. 따라서 이 결함에 주의를 기울이면 그가 아내를 죽였다는 진술은 "줄이 허노인을 지배한다"는 서술이 숨기는 진술을 끌어낸다. 즉 허노인의 세계는 부당한 폭력이 만든 세계이며 허노인을 지배하는 줄은 그가 저지른 폭력에 의해 팽팽하게 당겨져 올가미와 같다. 그러나 「줄」은 그가 정당하지 않은 이유로 아내를 죽인 데 대한 윤리적 판단을 소거한 채, 그것이 줄타기를 위한 불

---

24) 해방기 김동리의 문학관인 '구경적 생의 형식'에 대한 역사적 이해는 김윤식, 『한국근대문학사상연구』 2, 아세아문화사, 1994, 참고.

25) 이청준, 「줄」, 앞의 책, 48쪽.

가피한 폭력이었다는 식의 해명을 통해 가학성을 어느 틈에 운명이라는 피학성으로 바꿔치기한다. 그렇다면 표면상 허노인의 죽음이 단 한 번 줄 위에서 균형 잡기에 실패한 과도한 자책감에 기인한다 해도 사실 그것은 비논리적인 열정에 이끌린 불가해한 운명에 다름 아닌 것이 된다.

운은 줄타기 기술이 아니라 '운명'을 물려받은 것이다. 운의, "아버지는 어머니를 죽이고 다시 줄을 탈 수 있었지만, 아아…… 나는……"은 그가 물려받은 운명―줄타기와 사랑은 양립할 수 없다는 것―에 대한 절망이다. 여기서 운은 허노인과 반대로 이성(異性)을 죽이지 않고 스스로를 죽임으로써 부친에 반하지만 결과적으로는 운 또한 아버지와 같은 사고체계를 가졌기에 폭력을 승인하고 그는 부친을 넘어 아예 '승천한 신화'가 된다.26) 이렇듯 폭력과 초논리성이 관여하는 운명의 패턴은 「매잡이」에서도 반복된다.

　　―당신은 매를 아끼는 것입니까?
　　―아끼고 있습니다.
　　―그렇다면 매의 운명에 대해서 생각해 본 일이 있습니까?

---

26) 이를 다르게 해석할 수도 있다. 부정한 아내를 죽이고 줄을 탄 허노인과 달리 운은 여인을 죽이지 않는다. 허노인에게 아내는 줄타기의 질서를 구축해가는 계기로 작용하는 데 비해 운에게 여인은 아비가 물려준 질서(운명)를 깰 수도 있는 전환의 계기이다. 단 한번 발을 헛디딘 다음 추락한 노인의 죽음은 질서의 완성이지만 운은 여인 때문에 자살함으로써 아비가 구축한 질서를 붕괴한다. 이렇게 본다면 여인이 아니라 아비가 운이 극복해야 할 운명이다. 김동리의 용어를 빌면 이것은 "우리에게 賦與) 우리의 이 共通된 運命을 發見하고 이것의 打開에 努力한다는"(김동리, 「문학하는 것에 대한 사고(私考)」, 『문학과 인간』, 백민문화사, 1948, 100쪽) 의미에서 '구경적 생의 추구'이다. 운의 죽음을 운명에 맹목적으로 순종하는 것에 대한 거부로, 다시 말해 구경적 생의 추구로 읽을 수 있는 이러한 이유에서이다. "아버지는 어머니를 죽이고 다시 줄을 탈 수 있었지만, 아아…… 나는……"이라는 운의 고뇌는 타인을 이용해 내면의 분열을 해결하려는 비윤리성에 대한 고뇌도 깃들어 있다. 어떻든 운의 죽음은 모화의 죽음과 유사하게, 운명에 대한 거부와 수용이 한 몸으로 얽혀 있는 초논리성 위에 있는 것이다.

　—……

　① —이상하군요. 학대와 굶주림과 사역이 당신이 매를 생각하는 방법의 전부라는 것은.

　—알 수 없습니다. 나는 매를 부리는 사람일 뿐입니다. 하지만 그건 매잡이를 부리는 쪽도 마찬가집니다.

　—어떻게 마찬가질 수 있습니까?

　② —선생은 매가 하늘을 빙빙 돌거나 땅으로 내려 박힐 때 그 곱고 시원스런 동작을 보신 일이 있겠지요. 그건 아름답습니다. 아마 선생도 그렇게 생각하셨겠지요. 하지만 난 알고 있습니다.

　나는 눈으로 다음 말을 재촉했다—.

　③ —그 아름다움이 무엇인지를 말입니다. 한데 선생은 이 일에 관해서……

　하다가 사내는 다시 말을 끊고 한참 동안 〈나〉를 쏘아보았다. 그 눈에 이글이글 타는 것이 있었다. 그것은 나에게 이상하게도 성난 매의 눈을 연상시켰다. 사내는 그 자기 눈 속의 불길을 의식하고 있는 듯 한참 더 기다리다 말했다.

　④ —가시오. 당신은 나를 못견디게 하오. 몇 번이고 당신을 죽이려고 생각했오. 가지 않으면 당장이라도 당신을 죽이려 들지 모르오.

　그리고 나서 얼마 후에 곽서방은 내가 실제로 본 것과 같이 굶어 죽어가고 있었다.

　그러니까 그것은 아름다움이라는 것의 전제를 암시하고 있다고 할 수도 있지만, 그보다는 곽서방이 자기의 운명을 매의 그것과 같이 이해하고 있다는 것을 증명해 주려는 쪽이거나 또는 매에게서 그 스스로는 다시 인간으로 돌아와 그가 지금까지 얻은 진실을 위하여 마지막으로 한번 더, 그러나 지금까지와는 다른 싸움을 치르게 하려는 것처럼 보여지기도 했다.[27]

　인용문은 화자에게 매잡이에 관한 정보를 알려준 민형의 소설 가운데 한 장면이다. '매병'에 매여 변화를 거부하고 "요순시대의 선비"처럼 살아가는 매잡이 곽서방과 한 편의 소설도 발표하지 못한 채 가산을 탕진하며 소설의 소재를 찾아 떠돌아다니는 민형은 교환가치를 거

―――――――――――――――――

27) 이청준, 「매잡이」, 앞의 책, 297-298쪽.

부한다는 점에서 서로를 비추는 거울이다. 또 매잡이와 민형은 매의 아름다움을 공유한 기억이 있다. 그러므로 매의 유연한 동작에서 아름다움을 함께 보았으며, 그것이 이제는 소멸될 상황임을 인지하고 있음에도 그것을 받아들이지 못하는 매잡이의 모순을 지적하는 민형에 대한 적의는 실은 매잡이 자신에 대한 가학 충동과 다르지 않다.

인용문에서 이는 매, 곽서방, 서영감에 의해 가학과 피학의 관계로 구현된다. 가학: 피학의 처지에 있는 곽서방과 매의 관계는 서영감과 곽서방의 관계에 그대로 적용된다. 따라서 곽서방의 내면을 이해하기 위해서는 먼저 서술자가 제시하는 매, 곽서방, 서영감이 처한 가학과 피학의 논리를 이해해야 하는데, 이는 사실상 불가능하다. 그것은 전혀 논리적이지 않기 때문이다. 형이상학적 토론에 가까운 곽서방과 민형의 대화는 선문답의 색깔마저 풍긴다. 예컨대 ①에서 민형은 매를 사육하는 곽서방의 폭력적인 방식에 대해 질문하지만 ②에서 곽서방은 생뚱맞게도 아름다움을 거론한다. 그러나 ③에서 아름다움에 관한 설명은 다시 생략된 채 ④에서 그것은 민형에 대한 강한 적의로 바뀐다. 납득할 만한 설명이라고는 없는 이러한 과정들이, 다만 서술의 묘에 의해 중요하면서도 논리적인 대목으로 읽힐 뿐이다.

더욱이 이 비논리성에 대한 의문은 "어느쪽도 정확치 않다", "알 수가 없었다"는 서술자의 논평에 의해 차단된다.[28] 그렇다면 결국 "어느

---

[28] 이청준 소설 문체의 논리성에 대해서는 김현 이하 여러 논자들이 공통적으로 지적한 바 있다("그의 문장은 그의 감정과 느낌을 될 수 있는 한 극단까지 절제하여 독자들에게 작자의 감정적 개입을 느끼지 않게 하려는 의도로 치밀하게 씌어 있다. 그러므로 그의 문체는 고전적인 엄격성, 가령 명확성, 비상징성을 그 특색으로 갖고 있다. 그는 그러한 논리적이고 고전적인 문체를 사용하며 자신을 감출 수 있는 한도까지 숨긴다. 다시 말하자면 그는 문체의 개인적 특성에서 자신을 소외시킨다. 그의 문체에는 그러므로 그의 동시대의 박태순, 김승옥, 방영웅 등이 내보여 주는 폐쇄된 개인성이 보여지지 않는다." 김현, 앞의 글, 387쪽). 그러나 이청준의 소설을 꼼꼼하게 읽어보면 이 논리성의 사이에는 논리로 설명되지 않는 비약과 화자의 강박증이 내재되어 있다. '확실치 않다', '이제 ~한 것이었다'. '~인지도 모른다'는 식의 서술은 독자의 논리적 독해를 방해하며 그 논리성이 소설의 의미를 읽는 데 하찮은 것이라고 주장함으로써,

쪽도 정확치 않다"는 진술은 곽서방과 민형이 느끼는 운명을 논리적으로 설명하는 것은 불가능하다고 고백하는 소설적 장치나 다를 바 없다. 애초에 운명이라는 말 자체가 인간의 과학적 인식을 벗어나는 초논리성을 수용하려는 것이었기에 우리 문학사에서 운명은 설명이나 논평보다 직관, 관조의 방법으로 형상화된 것이 사실이다. 김동리, 황순원, 오영수로 내려오는 문협 정통파의 소설 중 다수에 원근법이 부재하는 것도 애초에 그러한 속성을 가진 운명에 불필요한 논리적 설명을 생략함으로써 생겨난 우리 문학의 독특한 미적 감수성에서 연유한다고 볼 수 있을 것이다.

그런데 「매잡이」는 이 유산 가운데서도 「무녀도」에서 확인된 김동리적인 것, 즉 운명에 '논리'를 끌어들여 주체를 고양시키고, 외부의 위협에 자살로 응하는 주체의 선택에 초점을 맞추어 한국적 인간형을 찾는 방식으로 운명을 활용하고 있다. 근대 초기에 이러한 방식이 전통에 대한 강렬한 자의식을 환기시켰을지 모르나 1960년대와 이와 다르다. 시대는 변화했고 전통에 대한 해석조차 달라지고 있었다. 그런데 세 작품은 무속, 불교와 같은 사상이 아니라 기예에서 운명을 찾아 당대의 일반적인 민속 해석을 이탈하며 현실과 불화하는 인물을 창조하고, 그들을 숭고하게 만듦으로써 전통에 대한 과거의 감각을 다시 소환한다.

그것은 동적이고 활기찬 문화로 지목된 민속과는 상반되는 감수성과 고귀한 미적 '지위'를 민속에 부여하면서 동시에 민속과 지배문화를 과도하게 구분해 민속을 저급하게 정치화하는 것이 따라올 수 없는 복잡한 미학적 문제를 발생시킨다. 이렇게 폭력, 초논리로서의 운명은 당대의 전통론과 길항하지 않고도 반복된다. 「줄」, 「과녁」, 「매잡이」는 이러한 감각을 겹액자라는 형식에 담아 낯설게 만듦으로서 동시에 자본주의 체제에서 자율성을 잃은 예술(가)의 운명이라는 텍스트의 함축

마땅히 던져져야 할 질문을 차단한다.

적 의미를 획득하지만[29] 이 작품들이 자신이 상속받은 운명의 문학적 기원을 은폐(혹은 새로운 것으로 가장)하고, 그것을 재영토화하고 있음은 명백하다.

5. 보(여지)는 전통

그렇다면 이를 독자의 입장에서 읽을 수는 없을까? 「줄」, 「과녁」, 「매잡이」의 화자나 서술자는 미적 대상의 관찰자로 독자와 깊이 관계 맺는다. 독자는 이들이 보는 방식으로 대상을 보고 또 이들이 해석한 대로 그것을 수용하게 된다. 여기서 특징적인 장치인 액자는 서술자와 미적 대상의 거리를 적절하게 유지하는데 중요한 역할을 한다. 일반적으로 외화와 내화를 분리시키는 액자―「매잡이」에서는 겹액자이기도 한―식 구성에서 핵심은 내화이며, 액자는 내화의 진실성에 관련된다. 그러나 이 작품들에서 양자의 관계는 톱니바퀴처럼 물려 있다. 민형, 곽서방, '나'의 관계에서 알 수 있듯 내화는 외화로 연결되고 외화에 의해 내화를 이루는 사건들이 해석된다. 즉 서술자에 연결되어 있는 독자의 감상은 액자 자체의 속성과 관계 맺는 것이다.

기예 보유자들의 몰락 스토리를 담고 있는 액자란 무엇인가? 우선 그것은 '보는/보이는 것'으로서 기예와 속성과 통한다. 예컨대 민속놀이

---

29) 결말부에서 화자는 매잡이의 후계자인 벙어리 소년이 택할지도 모를 매잡이의 길이 시대착오적이라고 말한다. 매잡이의 풍속은 화자에게 '절실한 풍속'이 될 수 없다거나 "이미 그렇게 될 수가 없게 되어 있는 것이다"는 서술은 자본주의 체제 안에서 교환 가치로 매겨지는 예술의 운명을 상징한다. 물론 김승옥, 박태순의 초기작에서 서울 거리를 방황하는 인물과 비교했을 때 세 작품의 기예 보유자들은 타협을 불허하는 선비 정신으로 물질적 제약을 뚫고 미를 완성시키는 예술가의 초상이 느껴지기도 한다. 그러나 근대성이 모든 가치 판단의 척도가 되는 시대를 제어할 수 있는 가능성으로서 예인의 세계의 한계를 서술자가 스스로 절실한 풍속이 될 수 없다고 인정했을 때, 남는 것은 저 홀로 독립하는 지적이고 실험적인 소설이라는 텍스트이다.

인 줄타기는 관찰자가 놀이판에 있을 때에도 화려한 눈요깃감이며, 활쏘기 역시 그 솜씨를 구경한다는 점에서는 동일하다. 그러나 이러한 봄의 행위는 인위적이지 않고 자연스러운 놀이판의 구성 요소임에 반해 세 작품의 액자는 본다(읽는다)는 행위를 독자에게 의도적으로 유도하는 특별한 장치이다. 이 작품을 읽는 것은 서술자에 의해 전달되는 주인공의 삶을 감상하는 것과 같으며 그것은 앞에서 서술자의 역할로 설명한 바 있다. 이렇게 본다면 액자가 개입된 보는 행위는 이미 그것을 감상하겠다는 것을 전제로 조직되는 미적 체험이다. 이는 액자 소설의 관습에 의해 이루어진 측면도 있지만, 그 대상이 활쏘기, 줄타기, 매사냥 등의 민속일 때 그것은 전통을 향유하는 중요한 방식의 변화를 예고하게 된다. 이 '봄'의 행위는 민속을 미적 향유의 대상으로 재구성하기 때문이다.

1960년대 전통론의 흐름에서 전통의 미학적 성격에 주목한 쪽은 영성 회복을 내걸고 반근대의 포즈를 취했던 문협 쪽이다. 세 작품과 이러한 전통론의 유사성은 앞에서 지적했거니와, 이제 그 차이는 전통을 미적으로 '감상'하라고 외치는 태도라고 할 수 있다. 전통의 미학화란 대수로운 것이 아니라고 할 수도 있다. 그러나 이 작품들이 민속을 매개로 전통적인 아름다움을 정의하는 태도는 1960년대에 전통론 차원에서 신라정신이나 영성회복을 논하면서 한편으로 그 세계를 작품화했던 김동리, 서정주 등 선배 세대의 그것과는 다르다.[30] 그들에게 신라는 재론의 여지가 없는 전통 그 자체였지 보여짐으로써 비로소 의미화되는 세계가 아니었다. 그런데 이 작품들은 '그것이 전통이다'고 말하기보다 당대에 전통으로 인식하기 시작한 것을 '본다/보여준다' 쪽으로 나아간다. 인간의 지각 중 시각의 우선적인 힘에 기대면 이러한 방식이 전통에 관한 지식사회의 토론이나 논쟁보다 대중적으로 훨씬 폭발적인 잠재력을 가짐은 부연하지 않아도 좋을 것이다.

---

30) 1960년대 문협 쪽의 전통론에 관해서는 김주현, 앞의 논문, 33-37쪽 참고.

　레이 초우는 문화 혁명 이후 현대 중국 영화의 전통적 색채를 보다/보여지다의 관점에서 분석하면서 이러한 작업이 오늘날 제3세계 국가가 민족지를 기술하는 새로운 방식이 되고 있다고 주장한다. 민족지는 객관성을 표방해왔음에도 불구하고 실은 보여진다는 것에 대한 자의식에서 시작하는 주관적 기원을 가진 일종의 표상이다.[31] 그러므로 서양의 시선이 자신에 대한 의식적인 사고를 형성하고 다시 그 시선에 의해 보여지는 것으로서 민족지가 기술되는 상황에서 "보여지고 있다는 상태는 비서양 문화 스스로 자기를 표상하고 민족지화는 적극적인 방식의 일부를 이루게" 된다.[32] 레이 초우의 분석은 근대화의 시대였으면서도 전통에 관한 관심이 그 어느 때보다 높았던 1960년대 이후에 전개되는 전통 표상의 미학적 관습을 예측하는데 유용한 시사점을 준다.

　1960년대에 전통은 지배와 저항 담론에 두루 전유되었고, 민족의 번영은 소환된 전통에 부여된 첫 번째 소명이었다. 반복하지만 민속이 호명되던 배경 또한 크게 다르지 않았다. 1960년대의 민속 연구는 주권 회복에 대한 열망이 동기가 된 근대초기의 전통연구와 달리 근대화에 대한 민족적 자신감을 전통에서 찾으려는 노력의 일환이었다. 그러나 허운의 흰옷이나 고전동의 부채, 매의 유연한 동작에는 그러한 흔적이 없다. 거기에는 '보여지는 것'으로서의 전근대적 주인공과, 상식을 초월하는 미, 그리고 (서구화된) 타자의 눈으로 그것을 감상하기를 보여주는 교양 있는 관찰자가 존재한다.[33] 그렇다면 이 아름다움은 1960

---

31) 레이 초우, 정재서 역, 『원시적 열정』, 이산, 2004, 참조.

32) 위의 책, 270쪽.

33) 이에 대해 김현은 박상륭의 「열명길」과 「매잡이」를 분석하면서 이청준과 박상륭이 "다른 방법을 통해 같은 결론, 샤마니즘적인 정신의 극복"에 도달하고 있으며 그것은 자본주의 사회에서 소설가의 운명을 상징한다고 설명한다. 파시즘과 과학기술의 결탁을 우화로 그려낸 「열명길」에 대해 김현은 「매잡이」가 토속적 세계의 폐쇄성을 나타내기 위해 장인을 선택한 것과는 달리 「열명길」은 폐쇄된 섬을 무대로 전제 권력자 왕에 대한 개방적 인텔리 대목수의 패배를 보여줌으로써 「매잡이」와 같은 결론에 도달했다는 것이다. 이 시각은 「매잡이」의 액자 구조 분석을 거쳐 나온 것으로, 1960년대 한국에서 소설가가 사라질 운명에 처해 있다는 김현의 과장은 차치하고라도, 「매

년대 민족지 기술의 한 변이형에 의해 가공되었다고 볼 수 있을 것이다. 나아가 이러한 질문도 가능하다. 그것을 아름답다고 느끼는 주체는 누구인가? 아니 그렇게 느낄 만한 주체가 실재했을까? 이 질문에 대한 답을 역사적으로 의심할 때만이 1970년대 이후 우리 문학에서 본격적으로 펼쳐지는 한의 미학을 재론할 수 있을 것이다.

주제어 : 1960년대 이청준의 예인(藝人) 소설, 민속, 기예, 숭고, 심미성, 운명, 보여지는 전통

잡이」에서 '사라져가는 것들의 미'에 대한 서술자의 동경이 완고한 겹액자 형식으로 환원되어 소설 미학으로 치환되는 것에 대한 설명은 보이지 않는다. 이것은 김현이 선우휘와의 논쟁을 통해 1960년대 작가들에게서 맹목적으로 "역사적인 감각"을 주장하려고 했기 때문이다.(김현, 「1968년의 작가 현황」, 『사상계』, 1968. 11)

◆ **참고문헌**

1. 기본자료

김동리, 「무녀도」, 『무녀도』, 을유문화사, 1947.
───, 「두꺼비」, 『조광』, 1939. 8.
이청준, 「줄」, 『별을 보여 드립니다』, 일지사, 1978.
───, 「과녁」, 『별을 보여 드립니다』, 일지사, 1978.
───, 「매잡이」, 『별을 보여 드립니다』, 일지사, 1978.

2. 논문 및 평론

김동리, 「문학하는 것에 대한 사고(私考)」, 『문학과 인간』, 백민문화사, 1948.
김병익, 「앙팡 모랄리스트」, 『사상계』, 1968. 6.
김윤식, 「로망에로의 길」, 『사상계』, 1969. 12.
김주현, 「1960년대 소설의 전통 인식 연구」, 중앙대 박사논문, 2006.
김 현, 「1968년의 작가 현황」, 『사상계』, 1968. 11.
───, 「장인의 고뇌」, 『별을 보여 드립니다』, 일지사, 1978.
양윤모, 「근대화와 전통적 기예의 관계에 대한 연구」, 『한국근대문학연구』, 2002. 4.
이희승, 「다시 멋에 대하여」, 『자유문학』, 1959. 2·3호.
───, 「멋」, 『현대문학』, 1956. 3.
장영우, 「이청준의 초기 소설에 나타난 작가의식」, 『한국어문학연구』 36집, 2000. 12.
장윤수, 「이청준의 창조적 실존과 자기 구원의 초상」, 『우리어문연구』 22집, 2004.
전재호, 「박정희 체제의 민족주의 연구」, 서강대 박사논문, 1997.
정병욱, 「우리 문학의 전통과 인습」, 『사상계』, 1958. 10.
정창범, 「60년대 작가 개관」, 『월간문학』, 1969. 12.
조윤제, 「멋이라는 말」, 『자유문학』, 1958. 11.
천이두, 「한국소설의 이율배반」, 『현대문학』, 1964. 3.
하상두, 「한국곡예의 특성」, 『한양』, 1962. 10.

3. 단행본

김상봉, 「칸트와 숭고의 개념」, 『칸트와 미학』, 한국칸트학회 편, 민음사, 1997.
김영찬, 『근대의 불안과 모더니즘』, 소명출판, 2006.
김윤식, 『한국근대문학사상연구』 2, 아세아문화사, 1994.

레이 초우, 정재서 역, 『원시적 열정』, 이산, 2004.
민속학회, 『한국 민속학의 이해』, 문학아카데미, 1994.
심우성, 『민속문화와 민중의식』, 동문선, 1978.
임동권, 『민속문화의 현장』, 민속원, 2003.
조지훈, 『조지훈 전집 8-한국학 연구』, 나남출판, 1996.
편집부, 『미학사전』, 논장, 1988.
W. 타타르키비츠, 송효주 역, 『미학의 기본개념사』, 미진사, 1992.

◆ 국문초록

　1960년대의 민속 연구는 민족주의 담론의 영향을 받아 지배층의 문화와는 대조적 특질을 가진 민중의 문화로 규정된다. 그런데 기예(技藝)가 소재인 이청준의 소설은 이러한 일반적인 인식과 상충되는 다른 종류의 미의식을 선보인다. 「줄」, 「과녁」, 「매잡이」는 1950년대부터 한국미의 특질로 논의된 '멋'논쟁에서 확인되는 정적인 미의식, 탈속적인 세계 등과 통하는 전통적인 심미성을 구현하고 있다. 이러한 심미성은 민속놀이의 종류인 줄타기, 활쏘기, 매사냥으로부터 그 '놀이 의식'을 제거하고 그것들을 미적 관조의 대상으로 격상시킨다. 세 작품의 서술자와 화자는 이 강렬한 미적 체험을 겪는 주체의 입장에서 그 체험을 독자에게 적극적으로 이입하는 역할을 수행한다.

　특히 이러한 미적 체험은 1930년대에 김동리가 「무녀도」에서 그 선례를 보여준 바 있는, 주체가 대상의 절대성과 위대성에 압도되는 숭고의 계보를 잇고 있지만, 「무녀도」와 같은 역사적 감각을 확보하고 있지는 않다. 오히려 그것은 폭력, 초논리로서 운명론을 반복하면서 서구화된 주체의 시선에 '보여지는 것'으로서 전통과 민족지 서술 방식에 관계된다. 1970년대 한승원 등의 소설과 이후의 남도소리 연작에서 본격적으로 펼쳐지는 한의 미학 또한 이러한 관점에서 새롭게 검토될 수 있을 것이다.

◆ SUMMARY

A Study on Illumination of Aesthetic Consciousness of Korean Folk Customs Shown in the Novels of Yi Chong Jun during 1960's

- Focusing on [Jool], [Gwanyeok] and [Maejabi]

Kim, Ju-Hyun

Studies in Korean folk customs during 1960's were influenced by nationalistic discourse and are described as having contrary characteristics to the culture of the ruling class at that time. However, the novels of Yi Chong Jun, which have handicrafts as the subject material, show a completely different aesthetic consciousness from this notion. [Jool], [Gwanyeok], and [Maejabi] embody a static aesthetic consciousness which has been confirmed in discussions of 'style' in Korean beauty since 1950's and also show an aesthetic quality which connects with the unconventional world. This aesthetic quality removes 'playing consciousness' from Korean folk plays such as tightrope dancing, bow-shooting, and falconry, and it results in upgrading them as a subject of aesthetic contemplation. At this time, the narrator or the story-teller of the text is the subject who goes through a strong aesthetic experience and plays the role of a mediator who introduces such experience to the readers.

This experience, which has been illustrated before in [Munyeodo] by Kim Dongri during 1930's, follows the tradition of sublimity in which the subject is overwhelmed by the absoluteness and magnificence of the object, but it does not secure a historical sense as in [Munyeodo]. Rather, this experience repeats fatalism with violence and transcendent logic and shapes aesthetically Korean tradition and ethnography as 'something seen'to the sight of the westernized subject. Afterwards, [Namdosori-

Yeonjak] also needs to be newly reviewed in this perspective.

Keyword : Artiste Novels by Yi Chong Jun during 1960's, Folk customs, Arts, Sublimity, Aesthetic quality, Fate, Tradition shown

－이 논문은 2007년 7월 31일에 접수되어, 소정의 심사를 거쳐 2007년 9월 30일에 최종적으로 게재가 확정되었음.

비평과 생태학적 비평
– 현단계 생태비평의 좌표

신 철 하*

목 차

---

1. 왜 생태학적 비평인가[1]

예술을 '자유의 훈련과정'이라고 정의한 바 있는 쉴러에게 비평은 그가 추구한 문학적 지평의 정점에 위치한다. 자유를 향한 예술적 충동은 그로 하여금 시대가 요구했던 '질풍과 노도'*strum und drang*의 파고를 거역할 수 없는 '시대정신'으로 받아들이게 했다. 궁극적으로 그 것은 그의 예술적 진정성을 향한 비평적 사유로부터 연원한다. 근본적인 물음이 놓여 있다. 비평이란 무엇인가? '옳고 그름을 가려 평'한다

---

* 강원대 교수.

1) 신철하, 「생태시학으로서의 생명과 율려」, 『어문연구』 127집, 한국어문교육연구회, 2005, 236쪽과 신철하, 「한국현대문학의 생태학적 고찰」, 『상허학보』 16집, 상허학회, 2006, 466쪽에서 '문학생태학'과 '생태비평'에 대한 개념적 접근과 정의에 대해 각각 개진한 바 있다.

는 어의를 지닌 사전적 본뜻은 그것이 가치의 문제와 긴밀하게 얽혀있음을 명시한다. 미학적 논의에 대한 시비와 해석은 그래서 그 결과 또한 예측을 쉽지 않게 한다. 인간적 모호성만큼이나 해석의 복잡성을 전제하고 있는 것이다. 그렇기 때문에 이 논의를 위해서는 필연적으로 인문적 사유와 인간이 추구하는 예술적 진리에 대한 통찰이 함께 이뤄져야 할 필요가 있다. 말하자면 비평은 예술하는 태도와 관계하는 어떤 것이다. 동양적 지식의 역사를 집약하고 있는『大學』에는 그 첫 구절에 '大學之道, 在明明德, 在親民, 在止於至善'이라 정의하고 실천 강령으로 '日新 又日新'을 강조하고 있다. 새로움에 대한 지각과 인식의 확대는 비평적 태도의 능동적 발현과 관계한다. 예술 뿐 아니라 학문하는 자세에서 비평은 필연의 덕목인 것처럼 보인다. 사물을 있는 대로 보려는 노력으로부터 출발하고 있는『大學』의 언명은 한 인간의 최고 수양과 공부의 궁극이 格物, 致知, 誠意, 正心로부터 자유롭지 않다는 것을 다시 한번 일러준다. 인문학이 가치의 학문이라는 주장은 오랜 역사적 전통이 되어 있다. 이때 우리는 비평이 아니라 비평의식과 만난다. 비평의식은 예술과 학문의 본원적 정신에 닿아 있다. 예술이 개인의 창조적 산물이면서, 한편 그 이상의 함의를 내포하는 것은 작가의 비평의식으로부터 연유한다. 그렇기 때문에 김수영이 '모든 전위문학은 불온하다. 모든 살아있는 문화는 본질적으로 불온한 것이다. 그것은 두말할 것도 없이 문화의 본질이 꿈을 추구하는 것이고 불가능을 추구하는 것이기 때문이'라고[2] 주장했을 때의 불온성을 우회적으로 표현하면, 한 실존의 비평적 진정성과 예술 행위의 '사이'에 있는 의식의 고양으로 이해할 수 있게 되는 것이다. 이 지점에서 문학연구는 비평이 되어야 하고, 비평은 문학연구가 되어야 한다는 신비평적 견해와도 근사하게 조우할 수 있다. 비평은 이론(연구)과 예술 행위의 사이에 존재한다. 고진(柄谷行人)은 이를 '이론과 실천 사이의 거리, 사유와

---

2) 김수영, 「실험적인 문학과 정치적 자유」, 『김수영전집』 2, 민음사, 1981, 159쪽.

존재 사이의 거리에 대한 비판적 의식'이라고3) 언명한다. 그의 판단으로 일본 근대를 대표하는 소세키(夏目漱石)는 당시의 일본인들이 갖지 못했던 '사이에 존재하는 일in-between, 혹은 차이로서의 코기토'를 의식의 내부에 간직하고 있었다. 따라서 그는 일본의 다른 작가들, 가령 오카쿠라 텐신의 '범아시주의'가 궁극적으로 지향했던 제국주의 이데올로기로의 환원에 대한 오류나 우찌무라 간조(內村鑑三)의 신앙적 한계(서양기독교로의 함몰, 혹은 일본주의로의 침잠)에서 오는 편향과는 다른 길을 택할 수 있었다. 고진의 주장을 빌리면 그것은 그가 '경계적, 위기적인 공간critical space'에 스스로를 투사할 수 있었기 때문에 가능한 것이었다.

비평(의식)이 그 궁극을 향해 나아갈 때 그 태도는 더 생태적이다. 생태적인 것의 출발은 물론 개별적 생존의 생물학적 조건, 삶의 그것을 더 나은 단계로 승화시키려는 자유의지와 관계한다. 그 의지는 생물적 실존의 본능이면서 또한 그것을 넘어선다. 생물학적 진리와 인문적 진리는 그런 점에서 서로 변별되기보다 동전의 양면처럼 같은 장에서 논의되어야 할 것처럼 보인다. 생태적 비평의 출발이 되는 것은 바로 이 인문적 사유(비평)가 내재하고 있는 문학적 진리의 몫에 일정 부분 빚지고 있다.4)

쿤의 주장을 빌지 않더라도 세기말을 전후한 사회와 문화 전 부면에 걸친 충격과 변동은 패러다임의 변화라고 설득할만한 새로운 요인들을 잠재하고 있다. 그럼에도 동서 이데올로기의 해체이후 예술과 문학이 이런 삶과 의식의 변화에 부응했다고 설득할만한 증거를 제시하기는 쉽지 않다. 새로운 이론에 대한 욕구와 희망은 만족할만한 것이 못되었다. 비평과 비평의식의 왜소화가 문제로 지적될 수 있다. 그것은

---

3) 柄谷行人, 박유하 역, 『日本近代文學の 起源』, 민음사, 1997, 10쪽.
4) 신철하, 「김수영시와 자유의 문제」, 『한국언어문학』 54집, 한국언어문학회, 2005, 284-288쪽. 인문적 진리와 문학적 진리의 관계에 대한 언급은 이 글에서 비교적 상세하게 다뤘다.

비평이 지적 폐쇄성과 기존의 고루한 현실인식으로부터 스스로를 갱신하지 못한 것에도 책임이 있다. 그렇다면 왜 현 단계에서 생태학적 비평인가.[5] 일차적으로 그것은 인문적인 것의 위기에 대한 능동적 가치의 창조와 관계한다. 새로운 비평적 키워드의 부재와 공백은 일차적으로 인문적 시대정신의 부재로 환원되거나, 퇴행적 문화와 문학의 범람을 현실화하는데 일조했다. 말하자면 이런 문화 장에 지적 충격과 새로운 문화운동을 동시에 개진할 수 있는 비평적 키워드로 생태적 비평을 제시할 수 있다. 생태적 비평은 현 단계 환경과 인간적인 것의 위기에 대한 현상적 이해로부터 예술에 대한 본원적 환기까지를 포괄하고 있는 것처럼 보인다. 특히 문학생태학은 근대학문이 지향했던 지적 폐쇄성이나 분과학적 경계를 넘어 통합학문으로서의 총체성까지를 담보하고 있다는 점에서 근대이후에 전개되고 있는 다양한 지적 경향들 가운데 더 우월한 담론적 지위를 점유할 수 있으며, 생물학적 이해나 문화적 실천의 차원을 넘어 언어적 모호성을 거느리고 있다는 면에서 인문적인 것과 문학의 고유한 자질까지를 감싸고 있다. 새로운 시대적 감수성에 대한 호응과 근대 이데올로기가 파장한 유·무형의 모순을 생태적 사유는 성찰적 명제로 내재화한다.

이 글이 목표하는 것은 시대적 문제의식의 쟁점으로 부각된 문학생태학과 생태비평의 몇 핵심 쟁점들을 점검하고, 이를 통해 문학과 생태학의 관계, 비평과 생태비평의 맥락을 재고하는데 있다.

2. 현단계 논의 쟁점

생태비평의 시각에서 현 단계 논의의 쟁점으로 부각되는 것은 김지

---

5) 문순홍, 「생태 패러다임, 생태 담론 그리고 생태비평의 언어 전략」, 『생태학의 담론』, 솔, 1999.에서 이 질문에 답할만한 구체적인 사회학적 접근을 시도한다.

하, 김종철, 장회익, 문순홍의 담론들이다. 이들의 언술목록들은 한국
적 지성의 가능성에 대한 한 규범으로서도 부족하지 않다. 미학이 생
활의 구체와 동떨어진 것이 아니며, 교양이 삶의 핵심적 전거라는 믿
음이 이들의 담론 행간에는 있다. 김지하는 가장 정력적으로 생태와
생명에 대한 사회적 개입을 시도해온 인물이다. 그는 '생명'과 '律呂'
를 화두로 한국의 음악적 전통으로부터 그가 주창하는 '흰그늘의 미
학'을 발견함과 동시에 그것이 지향하는 '질적확산진화'로서의 생명개
념을 온전히 구현할 수 있다는 사유체계를 구축한다. 김종철은『녹색평
론』을 통해 지속적으로 더 현실의 문제들에 개입하고 있다. 그것은 비
평적임과 동시에 생태적이다. 그에게 현실의 이성적 이해는 생태적 그
것과 같은 맥락을 지닌다. 그가 현실과 밀착하여 구체적으로 수돗물
불소화 반대, 한미 FTA 반대, 미국의 패권주의에 관한 질문들을 동시
대를 향해 던질 때, 그 진정성은 문학적 깊이와 높이에 버금가는 반향
이 있다. 물리학자로서의 장회익은 한국적 지성의 풍토에서는 보기 드
물게 자연과학과 인문학적 사유를 통괄하는 지혜의 담론을 전개하고
있다. 그가 그의 '온생명' 개념을 더 구체화하기 위해 동양적 지혜를
빌어올 때, 그것은 우리시대의 지식인이 보여줄 수 있는 진정한 의미
에서 교양의 최대치를 증거하는 것이다. 문순홍의 생태정치학은 기필
코 다시 조명되어야 할 동시대 차원의 담론이다. 그의 정치학은 그런
의미에서 여전히 진행형의 담론이며, 한국 정치학이 개척해야 할 생활
정치에 대한 관심으로서의 한 모델이 되기에 부족함이 없다.

1) 김지하와 '생명'

근본적으로 '생명은 그 생명을 살리는 방향으로 유기화하고 새롭게
복잡화하는 성질을'6) 지닌다는 김지하의 생명사상은 '생명은 무소부

------

6) 김지하, 『생명과 자치』, 솔, 1996, 38쪽. 그러나 우리는 여기서 보편적 '생명' 개념을

332

재'하는 것이며 그렇기 때문에 그 궁극은 생명을 '실체가 아니라 과정'으로 이해하는 단계로 진화한다.[7] 그의 언설들을 면밀히 꿰어보면 김지하의 생명사상은 그 뿌리가 1970년대 중반에 나온 것이며, 실존적 진실은 유신체제의 반생태적 구조와 관계되어 있음을 알 수 있다.

1970년대 중반에 인혁당 고문 사실 폭로와 이른바 옥중 메모 사건으로 재투옥되어 처음 몇 년 간은, 비록 양심선언 발표 이후 특수 격리 상태에서 그야말로 야만적인 혹독한 탄압을 받으면서도 그런대로 자족하여 즐겁게 마음의 평형을 유지하면서 견디었어요. 그런데 어느 날 갑자기 벽이 다가들어 오고 천장이 자꾸만 내려오기 시작하였지요. 가슴이 답답하고 소리지르고 싶은 충동에 마구 휩쓸리기 시작했던 것입니다.…… 그러니까 그것은 무슨 철학적 명상의 결과도 아니었고, 외국 서적을 보거나 한 결과도 아니었습니다. 바로 실존적 위기 때문이었어요. 그때가 마침 봄이었는데, 어느 날 쇠창살 틈으로 하얀 민들레 꽃씨가 감방 안에 가득히 날아 들어와 반짝거리며 허공중에 하늘하늘 날아다녔습니다. 참 아름다웠어요. 그리고 쇠창살과 시멘트 받침 사이의 틈, 빗발에 패인 작은 홈에 흙먼지가 날아와 쌓이고 또 거기 풀씨가 날아와 앉아서 빗물을 빨아들이며 햇빛을 받아 봄날에 싹이 터서 파랗게 자라 오르는 것, 바로 그것을 보았습니다. 개가죽나무라는 풀이었어요. 새삼스럽게 그것을 발견한 날, 웅크린 채 소리 죽여 얼마나 울었던지! 뚜렷한 이유도 없었어요. 그저 '생명'이라는 말 한마디가 그렇게 신선하게, 그렇게 눈부시게 내 마음을 파고들었습니다.[8]

얘기하지 않을 수 없다. 일차적으로 생명은 생물학적 개념을 지칭하는 것으로 근대적 의미의 정의로는 생물체의 주성분이자 또한 생명현상에서 주도적 역할을 하는 여러 가지 유기화합물을 생산하며, 지속적으로 물질과 에너지대사 작용을 하며, 외부적 자극을 수용하여 운동이나 반응을 나타냄과 동시에 되먹임 등을 통해서 동적 평형을 유지하고자 하며, 항상성(homeostasis)을 유지한다는 것, DNA의 자기복제를 바탕으로 생식·발생·유전·진화가 일어난다는 것 등으로 요약될 수 있다.

7) 그에게 생태적인 것은 '생명'으로 대체된다. 생태와 생명을 같은 의미로 말할 수 없으므로, 그의 생명개념은 범박하게 생태학적 사유의 김지하식 개성으로 이해하는 것이 요구 된다.

8) 김지하, 앞의 책, 30쪽.

감옥의 안과 밖, 죽음과 삶이 모두 생명의 과정에 지나지 않는다는 어법적 형용모순은 그러나 김지하 생명개념을 이해하는 핵심에 위치한다. 이를 위해 그는 떼야르 드 샤르뎅의『인간현상』이 내재하고 있는 영성, 베이트슨의 이중구속론, 동학의 不然其然을 핵심적 준거로 인유한다. 우주진화 내면에는 의식의 증대가 있고 진화 외면에는 복잡화의 증가가 있으며, 군집은 개별화한다는 샤르뎅의 주장은『동경대전』논학문 본주문과 맥락을 공유할 뿐 아니라,9) 오히려 관계의 휴머니티를 중시하는 동학적 세계관으로부터 더 창조적인 인간이해와 생명이해에 접근할 수 있다는 결론에 도달한다. 미적 직관에 기댄 김지하식 화두는 생명의 가장 충만한 상태를 '기우뚱한 균형'이라고10) 주장함으로써 생명의 신비에 더 기울어지는 듯한 발언으로 나아가는데, 그것은 그러나 문학적이며 인문적이다. 문학이 총체적 세계 이해의 차원에서 인간학이라고 주장할 때와 유사하게, 베이트슨의 이중구속론이나 가타리의 숨겨진 질서와 드러난 질서에 대한 그의 편애적 옹호는 궁극적으로 문학적 수사학과 긴밀하게 연동된다. 문학이 모호한 것은 일차적으로 인간적인 것의 본질과 관계하지만, 그것의 매개가 되는 언어의 모호성으로부터도 기인한다. 언어의 모호성은 물론 인간의 내면에 인지된 언어적 구조의 일정한 반영이다. 우리가 인간적이라고 말할 때 그것이 은유하는 것은 이중구속론에서 베이트슨이 병리학적으로 접근한 그 심리적 양가성에 대한 분열적 충동과 일정부분 겹치고 있다.11) 인간의 종합적 이해에 도달하기 위한 설명방법으로서의 문화인류학적 병리주의의 기획은 베이트슨이 지향하는 '마음의 생태학'을 통한 인간이해에 의미 있는 영역으로 평가된다. 그가 그 과정에서 주장하는 개체적 실

---

9) 癸未仲夏慶州開刊東經大全(影印) 論學文扁, 本呪文 '侍天主 造化定 永世不忘 万事知'. 그런데 여기서 모심을 의미하는 '시'는 '侍者 內有神靈 外有氣化 一世之人 各知不移者也'로 생명진화에 대한 놀라운 과학적 조직화와 자유의 진화론을 보여준다.

10) 김지하, 「기우뚱한 균형에 대하여」,『환경운동』통권 26호, 1995, 126쪽.

11) 그레고리 베이트슨, 박대식 역,『마음의 생태학』, 책세상, 2006, 제3장 '이중구속'절.

334

존의 양가적 감정은 그대로 인간본질에 대한 해명으로도 손색이 없는
것처럼 보인다. 그 주장에 대한 창조적 내통의 최대치가 김지하식으로
표현하면 '흰 그늘론'이다. 이 화두는 물론 불연기연으로부터 모티브를
가져온 것이지만, 그것의 김지하식 해석으로 평가할 수 있다.

  '부흥비(賦興比)'의 맨 마지막 비(比)의 방법론에 연결됩니다. 부는 서
사시적으로 드러난 질서인 역사적 사실에 대한 객관적 표현 방법이며, 흥
은 보이지 않는 황홀하고 불가해한 숨겨진 질서나 심정의 움직임을 서정
적으로 표현한 체계인 것입니다. 여기에 비하여 비는 드러난 질서 속의 이
러저러한 양극이나 대조 사이의 일정한 관계나 대비, 상호 영향관계 등을
인식하고 구성하는 방법론이지요. 따라서 이 비의 방법은 바로 동학의 관
점에서는 불연기연, 아니다 그렇다의 논리적 관계가 되는 것입니다. 바로
이 비를, 비의 체계를 보다 더 발전시킨 비학(比學)이라고 부를 수 있는
불연기연의 탐색 방법론을 보다 더 풍부하게 발전시킨다면, 이것은 앞으
로 동서양의 사상, 과학적인 결합과 새로운 과학론의 창조에서 가장 기초
적인 방법론의 발견으로 이바지 할 것입니다…… 수운 최제우 선생은 그
의 유명한 흥비가에서 이렇게 드러난 질서와 이미 지나간 시대의 통념적
인 질서나 체계 또는 법칙들을 대거 활용하는 비의 방법을 써서, 새롭게
생성되고 있는 그 무질서한 우주 질서를 인식하려는 과정에서 하나의 방
법론으로 비흥법을 전개시킨 바 있습니다…… 수운선생은 비흥법이 살아
생성하는 사회적인 독특한 역사, 개인적 입장의 여러 다양한 조건들, 즉
삶의 예측할 수 없는 조건들의 장애에 부딪히고, 역설적이게도 드러난 질
서에 대한 검증 과학적 인식으로서의 비흥법이 드러난 질서만을 절대적
실제로 보는 과거 동서양의 모든 과학적 인식 태도 또는 가치중립성과 객
관주의적 방법론 그리고 그것을 활용하는 개인이나 집단, 특히 지도적 개
인들의 눈에 보이지 않는, 쉽게 겉으로 인지할 수 없는 숨겨진 악의 파괴
적 욕망, 이기주의, 모략적 분별지 등에 의해 엄청난 장애를 일으키고 있
는 현상을 본 것입니다. 이에 수운은 비흥을 거꾸로 뒤집어 흥비의 방법을
제기한 것입니다…… 흥비란 근원적으로 숨겨진 질서의 전체유출, 그 근
원을 알 수 없는 무궁무진한 생성 진화에 근원과 중심을 두고 드러난 질
서의 이러저러한 다양한 상관관계를 아니다 그렇다로 살피고 따져가는 방
법인 것입니다.12)

세계를 향한 가장 비의적이며 창조적인 해석에 접근하고 있는『동경대전』4장의 불연기연은 유식불교에서의 칠식과 팔식 사이의 미묘한 감정의 흐름, 언급한『시경』의 六義가 내포하고 있는 문학원리와 맥락을 공유할 수 있다. 복잡한 것처럼 보이는 지문의 핵심은 불연기연이 베이트슨이 말한 그것과 유사하게 생명현상의 본질을 함유하고 있으며, 생명활동의 궁극을 포괄하고 있는 것으로 요약된다.

김지하의 생명론은 동시대를 패러다임의 전환기로 판단함으로써 운동의 질적 전환을 위한 자기성찰의 모델로 '律呂'를 제시한다. 정치적 실천이 현상을 바꾸는데 급급하다면, 문화운동은 패러다임의 변화를 가능하게 한다는 점에서 한 사회와 시민의 행복을 위한 의미 있는 약속이 될 수 있다. 이 복안이 율려라는 복고적 화두를 강조하게 된 배경이다. 그러나 고대로 돌아가자는 그의 컨텍스트는 그 이상으로 새롭다. 그의 주장이 단순히 과거로의 회귀나 과거로부터 배우자는 계몽주의가 아니기 때문이다. 그가 판단할 때 문화운동은 정치운동이 보지 못한 세밀한 인간이해를 가능케 한다. 무엇보다 그것은 참여자의 자발성과 신명을 불러온다. 정치적 행태가 결과하는 이데올로기적 선택과 갈등의 부정적 측면을 유발하지 않음으로써 공유할 수 있는 운동의 생활화가 가능하다. 그가 지향하는 문화운동은 그러므로 '영구문화혁명'에[13] 근접한 실천의 철학이다. 정치적 실천이 현상을 바꾸는데 급급하고 있다면, 문화운동은 패러다임을 바꾸는 혁명적 삶의 충격이 될 수 있다는 미적 직관이 율려를 강조한 배경이다. 그는 주장한다. '지금 전지구

---

12) 김지하,『생명과 자치』, 89쪽.

13) 앙리 르페브르, 박정자 역,『현대세계의 일상성』, 세계일보, 1990, 273쪽. "혁명이 어려워지고, 또 혁명이 다른 차원으로 물러서고 있는 때에, 이 문화의 차원이 눈에 띄었다 …… 우리의 문화혁명은 문화의 창조를 그 의미와 목표로 삼고 있는데, 이때 문화란 제도가 아니고 생활양식이다. 문화혁명은 우선 철학의 정신 속에서의 철학의 실현으로 정의된다. 문화 그리고 이 말에 연결된 위엄과 환상, 또 문화의 제도화적 성격에 대한 근본적인 비판은 철학과 그 이론적, 실제적, 교육적, 생명적, 정신적, 사회적 중요성을 완전히 복원하는 것으로 끝난다."

336

적으로 오염되어 있는 생태계와 자기의 삶은 어떤 관계가 있는가? 거기에 대답하는 문학은 어떤 문학이어야 하며 예술은 어떤 예술이어야 하는가?…… 지금 우리의 환경운동은 생태학에 입각한 것이 아니라 개량적인 환경보호 작업에 불과하며 실질적인 생태학 운동으로 볼 수 없습니다. 진정한 생태학이란 인간의 영성에 기초해서 자연과 사회와 개인의 삶을 새롭게 하는 것입니다.'[14] 이 주장의 연장선상에 풍류적 리듬의식의 이해가 있다. 그것은 펠릭스 가타리가 카오스모스라고 언명한 무질서한 질서, 혼돈의 질서를 말한다. 말하자면 그 사회적 생태의 원리를 우리의 현실에 정초할 수 있는 덕목이 협종적 풍류의식으로서의 율려이다.

예술가로서는 우주 만물의 마음을 감화·감동시켜서 사람이 사람을 뛰어넘어 신에 이르는 길로 나아가게 하고, 또 동식물들은 자기의 내부에 숨겨져 있는 마음을 개발시켜서 물질적 관성의 구속으로부터 해방되고, 우주의 무기물 또는 인간이 생산해 낸 모든 공제품들, 거기에 잠재하고 있는 물질핵 즉 그 마음이 깨어나서 자기 조직화의 자유로운 진화, 독특한 개성적 진화의 길, 자기 나름의 우주성을 내부에서 실현하는 힘이 우주 만물 내에 있습니다만 이것이 개방되는 자기 초월의 길로 나아가게 하는 것/ 물건마다 자기 역사와 우주적 시간, 즉 달력이 있고 또 易 이 있듯이, 그 길을 가게끔 촉발하는 감성적·예술적·미적인 감동을 주는 것이 새 시대, 새 세대의 예술이며 예술의 핵인 律呂입니다. 이것이 바로 오늘날 우주시대에 있어서의 예술가의 사명이고 자기 삶의 근거입니다.[15]

이 신비에 가까운 그의 영성적 생명론은, 생명운동이 문화운동이 되어야 하며, 그것의 철학적 기초를 더 견고하게 정치적 전망으로 재구성할 수 있어야 한다는 현 단계 김지하 생태론의 최대 어젠다이다. 주장의 보완을 위해 그는 '麻姑'라는 신화적 세계로까지 거슬러 올라가

---

14) 김지하, 『예감에 가득 찬 숲 그늘』, 실천문학사, 1999, 163쪽; 283쪽.
15) 위의 책, 97쪽.

고 있는데, 그 진의는 흡사 마르크스의 초기 공산주의나 모어의 유토
피아에 가깝다. 이에 대한 비판과 평가는 그러나 부정적인 편에 더 기
운다

2) '온생명'—장회익의 과학적 사유

장회익은 물리학적 토대를 통해 인문적 사유가 포괄하는 근원적 물
음 중 하나인 '생명이란 무엇인가'란 주제에 접근해온 과학철학자라고
할 수 있다. 그가 판단할 때 현대 과학은 '생명'에 대해 필요 이상의
정보와 지식을 제공하고 있음에도 불구하고 정작 그 물음에는 별로 깊
이있는 접근을 이루어내지 못하고 있다. 말하자면 그의 '온생명'은 그
런 문제의식의 현재진행형이다. 그는 '생명을 어떻게 볼 것인가'란 화
두를 스스로에게 던지는 과정을 통해 과학자 특유의 합리적이며 이성
적 정의를 시도한다. 그것은 지금까지 진행된 생명에 대한 지식의 축
적을 자신의 생명관과 비교하여 살피는 일과 관계한다. 잘 알려져 있
듯이 생명의 과학적 정의는 생리적physiogical, 대사적metabolic, 유전적
genetic, 생화학적biochemical, 열역학적인thermodynamic 방법에 의해 고
구되어 왔다. 대체로 앞의 셋은 생물학적 범주의 정의로 기존의 학습
과정에서 널리 인지되어왔던 정보라 할 수 있다. 다른 둘은 보다 복잡
한 차원의 논의를 요구하는 것으로써, 조금 다른 각도에서 다뤄져야
할 필요가 있다. 가령 열역학적 정의의 경우 대체로 열역학 제2법칙은
'엔트로피는 계속 증가한다'라는 명제를 제시하고 있는데, 이에 반하여
'생명은 반엔트로피를 먹고 산다.' 즉 인간을 비롯하여 생물종은 증가
하는 엔트로피의 세계 속에서는 생존이 불가능하다. 생명을 지속하고
살리기 위한 에너지는 엔트로피를 더 낮추는데 있기 때문이다. 엔트로
피를 낮추기 위해서 인간은 필수적으로 외부로부터 낮은 엔트로피의
에너지를 공급받을 수밖에 없다. 그런 면에서 인간은 매우 불안전한
존재, 즉 독자적으로 생명을 보존하지 못하고 무엇에 의지해야 하는

338

'보생명(co-life)'의 존재이다.16) 설명에서도 간파할 수 있듯 보생명은 낱
생명들의 집합이면서 서로의 보완관계를 지속해야 하는, 생명활동의
긴장관계를 형성한다. 이런 그물망의 보다 온전한 상태를 말하자면 온
생명이라고 부를 수 있다. 장회익의 생명에 대한 화두는 이 과학적 문
제의식으로부터 발원하고 있다.

　　우리는 흔히 살아있는 것들 안에 '살아있음'을 말해줄 어떤 특별한 성
질이 있을 것으로 보고, 이것을 생명이라 생각해 왔습니다. 그러나 좀더
자세히 살펴보면 '살아있음'이라는 것은 한 생명체 안에 들어있는 그 무엇
이 아니라 그 생명체와 이를 살아있게 해주는 외부의 여건이 함께 작동할
때 비로소 나타나는 성격입니다. 코끼리의 여타 부분이 함께 살아있지 않
고 코끼리의 다리 혹은 코만 따로 살아있을 수는 없는 것입니다. 그런데
한 걸음 더 나가 생각해보면, 코끼리 또한 주변의 공기라든가 먹을거리,
주변의 기온 등이 맞지 않으면 살아갈 수가 없습니다. 그러니 생명은 코끼
리 안에 들어있다고도 할 수 없습니다. 그렇다면 진정한 의미의 생명은 어
디에 들어있는가? 이것을 생각하기 위해 우리는 필요한 여건들을 모두 갖
춤으로써 더 이상 외부의 여건에 의존하지 않고도 살아나갈 수 있는 그
어떤 실체가 있는지를 살펴볼 필요가 있습니다. 만일 이러한 실체가 찾아
진다면 생명이라는 것이 바로 그 안에 들어있다고 해도 좋을 것입니다. 이
것을 찾기 위해 우리는 살아가기 위해 필요한 것이 무엇인지를 하나도 빠
트리지 않고 모두 머리 속에 챙겨나가면 됩니다. 이렇게 챙겨나가다가 이
제 더 이상 필요한 것이 없는 상황에 이르게 되면, 이 전체가 바로 진정한
의미의 생명이 되는 것입니다. 이러한 실체를 이제 '온생명'이라고 부른다
면, 우리가 지금까지 생명을 담고 있다고 생각해 온 각각의 생명체들은 온
생명 안에서 온생명의 나머지 부분과 적절한 관계를 유지할 때에 한해 살
아있다고 말할 수 있는 의존적 존재 곧 '낱생명'들이었음을 알 수 있습니
다. 우리는 지금까지 이 "낱생명 안에 있는 그 무엇"이 이들로 하여금 살
아있게 해준다고 잘못 생각하여, 이를 일러 '생명'이라 생각해 왔던 것입
니다. 이러한 낱생명들의 생존은 낱생명 안의 상황 뿐 아니라 그것의 **보
생명**(그 낱생명을 제외한 온생명의 나머지 부분)의 상황이 제대로 부합될

---

16) 장회익, 현대과학을 통해 본 생명과 인간, http://sgti.kehc.org/data/field/article/2.htm.

때 가능한 것인데, 우리는 지금까지 낱생명이 곧 생명의 전부인 것으로 생각하여 생명의 더 큰 부분 곧 보생명의 모습을 전혀 파악하지 못하고 있었던 것입니다. 그렇다면 더 이상 외부의 여건에 결정적으로 의존하지 않고도 생명현상을 지속시켜나갈 수 있는 단위 곧 온생명이라고 하는 것은 구체적으로 어떤 모습을 지니는가? 이는 우리가 살아가기 위해 반드시 있어야 할 것이 무엇인지를 제대로 규명함으로써 알 수 있을 것인데, 현대과학이 제공하는 최선의 지식에 따르면, 우리가 속한 생명의 경우 태양과 지구 그리고 그 안에서 대략 40억 년에 걸쳐 형성되어오고 있는 지구 생태계가 합쳐 이루어진 것이라 할 수 있습니다.

이제 우리가 이러한 점을 인정한다면, 생명의 가치에 대해서도 지금까지와는 다른 생각을 해볼 수 있습니다. 우리가 만일 '작은 의미의 내 생명' 곧 자신에 부여된 낱생명에 대해 그 어떤 기본적 가치를 인정한다면 이를 포함하는 '큰 의미의 내 생명'인 온생명에 대해서는 최소한 이것 혹은 그 이상의 가치를 인정하지 않을 수 없습니다. 내 손가락이 소중하다면 내 몸 전체는 최소한 그것 이상으로 소중한 것과 같은 이치입니다. 내 몸 전체가 소중하다고 손가락의 가치가 줄어드는 것은 아니지만, 일단 이렇게 상위 가치로서의 온생명 가치를 인정하고 나면 개별 낱생명들이 지니는 기능적 차이를 또한 인정할 수가 있습니다. 이들은 모두 온생명 안에 들어있는 것이어서 온생명이 지닌 상위 가치를 공유하게 되면서도, 그 역할에 있어서 서로 다름을 인정하게 됩니다. 팔과 다리가 서로 다른 기능을 가지듯이, 온생명 안의 모든 낱생명은 모두 내 몸의 일부이면서 각각 기능적인 차이를 가지게 됩니다. 그러니까 몸을 관리하는 입장에서는 각 부위를 소중히 여기면서도 각각 그 기능에 적합하도록 대처하는 것이 이를 가장 잘 보살피는 일이 됩니다. 극단적인 경우 몸의 일부가 몸 전체의 건강에 역행하는 병적 기능을 나타내어 이를 도려내야 하는 수도 있지만, 이때에도 '몸을 자르는 아픔'을 수반하는 것이 내 몸의 바른 대처방식입니다.[17]

장회익의 온생명은 관계의 휴머니티를 바탕으로 한 생명개념이며, 그렇다는 면에서 생명의 전일성을 주창하는 김지하적 이해와도 맥락을 공유한다. 그러나 그의 정의는 자신의 지적 출발의 토대인 열역학적

---

17) 신철하, 「장회익과 온생명」, 『자연과생태』 10호, 황소걸음, 2007, 장회익―신철하 대담.

정의에 정초하고 있다는 점에서 과학적 담론에 훨씬 기울어져 있다. 그의 과학은 그러나 한편으로는 인식론적 사유와 밀접한 질문들로 채워져 있다는 점에서 또한 철학적이기도 하다. 그가 생명을 설명하기 위해 더 사변적이며 모호한 동양적 지식에 접근하고 있는 태도도 이와 관련이 있다. 그는 동양적 지식은 대인지식과 대물지식의 이원론적 메카니즘에 입각한 서양 지식체계와 달리 양자를 전일적으로 인식하는 일원론적 세계관에 터하고 있음을 직시한다. '동양적 관점에서는 무엇을 볼 때에 "저것이 사물이다, 사물이니까 사물의 운동 법칙에 따라서 이러저러하게 움직일 것이다" 하는 방식으로 보는 것이 아니고, "이것은 내 삶과 이러저러한 관련 아래 있다. 내 삶과 이렇게 관련된 것이 현재 이러저러한 상황에 있으니, 나는 이러저러하게 해야 한다" 하는 방식으로 사물을 이해하는'[18) 것이라는 인식이 그것이다. 이런 인식은 동양인들의 삶의 세계 속에 깊숙이 들어와 있는 음양, 오행, 천지, 주역 등을 통해서도 확인할 수 있다. 서양적 지식체계의 중추에서 수학의 양과 음의 개념은 좌표 원점을 어떻게 설정하느냐에 따라 결정되는 규약의 의미밖에 지니지 못하는 반면, 동양에서의 그것은 보다 철학적 포괄성을 내포하는 '삶의 장'이라는 기준을 전제하고 있다. 가령 동양적 삶의 지혜를 집약하고 있는『太極圖說』(周敦頤)에서 말하는 음양오행설은 세계와 인간의 관계를 '양이 극에 달하면 다시 음으로 움직이고, 음이 극에 달하면 다시 양으로 움직인다'라고 말하고 있는데, 이는 삶과 생명에 대한 전일적이며 순환적인 인식을 잘 반영해주는 예화이다. 오행의 상생구조 역시 '서로 상호작용을 하는 다섯 가지의 독립적 원소를 지칭하는 것이 아니라, 어떤 삶을 위한 기능으로서의 의미를 지니는 대생지식적' 전제가 깔려 있다. 얼핏 보면 주역은 구조적 측면에서 양자역학과 유사한 성격을 지니는 것처럼 보이지만, 후자가 대상의 상태, 사건 등에 관심을 드러내는 대물지식의 전형을 반영하고 있

---

18) 장회익,『삶과 온생명』, 솔, 1998, 19쪽.

다면, 전자는 인간과 세계의 길흉과 관계하는 대생지식적 성격을 더 강조한다는 점에서 차이를 지닌다. 이런 생명에 대한 인식의 차이는 그러나 장회익의 경우 비판되고 극복되어야 할 대상이 아니라 새로운 의식의 전환을 통한 조화와 보완의 관계로 설정된다.

장회익의 논의에서 발견되는 특이한 변별성은 인간을 생태변화의 주체적 요소로 인식하고 있다는 점이다. 이것은 흡사 인간의 자연지배는 인간의 인간지배가 원인이 되고 있다는 머레이 북친의 사유와 유사하지만, 그와도 다른 점은 장회익이 인간에 대해 지니는 보다 긍정적인 이해이다. 물론 그도 현대과학과 기술의 상상 이상의 파괴성에 우려와 회의를 드러내고 있지만, 이런 세계구조를 변화시킬 수 있는 유일한 개체생명으로서의 인간의 위상을 과소평가하지 않는다. 그것은 곧 인간 교육의 문제와 밀접한 관련을 맺고 있다. 어떻게 살 것인가. 무엇을 위해 살 것인가에 대한 깊은 고민과 사유는 생태적 사유로 귀착될 수밖에 없다.[19] 그 물음은 궁극적으로 '무엇이 생명이고, 무엇이 생명이 아닌가, 차이를 지닌다면 이 차이는 누가 어떻게 정하는 것인가' 하는 문제로 귀환할 수밖에 없다. 현대문명과 과학기술의 현실 앞에 놓인 인간과 그를 둘러싼 전지구적 고민의 귀결이 '온생명의 자의식' 혹은 '인간의 온생명 의식'으로 수렴되는 소여이다.

장회익의 온생명론은 지구생태계의 생명 개념에 관한 인식의 확대로서의 에피스테메이다. 태양계를 싸고 있는 우주 시스템을 온생명으로 설정함으로써, 인간중심주의의 근대와 진보가 결과한 반생태적이고 반문화적인 유산들을 새롭게 인식할 것을 강조하는 그의 주장은, 생명 상호간의 관계의 긴밀성과 의존성을 중요한 삶의 지속조건으로, 새로운 문화를 향해 의식의 전화를 시도한다는 점에서 관계의 휴머니티론이기도 하다.

---

19) 신철하, 「장회익과 온생명」, 『자연과생태』 10호, 황소걸음, 2007, 장회익-신철하 대담.

3) 『녹색평론』과 김종철

『녹색평론』창간호에서 김종철은 '우리에게 희망은 있는가?'란[20] 강한 시사적 메시지를 던진다. 지구 생태계의 위기에 관한한 '묵시록적 상황'이라고 단언해도 좋을 만큼 오늘의 우리 삶은 근본적인 성찰을 요구한다. 그 성찰적 명제를 통해 김종철은 새로운 문화운동의 실천모델이 된 대표적 지식인 중 한명이라고 할 수 있다. 단서를 필요로 하지만, 그는 1990년대 이후의 문학들에 대해 외면해왔다. 말하자면 그는 현 단계 문학에 국외자였다고 말하는 것이 어색하지 않을 만큼, 그가 주관하는『녹색평론』에 더 전념해왔다고 할 수 있다. 그 잡지가 지향하는 관심이 문학과 별개의 것은 아니더라도, 우리가 편리하게 문학장르라고 말하는 그 범주들과는 거리가 있으며, 그 차이는 무엇보다 생활의 변화를 위한 실천의 문제와 관련을 맺고 있다. 그 실천은 구체적으로 삶의 인식에서 현실의 주류적 방식에 근본적인 전환을 기획하고 있다는 점에서 급진적이며 저항적이다. 오히려 실천의 문제는 현실정치의 영역에 더 가까운 것일 수 있으며, 그럴 수 있다는 점에서 그의 지향은 다른 세계에 대한 정치적 욕망, 혹은 사회적 삶의 변형된 형태일 수 있다. 오늘의 주류적 삶과는 다른 세계를 꿈꾼다는 점에서, 그리고 그 꿈이 현실을 향한 운동성을 띠고 있다는 점에서 그것은 자신을 둘러싼 세계와의 투쟁이면서 다른 한편으로는 자신이 내면화한 정치적 이념의 작동이 되기도 한다. 현실에 불화하고 그 현실을 바꾸려는 노력이 거세질 때, 그것의 고민이 현실로 표현되어야 할 때 정치적 행위는 필연적인 것이 될 수 있다. 김종철의 다른 세계를 향한 대안문화운동의 이론적 표현은 그런 점에서 정치적인 것이 아니라고 하기 힘들다. 김우창 교수는 이와 관련하여 그가 실천하는 궁극적인 지향이 '자연의 정치'라고 주석한다. 그의 정치성이 자연의 정치를 지향할 때 그것은

---

20) 김종철, 「생명의 문화를 위하여」,『녹색평론』1호, 녹색평론사, 1991, 창간사.

현실의 그것과는 어떻게 구별될 수 있는가. 아마도 그 물음은 그의 생태적 사유의 해명에 근간을 이루는 것이 될 것임에 틀림이 없다. 그러나 말의 엄밀한 의미에서 자연의 정치는 추상적이다. 그리고 그러한 정치는 가령 노자의 자연사상(道法自然, 無爲自然)이나 프리에와 오엔 등이 갈망했던 유토피아, 혹은 17세기 서구 유럽의 '자연법사상'과도 유사한 맥락을 띠고 있다. 더 세심하게 따져보면 그것은 차라리 변형된 유토피아의 한 형태일 수 있다.

단도직입적으로 말해 그는 한국비평이 사소성의 늪에 빠져 있다면 그 대안이 무엇일 수 있는지를 역설적으로 읽을 수 있게 하는 담론의 소유자이다. 그가 1990년대의 한국문학 현장에서 멀어져 있었던 것과 달리, 그의 비평의식이 구체적으로 표출된 생태적 사유는 현 단계 한국문학과 삶의 비전에 관한 해석에서 수월성을 담보하고 있으며, 현재의 삶 전체를 근본적으로 바꾸어야 한다는 급진적인 모델이다. 그의 이런 급진성은 그가 글쓰기의 단초부터 이미 내재하고 있던 근원을 향한 사유의 태도에서 드러나는 것처럼 보인다. 그의 글에서 얼핏 엿보이는 좋은 의미에서의 진보적 사유는 그의 근본주의를 향한 한 표현이다. 와다 하루끼(和田春樹)의 언급처럼, 마르크시즘 역시 현실사회주의의 실패와는 별도로 근본적으로 '새로운 유토피아'를 지향한다.[21] 그러니까 마르크시즘은 김종철의 생태적 사유 속에서도 주요한 비평의식으로 재현되고 있으며, 그것의 현재성은 두말할 필요도 없이 유효하다. 현실을 배반하고 현실과 불화하며 마침내 현실의 미학이 더 이상 비평적 매력으로 환원되지 않는다고 판단했을 때 그의 비평의식이 만난 것은 새로운 삶과 문화에 대한 현실적 고민이었다. 대체로 김종철의 비평이 생태적 문제의식에 접근하게 된 계기는 진정한 의미에서의 사회적 교양의 회복과 관련 있는 것처럼 보인다. 그의 글에서 교양체험은 중요한 의미를 지닌다. 교양의 강조는 우리시대를 향한 시적 인간의

---

21) 和田春樹, 고세현 역, 『歷史としての 社會主義』, 창작과비평사, 1994, 189쪽.

부활과 깊은 맥락을 이루고 있다. 그는 상당히 공들여 쓴 것처럼 보이는 「문학, 일상생활, 욕망」에서 그가 그 동안 내면화하면서 견지해왔던 민족문학의 문제와, 문학이 궁극적으로 인간의 총체적 삶에 대한 깊이 있는 물음이 되어야 한다고 했을 때, 그 핵심에 평등과 자유의 문제가 있음을 적시하면서, 오늘날 제3세계가 처해 있는 지극히 열악한 생존조건, 그러니까 '제3세계의 진지한 문학적 노력이 민족주의적 전망에 매개될 수밖에 없게 강요하고 있'는 현실을 진지하게 문제 삼고 있다. 그러면서 그는 '이러한 민족주의가 억압의 정치적, 사회적, 경제적 구조를 폭로할 뿐만 아니라, 인간과 인간, 인간과 자연 사이의 조화로운 살아 있는 관계를 드높이는 일로 발전하지 않는다면 참으로 새로운 미학에 대한 기대는 부질없는 것이 될 것'이라는[22] 예리한 현실비판에 이른다. 그의 지적은 미학의 차원을 넘어 문학과 현실의 정치적 관계에 대한 의미 있는 생태적 비전을 담고 있다.

　　김종철의 『녹색평론』 발언을 면밀히 읽으면서 그러나 더 주목해 보아야 할 것은 앞에서도 언급했듯, 오늘의 우리 현실을 넘어서는 삶의 근본적 변화에 대한 관심이다. 그 관심은 단순화시켜 말한다면 생태적 사유로 집약될 수 있는데 그 과정에 나온 현실적 문제로 '반자동차주의'와 '수돗물 불소화 반대' '한미 FTA 반대'를 지목할 수 있다. 자동차 메카니즘이 일상에 파급한 효과는 '속도'의 신화와 밀접하게 연결된다. 자동차는 근대라는 코드의 거의 모든 문제를 집약하고 있는 문제적 메카니즘이다. 그러나 이에 대한 섣부른 비판은 이 메카니즘이 우리 생활과 관련해 맺고 있는 매우 미묘하고 복잡한 현실적 문제로 인해 문제제기 자체를 뜨거운 감자로 만든다. 공업화를 통해 자본의 일정한 축적이 이뤄진 제1세계와 달리 제3세계에서의 근대적 개발과 진보는 생존의 문제이다. 인간의 존엄과 근원의식이 생존의 문제를 넘어 더 근본적인 관심을 향한다고 믿게 할 수도 있지만, 민중적 삶의 구

---

22) 김종철, 「생존의 문화, 생명의 선양」, 『시적 인간과 생태적 인간』, 삼인, 1999, 286쪽.

체성이 그것을 선호한다는 문제 앞에서는 난감해질 수밖에 없다. 김종철의 반자동차주의는 이런 문제의 현안에도 불구하고 어떤 진정성을 획득할 수 있을까. 속도의 현기증은 오늘의 우리 삶을 결정적으로 억압하는 사례이다. 도시적 삶이 속도에 규율돼 있다는 것은 췌언할 필요가 없다. 긴 설명 없이도 우리는 그것이 궁극적으로 근대의 인간억압이라는 명제에 도달할 수 있다. 김종철의 시적 사유가 비판적 관찰로 말하고 있는 반자동차주의는 인간의 인간다운 삶이 근본적으로 반속도를 지향한다는 인식으로부터 발원하고 있다. 반속도는 시간적으로 과거를 향한 기억의 환기를, 공간적으로 반근대화의 전일적 모형을 가질 수밖에 없다. 그런 의미에서 '시적 인간'은 근본적으로 현재의 삶을 기억의 시원으로 되돌리려는 생태적 사유 속에 있다. 쿤데라의 『느림』은 그것을 상징적으로 암시한다. 소설 속에서 '나'와 '베라 부인'의 일상적 시간으로부터 놓여난 여행지에서의 대화 중 T부인의 '관능적 분위기'가 아름다웠던 것은 근본적으로 '템포의 느림'으로부터, 다시 말해 삶의 조건들이 완만하게 진행되던 시대의 구조 속에서 나온 것이다. 느린 시간의 진행 속에서 인간은 근본적으로 그의 삶에 이미지화해야 할 덕목들을 어떤 억압없이 축적할 수 있었다. 느림과 기억 사이에는 인간적인 화해의 아름다움이 있다. 쿤데라식으로 표현하면 속도는 망각의 다른 이름이기도 하다. 근대의 진행이 기억을 소멸시키는 대신 그 속도에 편승한 망각의 기능을 증대시켰다는 것은 비판되어야 한다.[23] 김종철의 반자동차주의는 대체로 자동차가 파생할 수 있는 현실적 부정성으로서의 현안들에 대한 관심, 외국의 생활과 이론들에 대한 소개, 자동차의 대안문화로 떠오르는 자전거에 대한 관심, 걷기 운동 등으로 다양하게 집약해볼 수 있는데, 대중과의 소통에는 한계가 따르며, 그렇다는 점에서 그 비판은 더 깊은 생태감각과 생활 세계에 대한 이해를 요구한다. 반자동차주의는 반도시화, 반근대화에 대한 비판과

---

23) 밀란 쿤데라, 김병욱 역, 『느림』, 민음사, 1995, 158쪽.

성찰을 요청한다. 그 성찰은 그러나 더러 애매하고 유보적이다. 그가 『오래된 미래』를 소개하면서 오히려 그 저자보다도 더 유보적인 태도로 '반개발의 구체적인 아이디어는 탈중심화의 적정기술로 제시되고 있다'라고 언급하는 것이 한 예가 될 수 있다. 탈중심화는 근대를 넘어서는 다른 대안적 함의를 담고 있는데, 한편으로는 무비판적이며 시대추수적일 가능성을 암시한다. 반개발과 적정기술은 개량적임과 동시에 '지속가능한 개발'(ESSD)의 의미도 포괄한다. 수십 년 동안 압축성장의 효과와 단맛을 본 민중들에게 지속가능한 개발은 우리 현실에 비추어 모순어법이며 심지어 '개념만으로 이루어진 계단의 난간'이라는 비아냥에 직면할 수도 있다.

완곡한 초기의 어법적 대응들과 달리 김종철은 최근에 이르러 더 강력한 비평적 근본주의자의 모습으로 돌아온다. 여러 현실의 이슈들에 관심을 표명한 바 있지만 집중적으로 개입한 '수돗물 불소화 반대'와 '한미 FTA 반대'에 대한 그의 입장표명은 상상 이상으로 단호하고 정열적인 지식인의 모습이다. 전자의 경우 전면적인 저항의 형태로 행한 발언을 통해 '우리나라에서는 수돗물불소화라면 무조건 아이들의 충치예방에 효과가 있고, 다른 아무 문제가 없는 것으로 널리 알려져 있지만, 전혀 그렇지 않다는 것은, 복지 선진국이라는 유럽국가들—영국, 아일랜드를 제외하고—에서는 불소화를 아예 하지 않았거나, 도중에 중단하였다는 사실을 보더라도 명백한 일'로써 '무엇보다 불소는 쥐약과 살충제의 주성분인 맹독성 독극물이고, 신체의 생명유지에 결정적으로 중요한 효소활동을 저해하는 화학물질인데다가 인체 속에서 일부는 배출되고 일부는 축적되는 것인데, 비록 그게 저농도라 하더라도 어떻게 그것이 장기간의 음용에 의해서 사람에게 무해한 것으로 입증될 수 있다는 것인지 이해할 수 없습니다. 더구나 개인의 신진대사 능력과 체질, 영양상태는 천차만별인데 그것을 무시하고 일률적으로 일정한 농도(0.8~1ppm)의 불소함유 식수 음용이 장기적으로도 아무 문제될 게 없다는 주장이 과연 과학적인 논리일 수 있다고 생각하는지 알 수가 없'다는[24] 더 과학적인 자료를 통한 현실비판과 실천적 싸움의 프로그램으로의 전화, '지금 한미 FTA를 둘러싼 여러 문제 중에서 가장 우려해야 할 것은 민주주의의 위기'이며[25] 결과적으로는 '소수 특권층의 배타적인 치부(致富)를 위하여 만인의 삶을 망가뜨리려는 야만적 논리의 결정판이며, 궁극적으로 그것은 그 소수 특권층의 누각(樓閣)도 사상누각으로 만들어버릴 공멸의 논리'라는[26] 근본주의적 발언들은 오늘의 지식인이 안고 있는 퇴행과 한계를 적나라하게 비춰주는 거울이기도 하다.

현실과 전면적으로 불화하는 듯한 김종철의 발언들을 면밀히 관찰해보면, 그가 지향하는 우리사회와 삶에 대한 희망이 비관적이라는 결론에 도달한다. 그의 비관주의는 그러나 그가 발딛고 있는 우리의 현실과 세계의 현실에 대한 한 정직한 교양주의자의 외침과 경고라는 점에서 생태적 생기를 내포하고 있다.

4) 문순홍, 혹은 생태정치학

생태정치학이라는 새로운 영역을 개척한 문순홍의 생태비평은 한국 정치학과 페미니즘이 안고 있던 몇 한계를 뛰어넘을 만한 충격으로 평가된다. 그는 이른바 미국식 주류 정치학이 지배적이던 1990년대 초 '생태적 사유와 생태학에 터하여, 개인, 공동체, 제도, 문명에 들어와 있는 반생명적인 요소들을 드러내고 이를 비판하며, 그 동안 억압되어 온 타자들의 목소리를 드러내주고 평가하는'[27] 생태패러다임과 생태언어를 전략적으로 들고 나옴으로써, 한국의 지식장과 문화장에 지식운동과 문화운동의 겹을 두텁게 한 인물로 평가된다. 생태정치를 한국의

---

24) 김종철, 「수돗물 불소화를 우려하는 발행인의 편지」, 『녹색평론』 84호, 5쪽.
25) 김종철, 「한미 FTA, 경제성장, 민주주의」, 『녹색평론』, 2007. 3~4월호, 5쪽.
26) 김종철, 「한미 FTA, 국익이라는 환상」, 『녹색평론』, 2007. 5~6월호.
27) 문순홍, 『생태학의 담론』, 솔, 1999, 16쪽.

현실에 도입하고 확산하기 위해 그는 발군의 이론들을 소개하는 한편, 저널의 편집, 대화문화아카데미, 생명민회, 성평등연구소 등 다양한 방면에서 주도적인 활동을 했으며, 그 흔적과 평가는 그가 세상과 하직한 뒤 그를 추모하는 한 단체의 헌사를 통해서도 상징적으로 암시받을 수 있다.[28] 헌사를 지배하는 키워드는 췌언할 필요도 없이 생명과 사

---

28) 2006년 환경책큰잔치 실행위원회에서는 고 문순홍에게 한우물상을 수여하면서 다음과 같은 헌사를 바치고 있다. 그와 그의 생태정치적 실천을 집적하고 있는 글이라 생각돼 소개한다.

　　한우물상

　　생태정치학자 문순홍

　　우리 모두 생명의 감수성을 갖게 된다면 '인간의 자기이해'는 달라진다고 믿었던 사람./ '인간의 자기이해'가 달라진다면 인간은 자연 앞에서 좀더 겸손해지리라 믿었던 사람./ 공부를 통해 공부가 사랑에 이를 수 있다는 것을 보여주려고 애썼던 사람./ 말할 수 없이 자신에게 엄격했지만, 타인에게는 언제나 밝게 웃고 친절했던 사람./ 읽기 힘든 글을 썼지만 동료와 후학들에게는 줄을 긋고 읽을 책을 남긴 사람/ 길에서 만난 어려운 이에게 지닌 돈을 다 털어준 뒤, 집에까지 뚜벅뚜벅 걸어갔던 사람./ 대학이 '대학강사'라는 이름으로 젊은이들을 착취할 때 일찍부터 분노를 표했던 사람./ 대학이라는 밥벌이의 장을 원했으나 거기 스며들기 위한 불의와는 타협하지 않았던 사람./ 시몬느 베이유처럼 먹는 것 입는 것에는 무관심했던 사람./ '바람과 물 연구소' 소파에서 공부하며 새우잠을 자다 새벽녘 후배에게 발견되었던 사람./ 더 나은 세상을 위해 고민했던 사람들을 바다 넘어서라도 찾아가 만났던 사람./ 평생 돈을 벌어보지 못했던 사람, 가난했지만 꽃처럼 웃었던 사람./ 일찍 찾아온 병마와의 싸움 속에서도 손에서 책을 놓지 않았던 사람./ 사람이 아니라 학문과 연애하다가 끝내는 학문보다 중요한 것을 발견했던 사람./ 그것이 결국은 '사랑'이었다고 미소 지으며 말했던 사람./ 그 사람을 환경판과 공부판에서는 "문순홍은 이 땅에서 생태학이라는 말을 사회과학과 접합시킨 최초의 인물이다"라는 말로 요약했습니다./ 그보다 우리는 그가 혼이 맑고 겸손했던 사람으로 기억합니다./ 우리는 그가 일찍 떠난 것을 우리 환경운동판의 손실이라고 생각합니다./ 우리는 그가 너무 일찍 떠난 것을 우리 여성운동판의 손실이라고 생각합니다./ 그와 다시 웃고 이야기 나눌 수 없게 된 것을 우리는 우리 삶의 손실이라고 생각합니다./ 2006년 우리는 애초부터 감사와 겸손한 마음으로 드리기로 작정했던 한우물상을 통해 그를 기억하고자 합니다./ 그것은 그가 남긴 몇 권의 책과 함께 그의 맑고 깨끗했고 정직했던 삶이 우리에게 준 귀한 선물을 다시 생각해보기 위해서이기도 합니다.

랑이며, 그것으로 함의되는 '관계의 휴머니티'이다. 모든 죽음은 인간을 비장하게 하지만, 한 생태학자의 그것에서 느끼는 울림은 오늘의 우리사회가 전면적으로 안고 있는 죽임의 문화에 대한 강력한 경고의 메시지처럼 더 비감하다.

문순홍의 생태담론이 집약하고 있는 것은 현재의 우리 사회에 대한 패러다임의 변화이다. 이를 위해서 그는 생태비평에 집중적인 관심을 드러내는데, 이는 언어적 전략이 사회의 변화를 가능케 하는 출발점이 될 수 있다는 판단에 따른 것이다. 그가 주목하는 것은 생활정치로서의 '생물지역론'과 '생태여성론'이지만, 이를 구체화하는 실천적 차원에서 필요한 더 낮은 단계의 세목들인 번역과 토착어의 가치에 대한 강조이다. 언어에 대한 비평적 감수성을 필요로 한다는 점에서, 또한 '공존할 수 없었던 담론들과 주장들 사이에서 건전하고 필연적인 경쟁관계를 통해 상호 공존하게 해주는 비평의 덕목이라는 점에서 번역은 텍스트간, 언어와 언어사이, 사람들 사이에서 연결될 수 없는 불연속성을 대면하고, 불가능한 것을 직시하는 기술'이다. 생태적으로 번역은 나와 타자에 대한 인정을 배경으로 하면서, '동시에 자신의 언어가 지니고 있는 한계에 대한 인정을 동반하는…… 자신에 대한 존중과 타자에 대한 존중'을[29] 결과한다. 한편 토착어가 지닌 가치는 제이 그리피스도 정확하게 지적하고 있듯이 언어의 생물다양성과 무언의 사고 다양성과 궁극적으로 인간 심성의 생물다양성을 재고하게 한다.[30] 반면 '근대성을 지배하는 언어는 죽음의 언어'이다. 그것은 언어의 다양성을 훼손하고 절멸하려는 이데올로기의 언어이며, 파시즘의 언어이다. 지배적인 언어양식은 지배계급의 사고방식을 정확하게 반영한다. 현 단계 전 세계를 뒤덮고 있는 영어, 다시 말해 컴퓨터영어(*computinglish*)는 '미국식 구조기능주의'의 부산물로서, 언어의 본래적 특징인 유희적이

---

29) 문순홍, 앞의 책, 44쪽,
30) 제이 그리피스, 박은주 역, 『시계 밖의 시간』, 당대, 2002, 445쪽.

350

고, 매혹적이며 언어적 모호성과 뉘앙스, 언어의 다의성과 불복종에 대한 지속적인 억압을 담고 있다. 컴퓨팅글리시는 주어진 프로그램이 만들어낸 명령에 복종하여 그 세계에 익숙해지도록 강요하는 반생태적 언어이다. 알래스카 토착어연구소 크라우스는 전 세계 6천여 언어 중 5~10%가 다음 세기 내에 사라질 것이라고 주장한다. 현존하는 언어의 20~50%는 더 이상 아이들에게 가르쳐지지 않고 있다. 약 20억 9천만 명이 일상적으로 영어에 노출되어 있으며, 이것은 지금까지 이 행성이 경험했던 것 중에서 가장 큰 지적 재앙이라고 크리스털은 경고하고 있다. 언어의 파시즘화 언어의 제국화는 현단계 세계화가 지향하고 있는 가장 강력한 신자유주의 이데올로기이기도 하다. 이 구조적 위기의 현실을 변화시킬 수 있는 의식적 전환과 실천은 언어의 생물다양성을 지키고 복권시키려는 노력으로 수렴된다. 문순홍의 생태비평에 대한 관심에서 주목해야 할 대목이기도 하다.

　반면 생물지역주의나 생태여성론은 기존의 발언들을 한국적 상황에 포개보거나 덧붙이려는 시도와 관계한다. 생물지역주의가 지향하는 것은 현재의 삶을 재구조화함과 동시에 토착문화를 되살려 삶의 공동체를 회복하는 것이다. 그 특징은 다음 네 가지로 압축된다. 첫째, 생물지역은 상호작용하는 생명체계들의 영역으로, 상대적으로 자기 유지적인 삶을 영위한다. 둘째, 생물학적인 정체성을 제공해준다. 셋째, 살아있는 생명체들의 공동체로서의 기능, 즉 증식, 교육, 자치 등의 기능을 한다. 넷째, 자연주의에 가까운 영성을 지향한다.[31] 그것은 전략적으로 자연과 인간의 관계를 다시 보려는 노력이며(reenvision), 생태적으로 지속가능한 문화를 재창조하려는 의지이고(reinhabitation), 파괴되었거나 사라져버린 생태계를 다시 복구하여 지역적 감수성을 회복하려는(restoration) 실천이다.[32] 이에 반해 생태여성론은 기존의 여성해방론에 생태적 자

---

31) 문순홍, 앞의 책, 311쪽.
32) 위의 책, 315쪽 재인용.

연해방을 창조적으로 결합한 문화운동이다. 대체로 생태여성론은 여성의 생물학적 특성과 자연의 그것을 동일성의 관점에서 기획한다. 다시 말해 자연의 수탈과 억압은 여성의 가정과 사회에서의 억압과 동치성(同値性)을 지닌다는 것이다. 이런 인식을 바탕으로 생태여성론은 다음의 명제에 일정한 합의를 하고 있다. 자연과 여성의 이미지는 동일하다. 자연이 인간에 억압당하는 방식과 여성이 남성에 취급받는 방식은 유사하다. 여성해방을 위해 가정을 사회화시킬 것인지 그 반대일지에 대해 이견을 보인다. 여성파괴와 자연파괴의 원인이 가부장제적 문화에 기인한다. 여성적 원리를 강조하는 '어머니로서의 지구(GAIA)'에 대한 전일적 인식을 강조한다. 지속가능한 발천에 주목하며 현재의 여성운동과 환경운동에 비판적이다.[33]

문순홍의 생태담론은 한국의 사회구조, 정치구조를 작은 단위에서부터 변화시켜야 한다는 생활정치, 주민자치의 이론적 젖줄이며, 문화적 수원이다. 그의 다양한 서구이론의 체계적인 소개와 번역은 이 방면의 논의와 관심이 산만한 현실에서 보여준 학문적 열정임과 동시에 지행합일의 전범이 될 만하다.

3. 결론

비평이 세계의 변화와 혁명을 꿈꿀 수 있을까. 더 나은 삶과 세계에 대한 열망은 어떻게 현실과 만날 수 있을까. 현 단계 세계구조의 변화와 그것을 추동하는 주체와 힘은 무엇인가. 무겁고 진지한 물음들에 대한 고민은 생태적 사유의 근본을 이룬다. 그리고 그것은 언어와 인문적인 것에 대한 근본적인 이해와 맞닿아 있다. 푸코는 비평이 그 자체로 '삶의 기술이자 존엄한 행위'가 될 수 있음을 역설한다. 그 행간

---

33) 위의 책, 377쪽.

의 진실을 따질 것도 없이 더 비평적인 것은 생태적인 것과 긴밀하게 조우한다.

문순홍의 언술적 견인성은 그의 비평언어가 생태적인 것과 동궤임을 묵시적으로 증언한다. 그의 생물지역론과 여성생태론이 함유하고 있는 궁극적 지향이 '녹색사회'로 수렴되는 것은 그럼으로 당위이다. 장회익의 온생명론은 아직도 완강한 나쁜 의미에서의 과학주의가 안고 있는 지적 폐쇄성과 사회적 그것에 대한 성찰이자 새 과학문화를 향한 외침이다. 그의 파장은 문순홍의 사회학적 상상력처럼 오늘의 우리학문이 안고 있는 분과학적 한계를 뛰어넘고자 하는 선구적 담론으로 기억될 것이 분명하다. 김지하의 율려와 김종철의 생태비평은 직관과 삶의 체득으로 파악한 우리사회의 대안문화운동으로 명명된다. 전자는 그것이 한국적 전통문화와 선지식의 프로그램을 재호출함으로써 가능하다는 영성적 생명론으로 뻗어간다. 반면 후자는 수돗물 불소화 반대나 한미 FTA반대 등 현안에 대한 구체적 진실을 문제 삼고 있는 것에서도 볼 수 있듯, 가장 정력적으로 지식인적 생태운동을 실천하고 있는 생태비평가라고 평가할 수 있다. 그의 비평적 발언이 더 의미있는 것은 그가 새로운 사회와 문화를 위해 기획하는 저널의 프로그램이 자발적 대중들과 함께 호흡한다는 점이다. 글과 말의 소통으로 확대되고 있는 그의 생태담론은 담론의 창발적 재생산이라는 선순환구조를 획득함으로써, 오늘의 생태운동과 문화적 실천이 부딪치고 있는 한계를 넘어설 수 있는 비전과 모색을 담보하고 있다.

주제어 : 생태비평, 율려(律呂), 온생명, 녹색평론, 생태정치학, 이중구속, 컴퓨터영어

◆ 참고문헌

김수영, 『김수영전집』 2, 민음사, 1981.
김우창, 「오늘의 인문과학과 코기토」, 『비평』, 생각의나무, 1999.
김종철, 『시적 인간과 생태적 인간』, 삼인, 1999.
김지하, 『생명과 자치』, 솔, 1996.
──── , 「'기우뚱한 균형'에 관하여」, 『환경운동』 통권 26권, 1995. 8.
문순홍, 『생태학의 담론』, 솔, 1999.
신철하, 「대지의 신: 죽임의 문화에서 살림의 문화로」, 『상상』 2호, 살림, 1993.
──── , 「살림의 시학」, 『푸른 대지의 희망』, 세계사, 1995.
──── , 「경계의 시학」, 『포에티카』 4호, 민음사, 1997.
──── , 「문학·생태학·현실」, 『문예중앙』 92호, 중앙일보사, 2000. 11.
──── , 「문학생태학의 미학적 과제」, 『한국언어문학』 51집, 한국언어문학회, 2003.
──── , 「김수영시와 자유의 문제: 문학생태학의 미학적과제(2)」, 『한국언어문학』
      54집, 2005.
──── , 「생태시학으로서의 생명과 율려」, 『어문연구』 127호, 한국어문교육연구회,
      2005.
──── , 「한국 현대문학의 생태학적 고찰」, 『상허학보』 17집, 2006.
이재현, 「선언에서 고백으로─김지하의 생명사상 비판」, 『말』 59호, 1991.
장회익, 『삶과 온생명』, 솔, 1998.
장회익 외, 『삶, 반성, 인문학』, 태학사, 2003.
崔濟愚, 『癸未仲夏慶州開刊東經大全』(影印).
和田春樹, 고세현 역, 『歷史としての 社會主義』, 1994.
柄谷行人, 박유하 역, 『日本近代文學の 起源』, 민음사, 1997.
Lefebvre Henri, 박정자 역, *La Vie Quotidienne dans Monde Moderne*, 세계일보, 1990.
Bateson Gregory, 박대식 역, *Steps to an Ecology of Mind*, 책세상, 2006.

354

◆ **국문초록**

　새로운 시대적 감수성에 대한 호응과 근대 이데올로기가 파장한 유·무형의 모순을 생태적 사유는 성찰적 명제로 내재화한다.

　현 단계 생태비평의 최고 위계를 김지하, 장회익, 김종철, 문순홍의 담론들은 개성적으로 보여준다. 문순홍의 생태비평이 지향하는 키워드는 생물지역론과 생태여성론이며, 그 궁극은 녹색사회이다. 장회익의 온생명론은 나쁜 의미에서의 과학주의가 안고 있는 지적 폐쇄성과 사회적 그것에 대한 통렬한 성찰이자 새 과학문화를 향한 외침이다. 김지하의 '율려'와 김종철의 교양주의는 직관과 삶의 체득으로 파악한 우리사회의 대안문화운동으로 명명된다. 그런 면에서 양자의 생태담론은 더 나은 삶과 세계를 향한 새로운 휴머니즘의 옹호이기도 하다.

◆ SUMMARY

Criticism and Ecological Criticism
– Issues being Discussed at the Present Stage

Shin, Cheol-Ha

Ecological deliberation has its own inherent introspective hypothesis on the tangible and intangible inconsistencies derive from the responses to new era sensitivity and contemporary ideology.

The discourses of Kim Ji-ha, Jang Hoi-ik, Kin Jong-chul and Moon Soon-hong illustrate the hierarchy of ecological criticism of the present stage along with their personal touches. The keywords of eco-criticism by Moon Soon-hong are eco-regionalism and eco-feminism, and it ultimately aims at the 'green society'. The theory of global life by Jang Hoi-ik is the intellectual closure which scientific possesses, bitter introspection on that of society and cry for the new scientific culture. 'Yul-Yeo' by Kim Ji-ha and intellectual inclination by Kim Jong-chul are designated as the alternative cultural movements of our society. In that sense, the ecological discourses of these two writers could be considered as their support to the new humanism to reach the better life and world.

Keyword : eco-criticism, Yulryeo, global life, noksaekpeongnon, eco-politics, double binding, computinglish

－이 논문은 2007년 7월 31일에 접수되어, 소정의 심사를 거쳐 2007년 9월 30일에 최종적으로 게재가 확정되었음.

III. 자료발굴

민충환 • 이태준의 새로운 작품 소개

이태준의 새로운 작품 소개

민 충 환*

1.

상허 이태준(1904~?)의 습작기 작품으로 그간 알려진 것은 〈徽文〉 제2호(1924. 6)에 발표된 6편1)이 전부였다. 그런데 이 작품보다 시간적으로 1년 더 앞선 상허의 새로운 작품이 확인되었다. 〈徽文〉 창간호 (1923. 1)에 실린 〈秋感〉이란 글이다.

이 작품의 전문은 다음과 같다.

　秋感

玉律이 웃엇든지 乾坤이 一淸이요
金風이 불엇든지 山川이 蕭瑟이라.

저— 가을나라의 고흔處女!
노랑, 빨강, 色실들고
남모르게 나려온다,
大地우에 수(繡)를 놋타.

---

* 부천대 교수.
1) 졸고, 「이태준연구」, 깊은샘, 1988, 39-57쪽.

山도보니 山도 黃丹!
들도보니 들도 黃丹!
가지(枝)마다 黃丹이요
닙새(葉)마다 黃丹이라.
江山都是가 錦繡市라.

百合花千萬송이 방긋방긋우슴웃고
雙雙無蜂蝶들이 남실남실날아들든,
山마다에―쓸마다엔―
甘露에醉한紅葉
蕭蕭淸風에 瑟瑟興만.

嶺上에자든白雲 南風에 쎄를지여
白頭도 지여보고 金剛도 이뤄보든
濶濶漠漠한 空間에는
片雲이 훗터지고 歸雁이 벗을차저
皎皎月色에 嗚嗚聲만.

아―가을은돌아오다 가을?하늘은놉하가고, 산들은나저가는가을, 丹楓이 곱게피고, 百穀이익어가는가을, 달밝고, 물맑고, 바람맑은가을 아 ― 이러한가을은 確實히돌아오다

눈에보이는風物이나 귀에들리는萬響聲이 그 모도가感傷的일그쑨이로다.

우리의感覺이極度의銳敏을가지게되는째도 이째이고우리의神經이激度의刺戟을바더볼째도 眞實로이째가을이로다.

달이나밝엇스면 그만일것이 기럭이조차슯히울어 사라젓든쓰린鄕愁실실히일어나고 쩌젓든 젊은情熱길길히솟아올나 或은한숨으로―或은눈물로― 쓸데업는 想思에헤매게하는도다.

아―이러한 가을을맞는, 우리배우는벗들아!

보푸라의 누른닙(葉)과시닥의붉은닙(葉)히하나式―둘式―시름업시쩌러지는前庭에나 後園에서 나리는 달빗츨가슴에바드며 父母님이계시고, 兄弟가잇으며 親戚이잇고, 知己가 잇는 저― 구름밧개보이지안는故鄕을 向하야.

「아버지? 어머니?

　　그리고 언니— 아우—
　　오늘이밤엔 무엇하나요!!
　　아!알고십고, 또뵈옵고십허……
　　아버지? 어머니?
　　그리고언니— 아우—
　　차례로한番式 저달에빗처럼!?
　　아—보고십고, 또알고십허……」
　　이러케無意識中에썰리는音調로思鄕의情을흘녀볼째도잇슬것이요 或은
魔花의催眠을바더 엇더한꿈나라에써진바되여.
　　「하늘에는별이잇고
　　바다에는眞珠가잇스며
　　나의가슴속에는 짜듯한戀愛의흐름이잇서라」
　　한룽펠노의이노래로軟한聲帶를울녀가면서無限한煩悶도이르켜볼것이
로다.

　　아—배우는벗들아?
　　우리가父母의膝下를써나兄弟의손을놋코 山이설고, 물이다른漢陽旅窓의
客이됨이 決斷코, 故鄕을그려보고십허 그럼도아닐것이요 戀愛란것의想像
을엇고자 그럼도아닐것이로다.
　　우리가南大門驛에 車를나려서 崇禮門을바라볼적에 문득 如何한決心이
兩眉間에 나타낫싯슬것이요. 우리가 冊을씨고校門에들어설적에 반듯이何
等의感覺이 神經을흔들엇슬것이로다.
　　달밝은밤에나 바람찬새벽에 故鄕의團欒을憧憬함보다 우리의 無窮遠한
將來를 爲하야勞心靜思를하여볼것이며 쒸노는情熱을니기지못하야戀愛와
봄꿈을思慕함보다 우리의無限大한責任과將來를爲하야 冊한페이지를더내
려넑음이 엇더할까!!
　　아—사랑하는 우리벗들아?
　　누구라 故鄕을등지고, 百里나千里나머나먼他關에客이되여思鄕의懷抱
가업스며 누구라 脈管에붉은血液이밋칠듯키쒸노는靑春의心情으로 꼿다운
戀의美를思慕치안으랴?
　　이것은우리人生의常情이로다. 그러나우리는鐵石갓흔立志를가슴에품고,
乾坤一擲의大功을期하며奮鬪勇進하는이軌道에서一時라도脫線치말어야
할것이다. 우리의할일이 얼마나만흔가?

그것지山에다比하며 海에다準하랴!!
아—이것이靜思의秋를當하매 늣기는배로다. (끗)

　　　　　　　　　　　　　　　　10.1

　이 글은 정서가 과잉된 매우 감상적이고 교훈적인 내용의 소품이지만 상허 이태준 문학의 남상(濫觴), 그 자료적 가치로서의 의의가 매우 크다 하겠다.

2.

　상허의 습작기 작품으로 〈徽文〉 제1, 2호에 발표된 작품 외에 〈培材〉 제6호(1924. 7. 15)에 또 다른 작품이 있음이 확인되었다. 〈살구꽃〉이란 제목의 산문이다.

　이 작품의 전문은 다음과 같다.

살구쏫[2]

　나를 나흔 우리 故鄕에, 나를 길러준 우리집 뒤에는, 잔쯱 쌀닌 동산이 기대여 잇고, 압흐로는, 한울에 銀河가티 소래업시 흘너가는, 일홈업는 江이 잇다.

　그 江을 건너 논을 지나고 밧을 지나면, 멧 萬年 前붓터 솔을 길너오는 亦是 이름 업는 크고, 놉흔 山이 잇는데 이 山에는 늙은 솔나무가 가득차서 그 속에는 모든 山즘생들이 자라나고, 그 우에는 구름장이 여름이면 낫잠자러 모혀든다. 해와 달이 이 山에서 써서 우리집 뒷동산 넘어로 쩌러진다.

　그런데 이 山 밋헤는 草家집이 하나 잇고, 그집 울타리에는 큰 살구나무가 하나 잇스니, 우리 시골에 드러오는 봄을 무엇보다도 第一 먼저 바다드려 孤寂한 山村을 裝飾하여 놋는다.

---

2) 배재학생기독청년회, 〈培材〉 제6호, 1924. 7. 15, 70-71쪽.

아무럿턴지 봄이란 째면 꼿이란 꼿은 남기지 안코 퓌는 時節이다. 엇지 가지에 피는 꼿송이를 풀어노흐며 마음속에 피는 꼿만 남기여두랴!

나는 어릴 째부터 봄마다 그 집 울타리에 피는 살구꼿을 보면서 자라낫다.

벌서 나를 버리고 간 五年 前의 먼 ― 옛날이다.

나는 그해 봄에도 우리집 뒷동산에 올나가 어린 잔디를 쌀고 안저서 江 건너 큰 山 밋헤 그집 살구꼿을 구경하다가 그 살구나무 밋헤 오락가락하는 살구꼿빗 치마 하나를 본 일이 잇다.

살구꼿은 植物界에 꼿이라 하면 저 粉紅치마는 틀임업시 우리 人間에 꼿일 것이다. 밤에는 한울 우에 별을 바라보며 낫에는 날마다 이 두가지 꼿을 구경하엿다.

因緣 깁흔 그해 봄도 어느듯 지나간 지 ―年만에 다시 그 이듬해 봄철이 도라왓섯다. 그 살구나무 우에 꼿피기 始作할 째부터 나는 또 살구꼿빗 치마를 구경하얏다. 그러나 그 살구나무에 꼿이 훗터질 째면 거니리든 粉紅치마도 다시는 어더보지 못하게 된다. 살구꼿 지는 것이 엇지나 哀惜한지 나는 사라지는 그 粉紅치마의 그림자와 가치 죽어젓다가 살구꼿이 필 째마다 살아나고 십헛다.

엇지엇지 지나가서 또, 그 이듬해! 기다리든 봄철은 도라를 왓건만 不幸하게도 내 몸은 이기지 못할 病席에 누어잇게 되얏섯다. 철 모르는 동생들에게 그집에 살구꼿이 피엇단 말은 무러서 알엇건만, 속마음에 이수운 살구꼿빗 치마는 알아볼 길이 바이 업섯다.

안탁가운 그 봄이 지나고, 여름, 가을 겨울이 지나서 또 그 이듬해 即 昨年봄이다. 그립든 그 살구나무 가지에 붉은 기운이 쩌돌 째부터 나는 날마다 뒤동산에 올나가 짜쯧한 지 五六日에 쑤넘어 이우러진다. 아니 거의 다 쩌러지게 되도록 그 살구꼿빗 치마는 나타나지 안엇다. 살구꼿이 다 훗터지고, 푸른닙이 욱어지도록 기대렷스나 三年前 봄에 보든 그 粉紅치마는 고만 다시 보지 못하고 말앗다.

나무가지에 피는 살구꼿은 언제든지 봄만 오면 그집 울타리에 피여잇건만, 아! 마음속에 피엿든 人間의 그 꼿은 가이업게도 누구에게 썩김을 바닷고나!

나는 다시는 살구꼿이 보기 시러서 올봄에는 그집 살구나무에 꼿피기 前에 情깁흔 故鄕을 쩌나오고 말앗다.

이 산문은 〈徽文〉 제2호에 수록된 작품과 같은 시기에 발표된 것인데 이 글을 통해서 몇 가지 중요한 사실을 확인할 수 있다.

첫째는, 상허의 문학활동이 교내에서 뿐만이 아니라 타교인 '배재'에까지 미칠 정도로 매우 활발하였다는 점이다. 이는 상허의 문학적 재능이 많은 사람들에게 공인되었거나 아니면 문우 관계가 그만큼 폭 넓었음을 의미한다.

둘째는, 〈徽文〉의 여러 작품에 나타난 감상적이며 과잉된 정서 표현이 이 작품에서는 상당 부분 불식되어 산문가로서의 기틀을 점차 잡아가게 되었다는 점이다.

셋째는, 상허 소설의 매우 중요한 모티프가 되고 있는 '~로부터의 일탈'[3]을 본 작품에서 보이고 있다는 점 등을 지적할 수 있다.

3.

끝으로, ≪무서록≫에 미수록된 관계로 그간 잘 알려지지 않은 산문 한 편을 덧붙인다. 이 작품의 전문은 다음과 같다.(표기는 현대맞춤법에 따름)

금화원(金華園)의 언덕길[4]

어제가 이전(梨專) 졸업음학회다. S가 오후 다섯시 차에는 꼭 오리라고 믿고 정거장에 나갔다. 나는 최근 1년 동안은 오후 시각에 정거장에 나간 일이 별로 없었다. 그래서 S와 결혼하기 전 몇 번 집에 갔다 오는 S를 이 차에 마중 나오던 것이 생각났었다.

---

3) '……故鄕을 떠나'라는 표현이 그것인데, 이 같은 '~로부터의 일탈'을 그린 작품은 단편의 경우 데뷔작인 「五夢女」를 비롯하여 「결혼」「코스모스 이야기」「아담의 후예」 등이 있다.

4) 이태준, 「금화원의 언덕길」, 『신민』 제66호, 1931. 4, 39-44쪽.

“벌써 1년이로구나.”
하고 나는 정거장 안을 어정거리며 시간 가는 줄을 몰랐다.

차가 들어왔다. 나의 짐작대로 차에서는 이전계(梨專系)의 호수돈(好壽敦) 사람들이 몇 분 나타났다. S도 그들과 지껄이며 나오려니 했던 것이 S는 보이지 않았다.

맨마중 나오는 사람도 S는 아니였었다. 나는 혼자 거리에서 저녁을 사먹고 정동(貞洞)으로 갔다. 음악회가 열리는 회장(會場)은 작년 S 때의 졸업음악회도 그곳에서 열린 곳이요 그것보다 작년 4월에 우리의 죄고만 결혼식이 그 방에서 열리었던 것이 더 혼자 와 앉은 나에게 센티멘털을 일으켜 주었다. 아마 모르긴 해도 S와 함께 갔던들 그처럼 아름다운 감상경(感傷境)은 아니였을지도 모른다. 나는 그 자리에서 비극미(悲劇美)를 새삼스럽게 느끼기도 하였다.

작년 4월 22일 아침이다. 우리는 저녁 혼인식에 쓸 꽃을 사러 나섰다. 하늘이 유리 같은 아름다운 날씨였었다. 우리는 진고개로 갈까 하다 S의 주장대로 금화산(金華山)에 있는 금화원(金華園)으로 먼저 가 보게 되었다. 금화원은 아주 양지 바른 산언덕에서 자연수목(自然樹木)을 그대로 안고 움 온실들과 골짜기와 도랑물도 있는 비교적 인공이 적은 아름다운 화원이였었다.

산이 온통 꽃향기에 배어 있었다.

“퍽 좋은 곳이에요.”

S도 퍽 좋아하였다.

S와 나는 사귄 지 2년반 동안 이렇게 자유스러운 적은 없었다. 한번 어느 가을날 따로 만나서 시외에 피크닉을 나간 적이 있지마는 그때는 나도 어색스러웠을 뿐더러 S는 좁은길까지 삼갔었다. 그러나 금화원에서는 그 좁은 언덕길을 우리는 누가 한 발을 앞서거나 뒤서서는 안 되는 것처럼 가지런히 걸었다. 아름다운 꽃낭구가 있을 때마다 가지런히 서서 보았다. 이상한 향기가 얼굴을 스칠 때마다 우리는 그림자를 모으고 서서 향기 나는 곳을 찾았다. 우리는 푸른 비단 같은 ‘아스파라거스’를 한아름 사 가지고 그 언덕을 내려올 때에도 멀리서 누가 보면 손목을 잡은 듯이 가지런히 내려왔던 것이다. S도 그날의 아름다움을 잊지 못할 것이다.

처녀로서의 마지막 날의 향기를 그는 영원히 추억할 것이다.

우리 벌써 결혼한 지 1년이 된다. 그러나 우리는 오늘까지도 혼인 전과 같이 그리웁게 그리웁게 지낸다. 만나려니 하던 날 만나지 못하면 S와 남이 된 것처럼 못 견디게 서글프다.

이 서글픈 것을 우리는 만나서 혹은 편지로 '우리의 불행'이라 하였다.
과연 불행일까?

그러면서도 우리는 이런 때처럼 이렇게 서글플 때처럼 우리 앞에 지나간 행복을 참말 우리가 가졌던 '우리의 행복'으로 느끼며 감사한 정열에 사무치는 때는 없는 것이다.

과거라 하여 모두가 무생명(無生命)한 것은 아닐 것이다.

이 글을 통해서 상허가 결혼한 날은 1930년 5월경[5]이 아니라 4월 22일 저녁때임을 새롭게 확인할 수 있고 아울러 처 이순옥과의 결혼 전후의 사정을 이해하는 데 많은 도움이 되고 있다.

앞에서 상허의 새로운 습작기 작품 2편과 산문 한 편을 소개하였다. 이를 통해 상허문학 형성 시기의 면모를 파악하는 데 일조하였다고 본다.

상허에 대한 자료가 지속적으로 발굴·소개되어 그의 문학연구가 한층 더 깊고 넓어지기를 기대해 마지 않는다.

謝辭

본고를 작성하는 데 귀한 자료를 제공해 주신 민경남 부천교육박물관 관장님과 휘문고등학교 최웅 선생님께 감사를 드린다.

---

5) 졸고, 앞의 책, 33쪽.

한국현대문학의 정치적 내면화

2007년 10월 25일 인쇄
2007년 10월 31일 발행

지은이   상 허 학 회
펴낸이   박 현 숙
찍은곳   신화인쇄공사

110-320 서울시 종로구 낙원동 58-1 종로오피스텔 606호
TEL : 02-764-3018, 764-3019   FAX : 02-764-3011
E-mail : kpsm80@hanmail.net

펴낸곳 도서출판 **깊 은 샘**

등록번호/제2-69. 등록년월일/1980년 2월 6일

ISBN   89-7416-182-6

※ 잘못된 책은 교환해 드립니다.

값 18,000원